AMOR E SEXUALIDADE FACE A FACE

Aos que ousam amar,
e especialmente aos que
ousam ser livres e felizes
para evoluir.

O autor espiritual

José Antônio

Foi escritor em três encarnações, sendo a última na França, durante a primeira metade do século XIX.

Lembro-me de sonhar com José Antônio na adolescência. Quando iniciei a educação mediúnica, durante a psicografia de algumas mensagens eu via apenas uma mão masculina escrevendo com uma pena sobre uma mesa antiga, à luz de velas, mas não eram assinadas.

Em 2000, ele se manifestou revelando o trabalho que desenvolveríamos juntos, e então reconheci sua mão. Este foi o terceiro livro da nossa parceria, que atualmente somam catorze obras.

Cada uma delas foi uma lição profunda, auxiliando no meu crescimento pessoal. Ele diz que nossa afinidade deve-se ao fato de termos trabalhado juntos. Quando? Onde? Por quê? Aprendi com ele que isso não importa, interessa viver bem aqui e agora. Do passado não se arrasta fantasmas. O olhar deve ser dirigido ao futuro.

É esta a mensagem de libertação e abertura para o crescimento espiritual que transmite aos leitores.

Ana Cristina Vargas

Nascida em Pelotas, no Rio Grande do Sul, aos dezessete anos iniciou o estudo da doutrina espírita levada pela necessidade de entender os fenômenos mediúnicos. Logo a psicografia manifestou-se como uma de suas faculdades. No ano 2000 começou a psicografar os livros ditados pelo espírito José Antônio, e em 2007 o espírito Layla se juntou ao trabalho.

Este romance foi especial, marcou sua trajetória e abriu caminho à publicação de outras histórias que contribuem para a libertação de preconceitos e para um entendimento maior do amor e da sexualidade humana. O espírito Ricardo manifestou-se nas reuniões mediúnicas da Sociedade Vida entre 1999 e 2001. Durante meses tentou ensinar teologia católica ao grupo e fugiu de um diálogo pessoal e construtivo. Em uma conversa, a médium, suspeitando dos conflitos escondidos por ele, afirmou desejar ser sua amiga e disse-lhe que toda forma de amor merecia respeito. A partir daí ele aceitou o atendimento. Um ano depois, o espírito José Antônio ditou a sua história completa.

Editor de conteúdo: Marcelo Cezar
Coordenador de comunicação: Marcio Lipari
Coordenadora de criação: Priscila Noberto
Coordenadora editorial: Tânia Lins
Assistente editorial: Mayara Silvestre Richard
Capa e Projeto gráfico: Regiane Stella Guzzon
Diagramadora: Priscilla Andrade
Preparadora: Sandra Garcia Custódio
Revisora: Cristina Peres

1ª edição — 2ª impressão
5.000 exemplares — abril 2014
Tiragem total: 10.000 exemplares

Dados Internacionais de Catalogação na Publicação (CIP)
(Câmara Brasileira do Livro, SP, Brasil)

José Antonio (Espírito).
O Bispo / pelo espírito José Antônio ; [psicografado por] Ana Cristina Vargas. — 2. ed. — São Paulo, SP : Centro de Estudos Vida & Consciência, 2014.

ISBN 978-85-7722-254-4

1. Espiritismo 2. Psicografia 3. Romance brasileiro
I. Vargas, Ana Cristina. II. Título.

13-09254 CDD-133.93

Índices para catálogo sistemático:
1. Romances psicografados : Espiritismo 133.93

Este livro adota as regras do novo acordo ortográfico (2009).

Editora Vida & Consciência
Rua Agostinho Gomes, 2.312 – São Paulo – SP – Brasil
CEP 04206-001
editora@vidaeconsciencia.com.br
www.vidaeconsciencia.com.br

Ana Cristina Vargas
pelo espírito José Antônio

O BISPO

amor e sexualidade face a face

nova edição

Sumário

APRESENTAÇÃO

Um caminho...
Existe sabedoria em reconhecer a experiência alheia e dela usufruir para nosso crescimento. Por isso, ao entregar-lhes este livro, tomo por empréstimo as palavras de grandes mestres, deixando que elas falem do propósito desta obra.

"Chamo homem vicioso a esse amante vulgar que ama o corpo antes que a alma. O amor está por toda parte na Natureza, que nos convida a exercitar nossa inteligência; é encontrado até nos movimentos dos astros. É o amor que orna a Natureza de seus ricos tapetes; ele se enfeita e fixa sua morada lá onde encontra flores e perfumes. É ainda o amor que dá paz aos homens, a calma ao mar, o silêncio aos ventos e o sono à dor."[1]

"O amor é de essência divina, e, desde o primeiro até o último, possuís no fundo do coração a chama desse fogo sagrado. É um fato que pudestes constatar muitas vezes; o homem mais abjeto, o mais vil, o mais criminoso, tem por um ser, ou por um objeto qualquer, uma afeição viva e ardente, à prova

1 Platão. Item XVI. Resumo da Doutrina de Sócrates e de Platão. Introdução de *O Evangelho Segundo o Espiritismo*. Trad. Salvador Gentile. Araras, IDE.

de tudo que tendesse a diminuí-la, e atingindo, frequentemente, proporções sublimes."[2]

"(...) e por minha parte tento convencer os outros de que, para alcançar o bem, a natureza humana não encontrará facilmente melhor auxiliar do que Eros."[3]

---

2 Fénelon. *O Evangelho Segundo o Espiritismo*, cap. XI, item 9. Trad. Salvador Gentile. Araras, IDE.

3 Platão. *O Banquete*. Trad. Jean Melville. São Paulo, Martin Claret.

CAPÍTULO 1

Nossos primeiros encontros

"Os preconceitos do mundo sobre o que se convencionou chamar o ponto de honra dão essa suscetibilidade sombria, nascida do orgulho e da exaltação da personalidade (...)."[4]

— Foi uma visão profética, meu caro — dizia meu interlocutor, muito nervoso e agitado. — Jamais esquecerei aquela manhã. Agora, aqui, falando com vocês sobre esses fatos, eles me parecem marcados por um determinismo quase diabólico, perverso. Não havia como resistir ou evitar tudo o que foi feito.

Notando que meu companheiro desequilibrava-se, procurei intervir:

— Mantenha a calma — pedi-lhe. — São apenas lembranças. Sei o quanto dói remexer fatos marcantes que para você são presentes. Mas, por favor, mantenha a calma, será melhor assim. De nada adianta revoltar-se. É preciso drenar — e ao me dar conta de que usava expressões médicas para curar feridas internas, sorri lançando um olhar a meu amigo Georges, que assistia à conversa displicentemente apoiado ao peitoril da janela de meu estúdio de trabalho, e o provoquei completando —, drenar essas chagas interiores. Não concorda comigo, Georges?

— Claro — apoiou Georges reticente, devolvendo-me o sorriso como quem diz: "a tarefa é sua, vá em frente".

---

4 Kardec, Allan. *O Evangelho Segundo o Espiritismo*, cap. XII, item 8. Araras, IDE.

Olhando a face conturbada do companheiro à minha frente, estendi-lhe a mão; havia notado que ele era avesso ao contato humano, parecia temer uma carícia e até mesmo uma palavra de carinho. Ele fitou minha mão estendida, não retribuiu o gesto dando-me sua mão. Resolvi insistir, tentei tocar-lhe o ombro gentilmente. Foi pior, ele encolheu-se no assento da poltrona, vi seu olhar aflito antes que ele escondesse o rosto entre as mãos, depois me disse:

— Não me toque! Fique longe de mim. Não preciso da sua piedade, nem de ninguém.

Dirigindo-se a mim e a Georges, falou descontrolado:

— Deixem-me voltar, não me submeterei a isso. Por que interferem? Não têm nada com isso. Afastem-se, me deixem! Vocês não sabem nada do que eu sinto, nem por que faço o que faço. Mas garanto-lhes, tenho sérias razões para agir assim. Não se metam em um assunto que lhes é desconhecido.

Georges acercou-se do nosso companheiro, puxou uma cadeira e sentou-se em frente a ele. Sem hesitação sobrepôs suas mãos às do nosso companheiro.

Gentilmente fez com que ele tornasse a descobrir o rosto e, olhando-o firme, comentou:

— Ricardo, é preciso pôr fim a esse sofrimento. Olhe à sua volta, você é um ser inteligente, capaz, não há do que fugir senão de você mesmo. Responda-me, como fazer isso?

Georges falava com calma, porém a inflexão de autoridade era marcante em sua voz.

— Aonde você for, carregará esses sentimentos e pensamentos. José Antônio tem razão, nossas chagas interiores precisam ser drenadas. Precisamos abrir nosso íntimo, olhar lá dentro, ver as coisas que nos machucam, entender por que são ou foram assim. Não desejamos e nem faremos com que esse processo seja forçado; ele é seu e deve seguir o tempo que lhe for necessário. Mas pense que quanto antes você resolver ingressar nessa viagem melhor será.

Mais calmo, Ricardo olhava cheio de dúvidas ora para mim, ora para Georges. O temor de revelar algo havia muito escondido o torturava.

— Falamos várias vezes sobre isso, eu sei. Mas ainda não consigo olhar esse passado, nem aceitar o presente. Em mim vive o conflito.

— Meu amigo, você precisa descansar. Vamos andar um pouco pelo jardim — convidou Georges. — É preciso afastar a mente dessas vivências. Já é tempo.

Ricardo levantou-se, sua postura revelava certo acanhamento. Era interessante notar como oscilava emocionalmente; postou-se de costas para nós e permaneceu algum tempo em silêncio.

Enquanto aguardávamos a resposta, eu analisava: estava sendo um processo de recuperação muito lento, mas a personalidade dele me fascinava, sua história, suas emoções, por vezes tão conturbadas, tão secretas, escondidas das vistas do público. A dualidade daquele caráter arrebatado e sensível, cruel e amoroso, dominador e passivo, e todos os conflitos que abrigava em seu coração eram para mim valiosíssimos. Sinceramente o queria como amigo, e acredito que naquele momento ele sentiu isso porque se voltou, olhou-me nos olhos, e perguntou:

— Não me julga? Não me condena? Não tem vergonha de mim?

Outra vez estendi-lhe a mão e respondi:

— Faltam-me credenciais para julgá-lo, não vejo em seu interior e não vivi suas experiências. Não posso julgá-lo, por consequência não o condeno. Desejo ser seu amigo, respeito os sentimentos que abriga. Ninguém deve se envergonhar por amar e você amou.

— Bem sabe que sou diferente, lhe disseram, eu sei — insistiu Ricardo. — Ainda assim quer participar desse processo todo, que eu mesmo temo.

— Ricardo, precisamos aprender a conviver com as diferenças e entendê-las. É chegado o momento de desenterrar os ossos da hipocrisia que a sociedade lança sob o tapete do moralismo — disse-lhe. — Sabe, analisar a sociedade humana pode ser uma comédia ou uma tragédia dependendo da lente que usamos. Já a olhei com lentes de cinismo e a vi como uma comédia, índoles risíveis, caricaturas de homens. Sofri bastante e pensava que tudo era uma tragédia. Meu amigo Georges me auxiliou a resgatar desse sofrimento o equilíbrio, compreendendo a mim mesmo, meu íntimo, minhas vivências, e percebendo que todos somos iguais sob esse aspecto: enquanto não nos compreendemos e aceitamos, buscando o autoconhecimento, aceitando-nos, não poderemos nos libertar da dor. Olhe, não desejo fazer discursos, mas pense: quantas pessoas vivem o seu drama de amor, ódio, ciúme, traição e vingança...

— Não se esqueça do medo, da ansiedade, da incompreensão, da vergonha, da marginalidade social, do preconceito, das dúvidas atrozes — acrescentou Ricardo, interrompendo-me. — Mesmo assim quer realmente minha colaboração?

— Quero — respondi. — Considere isso como um resgate da minha própria consciência. Enquanto estive na matéria arranhei esses temas em meus trabalhos, mas faltou-me o senso maior de compromisso com o progresso que deve ter o artista para afrontar alguns preconceitos e estabelecer discussões. Então soterrei esses impulsos cedendo aos interesses materiais, aos preconceitos sociais. Apenas deixei esboços desses assuntos, frágeis convites ao pensamento de meus leitores para verem essas diferenças. Como vê, ofereço-lhe minha amizade e ajuda se necessário for, ao passo que você também me ajudará. Sua experiência para mim é rica, por isso gostaria de participar do seu processo de "drenagem interior" — Georges riu da denominação que dei ao trabalho.

— Ainda não sei. Sinto-me confuso. Por vezes, os argumentos de vocês me convencem, me pacifico, porém surgem as lembranças e... Ah! Eu sofro, essa é a verdade — desabafou Ricardo, caindo pesadamente sobre a poltrona que antes ocupava.

— Muito bem, Ricardo, encontre suas verdades, assuma-as. Fez bem em admitir o sofrimento. Agora decida o que quer fazer com ele: conservá-lo ou não? — aparteou Georges sorrindo alegremente. — Não tenha pressa. E, então, o que me diz quanto àquele passeio? Ainda espero sua resposta.

Georges me sinalizou para eu não insistir com Ricardo, dando-lhe tempo para amadurecer a ideia de partilhar suas experiências, e prontamente incentivei:

— Vá, Ricardo. Medite com calma. Se desejar conversar comigo, não se constranja, venha. Terei prazer em recebê-lo.

— Acho que realmente ainda não é o melhor momento. Não estou seguro se desejo isso — declarou Ricardo. — Sei que tenho barreiras interiores muito fortes a vencer antes de me expor dessa forma.

Voltando-se para Georges, disse:

— É melhor andarmos lá fora, um passeio me fará bem.

Georges levantou-se. Despedimo-nos amistosamente e os acompanhei até a saída.

Em minha mesa, várias anotações a respeito de Ricardo; eu acompanhava o caso havia alguns anos, mas nossa aproximação era recente. Caminhei até a ampla janela de vidro que dá vista ao jardim de nossa instituição e acompanhei com o olhar o passeio de Georges e Ricardo.

Confiava que ele compreenderia nosso propósito. Queria, e quero, Ricardo como um grande amigo.

Paciente, aguardei a aquiescência dele aos nossos planos. Em uma manhã ensolarada, enquanto descansava alguns minutos no jardim, recebi um chamado de Georges. Ricardo dava sinais seguros de ingressar em processo de autoconhecimento e renovação, concordara com minha presença e a transformação de sua existência finda em tema de nosso trabalho. Carrego sempre comigo o parco material de que necessito para apontamentos, estava a meu lado no banco, peguei-o e me dirigi à sala indicada por Georges.

— Seja bem-vindo, José Antônio — cumprimentou-me o gentil Georges. — Apenas o aguardávamos para dar início à sessão.

— Vim tão logo recebi seu chamado. Como estão? — indaguei dirigindo-me também a Ricardo.

— Disposto — respondeu Ricardo, firme.

— Ótimo, meu amigo — elogiei. — Verá como será bem melhor para você livrar-se desses grilhões.

— Faça um bom trabalho, José Antônio — alertou ele. — Que todos os meus padecimentos emocionais e desacertos se tornem de utilidade para alguém.

— Farei o melhor a meu alcance, Ricardo — respondi-lhe sinceramente. — E, agora, esqueça que estou aqui.

Ricardo acomodou-se no divã. Na parede à sua frente uma grande tela, sentado ao seu lado Georges e depois eu.

Georges levantou-se, voltando-se para Ricardo, e solicitou com calma:

— Reconstrua suas memórias, Ricardo. Analise-se. Busque suas emoções, compreenda-as. Esse é nosso propósito.

Na tela surgiram as imagens do passado de Ricardo, e ouvimos sua voz emocionada narrar as próprias experiências.

CAPÍTULO 2

As lembranças

"(...) Em verdade vos digo que um de vós, que come comigo, me trairá."[5]

Os raios de sol incidiam sobre a vegetação das campinas, o suave relevo, de tempos em tempos quebrado pelo aparecimento de alguns aglomerados de árvores nativas e arbustos, oferecia à vista um cenário de plácida tranquilidade campestre.

Um pequeno feudo, com um burgo ao redor e, mais adiante, sobre um elevado do terreno, a imponente construção do convento do Vêneto, com suas paredes cinzentas, suas altas janelas, as torres características do estilo gótico, apontando o firmamento, como que desejosas de aproximar o homem do Criador a qualquer preço.

Andando apressada, uma camponesa. Era jovem, corpo atraente que as vestes pobres não escondiam, cabelos castanhos, levemente encaracolados nas pontas, escapavam do lenço amarrado na cabeça e brilhavam à luz do sol. Em uma das mãos trazia uma pequena trouxa de roupa, na outra arrastava um menino de aproximadamente sete anos, de olhar assustado e expressão tomada de medo. A pobre criança tropeçava nos próprios pés para acompanhar-lhe o ritmo. Era franzino, delicado, no rosto sobressaíam os enormes olhos castanhos, rajados

5 Jesus. *Bíblia Sagrada*, Marcos 14,18. Trad. João Ferreira de Almeida. Barueri, Sociedade Bíblica do Brasil.

de tons dourados, luminosos e sombreados por espessas e longas pestanas. A pele bronzeada denunciava uma vida ao ar livre e lhe dava um ar saudável e rosado.

— Apresse-se — pedia a jovem ao menino, lançando um olhar à construção do convento ainda um tanto distante. — Não seja lerdo, ande mais depressa. Não temos o dia todo pela frente.

— Ai, não posso mais! — queixava-se o menino. — Quero parar, meus pés doem. Pare, mãe.

— Cale-se! Já disse, é preciso andar mais depressa — ralhou a jovem, mal-humorada.

Choramingando e cansado, o menino foi arrastado até a porta da igreja do convento.

A mulher suspirou profundamente, ajeitou o lenço, passou a mão sobre o avental e olhou o filho a seu lado. O rosto pequeno, sujo de pó, estava marcado pelo caminho traçado pelas lágrimas. O medo e a incerteza se estampavam na expressão infantil, como a indagar: que será de mim? Pouco compreendia do que se passava, mas percebera que o novo marido de sua mãe não aprovava sua presença em casa. Várias vezes fora vítima de agressões, ouvira-a clamar para que não mais o machucasse e a resposta do padrasto gravou-se em sua memória:

— Livre-se desse fedelho. Não estou disposto a criar o filho de outro homem.

Em vão ela argumentara que o pequeno era órfão de pai havia dois anos, pedira-lhe paciência. Nada comovera o padrasto.

— Entregue-o para a igreja o quanto antes. Fará um bem a ele e a nós. Já lhe disse, não suporto ver a cria de outro homem sob meu teto. Lá, com os padres, terá do bom e do melhor. Leve-o daqui o quanto antes! Assim que o entregar, partiremos daqui, vamos fazer fortuna em Veneza, dizem que lá o comércio é rico e há lugar para todos, chega de viver explorado neste feudo esquecido do mundo.

O discurso inflamado do marido um pouco amedrontava a mulher, outro tanto a seduzia. Viver na cidade, ser esposa de um comerciante, conquistar fortuna era seu sonho desde menina. Invejava a senhora do castelo para quem trabalhava, suas roupas, os objetos luxuosos, as joias, as festas. Julgava que a riqueza era só prazer e que os ricos eram isentos de sofrimento.

Mas havia um preço: afastar-se do filho, o pequeno Enzo, lembrança de seu primeiro amor tragicamente terminado com a morte do esposo em uma caçada. Viúva, jovem e pobre, sua vida após a morte do pai de Enzo não fora nada fácil. O segundo casamento com um homem mais experiente e vivido lhe parecera a solução ideal. Não considerara o caráter violento, frio e calculista do candidato. Agora, passados quase três meses, via-se na contingência de abandonar o filho às portas do convento. Enzo já era um menino, não havia como deixá-lo na roda dos enjeitados, era preciso entregá-lo ao monsenhor Ricardo.

Encarando o filho, a mulher abaixou-se, pegou a ponta do avental e limpou o rosto do menino. Depois, não sofreando as emoções contraditórias que lhe sacudiam o íntimo, tomou o menino nos braços e apertou-o contra si, beijando-lhe sôfregas e repetidas vezes a cabeça loira. Não tinha palavras a dizer ao filho. Não sabia se ele entenderia ou não seu gesto algum dia e julgava que, sendo ele uma criança, nada entendia do momento doloroso que compartilhavam. Mas como estava enganada!

A criança não entendia a estranha lógica do raciocínio adulto, não lhe acompanhava as nuances e as razões de ser tão cheias de mesquinhos sentimentos e impulsos imediatistas, mas sentia, e como sentia, que sua mãe naquele momento se despedia dele. Essa contradição de não compreender as razões do abandono, mas senti-lo profundamente, marcaria de carência e desencadearia complexo de rejeição no caráter do pequeno Enzo por muito tempo, daquele dia em diante. E o medo de amar uma mulher e vê-la partir, abandonando-o, seria uma sombra vagando em seu mundo emocional.

Dominando a emoção e os gritos da consciência, a mulher ergueu-se, respirou fundo, não teve coragem de contemplar o olhar aflito e transtornado do filho. Puxando-o pela mão, adentrou a igreja.

Monsenhor Ricardo era um homem com trinta anos, jovem para ocupar o destacado cargo no corpo clerical do convento.

Aos domingos era sempre ele quem realizava a homilia da santa missa. Naquele, em especial, em razão do mal-estar de seu superior, oficiava todo o rito religioso. Estava de frente para o altar, ricamente ornamentado de belas imagens, vestidas de veludo, em nichos entalhados em madeira. O dourado do ouro dominava e ofuscava a vista deslumbrando os fiéis que nisso viam o poder da Santa Igreja e de seus venerandos representantes. Erguia uma taça também de ouro à altura da testa, oferecendo-a à imagem de Jesus crucificado e coroado de espinhos. Entoava uma prece em latim que recitava mecanicamente, sem qualquer emoção. Ao virar-se, ainda trazia erguida a taça; enquanto a abaixava, seu olhar contemplava a assembleia reunida à sua frente. Chamou-lhe a atenção a presença da jovem mulher com o menino pela mão. Não precisava que lhe dissessem o que ela desejava. Ao longo dos anos a serviço da Igreja, perdera a conta de quantas vezes esse fato se repetira. Continuou a realizar de forma maquinal o serviço religioso, mas seu pensamento fora atraído para a mulher e a criança. Olhou o menino e, intimamente, compadeceu-se do seu futuro. Conhecia outras histórias como aquela. Repetiam-se pelos corredores do colégio do convento. Era mais um menino pobre que a mãe estava entregando à igreja.

"Triste destino!", pensou o monsenhor. "Ele será um padre qualquer de uma remota aldeia da Itália. Sem dinheiro não galgará postos no clero."

Como que atraído pela pomposa figura do monsenhor Ricardo, o pequeno Enzo olhou para ele. Foi o primeiro olhar que trocaram, viu-o baixar a taça dourada e depois pronunciar:

— *Amen dico vobis quia unus ex vobis me tradet qui manducat mecum.*[6]

A criança não despregava o olhar aflito da figura do monsenhor. Apenas quando sua mãe soltou-lhe a mão e saiu em

6 "(...) Em verdade vos digo que um de vós, que comigo come, me trairá" (Marcos 14,18).

desabalada corrida pela porta da igreja foi que o pequeno percebeu que o local esvaziara restando apenas ele e o oficiante do serviço: aquele homem estranho, vestido de negro e bordô, que o contemplava do altar.

Enzo tentou erguer-se e correr atrás da mãe, mas suas pernas estavam cansadas e após alguns passos trôpegos caiu. Do piso da igreja viu a mãe correndo para longe e se pôs a chorar convulsivamente.

Monsenhor Ricardo aproximou-se, tomou-o nos braços, acariciou-lhe os cabelos, murmurou algumas frases, tentando em vão consolar o pequeno órfão. Não adiantava lançar-se em busca da mulher, bem sabia que por detrás daquele gesto havia uma história de pobreza, dor, em alguns casos, de criminosos pecados de adultério, segundo a teologia católica, ou imbecis ilusões de poder que acabavam em mal disfarçada prostituição nas tabernas. Pensando em todos aqueles desatinos, o religioso abraçou carinhosamente o menino e, sem que percebesse ou premeditasse, tornou-se, daquele momento em diante, o protetor do pequeno Enzo.

Levou-o até o alojamento dos meninos, entregando-o aos cuidados do irmão Jacobino para que fosse limpo e alimentado, recomendando ao subordinado que zelasse pelo menino e fizesse o registro de praxe. Antes de afastar-se, levantou o rosto do pequeno e, vendo seus olhos inchados e vermelhos, falou-lhe suavemente:

— Nada tema, meu pequeno. Você agora é um filho da Santa Madre Igreja. Eu cuidarei de você. Nada lhe faltará. Seja dócil e obediente às ordens do irmão Jacobino.

O menino o olhava demonstrando ter entendido o essencial.

— Como é seu nome? — indagou Ricardo.

Uma voz infantil, rouca e chorosa respondeu:

— Meu nome é Enzo, padre.

— Muito bem, Enzo, vá com irmão Jacobino, ele lhe dará alimento e depois o levará até onde passará a ser doravante seu quarto.

Passando a mão sobre os cabelos loiros e empoeirados do menino, sorriu.

— Um belo menino. Vá e comporte-se.

O ambiente frio e austero do convento do Vêneto foi o palco da infância do pequeno Enzo. Em meio às grossas paredes, aos silenciosos e longos corredores, cresceu um menino marcado pela carência, pelo abandono, por perdas sucessivas. Duas figuras imprimiriam em seu caráter mensagens muito diferentes: irmão Jacobino e monsenhor Ricardo.

O irmão Jacobino, um frade humilde e de bom coração, era o responsável por acolher os órfãos no convento. Era dele a tarefa de auxiliar os meninos a crescer provendo o necessário ao desenvolvimento físico deles. Jacobino tinha sob sua tutela vinte infantes entre sete e doze anos; após essa idade seus tutelados eram transferidos às mãos de monsenhor Ricardo para iniciarem-se na vida eclesiástica.

Os dois monges não poderiam ser mais diferentes. Como falamos, eram tão distintos quanto a água do vinho. Irmão Jacobino era água, pessoa de caráter simples, natural, humilde, servia a todos, não fazia mal a ninguém, descendia de família humilde, fora educado no convento aonde chegara nas mesmas condições de seus atuais tutelados, não era ambicioso, estava satisfeito com a tranquilidade de sua existência dedicada a minorar a dor da orfandade que sentira na própria pele.

Monsenhor Ricardo comparava-se perfeitamente ao vinho da região, forte, encorpado, de cor escura e fascinante, seu caráter arrebatado, orgulhoso, ambicioso ao extremo não se conformava em não ser o centro das atenções, em não ter sobre si o brilho e o fascínio que o poder temporal exercia sobre os homens e a sociedade da época. Carreirista, galgava rapidamente postos e cargos no clero a peso de dinheiro, descendia de família nobre, era culto, astuto, inteligente, amealhava fortuna como quem colhe flores do campo na primavera. Em pouco tempo se destacou e tornou-se invejado no clero. De seus lábios ouviam-se discursos belíssimos, em confissão não havia outro mais clemente e benévolo com os fiéis, crescia sua fama e seu poder. O espanto de tão meteórica ascensão era comentado nos cantos dos salões com dúvidas e reticências, mas publicamente era festejado pelos seus muitos devedores.

Naqueles dias estava próximo de se concretizar mais um passo do arrojado plano daquele homem ambicioso — tornar-se a autoridade máxima daquele convento e região: ser o sucessor do bispo Giordano, velho servidor da Igreja Romana, atacado subitamente de progressiva fraqueza orgânica que os médicos não logravam debelar.

O bispo fora exemplar em sua trajetória como religioso. Chegou ao cargo por vias legítimas e dedicava-se à administração da obra com zelo e devoção. Era ingênuo e tanto quanto possível vivia distante do mundo político que envolve o clero e a milenar instituição romana. Aos olhos de Ricardo, o velho sacerdote representava coisa bem diversa...

Na cela do adoentado bispo, Ricardo era incansável, não permitia a nenhum outro membro da congregação substituí-lo nos cuidados ao paciente. Quando alguém vinha oferecer-se para auxiliar, recebia como resposta:

— Não posso permitir que se desgaste nesta atividade. No convento e em todo Vêneto sou o maior devedor de gratidão a Vossa Reverendíssima. Permita que lhe restitua um pouco do muito que lhe devo. Prossiga seu trabalho e deixe-me com nosso superior.

Impressionados com o devotamento do religioso, pouco a pouco todos foram se afastando e deixando que ele conduzisse os cuidados necessários ao bispo Giordano. E, dia a dia, o velho sacerdote envergava mais o corpo em direção à terra. Quando saía dos aposentos humildes do bispo, monsenhor Ricardo trazia no rosto a máscara da desolação, expressão triste, sombria, e os olhos velados a ninguém encaravam face a face, baixos em aparente humildade.

Na misteriosa doença do superior, Ricardo expandiu sua influência, assumindo os cuidados devidos ao paciente, a administração do convento, os contatos com os pares e superiores do bispo adoentado. O moribundo pouco abria os olhos, sua agonia era lenta, parecia vegetar, definhava, mas estranhamente, nos poucos momentos em que se apresentava lúcido, seu olhar refletia um medo terrível, sua alma gritava revoltada, mas o corpo não tinha meios de expressar. À aproximação de Ricardo, encolhia-se no leito tal qual um animal encurralado por cães, que vê a morte aproximar-se e quer lutar pela vida, no entanto está impotente e acaba vencido.

A agonia do velho bispo durou meses. Lutava bravamente para não se render à morte, mas em uma madrugada chuvosa, em meio ao som de forte ventania que batia as janelas do convento fazendo ouvir um melancólico e lúgubre assobio, o sacerdote abriu pela última vez os olhos. No azul pálido, quase sem vida, de seu olhar, a revolta e o ódio imprimiam uma luz ofuscante que condensava toda energia vital daquele corpo que se consumia. Encarando seu enfermeiro, apontou-lhe o dedo trêmulo, em riste; seu rosto magro, encovado e de cor cadavérica, era um ríctus de pavor e revolta. Gastando suas últimas energias materiais, o bispo fez soar a voz num sussurro apavorante e ameaçador em meio ao assobio da ventania:

— Você pagará caro por isso, Ricardo.

Impassível, Ricardo recebeu as últimas palavras do bispo do Vêneto, vendo-o desfalecer em seguida, caindo o braço esquálido ao lado da cama e batendo no piso. Sem qualquer emoção, tomou o braço do doente e colocou-o sobre o peito. Constatando que o bispo não mais vivia, correu os dedos sobre os olhos do falecido, fechando-os e escondendo de todos o brilho de ódio e revolta que neles havia. Porém, não conseguiu retirar do cadáver a expressão, o ríctus de pavor, o medo, as marcas sutis da revolta.

O cadáver hirto, pálido, trajado com suas vestes clericais e aparatos que o acompanhariam no túmulo, foi preparado por monsenhor Ricardo sob a costumeira alegação do dever de gratidão:

— Esta é minha última oportunidade de saldar uma grande dívida de gratidão com nosso ilustre benfeitor — dizia a quem se aproximasse para ajudá-lo.

Os religiosos não se atreveram a contestá-lo, parecia justo que o dedicado servidor de tantos anos prestasse também as últimas homenagens ao amigo. Nas exéquias, reuniram-se as altas autoridades que decidiriam quem seria o sucessor do bispo Giordano, e causavam sincera piedade a consternação e a estoica fé com que monsenhor Ricardo suportava a morte do superior.

A tela se apagou. Imediatamente minha atenção voltou-se para Georges, que observava Ricardo extremamente agitado, ainda deitado no divã. A consciência do companheiro revolvia-se em crise profunda.

— Ricardo — chamava Georges, meigamente. — Ricardo, tenha calma. Lembre-se, tudo isso é passado.

— Eu sei, mas isso não retira a culpa pelos meus atos. Você viu. — Ricardo dobrava-se sobre si mesmo tapando o rosto, envergonhado: — Eu matei friamente o bispo Giordano, e ele sabia. Nunca esqueci aquele olhar acusador, cheio de ódio, que o velho me lançou em seus últimos momentos.

— Você quer falar sobre isso, Ricardo? Faz bem expressar nossos sentimentos em palavras. É para isso que temos o dom de falar — incentivou Georges.

— Desejava ser o bispo, e realmente fui, atingi meu objetivo. O preço na época não me importou. Hoje vejo quão ilusório era tudo que julgava então de tamanha importância. O fato é que eu desejava o poder, o dinheiro. A ambição e a ganância me moviam. Agora, olhando esse passado, me pergunto: para quê? Serviu apenas para chegar a esse momento de duração infinita repleto de tortura, vergonha e culpa no qual vivo.

— Não se condene tanto, Ricardo — advertiu Georges. — A culpa, assim como o medo, é uma emoção que paralisa o desenvolvimento natural do ser humano. Reconhecer um erro, arrepender-se é muito diferente de culpar-se. Você está se culpando. Lembre-se do que já conversamos: a proposta é rever para se autoconhecer.

Ricardo fazia um esforço visível para recobrar o controle de seus sentimentos. Georges não o apressou, deixou que ele próprio ditasse o tempo necessário.

— Creia-me, Georges, estou tentando pôr em prática todas as lições que assisti em seus trabalhos aqui na instituição antes de aceitar esse desafio. Lembro-me de todas elas, mas como é difícil! Meu íntimo é conturbado. Compreender a mim mesmo parece tão complexo! — dizia Ricardo, levantando-se e caminhando um pouco pela ampla sala de Georges. — Como você pode gostar de fazer isso? Já notei que passa horas e horas com as mais diferentes criaturas fazendo o que faz comigo. Como aguenta?

Georges sorriu e respondeu, olhando para mim e para Ricardo:

— Amo o que faço. Conhecer o outro é conhecer a mim mesmo. Se reconheço no caráter de alguém frieza, cálculo, ódio ou qualquer outro elemento, é porque os tenho em mim. Os índios, no norte dos Estados Unidos, tinham um ditado muito interessante sobre o que você me perguntou. Eles diziam que, se realmente desejamos conhecer alguém, devemos caminhar sobre seus pés nove luas. Convivendo com nossos irmãos em evolução, aprendemos sobre eles. Nessa convivência descobrimos a eles e a nós mesmos. Ricardo, conhecer-se não é difícil como você afirmou, ao contrário, é fácil, é só ter a atenção voltada a si mesmo em primeiro lugar e depois aos outros. É o que estamos fazendo agora. Você está olhando para si mesmo, para suas atitudes, porque não fez isso enquanto estava encarnado.

— É um convite tão simples — Ricardo falava em voz alta para si próprio. — Mas quando encarnado sempre olhei para os outros. Preocupava-me em conhecer e julgar o caráter dos outros, reconhecer seus pontos fracos e fortes para deles tirar proveito. Não prestei atenção a mim mesmo. Minhas emoções correram soltas, sem controle, e minha inteligência nunca ouviu minha consciência. Eu era um ser tripartido, um emocional, outro fria inteligência a serviço dos vícios da personalidade e, por fim, o que agora enfrento: uma consciência sufocada.

Georges, notando-o mais calmo, fez um gesto apontando-lhe que retornasse ao divã. Ele obedeceu e acomodou-se confortavelmente.

— Vamos conversar. Pense: tudo quanto precisamos está em nosso interior, temos apenas que aprender a buscar as fontes de sabedoria divina que temos gravadas na consciência. Isso nos possibilita analisar e julgar a nós mesmos.

Georges sorriu, aproximou-se de Ricardo e tocou-lhe o braço gentilmente.

— Lembre-se de que julgar não é para condenar, mas sim para ver com clareza quais atitudes geraram esse sofrimento. Quais as emoções que as impulsionaram? Busque na fonte sagrada em seu íntimo o caminho para apaziguar-se com o universo interior e exterior. Vamos prosseguir?

Ricardo aquiesceu e, enquanto falava, as cenas voltaram a projetar-se na tela.

— Tornei-me o bispo do Vêneto...

CAPÍTULO 3

O início de uma amizade

"(...) Os sentimentos são os instintos elevados à altura do progresso realizado."[7]

O ambiente até então austero do convento foi rapidamente transformando-se sob a direção do bispo Ricardo.

O luxo que existia nos altares da igreja adentrou os corredores do convento. Reformas sucediam-se com grande velocidade. Por toda parte surgiam pinturas de anjos, rechonchudos e nus, apenas cobrindo os órgãos genitais com cabelos ou esvoaçantes tecidos. Imagens dos patriarcas hebreus surgiram esculpidas ou pintadas em tetos e paredes, exibindo músculos fortes de braços, peito e coxas. Cores fortes, muito brilho e pompa falavam quem era o novo bispo do Vêneto.

— Deus aprecia o belo e fez do homem sua imagem e semelhança. Não se esqueçam disso. Eis aí o que penso: que melhor forma de homenagear a divindade senão louvando-lhe a grandeza da criação em imagens de beleza e poder? — discursava o bispo quando inquirido por algum fiel ou até mesmo por seus pares e superiores.

Às alegações de que gastava somas astronômicas em suas obras, a resposta era também pronta:

— Não se afadigue pela posse do ouro, meu caro. Lembre-se: o Pai tudo vê e provê. O apego aos tesouros materiais

7 Kardec, Allan. *O Evangelho Segundo o Espiritismo*, cap. XI, item 8. Trad. Salvador Gentile. Araras, IDE.

conduz o homem ao caminho do mal, do demônio. São as portas largas da perdição cujas facilidades ele abre. Liberte-se desse mal, meu filho — orientava especialmente aos fiéis. — Faça que seu dinheiro renda eternamente, invista-o no local onde nem as traças nem a ferrugem o corroem, invista-o na grandeza do nome da Santa Madre Igreja, em louvor a Deus e à sua criação.

Hábil orador, tanto em público como em particular, o dom da palavra fácil e convincente fez de Ricardo uma das maiores fortunas abrigadas sob o manto da Igreja.

Sua origem nobre auxiliou e muito seu ingresso e início na carreira sacerdotal, mas é inegável que sua "capacidade pessoal" foi a grande responsável pelo acúmulo de capital em suas mãos.

O convento respirava essa estranha prosperidade. Ricardo banira, tanto quanto possível, os rigores eclesiásticos. Dizia que no convento vivia-se em família, que Deus era o Pai e era justo que todos fossem alegres por estarem sob Seu amparo.

Suas medidas administrativas, entretanto, não eram isentas de críticas; porém os grupos antagônicos escondiam-se, dissimulavam, não se mostravam à luz do dia. E tudo não passava de fofoca, pois todos reconheciam a astúcia do jovem bispo e temiam enfrentá-lo.

Se havia alguém feliz e inocente em todas as transformações no monastério, esse alguém era irmão Jacobino.

A maior tolerância da nova administração lhe permitira implementar uma série de renovações e melhorias no trabalho com os órfãos. Um novo prédio foi erguido para abrigar os pequenos, uma espécie de ala escolar, e, tanto quanto possível, irmão Jacobino, seu diretor, permitia aos meninos, cumpridos os deveres educacionais e religiosos, que se divertissem em jogos e brincadeiras ao ar livre, quebrando a triste rotina imposta às crianças educadas sob a mão férrea e fria da Igreja. O clérigo sonhava em um dia transformar aquele local em um simples orfanato de onde os meninos poderiam partir quando tivessem condições suficientes para enfrentar a vida, não mais se submetendo a uma vida sacerdotal compulsória por escolha de familiares que os haviam abandonado.

Envolvido em suas pequenas conquistas, Jacobino não dava atenção aos rumores que cercavam a figura do bispo. Era seu amigo, admirava-o pelo pouco de seus desejos que ele concedera. O bispo tinha nele um servidor fiel e devotado a toda prova.

Logo após assumir o novo cargo, Ricardo viu-se na contingência de escolher alguém de confiança a quem delegar poderes em sua ausência. Examinou suas opções entre os irmãos da ordem: padre Rugiero não lhe inspirava muita confiança; nele a inveja era uma força nítida e atuante, ele pouco pensava em crescer e muito em como os outros cresciam. "Um ser invejoso é perigoso", analisava Ricardo, "seu intuito é destruir o objeto de sua cobiça. Esse não serve". A próxima opção era padre Levi: "Fingido, faz-se de simplório e não o é, engenhoso, trama pelas costas, cria situações e conceitos a respeito de pessoas unicamente para servir a seus propósitos, além disso, é egoísta demais e tem ambições por poder e autoridade. Melhor seria uma serpente enrolada no braço que este homem trabalhando a meu lado. Padre Bento só quer amealhar dinheiro, se oporia a qualquer melhoria nesse local e já me bastam os anos de frieza e feiura que suportei aqui. Reconheço ser ele o menos prejudicial, mas ainda assim não o quero".

Somente depois de meses dirigindo o convento foi que o novo bispo aproximou-se do irmão Jacobino, figura que até então não lhe despertara qualquer interesse.

Visitara a ala construída para os órfãos no período em que estava em obras e no dia da inauguração. Era chegado o momento de fazer-se presente naquele setor. Arrumava-se em seus aposentos, na residência que lhe era designada em função do posto que ocupava, acompanhado somente de Lucas, jovem seminarista que o servia nas questões pessoais.

— Crianças são incômodas, estas daqui ainda mais, pois têm um olhar acusador e triste — dizia Ricardo para si mesmo enquanto mirava-se no espelho, ajeitando os trajes clericais.

Passava a mão sobre o rico bordado da manta, notando-lhe os detalhes, esquecido do desagrado em visitar os infantes. — Lindo trabalho, preciso recomendar à irmã responsável pelo bordado que use mais fios em ouro e prata. Se tivesse feito isso, ficaria belíssimo. Imagine essas ovelhas com pontos dourados. Não posso me esquecer de mandar-lhe essa recomendação.

Ajeitando mais uma vez a vestimenta, deu-se por satisfeito e, apanhando o terço estendido pelo jovem seminarista que o servia, sorriu-lhe graciosamente e convidou-o gentilmente:

— Venha, Lucas. Vejamos como estão os pequenos. Afinal precisaremos de boas informações para comover os nobres e ricos a contribuírem com um pouco mais de ouro para os serviços da Igreja.

— Vossa Reverendíssima sempre tem razão. Com certeza as damas apreciarão saber dos cuidados dispensados aos garotos. Além do que, sua presença e interesse naquele setor do convento serão testemunhados pela duquesa Clarissa, que nos enviou esta manhã um comunicado dizendo que necessita de um retiro espiritual e pedindo que fosse encaminhado à abadessa Agnes.

— Jovem, por que não fui avisado desse acontecimento mais cedo? — indagou o bispo, contrariado. — Os assuntos que envolvem a duquesa são de meu imediato interesse. Sou seu confessor, preciso saber de tudo que envolve o nome da duquesa. Que foi feito com relação ao pedido?

— Perdão, Reverendíssimo — pediu Lucas com voz de quem pretende desculpar-se e prosseguiu: — Não julgava ser a duquesa pessoa que gozava de tão alta importância junto ao senhor.

— Pois saiba que ela goza desse merecido privilégio. Lembre-se: daqui por diante preciso saber de todas as coisas com antecedência. Fui claro?

— Sim, Reverendíssimo. Não abusarei de sua generosidade. Todas as minhas funções estarão a contento. Quanto ao encaminhamento, bem, ainda nada foi feito. Vossa Reverendíssima não despachou esta manhã. O pedido da duquesa encontra-se em sua mesa, juntamente com as demais correspondências.

O bispo fez uma expressão de desagrado que o jovem seminarista, preocupado, captou através do reflexo do espelho.

— Incompetente! — esbravejou Ricardo. — Como não sabe que uma pessoa do nível da duquesa Clarissa jamais se deve deixar esperando, ainda que seja a resposta de uma correspondência. Doravante lembre-se do que lhe disse e espero que as coisas melhorem. Você começou bastante mal o trabalho.

O jovem, assustado, encolheu-se ante a ira do superior, calou-se e baixou a cabeça.

Com um amplo gesto, beirando o exagero teatral, Ricardo afastou-se do espelho e dirigiu-se para a porta. O jovem permanecia estático, parado, no mesmo local onde fora repreendido.

— Vamos, criatura! Deus tem pressa, não podemos perder o dia todo — disse Ricardo, e notando que o rapaz o olhava cheio de medo, intimamente deliciou-se.

— Então, até para abrir a porta a seu superior precisarei mandar? De que lhe serviram os anos de lições sobre a vida religiosa? A hierarquia e a obediência são conceitos-chave, estão na base de sustentação do sistema católico romano.

Pálido e trêmulo, lentamente o seminarista apercebia-se dos deveres que lhe competiam. Intenso rubor substituiu a palidez ao assimilar plenamente as advertências do bispo. Correu a abrir a porta diante da qual Ricardo estava parado, esperou a saída do superior e seguiu-o a respeitável distância. Por fora, ele obedecia, por dentro, remoía:

“Vim para servir a Jesus Cristo, nosso Senhor e salvador. Não para servir de lacaio do bispo”.

Ignorando o que se passava no íntimo de seu novo aprendiz, Ricardo encaminhou-se apressado à nova ala.

No pátio os meninos corriam e gritavam alegremente. Em meio a eles, com a batina erguida até a altura dos joelhos, para dar mais agilidade de deslocamento, irmão Jacobino comandava a brincadeira. O rosto do religioso, com mais idade, tinha o mesmo brilho alegre e travesso de seus tutelados. Correndo de um lado a outro em volta dos pequenos, o religioso suava muito. Envolvido com as atividades, não percebeu a chegada de uma visitante: a duquesa Clarissa.

Jacobino não sabia o motivo, mas o fato era que, desde o primeiro dia, quando colocara os olhos na dama, não simpatizara com ela, apesar da relativa juventude, beleza e da imensa fortuna a que se vinculava.

Vendo-a aproximar-se do local onde se reunia com os pequenos, Jacobino tornou-se ciente de que precisaria atendê-la. Olhou para todos os lados à procura de algum irmão que pudesse recepcioná-la. Identificou frei Paulo sentado sob uma das árvores frutíferas que delimitavam o espaço, ressonando levemente. Sem vacilação, assobiou, retirando o companheiro de seu momento de descanso. O frei ergueu-se e Jacobino fez-lhe um sinal, chamando-o ao centro do pátio.

— Frei, está vendo aquela distinta dama parada junto à sacada do primeiro piso? — indagou Jacobino olhando firmemente frei Paulo.

O olhar do frei seguiu a direção indicada, deparando com o rosto da duquesa Clarissa.

— É evidente, irmão. É a duquesa Clarissa.

— Ótimo, quero que vá atendê-la, com a máxima educação. Diga que nada sabe a qualquer pergunta que ela lhe fizer.

Notando o ar de espanto na face do frei, Jacobino completou, à guisa de explicação:

— É assunto do bispo, coisa antiga, melhor ninguém se envolver.

— Hum — sussurrou o frei em resposta, aceitando a explicação ofertada. Sem outras palavras, seguiu ao encontro da visitante, com a mesma expressão neutra de poucos minutos antes.

Jacobino juntou-se às crianças e prosseguiu as brincadeiras diminuindo a algazarra. Volta e meia seu olhar se dirigia à bela Clarissa conversando com frei Paulo, acomodados em um banco de madeira instalado à sombra de uma árvore copada e colorida pelas flores e folhas.

Transcorridos poucos minutos, não mais que meia hora, eis que ao fim do corredor surge a imponente figura do bispo Ricardo, seguido pelo jovem seminarista. Ele caminhava lenta e seguramente, chegando à área do prédio onde havia um pátio interno e um corredor com grandes arcos que permitia a visão das diversas salas do interior. Parou, apoiou-se suavemente na mureta que dividia o corredor e o pátio e ficou admirando o trabalho de Jacobino. A confiança com que os meninos se aproximavam do religioso, demonstrando familiaridade e respeito, chamou-lhe a atenção.

— Pequenos, venham — chamava Jacobino apontando a mão direita em direção ao próprio peito como dizendo "venham a mim".

— Nada temam, venham. Vamos nos sentar aqui mesmo e conversar um pouco.

A esta declaração um coro de vozes infantis se fez ouvir em murmúrio de lamento e resignação. O sacerdote sorriu e ralhou docemente com seus tutelados:

— Ora, tenham compaixão. Vejam, sou um velho perto de vocês, não tenho mais seis ou sete anos.

Resignados e tranquilos, os meninos obedeceram à orientação recebida, sentando-se em roda à volta do irmão Jacobino.

— Muito bem, enquanto descansamos nosso corpo, podemos trabalhar nossas almas. Vamos seguir conversando sobre Nosso Senhor Jesus Cristo, está certo?

As crianças sorriram, expressaram-se várias ao mesmo tempo concordando e um certo burburinho se formou, que cessou tão logo se fez ouvir a voz de Jacobino.

— Jesus gostava muito das crianças. Era alegre e amigo, por isso as cativava com grande facilidade. Elas corriam ao seu encontro assim que o viam passar e seguiam-no pelos arredores das vilas onde moravam. Como vocês já sabem, ele andava sempre acompanhado de alguns discípulos.

Os meninos prestavam atenção. Jacobino olhou para Enzo, já mais bem ambientado ao convento e por quem tinha especial carinho, e indagou:

— Enzo, esqueci-me do que quer dizer discípulo, você se lembra?

O menino sorriu, estufou o peito com um orgulho infantil e ingênuo — que o tornava uma figurinha estranha, parecia querer ser adulto antes do tempo e naquela pergunta ele via essa oportunidade, pensava ser o melhor do grupo, por isso auxiliava o religioso — e, cheio de si, respondeu:

— Discípulos eram os aprendizes que Jesus havia escolhido para ajudá-lo a pregar o reino de Deus. Eram doze...

— Muito bem — incentivou Jacobino interrompendo o pequeno, pois sabia que se não o fizesse somente ele falaria e os demais ficariam silenciosos e entediados.

— Você presta atenção à história. Vamos ver se outro colega pode me ajudar.

Olhou à volta e chamou:

— Carlo, me diga o nome dos discípulos de Jesus.

— Pedro, Lucas, Mateus, João, André, Felipe, Judas, Tiago, Simão, Bartolomeu, Tomé e Judas Iscariotes — recitou o menino de supetão, em um só fôlego, como se temesse esquecer algum nome.

Jacobino levantou-se, andou até o pequeno Carlo, acariciou-lhe os cabelos e aprovou:

— Ótimo, você não se esqueceu de nenhum dos amigos de Jesus.

Andou um pouco em torno da roda e perguntou:

— Quem me diz qual era a profissão de Simão, chamado Pedro, e de seu irmão André?

— Pescadores — respondeu o pequeno Enzo, com voz segura puxando o coro dos meninos.

Interessado pelo trabalho de Jacobino, o bispo acercou-se do grupo e observou-os mais de perto. O jogo de perguntas e respostas prosseguiu, ora Jacobino fazendo perguntas, ora o pequeno Enzo questionando, interessado e participativo.

Absorto, Jacobino não notou a aproximação do bispo. Somente quando sua sombra projetou-se sobre o grupo de meninos foi que o religioso silenciou e, erguendo o olhar, reconheceu o superior. Imediatamente colocou-se em posição de inferioridade, cumprimentando-o cerimoniosamente.

— Prossiga, irmão. Apreciei a forma como ensina os meninos — disse Ricardo ante o mutismo do outro religioso.

— Sei, Reverendíssimo, que essa é uma aula que foge aos padrões, mas tem sido melhor desta forma, principalmente nestes dias quentes — justificou Jacobino.

— Nada tenho a opor a seu método, irmão. Sei que nosso falecido diretor era bastante rigoroso no tocante às aulas aos pequenos. Já eu penso de outra maneira, creio mais liberal.

O bispo sorriu deixando entrever dentes em bom estado.

— Como lhe disse, prossiga, achei interessante seu método.

— Obrigado, reverendíssimo. Este era o método de Nosso Senhor Jesus Cristo. Sem pretensões, procuro imitá-lo — respondeu Jacobino com o olhar baixo, fixo no solo.

— Por agora, não tenho muito tempo para conversar, mas mandarei avisá-lo assim que tiver disponibilidade para conversarmos mais amiúde sobre seu trabalho.

Ricardo correu o olhar pelo grupo de meninos até localizar Enzo. Então indagou a Jacobino:

— Ele foi o último que recebemos, não é verdade?

— Sim, Reverendíssimo. Foi o senhor quem o acolheu há mais de dez meses.

— Estou lembrado. Como ele está? — perguntou Ricardo.

— Bem melhor. Parece sentir menos a falta da família. É fechado, tem poucos amigos, brinca eventualmente, depois de alfabetizado parece ter descoberto fascinação pela leitura. É muito atencioso e inteligente — informou Jacobino.

Ricardo lançou um demorado olhar a Enzo, que riscava algumas letras com o dedo no chão.

— Prossiga seu trabalho, irmão. Mandarei chamá-lo conforme combinado.

Dito isso, o bispo retirou-se no mesmo passo silencioso que chegara.

O pequeno Enzo, a quem a figura do bispo vinha associada a lembranças de abandono e proteção, acompanhou com o olhar a figura alta e forte se afastar. Na mente da criança as cenas da chegada tumultuada ao convento retornaram com força: lembrava a mãe, os carinhos, os cheiros de casa e a vida que levara antes, muito diferente do regramento conventual. Um embolado de sentimentos conflituosos cresceu no peito de Enzo: saudade, raiva, medo, tristeza, autopiedade, insegurança misturavam-se, desencadeando uma crise emocional havia muito sufocada e retardada.

Enquanto via o bispo afastar-se, num lapso irrisório de tempo, tudo isso aconteceu no universo emocional do menino. Sem pensar, muito menos refletir, Enzo levantou-se, pálido, na iminência de uma crise de pranto, que não se fez esperar. Correu, surpreendendo irmão Jacobino que, atordoado, viu-o passar como um vento esbarrando na batina do bispo e seguindo rumo ao dormitório. Pelos corredores se ouviam os gritos desesperados da criança.

— Por favor, fiquem onde estão. Continuem conversando educadamente. Vou atender Enzo — pediu irmão Jacobino ao grupo de meninos.

Ante a aquiescência de seus tutelados, Jacobino levantou-se e andou apressado até os corredores. Surpreendeu-se ao encontrar Ricardo parado, olhando o caminho seguido por Enzo, com expressão meditativa.

— Desculpe, Reverendíssimo. Não sei o que aconteceu com o menino. Ele costuma ser bastante dócil — explicou irmão Jacobino, no afã de desculpar-se pela conduta inconveniente de Enzo.

Ricardo lançou um olhar penetrante ao religioso a seu lado e perguntou incrédulo:

— O irmão não sabe o que acontece com o menino? Tem certeza? — fez uma pausa avaliando a expressão de espanto do irmão Jacobino, advertindo-o: — Ponha-se no lugar dele, irmão, e entenderá.

— Por certo, Reverendíssimo, a situação do menino é delicada e recente, entretanto, do meu ponto de vista, nada justifica um ato de pouca educação. E foi exatamente o que presenciamos — respondeu Jacobino hesitando em como lidar com o superior estranho e de humor volúvel.

Notando que irmão Jacobino seria um tanto duro na reprimenda ao menino, Ricardo determinou:

— Volte a atender seus outros alunos, irmão. Deixe que do caso de Enzo cuido eu.

— Claro, Reverendíssimo, mas não há necessidade de o senhor se envolver neste caso — insistiu irmão Jacobino.

— Estou bem ciente disso, irmão. Não precisa me lembrar. Porém, eu o lembro de que a autoridade máxima nesse convento é minha, portanto eu decido em que me envolver — advertiu o bispo de forma arrogante e severa.

Irmão Jacobino revoltou-se com a arrogância do bispo. A raiva brotou em seu interior e ele lutou para contê-la. Aos olhos de Ricardo, o religioso baixava a cabeça, submisso e humilde, porém o pensamento dele gritava: "Onde está em você a religiosidade que devia nutrir? Onde a humildade? Onde a benevolência? A tolerância?", e projetava sobre seu interlocutor energias pesadas e desarmônicas. Entretanto, a couraça endurecida que envolvia os centros da inteligência e os emocionais de Ricardo era por demais resistente. Ele ainda pensava somente em si, tudo por e para si mesmo, assim, nada registrou das emissões vibratórias de Jacobino.

— Volte a suas crianças — determinou o bispo a Jacobino. — Irei ver o pequeno.

Aquiescendo, Jacobino afastou-se retornando à sua tarefa e acompanhando com o olhar, a distância, os fatos que ocorriam no pátio. Viu quando o bispo deu uma ordem ao seminarista e este, apressado, dirigiu-se ao encontro da duquesa e fê-la acompanhá-lo ao interior do monastério. Ricardo seguiu à procura do menino.

À medida que se aproximava do dormitório infantil, Ricardo ouvia com mais nitidez os soluços de Enzo e os gritos chamando:

— Mama, mama, vem me buscar, me leva de volta.

O bispo apressou o passo e entrou no dormitório. Jogado sobre a cama singela o menino esmurrava o travesseiro e debatia-se, tomado de revolta e desespero.

— Meu menino, acalme-se — pediu o bispo em tom sereno.

Enzo nem ao menos deu mostras de haver notado a presença estranha no dormitório, ignorando completamente as palavras de Ricardo.

Observando a reação da criança, Ricardo considerou várias alternativas para interferir: gritos, castigo físico, adverti-lo da conduta inadequada determinando-lhe alguns dias na cela, todas eram formas corriqueiras de educar nos monastérios, mas nenhuma o agradava. Por isso, resolveu sentar-se ao lado do menino e abraçá-lo.

"Da dor que o aflige, eu também experimento", pensou Ricardo. "Não há ser humano capaz de viver sem afeto. É como o ar e a água, imprescindível à vida."

Abraçado ao menino, deixou-se ficar pensando em si próprio e na sua estranha e solitária existência. Naquele momento, admitiu suas necessidades afetivas e justificou todos os seus atos de ganância pelo poder como compensações pela liberdade que de certa forma lhe faltava e pelos afetos perdidos e negados.

Enzo, exausto de chorar, acalmou-se. Notou que alguém o abraçava, acariciando-lhe os cabelos. Após o primeiro dia que chegara ao convento, ninguém mais o havia abraçado ou acariciado. Irmão Jacobino era muito alegre e paciente, mas tinha vinte meninos para atender, a disciplina vinha em primeiro lugar. E o pequeno sentia uma necessidade profunda de carinho, de contato físico, de calor humano, para aplacar o frio da rejeição, do abandono e das grossas e cinzentas paredes do convento que o enchiam de medo.

Curioso, Enzo enxugou o rosto molhado das lágrimas com as mãos e virou-se para encarar quem o havia procurado. Espantou-se ao deparar-se com o rosto de Ricardo.

— Bispo! O senhor não vai me castigar? Por favor, diga que não!

— Não pretendo castigá-lo — respondeu Ricardo, com um meio-sorriso suavizando-lhe a expressão da face. — Você não fez nada que mereça castigo.

— Da outra vez que eu agi assim, o irmão Jacobino veio aqui e me disse que se eu fizesse isso outra vez seria castigado, que estava sendo ingrato com Deus, que me acolheu e me deu outra família — explicou Enzo. — Mas, bispo, eu queria tanto ir para a casa da minha mãe. Por que eu não posso mais ficar com ela? É porque o meu pai morreu?

— Enzo, as pessoas agem de formas muito estranhas e às vezes difíceis de entender. Não sei lhe dizer por que sua mãe o entregou para nós, pode ter havido vários motivos. Olhe os outros meninos que estão aqui, chegaram quase todos da mesma forma que você. Algumas mães nos disseram que não tinham como sustentar uma criança, outras, que haviam feito promessa a um santo de entregar um dos filhos ao serviço da Igreja, outros simplesmente são mandados para cá porque não têm ninguém no mundo para criá-los. Mas quero que você se lembre de uma coisa, por toda sua vida, de hoje em diante: não se importe com os dias passados, ocupe-se com o futuro e faça o melhor para mostrar ao mundo que você venceu. Seja forte! Lute. Esqueça o resto. Agora nós somos sua família — disse Ricardo, buscando confortar o menino.

Enzo o olhou muito sério e retrucou:

— E como se faz para esquecer, padre?

A pergunta direta do menino deixou Ricardo perplexo, exigia uma resposta clara e, na verdade, o caminho do esquecimento nem ele próprio conhecia. Sufocar emoções era o que sabia fazer, mesmo porque emoções não se esquecem.

— Dê um propósito ao seu tempo, Enzo. Por exemplo: diga para você mesmo que será o melhor aluno deste convento, que depois será o melhor padre e assim por diante. E persiga esse propósito com toda sua vontade — respondeu Ricardo.

— Foi assim que o senhor conseguiu se tornar o novo bispo? — inquiriu Enzo.

— É, pode-se dizer que foi — disse Ricardo. — Minha história é um pouco diferente da sua. Quando você for maior eu lhe contarei, está bem?

Enzo olhou a figura impecável do bispo à sua frente. Levantou-se e, parado, contemplou o rico paramento que acompanhava a batina engomada, os bordados chamaram-lhe a atenção e estendeu a mão para tocá-los.

— É bonita sua batina. É mais colorida que a dos outros padres. Quando eu crescer, quero usar uma igual a essa — falou Enzo e, um tanto encabulado, observou a mancha molhada à altura dos joelhos do bispo. — Desculpe, bispo, eu molhei as suas vestes.

Ricardo sorriu ante a preocupação e o ar constrangido do menino. Puxou-o para si e, abraçando-o, falou:

— Está desculpado. Quando você crescer, terá de ser bispo para usar uma batina igual à minha.

— Vou ser o melhor aluno — afirmou Enzo categórico. — Depois o senhor me ensina a ser bispo?

— Estude e seja primeiro o melhor aluno. Depois conversaremos novamente, ainda é preciso muito tempo. Você tem que crescer e se tornar um rapaz, então lhe ensinarei.

Os olhos castanhos de Enzo brilharam com uma esperança nova. Ricardo, notando a mudança da criança, percebeu logo um caráter determinado e o nascimento do desejo de poder.

— Isso, meu menino. À autoridade e ao poder todos se curvam. Os detentores do mando não conhecem rejeição, eles é que rejeitam os outros. Seja superior! — ensinou Ricardo. — Sempre.

Tomando o menino pela mão, o bispo retornou ao pátio e mandou que Enzo voltasse à companhia do irmão Jacobino, prometendo-lhe visitá-lo na próxima semana.

— De hoje em diante seremos amigos — assegurou Ricardo ao menino antes que ele corresse para atender à ordem de regressar ao grupo.

Jacobino, que não soubera o que esperar do novo bispo, surpreendeu-se favoravelmente ao ver que Enzo não trazia qualquer marca de violência física ou moral. Ao contrário, o pequeno ainda tinha os olhos vermelhos e inchados do choro, mas traziam um brilho novo, um toque de alegria e esperança onde antes havia tristeza.

— Que estranha criatura é este nosso bispo — disse irmão Jacobino para si mesmo. — Imprevisível, é o mínimo que se pode dizer.

Os meninos, ainda sentados a seu redor, olhavam-no sem entender a quem ele falava, e Enzo, que se reintegrara ao grupo, logo defendeu seu amigo.

— O bispo é muito bom, irmão Jacobino. Ele não me bateu nem me castigou pelo que fiz há pouco. Apenas conversou comigo e me explicou muitas coisas. Nunca mais vou chorar — declarou Enzo com uma entonação confiante de que ao longo da existência seria possível cumprir o prometido, ignorando o futuro e a necessidade de escoar, aliviar as energias emocionais através das lágrimas.

— É mesmo! — exclamou irmão Jacobino, fingindo surpresa e admiração. — Acho muito bom que você realmente cumpra com o que disse. Não tem razões para chorar. Quando crescer, verá que há muitas dores e sofrimentos maiores que os seus. Devemos rezar e agradecer a Deus por tudo que temos. Ele nos dá sempre o necessário ao corpo e à alma.

— Quando eu crescer, vou ser igual ao bispo — afirmou Enzo muito sério em seus sete anos de idade.

— E depois vai querer aproximar-se do Vaticano e servir ao santo padre, Enzo? — perguntou Felipe em tom de zombaria. Os colegas riram; os maiores, que divisavam haver outros interesses governando a distribuição de cargos e ascensões no corpo clerical, sutilmente zombavam da ingenuidade infantil de Enzo em pretender igualar-se ao superior.

— Você verá se não serei igual a ele — respondeu Enzo enfurecido por ter sua pretensão se tornado alvo de zombaria.

— Ah, ficou furioso, olhem só. Um futuro bispo não pode se encolerizar, Enzo — provocou Felipe.

— Basta, Felipe! Vá para a capela e reze trinta pais-nossos e cinquenta ave-marias, e permaneça de joelhos até eu ir conversar com você. Medite sobre seu comportamento de agora, veja se não lhe parecerá inconveniente a um religioso de qualquer grau — ordenou irmão Jacobino, severo.

— Mas padre, Enzo estava dizendo bobagens...

— Sem "mas padre", não quero explicações. Sei o que vi. Você já é quase um rapaz; em breve estará começando a preparação para tornar-se um sacerdote e é bom que vá meditando sobre seu comportamento e reformulando-o desde cedo. A Igreja não precisa de mais um padre que fale aos outros e nada diga a si próprio. Vá, menino.

— Está bem — concordou Felipe, que tinha grande admiração e respeito pelo irmão Jacobino. — Me desculpe, irmão Jacobino.

— Peça perdão a Deus, meu filho — retrucou Jacobino observando Felipe afastar-se.

Enzo, que ouvira tudo em silêncio, intimamente regozijou-se julgando que o colega havia sido castigado por havê-lo importunado, justamente a ele que agora todos sabiam ser amigo do bispo.

Estavam plantadas no coração de Enzo as sementes que no futuro germinariam produzindo um comportamento sempre cordato à vontade do bispo. Servindo-o, sendo amigo de quem tinha poder e influência, teria vantagens. Essa foi a leitura que ele realizou dos fatos daquela manhã.

Na sala do convento destinada aos trabalhos do bispo, a duquesa Clarissa andava de um lado a outro, sem parar, nervosa, ora espiava a janela, ora corria à porta. A ânsia de falar com Ricardo era grande e visível em seu comportamento. Frei Paulo, que a acompanhara e permanecia aguardando a chegada do bispo, não se furtara a analisar a nobre dama. Era uma mulher ainda jovem, não devia contar trinta anos, muito bela, cabelos negros exuberantes, muitíssimo bem arranjados em um penteado no alto da cabeça, olhos claros, quase cinzentos, pele branca, boca rosada, traços definidos, harmoniosos e bem desenhados. Apesar do nervosismo, frei Paulo pudera perceber que a duquesa era uma mulher determinada; notara em seu olhar um quê de frieza, um toque implacável, que lhe dava uma expressão marcante.

— Perdoe-me a impertinência, senhora duquesa, mas não seria melhor sentar-se alguns minutos? O bispo não deve demorar-se. Como a senhora sabe, ele é muito dedicado ao que faz, e o menino é um dos nossos mais recentes abrigados — disse frei Paulo.

— Conheço o caráter de nosso bispo, frei — respondeu friamente a duquesa, continuando sua peregrinação em curvas pelo recinto.

— Gostaria que pedisse um chá? — insistiu o frei, desejoso de acalmar a senhora. — Tornaria sua espera mais agradável.

— Não se incomode, frei. Tampouco se retenha junto a mim abandonando suas funções — retrucou a duquesa friamente.

Constrangido pela clara dispensa, frei Paulo respondeu:

— Se é assim que a senhora prefere, sinta-se à vontade na casa de Deus.

— Obrigada, frei — agradeceu a duquesa.

Sozinha na sala, a dama observava à sua volta. Notara na chegada as reformas que iam se processando no convento. O ambiente tornara-se bem mais luminoso, alegre, em que pese a arte sacra ser destituída de alegria.

— É, isto está melhor, bem melhor — afirmou a duquesa, referindo-se às instalações do convento e reparando nos grandes tapetes que cobriam o piso muito limpo da sala.

À porta da sala, o bispo, que chegara sorrateiramente, com passos muito leves, quase imperceptíveis, ouviu o comentário da visitante e arrematou:

— As melhorias estão apenas se iniciando, minha cara duquesa.

— Ah! Ricardo! — exclamou Clarissa, voltando-se. — Não o ouvi chegar.

— Sou leve como uma pluma, caríssima. Meus pés não martelam o chão que piso — e, aproximando-se, estendeu-lhe a mão, que a visitante beijou automaticamente. — Deus a abençoe.

Os olhos cinzentos de Clarissa fitavam Ricardo com algo além de devoção religiosa, enquanto ela dizia:

— Que saudade, meu primo! Como tens passado?

— Muito bem, Clarissa. A vida eclesiástica tem sido para mim uma fonte de surpresas. Nunca julguei que seria tão prenhe de emoções. Posso dizer que me sinto realizado. E você, o que me conta?

A declaração de Ricardo perturbou a duquesa que, tomando delicadamente as saias do luxuoso traje que usava, encaminhou-se para a janela que dava vista às suaves e verdes colinas da região. Respirou fundo e, mantendo-se de costas para o bispo, respondeu:

— Lamentavelmente não posso dar-lhe resposta igual. Você sabe o quanto sofro. Em verdade, vim em busca da sua ajuda.

— Em que posso servi-la?

Voltando-se, a duquesa contemplou a porta aberta da sala e indagou, preocupada:

— Não há perigo de sermos ouvidos? Mesmo em um convento, sei que as paredes têm ouvidos, primo.

— As paredes têm ouvidos, eu concordo, mas afianço que os freis que me servem têm amor à própria língua. Não gostariam de passar sem ela.

Notando a inquietação da visitante e intimamente saboreando compartilhar de algum segredo escuso que lhe renderia fácil dominação, ou melhor, maior dominação sobre a duquesa, Ricardo dirigiu-se à porta e a fechou.

— Está melhor assim, Clarissa?

— Agradeço-lhe a compreensão. Sinto-me mais à vontade para expressar meu problema.

— Deseja que eu a ouça em confissão?

— Entre nós não se faz necessário este sacramento, Ricardo. Confio em você, não preciso do olhar de Deus sobre nós.

— Que seja como quer — tornou Ricardo, sentando-se em uma alta cadeira, de madeira torneada e estofada em veludo.

Apontou à prima uma cadeira à sua frente e convidou-a:

— Sente-se e me conte o que a trouxe tão cedo a este convento. Somente há pouco chegou a minhas mãos seu pedido para um retiro espiritual junto a abadessa Agnes. Por que isso em meio à temporada de festas?

Sentando-se graciosamente no local indicado, a duquesa abriu o leque e, abanando-se, narrou o motivo de sua visita:

— Serei direta, Ricardo. Preciso de sua ajuda. O retiro junto à abadessa é mera desculpa. Sabe o quanto meu marido é devotado à igreja. Creio que com a idade que tem o medo de morrer e ir para o inferno o assombra. Aproveito-me disso e, quando digo que desejo ir à igreja ou fazer um retiro, ele prontamente concorda.

— Disso estou informado, então vejamos se consigo poupar-lhe o restante. Será o jovem Giuliano o motivo desse retiro? — perguntou o bispo

— Em parte, também ele — respondeu, nervosa, a duquesa.

— Em parte?

— Ah, Ricardo! Por que não se casou comigo? Tudo seria tão diferente! Sempre nos demos bem, confesso que não entendi até hoje a sua atitude — falou Clarissa levantando-se e dando alguns passos em torno da sala, nervosamente abrindo e fechando o leque.

— Se não entendeu depois de todos esses anos, não será agora que a farei compreender. Deixemos este assunto enterrado. Vamos, conte-me logo o que a trouxe aqui.

— Estou grávida — declarou a duquesa.

— Jesus! — exclamou Ricardo. — Como foi imprudente a esse ponto, mulher? Quem é o pai dessa infeliz criança?

— Este é o problema. É o meu cavalariço — confessou a duquesa.

— Como? Um criado? Perdeu completamente o juízo, Clarissa? — recriminou Ricardo. — Tomando por amante um criado de seu marido? E Giuliano não era suficiente?

— Por favor, não me condene. Estes meses já o tenho feito sozinha. Meu casamento é uma mentira, um jogo de aparência somente. Sou jovem, tenho sangue nas veias, desejos que meu marido, pela idade que tem, não compreende, muito menos satisfaz. Giuliano estava viajando e por vezes torna-se difícil poder encontrá-lo e, bem, meu cavalariço é um homem jovem, forte, um belo italiano, bem-vestido passaria por um nobre. Encantei-me com ele e para nós é tão fácil estarmos juntos! Tem sido maravilhoso, Ricardo.

— Tanto que está grávida deste criado — interrompeu Ricardo algo irônico.

— Tenha paciência comigo, eu imploro. Não me negue ajuda.

— O que deseja fazer, Clarissa?

— Não quero essa criança — declarou Clarissa. — Por isso vim em busca da sua ajuda. Já fizemos isto antes.

— Bem sei, Clarissa. Pensei que você havia aprendido a lição.

— Prometo-lhe, primo, será a última vez — falou Clarissa, e em tom sedutor prosseguiu. — E, como da outra vez, compensarei regiamente o convento, basta que me diga o que se faz necessário para engrandecer ainda mais a obra religiosa. O duque não negará um pedido meu em favor da igreja.

Ricardo avaliou a situação, decidiu como agir e respondeu:

— Muito bem, caríssima, quem sou eu, um humilde servo do Pai, para julgar suas ações, ainda mais que não a ouvi em confissão.

Declarou como se isso fizesse grande diferença; depois sorriu, quase que imperceptivelmente, e continuou:

— Farei o que me pede, mas que seja realmente a última vez.

"É preciso que ela julgue isso como sendo muito difícil", pensou Ricardo. "Assim será mais valorizado."

— Vou encaminhá-la aos cuidados da abadessa Agnes. Aguarde minha visita esta semana — determinou Ricardo.

— Muito obrigada, primo. Serei muito grata por este auxílio.

— Isso veremos depois.

Ricardo levantou-se e foi até uma mesa, retirou de uma gaveta uma folha de papel, tomou a pena e o tinteiro e escreveu rápidas linhas à abadessa, solicitando atenção especial à duquesa Clarissa, que iria se internar para um retiro espiritual por tempo indeterminado. Dobrou a carta e fechou selando a missiva com uma gota de cera na qual imprimiu o emblema do anel que trazia no dedo da mão esquerda. Estendeu o documento à visitante dizendo:

— Tome, aí está meu pedido para seu retiro. Conforme combinamos, irei vê-la. Facilite tudo jejuando e entregando-se às orações.

— Seguirei suas ordens, Ricardo, e mais uma vez muito obrigada — agradeceu a duquesa, tomando a mão do bispo e beijando-a.

— Vá em paz, Clarissa — respondeu Ricardo.

— Até a próxima vez, primo.

A duquesa, mais tranquila, aliviada e confiante na eficiente ajuda do bispo, afastou-se altiva, andando pelos corredores do convento até encontrar à saída a carruagem que a esperava.

— Ao convento da abadessa Agnes, cocheiro — determinou Clarissa, acomodando-se no interior do carro.

O cocheiro não ousou responder, apenas acenou com a cabeça em concordância com a ordem recebida.

Da janela de sua sala, Ricardo viu a nuvem de poeira que se levantava à passagem do veículo que conduzia a duquesa a seu destino.

Dois dias depois, envolvido com os preparativos da curta viagem ao convento das irmãs do Carmelo, o bispo necessitava designar um responsável para dirigir o mosteiro na sua ausência. Entre as opções que considerou, preponderou a figura do irmão Jacobino.

"Este serve, ele se parece com as crianças. É ingênuo, confiável, não fará nada, a não ser conduzir zelosamente o dia a dia dos freis. É, Jacobino será meu substituto", decidiu Ricardo.

E determinou ao seminarista que mandasse vir à sua presença o irmão responsável pelos infantes.

Jacobino encontrava-se no refeitório saboreando uma caneca com caldo de legumes enquanto revia as anotações referentes às despesas da ala sob sua direção. Surpreso, notou a aproximação do esbaforido seminarista que servia ao bispo.

— Seja bem-vindo! Chegue mais perto — convidou Jacobino, arredando-se no banco e ofertando um lugar a seu lado para o jovem. — Sente aqui.

— Obrigado, frei — respondeu o jovem aceitando o convite.

— O que o traz até esta ala esquecida do convento? — indagou Jacobino.

— Ordens do Reverendíssimo bispo. Este convento é grande, andei rápido para vir buscá-lo, estou com o coração aos saltos, saindo pela boca — disse o seminarista.

— Acalme-se, meu filho. O mundo não foi feito em um dia só e até mesmo o Todo-Poderoso descansou. Vou lhe trazer um copo de água, ou quem sabe quer uma caneca de caldo? Está delicioso.

— Água está muito bom, irmão — respondeu o seminarista.

Jacobino dirigiu-se até a mesa onde se encontrava uma grande jarra de barro cheia de água, serviu um copo e voltou para junto de seu inusitado companheiro.

Colocou a água em frente ao rapaz, aguardou que ele sorvesse sedento o líquido e voltou a sentar-se.

— Muito bem, agora diga, sem pressa, o que o trouxe até aqui? — indagou Jacobino.

— O bispo deseja vê-lo com urgência, pediu que viesse buscá-lo imediatamente — disse o seminarista afoito.

— Então o bispo cumprirá o prometido. Quando disse que me chamaria para discutir a educação dos pequenos, não acreditei. Mas veja só, meu filho, a vida nos traz surpresas.

O seminarista olhava estupefato para o religioso a seu lado. Jacobino recebera a ordem do superior e não fizera nenhum gesto de correr a dar-lhe cumprimento. Mantinha-se calmo, sentando, saboreando seu caldo e olhando suas contas.

Notando que era alvo de interesse do jovem, sorriu e disse:

— Fui criado neste convento, meu filho. Posso dizer que sou religioso desde os meus primeiros anos de vida. Não recordo nada que não seja este convento. Por aqui, desde que existo, já passaram vários bispos, eles vão e vêm e eu continuo aqui cuidando dos pequenos. Portanto, não se aflija, não correrei para atender o bispo Ricardo. Se desejar retornar a seu serviço, pode ir. Eu primeiro vou tomar meu caldo, hoje acordei indisposto e o alimento está me reanimando, concluirei estas contas, então atenderei ao pedido do bispo.

— Isso demorará muito, irmão? — indagou o seminarista.

— Não creio, talvez uma meia hora ou um pouco mais.

O jovem suspirou. Ficar longe do bispo seria agradável. Olhou ao redor observando o refeitório simples e limpo e deixou-se ficar.

— Se não se incomoda, vou aguardá-lo — informou o seminarista.

— Fique à vontade. Se desejar, partilhe a refeição dos meninos, você vai gostar, é bem diferente do ambiente pomposo da mesa do bispo — convidou Jacobino.

— O senhor tem razão, as refeições são deliciosas, porém me sinto mal. O senhor já serviu a algum bispo?

— Já, meu filho. Servi ao bispo Giordano, logo que ele chegou aqui. Eu era jovem como você e foi muito bom. Graças à sabedoria de nosso antigo superior, encontrei meu caminho junto aos órfãos. Pouco conheço o bispo Ricardo, mas ele me parece estranho, imprevisível seria o termo adequado. Vejo que ele gosta de luxo e beleza pelas reformas que mandou fazer desde que o convento está sob sua direção.

— O irmão tem razão, nunca se sabe o que esperar do bispo.

A chegada ordenada dos meninos chamou a atenção do seminarista. Todos em fila se aproximaram do irmão Jacobino pedindo-lhe a bênção antes de fazer a refeição. O religioso atendeu um a um, pacientemente trocando algumas palavras com eles. Enzo, que era dos últimos, reconheceu o seminarista que servia ao bispo e sorriu para o jovem, depois de cumprimentar o irmão Jacobino.

— O senhor serve ao bispo, não é mesmo? — indagou Enzo dirigindo-se ao seminarista.

— Sim — respondeu o jovem.

— O bispo é meu amigo, diga que mandei pedir-lhe a bênção.

Surpreso, o seminarista ficou olhando o menino à sua frente. Não o conhecia.

— Preciso saber o seu nome para dar corretamente o recado.

— Enzo, ele me conhece — tornou a afirmar o menino confiante.

— Darei seu recado, Enzo.

Notando que a fila parara seu regular andamento, irmão Jacobino lançou um olhar a Enzo, que imediatamente disse:

— Desculpe-me, padre. Estava apenas conversando.

— Eu vi. Mas pense um pouco em seus colegas que estão com fome. Da próxima vez venha conversar após a refeição, assim não estará prejudicando ninguém — advertiu irmão Jacobino.

— Está bem, padre — respondeu Enzo antes de afastar-se seguindo a fila que se aproximava das mesas.

Observando o menino andar apressado para juntar-se aos demais, Jacobino comentou:

— É um bom menino, sofre muito com o abandono da mãe. Mas preciso corrigi-lo, é um tanto temperamental, caráter arrebatado e bastante egoísta, sempre pensa em si primeiro, sem dar importância aos sentimentos e às necessidades dos colegas. Imagine se não o corrijo agora, quem não será no futuro.

— Seu trabalho é muito bonito, irmão — elogiou o seminarista, encantado com os meninos. — Quando deixei o seminário pensava em fazer algo assim, trabalhar pelos pobres e desvalidos. Deve ser gratificante. Isso é ser caridoso.

Irmão Jacobino olhou seriamente o jovem, analisando-o. O rapaz tinha os olhos sonhadores, via-se que sua mente estava distante.

— Você escolheu servir a Igreja — constatou Jacobino. — Isso é bom. Os fiéis precisam de pessoas de fé e devotadas para guiá-los. Será um bom padre. E, se algo posso acrescentar à sua formação, gostaria de pedir-lhe duas coisas.

— Peça, irmão — respondeu o seminarista, muito interessado em ouvir irmão Jacobino.

— Primeiro: lembre-se de que caridade não é somente atender às necessidades físicas dos pobres e desvalidos. É, principalmente, atender às necessidades das almas pobres e desvalidas de orientação na vida. Por isso, embora sabendo que estes meninos são órfãos e carentes, não me eximo de repreendê-los, corrigi-los, elogiá-los se o merecerem, é minha tarefa guiá-los. Procuro conhecer-lhes as almas e suprir estas necessidades. Tremo quando noto a ganância, o egoísmo, a soberba nestas índoles infantis, assusta-me ver que almas tão cedo já manifestam estes pendores, mas peço a Deus força e inspiração para corrigi-los, evitando que se percam. Lembre-se: as necessidades da alma independem da condição social ou econômica. Você poderá ser mandado para servir em algum rico feudo e lá encontrar inúmeros necessitados.

Irmão Jacobino fez uma pausa e, notando que seu ouvinte estava atento a suas palavras, prosseguiu:

— Segundo: não perca sua crença, por desacreditar nos homens que a representam. Confie em Deus, ele não o decepcionará. Homens e cargos são transitórios, muitos passarão por você, por isso siga com Ele, que é eterno. Faça Dele o guia dos seus passos e andará bem.

"Estou há meses neste convento e somente agora encontro alguém que me fala ao espírito, me alimenta a alma. Foi em busca disso que vim aqui. Obrigado, meu Deus, eu começava a descrer", pensou o rapaz.

— Lembrarei sempre de seus conselhos, irmão — disse o seminarista e, num impulso, tomou a mão do padre pedindo-lhe: — Dê-me a sua bênção, preciso dela.

Jacobino sorriu e pousou a mão sobre a cabeça do jovem.

— A vida está difícil, não é mesmo, meu filho?

— Muito, padre — concordou o seminarista. — Suas palavras reacenderam meus ideais. Começava a abrigar a descrença.

— Sei como é isso — confortou irmão Jacobino. — Deus o abençoe.

O religioso voltou sua atenção às contas e o jovem ficou pensativo a seu lado, desfrutando o momento de simplicidade e afeto.

— Estou pronto. Vamos ao encontro do bispo — anunciou irmão Jacobino levantando-se e depositando a caneca na mesa após sorver o último gole do caldo.

O seminarista pôs-se em pé, disposto a acompanhar Jacobino à sala do bispo.

Sentado em sua poltrona favorita, Ricardo revirava nas mãos as contas de um terço de madrepérolas, examinava-as uma a uma, como se desejasse descobrir o motivo de as contas serem tão suavemente irregulares.

"É uma imperfeição quase imperceptível a quem não tenha um senso estético mais apurado", analisava o bispo, olhando-as. "Parecem-se comigo. São minhas amigas, temos algo em comum."

— Reverendíssimo — chamou o seminarista à porta. — Com sua licença, aqui está o irmão Jacobino atendendo a vosso chamado.

— Faça-o entrar — respondeu Ricardo sem erguer o olhar embevecido do terço.

— Vossa Reverendíssima, como tem passado? — cumprimentou informalmente irmão Jacobino.

Estranhando a conduta do subalterno que não lhe pedia bênção, Ricardo o olhou. "Ele é realmente diferente", pensou. Encarou o olhar sereno e firme de Jacobino, como se desejasse devastar-lhe a alma, porém os olhos escuros de Jacobino refletiam serenidade e firmeza. "É, ele tem têmpera, não é a mesma que a minha, mas vejo que tem e é confiável. Houvesse algo escondido nessa alma, o olhar dele não seria tão transparente."

— Bastante ocupado, irmão. Nossa congregação tem se expandido muito nos últimos tempos e isso exige dedicação integral — respondeu o bispo. — É sobre isso que quero lhe falar.

— A congregação? — indagou Jacobino. — Estou surpreso, senhor bispo. Julguei ser chamado à sua presença para discutir assuntos referentes à ala que dirijo.

— Não esqueci a minha promessa. Não se aflija, conversaremos sobre os meninos noutra oportunidade. Infelizmente um assunto urgente me obrigará a um afastamento temporário do convento.

— Espero que não seja nada grave.

— Um contratempo desagradável, irmão, apenas isso. Mas seja como for, exige minha presença e não posso me eximir de socorrer esta pobre criatura. O irmão compreende, acima dos deveres do bispado, para mim, está minha tarefa de pastor de almas — justificou Ricardo.

— Claro, senhor. Deveres da consciência são impostergáveis. Entretanto, ainda não associei o que isso tem a ver com a necessidade de Vossa Reverendíssima trazer-me à sua presença para discutir assuntos da congregação — falou Jacobino.

— Entenderá, irmão. Venha, sente-se, a conversa será longa.

Jacobino obedeceu e, frente a frente com o bispo, ouviu suas explicações de por que convidá-lo a assessorar a direção do convento e nomeá-lo seu substituto sempre que se ausentasse.

— Senhor, minha surpresa não pode ser maior — disse Jacobino.

— Não vejo razão, irmão. Não há ninguém que conheça este convento com maior propriedade, pelo que consta desde a infância, estou errado?

— Não, Reverendíssimo.

— Além do que atuou junto ao meu antecessor por vários anos e afastou-se para dedicar-se à infância. Tem todos os predicados de que preciso, além disso, vejo em seus olhos que posso confiar no irmão.

— Honra-me a sua confiança, senhor, porém, insisto, encontrei meu caminho junto aos pequenos, é lá que desejo servir a Nosso Senhor, conduzindo aqueles seres jovens ao seu rebanho — respondeu Jacobino.

— Irmão Jacobino, não desejo lhe dar uma ordem, prefiro o método da persuasão, portanto, pense se não servirá melhor a seus propósitos estando mais perto do poder diretivo desse convento. Todos os caminhos serão mais fáceis, garanto-lhe. Ao lhe propor esse trabalho, não penso em afastá-lo dos meninos; pude presenciar o bem que lhes faz sua condução, não tenho outro a quem confiaria tamanha responsabilidade — insistiu Ricardo, notando que, pouco a pouco, as barreiras de irmão Jacobino ruíam a seus argumentos.

O frei fez uma pequena pausa, olhou à sua volta, lembrou a figura benévola do bispo Giordano e, pressentindo-lhe a presença, um arrepio correu por sua espinha. O vulto do velho bispo rondava a cadeira onde agora se assentava Ricardo e poderia jurar que lhe ouviu pedir:

"Volte, volte".

Sacudindo a cabeça e espelhando certa perturbação no olhar, Jacobino piscou várias vezes e voltou a encarar o bispo Ricardo.

— O que houve, não se sente bem, irmão Jacobino? — indagou o bispo, preocupado com a súbita mudança em seu interlocutor.

— Não, Reverendíssimo, estou bem, foi uma leve tontura, acredito que seja o calor. Perdoe-me — disse Jacobino e, desejando desviar o assunto da estranha ocorrência, tornou ao assunto central da conversa e, quando se deu conta, havia respondido: — Voltarei a esse cargo, bispo. Aceito sua indicação.

Ricardo sorriu satisfeito e disse:

— Excelente! Tomaremos todas as providências para iniciar suas funções hoje mesmo. Anunciarei sua nomeação na missa que reúne todos os religiosos logo mais na hora do ângelus. Está dispensado, irmão Jacobino.

Encerrada a reunião com o bispo, Jacobino ainda ficou sob o estranho efeito do ocorrido na sala. Buscando reencontrar sua paz interior e assimilar a estranha vivência — que a bem da verdade admitia não ser a primeira em sua vida —, buscou refúgio sob a sombra da generosa árvore no pátio do convento e, sentado no rústico banco de madeira, deixou-se ficar meditando sobre aqueles fatos tentando entendê-los.

Cumpridos os atos necessários à nomeação de Jacobino ao cargo de seu secretário, Ricardo deu andamento aos preparativos para sua curta visita ao convento da Ordem do Carmelo, distante alguns dias de viagem.

Na madrugada seguinte o bispo partia acompanhado pelo cocheiro e alguns guardas. Viagem desconfortável, Ricardo sacolejava pelas estradas empoeiradas e pensava no quanto sua prima lhe deveria por aquele "favor".

O convento onde a duquesa fazia o retiro era um prédio austero. À distância viam-se os grossos muros, os telhados escuros, nenhuma janela, e o pesado portão de madeira, com dobradiças de ferro, com duas sentinelas a postos. A construção era o legítimo produto do conceito que abriga a Ordem — isolamento do mundo. Nada falava de troca ou intercâmbio. Uma vez atravessados os portões, o mundo dos humanos deveria ficar para trás e lá ser um local de adoração e contemplação da obra divina. Mas, como em tudo que toca a mão humana, ali também havia as impressões deixadas por quem precisava dos caminhos da evolução.

— Alto! — ordenou uma voz severa aos visitantes quando se aproximavam dos portões. — Quem vem aí?

— Vossa Reverendíssima, monsenhor Ricardo, bispo do Vêneto. Irmã, abra, em nome do Cristo — respondeu um dos guardas mostrando o brasão da bandeira que carregava.

— Venha em paz. Aguarde que mandaremos abrir o portão — respondeu a voz com acento mais cordato.

Poucos minutos depois se abriam os portões do convento e a carruagem do bispo ingressava num largo caminho, árido. Ouvia-se o cascalho estalando sob as rodas da carruagem. O sol incidia sobre as grossas paredes ofuscando a vista do visitante, no pátio não se via viva alma.

"Como essas mulheres aguentam isso?", pensava o bispo. "Que horror! Nenhuma janela para a rua, só as internas, e ainda assim a disciplina é tão severa que até para falar essas pobres criaturas têm hora. Graças a Deus, não nasci mulher, pois me internar num local desses, nem morto eu gostaria."

Vagarosamente Ricardo dirigiu-se à porta da entrada principal, onde o aguardava uma freira.

— Seja bem-vindo, Reverendíssimo — cumprimentou-o. — A abadessa o espera desde cedo.

— Houve pequenos contratempos na viagem. Conduza-me até a abadessa, pois tenho urgência. Desta vez minha visita será muito breve — respondeu o bispo.

Baixando a cabeça e cruzando os braços dentro das largas mangas do hábito preto, a freira atendeu o pedido de Ricardo. Andaram pelos corredores do convento, nos quais várias freiras escovavam o piso de madeira. Estavam trabalhando, não era hora de falar, portanto abaixavam a cabeça à sua passagem.

"Vida horrorosa!", pensou Ricardo, porém impassível, nada em sua fisionomia dava sinais de seus pensamentos ou emoções.

Ao fim de inúmeros corredores, que mais pareciam um labirinto grego, a freira o fez entrar na sala da abadessa Agnes.

— Senhora abadessa, trago à sua presença o bispo do Vêneto, monsenhor Ricardo, aguardado desde as primeiras horas da manhã — anunciou a freira.

— Muito bem, irmã Marta. Volte a suas funções — ordenou a abadessa.

Irmã Agnes era uma mulher altiva, magra, alta, rosto fechado, desprovido de emoções, seus olhos verdes eram frios e sua voz tinha um marcado tom de amargura. O pesado hábito escondia completamente seu corpo, deixando ver apenas o rosto e eventualmente as mãos. Aproximou-se do bispo e o reverenciou conforme determinava os preceitos da Igreja.

Acomodados nas cadeiras de madeira da sala, que nenhum conforto ofereciam a um viajante cansado, os dois conversaram brevemente acerca do retiro espiritual da duquesa. O bispo explicou o motivo da presença de Clarissa, informando a abadessa só do indispensável para conseguir-lhe o apoio.

— Os velhos problemas do mundo, não é mesmo, Reverendíssimo? — disse a abadessa. — Nos retiramos da sociedade, mas eles vêm até nós.

— É nossa tarefa auxiliar, abadessa. Além disso, sabe que podemos contar com a generosidade da duquesa.

— Sem dúvida, haverá que ser generosa. Tem ideia se ela sabe com quantos meses está? — indagou Agnes.

— Aproximadamente dois meses, foi o que me informou — respondeu o bispo. — Acredito que não será difícil.

— Nunca se sabe, senhor bispo. Tenho larga experiência em partos e abortamentos e lhe asseguro: são sempre uma incógnita.

— Juntos nunca enfrentamos problemas — recordou Ricardo.

— É verdade, porém julgo aconselhável examiná-la para decidirmos como será — insistiu a abadessa.

— A senhora é uma mulher prática e determinada, concordo plenamente com sua orientação. Faça como julgar melhor, apenas me avise do resultado para deliberarmos o momento certo — disse Ricardo dando por encerrado o assunto. E indagou: — Como está o convento desde que a senhora assumiu? Muitos planos?

A abadessa torceu a boca no que seria uma imitação de sorriso e respondeu:

— Vossa ajuda foi preciosa para minha conquista. Como abadessa ao menos desfruto de certa liberdade, que torna a vida mais suportável e, posso até dizer, com alguns momentos prazerosos. Quanto a planos, o bispo bem sabe que nossa Ordem é muito rígida, pouco se pode modificar.

— A senhora encontrará os melhores caminhos, tenho certeza. E agora — disse Ricardo, levantando-se — preciso descansar, pode providenciar isso, por gentileza?

— Com certeza.

Um brilho passageiro e malicioso iluminou o olhar da abadessa ao inquirir:

— Há algum ajudante que deva ter acesso à sua cela para ajudá-lo, Reverendíssimo?

— Há um guarda escocês que me serve nessas viagens, abadessa. Pode fazer a gentileza de mandá-lo ao local em que ficarei alojado e nos mande a refeição lá mesmo. Estou muito cansado — respondeu Ricardo.

— Pode me dizer o nome de seu ajudante? — perguntou a abadessa.

— Não é preciso, é um jovem alto e ruivo, o mais forte da guarda. Não terão dificuldade em identificá-lo — respondeu Ricardo, próximo da porta.

A abadessa acatou a informação e despediram-se. Parada a alguns metros de distância, irmã Marta esperava as ordens da abadessa. Agnes chamou-a:

— Irmã Marta, vá ao pátio e faça entrar o guarda alto e ruivo que serve ao senhor bispo. Providencie que uma das irmãs leve o bispo a seu local de descanso, depois mande servir a refeição a nossos visitantes.

— Sim, madre — respondeu a freira, e seguiu a passos rápidos pelos corredores para dar cumprimento às ordens. Minutos depois surgia uma jovem noviça, em trajes brancos, para conduzir o bispo a seu repouso.

Agnes, parada à porta de sua sala, observou o bispo se afastar.

Na manhã seguinte, nos porões do convento, deitada sobre uma rústica mesa, completamente nua, a duquesa submetia-se às mãos hábeis da abadessa que lhe apalpava o corpo, pressionando-lhe o ventre e os seios, ferozmente, até arrancar-lhe gritos de dor. Seus protestos ecoavam pelas paredes sem encontrar quem os aliviasse. A bárbara intervenção prosseguiu. Nos olhos da abadessa, um brilho de prazer mórbido ao deslizar as mãos pelo corpo de Clarissa, apertando-a como se desejasse espremê-la, extrair-lhe alguma seiva, a seiva da vida que crescia em seu ventre. A duquesa, coberta de suor e dolorida, clamava por alívio:

— Por favor, madre, vamos parar alguns minutos, já não suporto mais.

— Como não suporta? Fosse um homem que estivesse com a senhora, suportaria muito mais — disse Agnes zombeteira. — Aliás, vou lembrá-la de que foi a senhora, duquesa, quem pediu nossa ajuda. Vamos prosseguir, sim. Se não arrancarmos essa criança de seu ventre dessa forma, teremos de dar-lhe poções mais pesadas.

Uma expressão de horror estampou-se no rosto de Clarissa. Ingerir venenos, ainda que em doses cuidadosas, lhe causava medo. Ricardo, que assistia à cena sentado em uma rústica cadeira, aproximou-se da mesa, observando as mãos da madre passarem rápidas e fortes sobre o ventre da prima.

— Então, abadessa, qual é sua opinião? — indagou o bispo.

— Está nos primeiros meses. O volume do ventre é pequeno, vamos tentar expulsá-lo dessa forma. Se não conseguirmos, precisarei de seus conhecimentos — respondeu Agnes, suando pelo esforço físico.

— Ai, eu não aguento mais! — clamava a duquesa. — Minhas costas vão se partir, tudo em mim dói, parem, por favor...

— Cale a boca, Clarissa! — ordenou Ricardo secamente. — Se pararmos, será pior. Em alguns meses terá um filho, esqueceu?

— Ai, como dói! — gemia a duquesa. — Não aguento mais, sinto minhas forças me abandonando.

— Cale a boca, mulher. Está me atrapalhando — determinou a abadessa. — É bom sinal que sangre. Aguente. Você pediu por isso.

A dantesca cena prosseguiu entre gritos, gemidos e palavras iradas e descorteses. A abadessa e Ricardo se revezavam nos procedimentos abortivos, praticamente surrando o ventre da duquesa. Horas depois Clarissa estava à beira do delírio; as poções preparadas por Ricardo lhe haviam sido ministradas e pioravam em muito o horror do quadro.

— Nunca foi tão difícil — admitiu Ricardo. — O ventre dessa maldita nos escapa das mãos como se fosse governado por uma força inteligente.

— É, já vi coisas semelhantes acontecerem. É uma luta, bispo. Não sei com quem lutamos, mas estamos perdendo — constatou a abadessa. — Estou cansada e temo pela vida de sua prima. Creio que devemos parar e aguardar algum tempo.

— Mas como? Ainda não houve o abortamento e não sabemos se a criança vive ou não. Parar pode ser pior — contrapôs Ricardo.

A duquesa, alheia ao que se passava à sua volta, entrava num perigoso estado de inconsciência. Perturbada, não sabia explicar o que lhe acontecia. Via a medonha e grotesca cena protagonizada pelos três, via as mãos da abadessa sujas com seu sangue paradas sobre seu ventre enquanto discutia com Ricardo. Estranhos seres à sua volta, pareciam humanos, mas eram diferentes. Divisava sombras e vultos ao redor da mesa acompanhando o bispo e a abadessa, parecia que riam, enquanto a um canto da sala um casal amparava uma jovem de constituição delicada que chorava exaurida e revoltada. Clarissa notou um fio que unia a jovem a seu corpo. Perturbada, não entendeu o que se passava, cambaleante, aproximou-se do estranho trio desejando ouvir o que diziam:

— Tenha fé — pedia o homem estranho. — Nada aconteceu ainda. Compreenda os descalabros emocionais da torturada criatura que lhe abriga o corpo físico neste momento.

— Ela quer matar meu corpo. Não deseja que eu renasça. Esqueceu-se de mim — dizia choramingando a jovem. — Não a deixe matar! Eu preciso voltar...

— Acalme-se — falava a mulher. — O feto está bem, pude verificar isso. Logicamente sofrido e um tanto machucado, mas você foi valorosa na defesa pela sua oportunidade, resguardou o corpo físico que lhe servirá. Será possível preservar a saúde orgânica do corpo em formação.

— E se ela tentar de novo? — indagou a jovem.

— Vamos procurar interferir para que isso não aconteça. Não se torture pensando em males futuros. Isso não é bom. Preserve seu equilíbrio alimentando bons pensamentos, não cultivando temores antecipados. Descanse. Eles estão com medo, irão parar essa operação infeliz — respondeu a mulher, enquanto trocava olhares de compreensão com o homem que a acompanhava, como se combinassem alguma atividade.

A jovem apoiou a cabeça no ombro da mulher e fechou os olhos, sussurros cansados saíam de seus lábios:

— Não a deixem matar. Eu quero renascer...

Sem entender o que se passava à sua volta, Clarissa olhava apavorada o trio. Algo em seu íntimo lhe advertiu de que conhecia aquela jovem e, mesmo em seu estado de perturbação, compreendeu que seria a sua filha.

"Mas como pode ser ela uma moça se nem ao menos nasceu? Mas é ela, eu sinto que é. Ah! Enlouqueço, é esse meu castigo", pensava Clarissa, enquanto contorcia-se atingida por dores atrozes.

Confusa, viu passar ante seus olhos uma mão branca, cercada de uma luminosidade azulada. Erguendo o olhar, Clarissa vislumbrou a seu lado o vulto masculino que vira acompanhando a jovem identificada como sua filha.

— Venha, Clarissa, precisamos conversar — convidou o homem estendendo-lhe a mão.

— Não posso, sinto-me fraca e dolorida. Estou confusa. Acho que enlouqueço — respondeu assustada.

— Você não está louca. Está apenas emancipada de seu corpo físico. Isso foi provocado pelas drogas que Ricardo lhe ministrou e pelo seu desejo de fugir ao sofrimento voluntariamente buscado. Venha comigo, precisamos conversar — insistiu o homem.

— Não o entendo.

— Vou lhe explicar tudo, mas venha comigo, vamos nos afastar um pouco deste porão — prometeu o homem.

Clarissa capitulou ao ouvir o convite para afastar-se daquela sala — pois isso era tudo o que desejava naquele momento — e, apesar de seu estado de confusão mental, compreendeu o convite.

Alheios ao que se passava espiritualmente ao seu redor, Ricardo e Agnes continuavam debatendo quanto ao melhor caminho a seguir:

— Devemos parar, bispo. A duquesa corre perigo de morte. Não quero nenhum escândalo envolvendo meu convento — falou decididamente a abadessa.

— Isso não acontecerá, abadessa. Temos experiência. Além do mais, quem lhe garante que a criança já não esteja morta? Se esperarmos a expulsão natural, ela poderá não acontecer e Clarissa morrerá da mesma forma — insistiu o bispo. — As drogas foram ministradas, não se esqueça disso.

— Não esqueci, bispo. Mas não seguirei em frente. A duquesa pertence a uma família influente junto à Igreja. Sua morte no meu convento não passaria como uma ocorrência qualquer. Haveria aqui uma investigação e o senhor bispo ainda não tem influência suficiente para nos livrar de tal problema — retrucou Agnes, irredutível em sua decisão de parar o procedimento abortivo. — Além do mais, pense comigo, ainda que a criança esteja morta, o que só saberemos daqui a alguns dias, ganharemos tempo para que a duquesa se recupere das lesões mais óbvias desse procedimento; as marcas que restarem em seu corpo passarão por suplícios penitenciais. Seu marido ficará feliz em constatar a fé da esposa — arrematou irônica.

Ricardo considerou o ponto de vista da abadessa. Realmente, a investigação da morte da duquesa coincidindo com uma visita sua ao convento poderia fazer estragos em sua reputação.

— Talvez tenha razão, madre — concordou o bispo. — É melhor que ela morra fora dos muros do convento.

— O senhor é um homem de bom senso. Tratemos de apagar o máximo possível as marcas do que aqui se passou. Existem antídotos às drogas que deu a ela?

— As doses foram pequenas, vamos fazê-la ingerir líquido e, se necessário, ministraremos o antídoto — respondeu o bispo.

— Melhor fazer isso agora. Será mais rápida sua recuperação — falou a abadessa temerosa, observando o estado em que estava a duquesa. — Ela não está nada bem.

Ricardo acercou-se da prima, constatou os batimentos acelerados do coração, a respiração irregular, o estado de inconsciência. Deu início aos procedimentos para reanimá-la e algum tempo depois concordou com a orientação da abadessa.

— Traga-me o líquido verde que está num frasco arredondado na caixa que coloquei ao lado da cadeira — pediu Ricardo, e como a madre apressou-se em cumprir a ordem, seguiu dando as orientações. — Coloque o equivalente a um terço no copo que uso para medir e volte para me ajudar a fazê-la ingerir. Traga também a jarra com água.

Agnes seguiu as determinações recebidas e voltou para junto da duquesa. Iniciaram a tentativa de desintoxicá-la.

— As marcas têm de ser as mais leves possíveis, para que não se levantem suspeitas. Poderemos dizer que ela adoeceu repentinamente e, como constatamos certa gravidade, a reconduzimos ao lar — planejou Ricardo, com a concordância da madre.

A entidade feminina que confortava a jovem reencarnante, notando o estado de relativa tranquilidade de sua protegida, aproximou-se dos encarnados, observando as tentativas de reversão do quadro provocado.

— Eles desistiram, querida — informou a entidade à jovem. — Vou auxiliar magneticamente a recuperação orgânica e transmitir calma ao organismo da criança em desenvolvimento. Ajude-me, mantendo-se equilibrada e serena, está bem?

A jovem balançou a cabeça em gesto de aquiescência e deixou-se ficar. Respirou fundo e ergueu o rosto em direção ao céu, enfatizando assim que dirigia seu pensamento ao Criador.

Horas depois a duquesa dava sinais de melhora.

Lentamente vimos tela à nossa frente tomar contornos diferentes e à nossa visão surgiu o convento do Vêneto.

Os padres encaminhavam-se, em fila, cabeças baixas, à nave da igreja, o que não impedia que Rugiero cochichasse com o parceiro a seu lado, dizendo:

— Não sei onde nosso bispo estava com a razão quando reconduziu ao cargo o irmão Jacobino. Tenho dúvidas quanto à fidelidade dele a nossa Ordem. É prepotente, aquela aparência de humildade é fingida, no fundo acredita-se melhor que os outros. Devia ter ficado lá com as crianças. Faz bem o papel de uma mulher, lá ele estava bem.

— Tenha calma, padre Rugiero, não convém se indispor com o bispo — sussurrou padre Bento. — Pode ser contraproducente a seus interesses. Dê tempo ao tempo e logo o Reverendíssimo estará exausto da assistência do irmão Jacobino. Espere um pouco mais e verá o que digo tornar-se realidade.

— Falta-me paciência. É difícil suportar o olhar superior de Jacobino. Enfurece-me. Tenho ganas de vê-lo longe daqui — desabafou Rugiero.

— Não conseguirá seu intento em uns poucos dias, sabe disso. Conforme-se e pense para agir com sabedoria na hora certa — advertiu padre Bento. — Quem sabe não poderemos trabalhar juntos nesse propósito?

— É uma aliança interessante. Não sabia que o senhor não o apreciava.

— É uma história muito velha. Mas a figura de Jacobino não me é simpática e vê-lo com tamanha ascendência na Ordem incomoda-me profundamente — respondeu padre Bento. — Além do que ele é um ignorante, não sabe aproveitar os benefícios que o cargo lhe disponibiliza. É e continuará sendo pobre.

Silenciaram ao aproximarem-se da entrada da igreja, benzeram-se com água benta ofertada em um recipiente colocado junto à parede e tomaram seu assento próximo ao altar para ouvir a missa.

Irmão Jacobino, com os paramentos de oficiante e assessorado pelo jovem seminarista e mais alguns padres, iniciou o trabalho. Em sua homilia advertia os membros da congregação para os deveres do sacerdócio e da vida dedicada a Deus que, em sua opinião, encontrava o melhor caminho quando se dedicava ao próximo, combatendo os males da inveja, do orgulho e da maledicência nas almas. Enquanto Jacobino falava, inflamado com o fervor de suas crenças, os padres Rugiero e Bento trocavam olhares de cumplicidade.

Na sacristia, terminada a missa, retirando os paramentos que usara, Jacobino notou um vergão vermelho próximo à nuca de seu assistente.

— Que é isso? — indagou Jacobino tocando levemente com o dedo no local machucado.

Envergonhado, o rapaz contraiu-se e afastou-se alguns passos, permanecendo de costas para Jacobino, que insistiu:

— Não confia em mim, rapaz? Não pedi uma confissão, apenas uma explicação. O que houve com você?

O seminarista exalou um soluço, o que mostrou a Jacobino a seriedade do motivo daquele vergão.

"É uma alma em sofrimento. Pobre querido", pensou Jacobino. E, notando a porta da sacristia aberta e a proximidade de alguns religiosos, fechou-a para depois dar continuidade à conversa.

— Venha, meu caro — convidou Jacobino, colocando o braço sobre os ombros do rapaz e levando-o a sentar-se em um extenso banco de madeira escura.

Olhando o rosto banhado de lágrimas do seminarista, disse:

— As lágrimas aliviam nosso coração, mas é temporário; se não colocamos em palavras o que sentimos, voltamos a chorar. Conte-me o que se passa com você — pediu Jacobino ternamente. — Prometo-lhe jamais contar a alguém, será como se fosse sua confissão.

Ante o carinhoso convite, o rapaz rompeu em pranto e deixou-se abraçar fraternalmente. Somente depois de serenar a crise emocional, começou a falar em voz muito baixa:

— O senhor sabe o que é isso.

Jacobino ergueu um pouco o decote da batina do seminarista. Lançando um olhar, percebeu as costas dele marcadas por vários vergões.

"Que horror! Como essa criatura fez isso a si mesmo? Por Deus, será que ainda não compreendeu o mandamento de amar a si próprio?", refletiu Jacobino, escolhendo as palavras para abordar o problema.

— Você se supliciou! Por quê?

— Ora, por quê? — repetiu o jovem amargurado. — Porque peco constantemente, padre. É por isso que me ajoelhei ante Nosso Senhor Jesus Cristo e chicoteei-me até apagar da memória meus pecados. Sei que deveria confessá-los ao bispo que, por dever, é meu confessor, entretanto não ouso e não desejo fazer isso.

— A confissão obrigatória é um tormento, sei disso. Mas aceite minha amizade e, se desejar, conte-me o que o atormenta.

— Eu peco, padre. Meus sonhos me torturam, me afligem. Fazem meu corpo arder de luxúria, quase enlouqueço, padre — desabafou o seminarista. — Acordo banhado em suor e por vezes deleito-me recordando as cenas do sonho. Ah! É o demônio que me tenta. Ele quer desviar-me de meu caminho, mas eu escolhi servir a Deus. Ele não me vencerá, irmão Jacobino, me ajoelharei diante do Senhor e me chicotearei quanto for necessário, jejuarei até perder as forças do corpo, mas não me entregarei ao demônio. A luxúria não acabará comigo.

Penalizado, irmão Jacobino ouviu as confidências pensando que em verdade o pobre rapaz era naquele convento uma alma pura. Mas como fazê-lo entender?

— Lucas, meu rapaz, acredita que é o único com quem isso aconteça? Desde que se prepara para a vida religiosa, você nunca olhou à sua volta para ver como vivem os demais irmãos? — questionou Jacobino.

— O que diz, irmão? Dá a entender que o demônio ronda nossa morada.

— Meu filho, deixe de culpar o demônio. Enxugue essas lágrimas e vamos dar um passeio fora do convento. Acompanhar-me-á até a vila, preciso falar ao duque: recebi hoje uma missiva de nosso bispo dando notícias da duquesa Clarissa. Enquanto caminhamos, podemos conversar sobre esse assunto, longe dessas paredes com ouvidos.

Estranhando a atitude de Jacobino, o jovem seminarista o olhou intrigado, obedeceu à ordem de secar as lágrimas e, não se contendo, falou, com certa censura na voz:

— Estranho sua atitude, irmão Jacobino. Os outros padres me condenariam, me fariam jejuar e orar, me advertiriam para salvar minha alma por reconhecer em mim um pecado capital. Do senhor não recebo uma única reprimenda. Ouviu a gravidade do que lhe disse como se o estivesse chamando para a refeição diária, como se fosse nada. E depois me convida para passear? Não o entendo, será que o senhor não está fugindo aos ensinamentos de Deus, irmão Jacobino?

O religioso olhou para o rapaz sentindo-se ainda mais penalizado por ver até que ponto haviam lhe incutido na mente noções de medo, repressão e fuga das responsabilidades, escondendo-se atrás de um severo código eclesiástico que julgava muito pouco cristão. Jacobino ouviu as críticas de Lucas e calmamente questionou:

— Vejamos então, seminarista, quem sabe mais. Responda-me qual foi a atitude de Jesus ao encontrar a mulher adúltera?

Chamado aos brios de estudante dedicado, Lucas respondeu repetindo as palavras decoradas, em latim:

— "Jesus, entretanto, foi para o monte das Oliveiras. De madrugada, voltou novamente para o templo, e todo o povo ia ter com ele; e, assentado, os ensinava. Os escribas e fariseus trouxeram à sua presença uma mulher surpreendida em adultério e, fazendo-a ficar de pé no meio de todos, disseram a Jesus: 'Mestre, esta mulher foi apanhada em flagrante adultério. E na lei nos mandou Moisés que tais mulheres sejam apedrejadas; tu, pois, que dizes?'. Isto diziam eles tentando-o, para terem de que o acusar. Mas Jesus, inclinando-se, escrevia na terra com o dedo. Como insistissem na pergunta, Jesus se levantou e lhes disse: 'Aquele que dentre vós estiver sem pecado seja o primeiro que lhe atire pedra'. E, tornando a inclinar-se, continuou a escrever no chão. Mas, ouvindo eles esta resposta e acusados pela própria consciência, foram-se retirando um por um, a começar pelos mais velhos até aos últimos, ficando só Jesus e a mulher no meio, onde estava. Ergueu-se Jesus e, não vendo ninguém mais além da mulher, perguntou-lhe: 'Mulher, onde estão aqueles teus acusadores? Ninguém te condenou?'. Respondeu ela: 'Ninguém, Senhor!'. Então lhe disse Jesus: 'Nem eu tampouco te condeno; vai e não peques mais."

Encerrando a recitação literal, o seminarista completou:

— Contado somente no Evangelho de João, capítulo 8, versículos 1 a 11.

— Entende bem o latim, Lucas?

— Sim, padre — respondeu o seminarista.

— Ótimo! Então vá à sua cela, ajoelhe-se ante Nosso Senhor e pense no que Ele ensinou. Depois venha até mim para irmos à vila.

Encabulado com a lição recebida, o jovem se retirou. Jacobino, vendo-o afastar-se, olhou a imagem de Jesus crucificado, desviando depois o olhar para a janela e contemplando o céu azul, sem nuvens, e, pela luminosidade, se deduzia que o astro rei brilhava em sua plenitude e beleza.

— Ah, Senhor! Prefiro falar contigo olhando o céu, contemplando a criação, a falar com os olhos postos na figura de um cadáver que dizem ser o teu. Perdoa-me se erro, mas que posso eu, uma alma enclausurada neste mundo de ignorâncias, fazer de melhor? Anseio, Senhor, compreender a vida, e tudo o que vejo em tua criação me fala de liberdade, crescimento e amor. Entretanto, aqui — e gesticulou apontando as paredes do convento — sufoco. Ajuda-me, Senhor, que senão enlouqueço diante do que presencio. Se eu cair, Senhor, estende-me tuas mãos compassivas e levanta-me. Ah! Como quisera ouvir a tua voz, falar contigo. Sei que é pretensão e até blasfêmia, mas é o que sinto, Senhor, e de nada adiantaria te mentir com palavras se lês em meu coração. Perdoa-me, te imploro, e não me negues tua ajuda. Preocupa-me Lucas, reconheço nele a vocação para te servir, ele é fiel e interessado sinceramente no próximo, mas descobri que sofre e muito, e ninguém, Senhor, será bom trabalhador em tua seara ao preço do sofrimento e da repressão de si mesmo. Assim eu penso, mais uma vez perdoa-me se estou em erro. Ajuda-me, se possível, a libertá-lo de tantos grilhões que lhe impingiram ao pensamento.

Sentindo a alma em paz, irmão Jacobino sorriu e olhou o céu, piscou um olho, brejeiro, continuou seu monólogo com Jesus:

— Diriam que sou louco se soubessem que converso contigo. Concordas? Não ouço a tua voz, mas sinto tua presença. Obrigado. Agora me vou, retorno ao mundo dos vivos e "sábios".

Depois de pronunciar a última palavra com um toque de deboche, desculpou-se:

— Ei, Senhor, não leva a mal minha brincadeira, sei que eles são meus irmãos.

Horas depois, irmão Jacobino aguardava o seminarista para irem ao encontro do duque. Recostado em uma poltrona na sala de despacho do bispo, meditava quando ouviu uma leve batida à porta.

— Entre — ordenou sem se mover.

— Com licença, irmão Jacobino — disse o padre Rugiero. — Soube que o senhor irá até a vila, vim me oferecer para auxiliá-lo. Estou a caminho das cocheiras, posso mandar preparar-lhe o coche.

"Sempre um bajulador, pensa que porque voltei ao secretariado agora sou mais importante do que antes quando estava entre as crianças. Naquela época nem um copo d'água me oferecia", pensava Jacobino.

— Agradeço-lhe, meu irmão, mas não será necessário — respondeu Jacobino, seco.

— Ora, como não será necessário? A vila é distante. Será um prazer organizar a sua partida — insistiu o padre. Pensou um pouco mais e indagou: — A menos que o senhor tenha cancelado a visita ao duque.

— Nem uma coisa, nem outra, padre Rugiero.

Jacobino sabia que o bisbilhoteiro deveria estar fervendo de curiosidade e propositadamente deu-lhe a resposta nada esclarecedora.

Acercando-se um pouco mais, Rugiero arriscou:

— Então o duque mandará vir buscá-lo aqui no convento? Ficarei a postos nos portões, tão logo chegue o veículo vindo do castelo, mandarei lhe avisar.

— Padre Rugiero, o senhor não tem o que fazer? — perguntou Jacobino, imóvel e impassível na poltrona.

— Senhor, já lhe disse, servi-lo será um prazer.

— Pois não é necessário. Agradeço-lhe a dedicação a meu bem-estar, mas é desnecessária. Procure algum enfermo a quem atender se está disponível ou então vá orar — aconselhou Jacobino. — Não preciso de seu auxílio, pois irei a pé até o castelo.

Esta declaração causou indignação e horror no padre, que logo a rechaçou levantando vários empecilhos:

— Impossível! O sol está quente. A vila é distante. Não fica bem à posição que o senhor ocupa na congregação chegar ao castelo andando. Pensarão que se trata de um miserável que não tem onde deitar a cabeça.

— Jesus também não tinha, padre — lembrou Jacobino. — Aliás, alertava a quem desejasse segui-lo: "As raposas têm seus covis, e as aves do céu, ninhos; mas o Filho do Homem não tem onde reclinar a cabeça" — citou em latim.

— Mas o senhor não é Jesus, irmão Jacobino. Os tempos são outros, a Igreja tem poder e o demonstra.

— Eu sei, padre. Antes de o senhor entrar para este convento, eu já sabia do que me recorda. Conheço o poder da Igreja desde que me conheço por gente.

Neste ponto da discussão, ouviu-se uma batida na porta anunciando a chegada do jovem Lucas, que se surpreendeu ao encontrar padre Rugiero na sala.

— Desculpem. Não sabia que estavam reunidos. Posso aguardar lá fora até que terminem a conversa.

— Não é necessário, Lucas — respondeu Jacobino erguendo-se. — Discutíamos um assunto absolutamente sem importância, e o padre Rugiero já estava de saída. Vamos acompanhá-lo.

— Insisto, irmão Jacobino, pense em sua saúde, o coche será melhor e mais rápido. Lembre-se da sua posição.

Lucas ouviu espantado o comentário. Não entendia por que os religiosos discutiam com que veículo iriam até a vila. Decidiu permanecer calado, estava habituando-se à severidade de Jacobino.

— Serei claro com o senhor, padre Rugiero, e espero que não esqueça o que lhe direi: ocupo este cargo porque sou como sou. Portanto, pouco me importa o que pensará o duque. Se bem o conheço, é um bom homem e saberá compreender minha necessidade de andar.

"Andar até a vila", pensou Lucas, "é longe!" Mas, lembrando-se da advertência matinal, calou-se. Preferia o corpo fatigado à vergonha de ser repreendido novamente.

Percebendo que nada demoveria o secretário do bispo de seu intento escandaloso de ir ao encontro do duque a pé, padre Rugiero também silenciou e despediu-se.

Observando as verdes colinas que se estendiam além dos portões e ao redor dos portões do convento, Jacobino sorriu encantado. As ondulações cobertas de verde, o céu azul, sem nuvens, o brilho do sol e os sons da brisa e dos animais enchiam de alegria a paisagem.

— Nossa terra é linda! — exclamou Jacobino. — Aproveitemos para apreciá-la. São poucos os momentos nos quais podemos usufruir do prazer de contemplar a obra divina. Como é bela!

Lucas olhava a paisagem, mas não compartilhava os mesmos sentimentos de seu superior. Seu pensamento fixava-se na distância até os primeiros telhados da vila. "Como é longe!" Em silêncio, cabeça baixa, coberta pelo capuz, caminhou ao lado de Jacobino.

— Sinta o sol e o vento em seu rosto — falou Jacobino, descobrindo a cabeça do jovem e levantando-a. — Erga a cabeça, rapaz! Olhe o céu, onde deve estar Nosso Senhor e não fixe seu olhar no chão para onde descem os mortos.

— Belas palavras, padre — respondeu o jovem desanimado contemplando os telhados ao longe.

— Precisamos conversar, meu filho, e nenhum lugar é melhor do que o templo da natureza.

— Sobre "aquele" assunto, padre? — indagou o jovem envergonhado, baixando o rosto.

— Exatamente, meu filho, vamos falar de sexo e dos seus sentimentos.

— Padre, por favor, não fale assim. É pecado — retrucou Lucas sussurrando.

— Posso lhe recitar todos os pecados capitais definidos pela igreja, e os demais, juntamente com as formas de avaliarmos as penitências a serem aplicadas ao pecador, meu filho. Na escola que você está estudando já fiz meus votos. E na vida, meu querido, tenho bem mais anos que você, portanto, sem querer ser petulante, acredito que sei um pouco mais e quero ajudá-lo. Você aceita? — perguntou Jacobino.

E esclareceu:

— Porque, se não quiser, tudo bem. Continue como achar melhor.

O rapaz pensou e, recordando a admiração verdadeira que sentia pelo religioso, disse:

— Desculpe se sou estouvado, irmão Jacobino. Reconheço que o senhor é mais experiente do que eu e, acredite, o senhor é o religioso que mais admiro no convento do Vêneto. Aceito sua ajuda.

Um sorriso sincero iluminou os lábios e o olhar de Jacobino, antes que iniciasse o diálogo, enquanto subiam e desciam as colinas da Itália.

— Obrigado. Lucas, eu quero que você converse comigo esquecendo um pouco que sou um padre. Sei que isso lhe parece estranho, mas insista um pouquinho que você conseguirá. No convento, vários religiosos, conhecedores de minha forma de pensar e agir, julgam que não mereço a confiança da Igreja, pois subverto seus princípios. E, para ser sincero, admito que vários deles eu ignoro completamente, o que é diferente de subvertê-los. Todos os anos que passei envolvido com a Igreja e seu serviço me renderam muita experiência e sou grato a isso. Aprendi a conhecer as pessoas. Nas longas horas que passamos em contemplação, meu pensamento vagava, confesso que meus lábios recitavam as preces em latim perfeito, mas minha mente investigava as ações dos homens livres, meus irmãos. Ouvia-lhes as confissões, confiavam-me suas emoções e pensamentos mais secretos, seus desejos, e eu, que estava impedido de experienciar muitas daquelas vivências, tinha de ouvi-los, orientá-los e absolvê-los. Foi um exercício que me rendeu a compreensão do não julgar a conduta de nosso semelhante. Não tinha como avaliar o que me contavam, então, sinceramente pensava "como posso condená-los se não sei o que é isso?". Reconhecia-me um ignorante nos assuntos em que devia opinar. Por isso, abstinha-me de tecer comentários ou fazer sermões aos meus assistidos, deixava-os falar e procurava sempre a lembrança da conduta de Nosso Senhor. Você percebeu que somente um registro há em que ele foi realmente duro e drástico ao advertir alguém?

Lucas sacudiu a cabeça em negativa, concentrado nas palavras que ouvia de Jacobino, e o religioso continuou:

— É na passagem em que ele expulsa os chamados vendilhões do templo, chamando-os de sepulcros caiados de branco por fora e cheios de podridão por dentro. Ele, sábio como é, via a hipocrisia do comportamento de alguns sacerdotes e fiéis, talvez devesse dizer de muitos. Isso me fez pensar que ele reprovava o comportamento hipócrita de quem prega uma coisa e faz outra, negando sua realidade, como se fosse possível esconder de seus olhos o que realmente somos. E aqueles que se colocam na posição de orientar outras almas têm mais responsabilidade em ser fiéis a si mesmos, em encontrar a sua verdade e saber quem são, do que os outros, para não serem cegos conduzindo outros cegos e levando-os ao despenhadeiro. Desde que me convenci de que assim devia ser, passei a ver a vida tal qual se apresenta a meus olhos e, principalmente, procurei olhar para mim mesmo. Sabedor que somos todos feitos do mesmo material, penso que, se eu me conhecer, por certo terei um conhecimento melhor de meu próximo e poderei compreendê-lo. Busquei ler muito e investigar as coisas ao meu redor. Apaixonei-me pelo pensamento de Sócrates e nunca esqueci seu ensinamento: "Homem, conhece-te a ti mesmo e conhecerás o universo de Deus". Somos parte do universo de Deus, Lucas, então nada do que existe nele deixa de ser criação divina. O que existe no homem existe em toda parte, em todas as coisas, em manifestações diferentes, porém claramente visíveis e possíveis de serem entendidas e descobertas pela nossa inteligência. E o sexo, meu filho, os impulsos que o geram, os sentimentos que o envolvem, as reações e as consequências nas nossas vidas, e até mesmo as diversas formas de manifestação física podem ser lidos no amplo livro que Deus escreveu na natureza.

O jovem o ouvia encantado, porém a confusão se estampava em seu semblante.

— Irmão Jacobino, tudo o que me diz parece muito bonito e certo, mas não é a Bíblia o livro sagrado de Deus? E não é nela que estão escritas as leis que devemos seguir?

— Meu querido pequeno Lucas — respondeu Jacobino carinhosamente e depois propôs: — Responda-me, quem escreveu a Bíblia?

— Os profetas e os apóstolos, emissários de Deus sobre a Terra.

— Emissários de Deus todos somos, em diferentes graus. *Emissarius*, em latim, quer dizer "agente", e todos somos chamados a agir na obra da criação, no grande plano divino cada um de nós tem sua parte de ação, para a manutenção da harmonia e do equilíbrio, e, principalmente, todos somos agentes de progresso e renovação. Você compreende o que estou lhe dizendo?

— Creio que sim, padre. Continue, por favor. Nunca tinha ouvido algo semelhante.

— Você entende então que a Bíblia foi escrita por agentes de Deus, homens iguais a nós. E, meu querido, lembre-se de que Jesus advertiu-nos de que somos deuses, só não fazemos o mesmo que ele porque nossa vontade é fraca, não nos empenhamos ainda no exercício do amor incondicional da mesma forma que ele. Veja, como ela é um livro escrito por homens, ressente-se naturalmente de todas as falhas que aqueles que a escreveram ainda possuíam. Ela retrata a história, as crenças e os preconceitos de muitas épocas, compõe-se de uma mistura de leis humanas, destinadas a um povo em certo período, e ensinamentos de vida imortais, fruto da experiência daqueles emissários. Ela é essencialmente obra humana, filho. Mas olhe à nossa volta: vê aquele bando de pássaros no céu — conforme enunciava os exemplos, Jacobino apontava-os à volta deles —, são lindos, não é mesmo? Os homens sonham com a liberdade dos pássaros, com a alegria dos gamos correndo pelas colinas, com a maravilhosa organização das abelhas e sua operosidade transformando a natureza das flores em alimento e remédio para o homem. Veja as árvores, as plantas, a Terra, meu filho, nossa mãe Terra.

Jacobino abaixou-se e passou as mãos pelo chão recolhendo um punhado de terra avermelhada, ergueu-se e mostrou-a ao seminarista.

— Veja, disso a natureza extrai o necessário para germinar e fazer produzir as sementes dos mais variados tipos, alimenta os animais e esconde em seu interior pedras preciosas. É fantástica!

Jacobino ergueu a mão deixando cair por entre os dedos a porção de terra que carregava e que logo se esvaiu levada pelo vento, reintegrando-se à paisagem.

— Olhe, ela mistura-se a tudo em poucos minutos e já não sabemos quais eram as partículas que estavam em nossas mãos. É o exemplo máximo do que é material nessa vida; ela é transitória e sem dono, julgamos que nos pertence e aprisionamo-na dizendo-nos seus donos, mas nós passamos e nosso jugo se esvai; no entanto ela permanece aí, firme e forte, atendendo aos nossos sucessores. Observe à sua volta, Lucas, tudo segue um plano traçado, do qual cada um de nós, integrantes da natureza, faz parte e compreende uma parte, e alguns compreendem mais do que outros. Os homens compreendem mais, somos seres racionais e pensantes, em grau mais desenvolvido do que os nossos irmãos dos outros reinos naturais, e entre nós há variações de inteligência e compreensão. É como se cada um enxergasse desse plano somente a parte que lhe cabe executar. Lembre-se: somos agentes divinos neste planeta.

— Sim, padre. O senhor tem razão, é lindo ver a vida com seus olhos.

— Não são os meus olhos, filho — corrigiu Jacobino. — São as obras da criação que são lindas. Todas elas. Aprender a admirá-las nos faz ver a beleza e a grandiosidade da vida e louvar o que usufruímos. Responda-me: quem escreveu e executou este plano?

— Deus — respondeu Lucas.

— Então qual é o livro divino, aquele onde Ele imprimiu suas leis e desejos?

— Compreendo. Ler na natureza é conhecer Deus.

— Na natureza, Lucas, da Terra, das plantas, dos animais, dos homens e dos seres dos céus, gosto mais de dizer, dos espíritos do Senhor — reafirmou Jacobino.

— Mas então, padre, como fica a questão das condenações que a Bíblia faz ao sexo, aos pecados e as tantas advertências quanto aos males da luxúria?

— Nada existe fora da criação divina. Nem uma folha ou um fio de cabelo se movem sem que Deus o permita. Você acha então que algo tão importante quanto os sentimentos humanos ocorreriam fora da criação? — indagou Jacobino, e sem aguardar a resposta, prosseguiu: — São os homens que, temendo conhecer seus sentimentos ou admitir-lhes as causas, decidem reprimi-los simplesmente, e nada mais eficaz do que se colocar junto uma boa dose de medo, ameaçando-se com um terrível e desconhecido porvir nos quintos dos infernos.

— Ah, irmão! Por favor, não fale assim. Imagine se nos ouvem. O senhor é um religioso — pediu Lucas preocupado, olhando ao redor.

Jacobino riu gostosamente da atitude do jovem e, acelerando o passo, fê-lo correr um pouco para alcançá-lo.

— Me espere, padre — pediu o jovem.

— Por que devo esperá-lo? Você ainda se preocupa com o que pensarão os outros e não percebe que converso com você ante o altar maior da criação, onde as verdades ouvidas não são corrompidas. Somente as mentes de alguns humanos depravados corrompem o que veem e ouvem, lançando sobre a verdade mantos de medo e recriminação. Como se esconder algo fosse a solução do problema — retrucou Jacobino estancando o passo e esperando o rapaz.

— Desculpe, irmão, mas o senhor fala de sexo, inferno, usa palavras que não se devem pronunciar.

— Por que não? Acaso não existem? Olhe, amigo, quando penso em Deus e em sua obra, percebo que nossa linguagem é muito limitada para exprimir tudo o que ela contém em beleza e aprendizado; imagine se ainda vamos riscar palavras desse linguajar, o que irá sobrar? Além disso, não falar no quinto dos infernos ou sobre sexo ou no demônio que diferença fará se é nisso que pensamos? O quinto dos infernos e o demônio não precisam aguardar a morte do pecador para recebê-lo, já vivem nele e com ele.

— O quê, padre? Não me diga que também não crê na existência do inferno. O senhor não é cristão.

— Creio sim, Lucas. O inferno existe. Mas não como nos é apresentado. Ouvindo confissões de homens e mulheres de diversas idades, aprendi que ocasiões há nas quais uma pessoa sente e pensa que o que está vivendo é a maior das agonias e que não existe penitência que tenha o poder de dar fim a elas. Certa vez ouvi uma senhora em confissão. Ela narrou-me suas agruras, que obviamente não lhe contarei. Percebi que se torturava e passava mal, inclusive seu corpo adoecia, e a pobre não tinha alívio. Fui chamado para ouvir-lhe a confissão, ouvi-a pacientemente por horas, fiquei tão aturdido com tudo o que ela disse sentir e ter ânsias de realizar que não tive palavras para confortá-la. Era ainda muito jovem, desconhecia muitas coisas, apliquei-lhe severa penitência e recomendei-lhe o jejum por alguns dias. Para minha surpresa, poucos dias depois recebo novo pedido seu, ouvi-a de novo e constatei que nada daquilo dera resultado, ela permanecia torturada. E até hoje ainda ouço seus mesmos lamentos, o inferno da criatura dura longos anos de sofrimento, dores e privações. Agora não mais lhe prescrevo jejuns e penitência, eu a escuto e ela diz estar melhor. Temos conversado sobre o que ela sente, suas mágoas e problemas, e o resultado é mais proveitoso. Se um demônio existe, ele vivia nela e com ela, e a única fórmula de exorcismo que se mostrou eficaz foi a compreensão. E, assim como essa infeliz, tenho encontrado muitas outras almas, Lucas. E você também encontrará quando for um pai.

Lucas pensava no que ouvira e andaram em silêncio por um trecho. Cruzaram com um camponês que carregava sobre os ombros uma menina de aproximadamente três ou quatro anos de idade, linda, loura como um anjo, seus cabelos brilhavam ao sol e o riso cristalino fazia-se ouvir em meio aos sons da natureza. O homem que a carregava brincava com seus pezinhos descalços, fazendo-lhe cócegas e partilhando da alegria singela e prazerosa que despertava na pequena. Ao divisar os dois religiosos, abriu um amplo e fraterno sorriso, cumprimentando-os simples e espontaneamente.

— A bênção, padre. Tenha uma boa tarde.

— Deus os abençoe, meus filhos. Cuide da alegria desse anjo que Deus lhe emprestou — respondeu Jacobino alegre.

— Com todo amor, meu padre. Meus filhos são minha fortuna — falou o camponês.

— Vão em paz! — disse Jacobino.

Andaram mais alguns passos e quando não se ouviam os alegres risos da criança, Jacobino retomou o assunto com Lucas, dizendo:

— Estes vivem no céu e estão com Deus. São simples e sinceros consigo e com os outros. Não tumultuam seus pensamentos e sentimentos com repressões e recriminações. Vivem a experiência do dia. Alegram-se e sentem prazer em viver. Fazer cócegas nos pés sujinhos daquele anjo e vê-la sorrir dá àquele homem a sensação de ser forte, necessário, útil e amado. Está cumprindo seu papel no plano da criação. Está em paz.

— Acho que o compreendo — falou Lucas, virando-se para trás a fim de olhar o camponês e sua menina. Depois se voltou e encarou Jacobino: — O céu ou o inferno são as emoções que as pessoas carregam e a forma de viver daí resultante.

— Excelente, Lucas! — elogiou Jacobino. — É isso mesmo. Descobri isso ouvindo as pessoas, lendo no livro de Deus, como digo.

— Então eu vivo no inferno, padre, pelo que sinto, e não resolverá me penitenciar nem massacrar meu corpo — constatou Lucas. — E, se tudo que existe no mundo é obra de Deus, e eu sei que é, como o sexo pode ser pecado?

— Os pecados são obra e determinação dos homens, decorrentes da forma como eles viram o mundo em determinada época. Vejamos com bons olhos o que fizeram: analisando o comportamento humano vigente, esses pensadores religiosos perceberam que existem condutas equivocadas que se repetem com frequência entre as pessoas, independentemente de seu sexo, raça, condição econômica ou social. São condutas motivadas por sentimentos inerentes ao ser humano e, refletindo sobre eles, há algum tempo penso que todos estão vinculados a um sério apego à vida material e aos prazeres dos sentidos físicos.

Jacobino andava lentamente e sua palavra eloquente e firme mantinha atento seu ouvinte.

— Deus é sábio e generoso, Lucas. Dotou-nos da capacidade de sentir prazer a fim de instigar-nos ao progresso, à própria vida, valorizando a oportunidade de existir. Daí, se você analisar em todos os nossos sentidos, até aqui conhecidos, nós encontramos uma função vital, imprescindível para nosso desenvolvimento integral e, aliadas a esta função, as sensações de prazer ou desprazer. Observe: a visão nos permite apreender facilmente através das imagens, atua na defesa avaliando riscos e perigos, dá-nos o prazer de contemplar o belo e com isso desperta o desejo de tocar, usar o tato. É outro sentido, examinar, aprofundar o conhecimento, acariciar, sentir a troca de afeto com outro ser humano, demonstrar amor pelos gestos. Imagine só se o contato entre as pessoas fosse absolutamente desprovido do sentido do tato, seríamos ainda mais brutais. Tocando no objeto de nosso desejo, queremos cheirar, sentir o gosto, isso nos desperta a vontade de provar, vem a necessidade de prover a alimentação do ser, fundamental para a sobrevivência. Esse é o universo físico de todos nós, a privação de um desses sentidos nos faz deficientes na capacidade de interagirmos com nosso semelhante, dificultando nosso aprendizado. E os pecados se ligam todos ao uso que fazemos dessas faculdades naturais e necessárias ao crescimento. Acredito que, notando esse uso desequilibrado e não possuindo ideia melhor para orientar o homem no uso correto de seu aparelho físico, esses pensadores resolveram recorrer à velha fórmula de educar.

Ao pronunciar o verbo "educar", Jacobino parou e pensou, buscando palavras que exprimissem adequadamente o conceito. Não as encontrando, explicou:

— Sim, creio que tivessem a intenção de educar, embora eu compreenda essa atividade de maneira muito diversa. Eles usaram o medo para reprimir, em vez de orientar o conhecimento e fazer despertar a consciência para guiar um uso correto e equilibrado. E agora, voltando ao tema dos pecados, observe se neles não está presente a exaltação de todos os sentidos, direta ou indiretamente. Está, não está? Pois bem, nos pecados da luxúria, ou nas relações sexuais, existe um forte instinto de reprodução da espécie, atrelado a uma necessidade afetiva, trabalhando com todos os sentidos, despertando uma satisfação múltipla dos sentidos físicos. Aqueles que não direcionam suas percepções sensoriais aos voos maiores do conhecimento facilmente quedam-se escravizados pelas ilusões da matéria, jogam-se à busca desenfreada do prazer material. Analisando essas condutas, os defensores dos pecados capitais, por certo, pretendem frear os exageros usando a velha técnica de despertar o medo.

— Suas palavras são lógicas. Ah, irmão Jacobino, muito obrigado! Eu já me julgava um filho de Satanás. O senhor agora me fez ver que o que sinto é natural e normal.

— Natural e normal, sem qualquer dúvida. E como tudo o que desfrutamos na Terra não nos pertence, pois seja o que for ou quanto for nada da matéria levamos após a morte, permanece onde está na obra divina, isso me diz que tudo pertence a Ele, que nos emprestou por algum tempo a fim de que possamos usufruir da melhor forma com vistas a nosso crescimento. O mesmo se aplica ao corpo físico, o recebemos com todas as maravilhas que ele contém para vivermos prazerosamente neste planeta. Cuidar dele é nosso dever; maltratá-lo, como você fez outro dia, é uma ingratidão com Deus. Pense: se eu lhe empresto minha batina nova e em determinada parte do caminho, julgando que lhe entrava os passos, você a faz em pedaços e me devolve totalmente estragada, isso é certo?

— Não, irmão. Claro que não — respondeu Lucas passando a mão na nuca suada e sentindo o inchaço dos vergões. — No seminário me ensinaram que daquela forma eu domaria os pecados que me atormentassem.

— Sei disso. É a ideia de que reprimir educa. Uma deslavada mentira. Só a compreensão real da vida nos permite selecionar os impulsos aos quais vamos ceder e nos faz usá-los com sabedoria, tornando-nos senhores da vida material. Enquanto nos deixamos iludir pelos prazeres que os sentidos proporcionam, andamos mal — respondeu Jacobino. — As dores que você gerou em si mesmo com os suplícios o fazem afastar o pensamento desse foco de interesse por alguns dias, mas, passados estes, tudo volta a se repetir. Sexo é um tema natural, é parte da vida ativa e tudo o que o envolve é criação divina, portanto nos cabe amar e respeitar essa manifestação, aprendendo a usá-la com proveito e sabedoria.

— E o voto de castidade, padre? O celibato, como fica?

— Casto é o homem que não pensa mal, que busca conhecer e não julgar sentimentos. O conhecimento verdadeiro traz sabedoria e desperta naturalmente uma conduta reta. Castidade não está na prática ou não de sexo físico. De que vale não fazer e trancar-se em um quarto imaginando um mundo de orgias e prazeres? E, meu filho, nunca se esqueça de que toda força represada tende a um dia romper seus diques de maneira descontrolada e até violenta, ou vive em constante revolta. Nenhuma das opções é sadia. Conheça essa força e canalize-a, seja senhor dos seus instintos e sentimentos. Não se deixe governar pela máquina física que morrerá um dia.

— Padre, o senhor é contra o celibato?

— Sou, ele afronta as leis naturais que leio no livro divino. Minha razão e meus sentimentos não o aceitam — respondeu

Jacobino, seguro de sua opinião. — Fosse natural, você não teria as marcas que tem. Reconheço que existem pessoas que optam por viverem sozinhas e são felizes. Dedicam-se a si mesmas, ao próximo e a Deus, são plenas e pacificadas. Acredito que tenham encontrado a compreensão dos sentimentos que impulsionam os instintos sexuais. Já outros se desequilibram profundamente e, se livres, encontrariam dificuldades em se descobrirem e se conscientizarem de suas forças. Proibidos, seus desejos ganham vida além dos limites da imaginação, multiplicam-se o sabor e a satisfação momentâneos com o risco de serem descobertos e das consequências. São hipócritas que não traem a um juramento somente, traem a si mesmos quando o fazem.

Lucas ora contemplava o céu, ora a terra. Pensava em todas as coisas que ouvira, sobre as tentações demoníacas, as advertências da Bíblia e outros conceitos. Jacobino, com duas ou três horas de conversa, o fazia rever posturas aceitas sem reflexão e ele sentia ruir as bases de suas construções intelectuais. Lançou um olhar ao homem a seu lado. Calmo, seu olhar era de uma firmeza e uma serenidade que tranquilizavam naturalmente quem estivesse próximo.

— O que faço então, meu pai?

Jacobino sorriu ao ouvir a expressão carinhosa do jovem seminarista, que demonstrava a confiança conquistada. Ser "pai" era um sonho de Jacobino; na impossibilidade de ter seus filhos e devotar-lhes amor, desenvolvera na vida monástica outra forma de paternidade — tinha os filhos de seu conhecimento, como o apóstolo Paulo os havia tido.

— "Homem, conhece-te a ti mesmo e conhecerás o universo de Deus" — citou novamente Jacobino. — Pense, meu filho, encontre seu caminho. Ele existe dentro de você, desvende-o. Posso dizer o que está traçado em mim, mas não sei se lhe servirá. Os "planos" da criação para você, Lucas, podem ser outros. E conte comigo sempre, mas não para dizer-lhe o que deve ou não fazer. Você conhece os ensinamentos daqueles que viveram antes de nós e, principalmente, conhece os ensinamentos de Jesus, nada mais precisa para saber o que é certo ou errado. Use-os para si mesmo, na sua vida, e não como objeto de elaboração de sermões e para ser contado aos outros. Só lhe peço que não massacre o seu corpo, ele é apenas um instrumento do espírito. Use a razão. Fale com Deus, não lhe cause horror, destruindo o corpo que Ele criou e emprestou-lhe para sua felicidade.

— Mas o que fazer? Agora o senhor me deixa sem rumo, não sei como me orientar.

— A sua consciência é o seu guia, não eu — disse Jacobino despreocupado. Depois lembrou: — Quando lhe disseram o que fazer, você correu à cela e machucou o seu corpo, para depois descobrir que aquele conselho de nada valia. Não faço o mesmo. Ajudei-o a ver algumas coisas relativas ao desejo sexual, o que fazer com ele é você que resolve. Pense, rapaz!

Andaram algum tempo em silêncio. Lucas, pensativo, rememorava o diálogo com Jacobino, não olhava os telhados da vila, agora próximos. Logo os ruídos dos habitantes invadiram-lhes os sentidos.

— Chegamos à vila, Lucas — anunciou Jacobino olhando ao redor, com alegria e disposição.

— Já! — exclamou surpreso o seminarista.

— Para você ver, o sacrifício não foi tão grande. Vamos nos sentar sob aquela árvore, há um tronco caído — apontou Jacobino. — E beber um pouco da água do cantil.

Após alguns minutos de descanso, Lucas tornou-se consciente do desgaste de energia que a caminhada impusera. Sentia-se bem, em paz, porém cansado. Sem pensar, declarou:

— Hoje dormirei o sono dos justos e dos anjos. Creio que nada me afligirá.

Jacobino sorriu e pensou: "Permita, Senhor, que ele entenda a dupla causa de sua noite bem dormida. Paz interior e energias extravasadas. A vida de inutilidade nos monastérios produz corpos cheios de energias. O trabalho pacifica e ajuda a equilibrar as forças orgânicas. Que Lucas aprenda a dar paz ao corpo e à mente".

— E o senhor, meu pai, não está cansado?

— Estou, meu filho — respondeu Jacobino. — Mas o cansaço do corpo é prazeroso se provém de um trabalho útil que conforta nosso coração. Aliás, nem é cansaço, é desgaste apenas.

Levantando-se, estendeu a mão a Lucas, convidando:

— Vamos, falta pouco para chegarmos ao castelo.

Em silêncio o jovem aceitou o oferecimento e ergueu-se, prosseguindo a caminhada, envolto nos próprios pensamentos.

A chegada ao castelo foi festiva, o duque era legítimo apreciador da companhia do irmão Jacobino. Ao ser avisado pelo criado de que ele se apresentava às portas do castelo trazendo pessoalmente uma missiva proveniente do convento carmelita, alegrou-se dando ordem ao criado:

— Providencie nosso melhor vinho e mande servi-lo aos religiosos. Diga-lhes que me concedam somente mais alguns minutos e logo estarei com eles, reservarei o restante do dia para conversarmos. Não se esqueça de mandar que venham tratar dos animais do irmão Jacobino.

— Mas que animais, senhor duque? — indagou o criado. — Eles vieram a pé.

O duque riu diante da informação, rejuvenescendo suas feições.

— Ah! Esse padre é impossível. Então, veio a passo desde o convento? Deve estar cansado. Como não há animais para serem tratados, veja se ele e seu acompanhante não gostariam de lavar-se para retirar o pó da estrada.

— Isso, sim — concordou o criado. — Os coitados parecem pedintes. Será que a Igreja empobreceu? Não é comum se ver isto.

— Por certo que não. Acredito que em toda Itália são bem poucos Jacobinos capazes de tal façanha.

O duque riu divertindo-se com a atitude inusitada do religioso.

— Mas terá outras surpresas. O padre Jacobino é antes de tudo um ser humano que se orgulha de ser igual aos outros. Vá e trate de providenciar-lhes conforto enquanto me aguardam e não se esqueça do vinho.

O criado baixou a cabeça em sinal de obediência e retirou-se dos aposentos do duque. Ao pé da longa escadaria, os visitantes, ainda de pé, aguardavam. O criado reparou que o mais velho, que se apresentara como irmão Jacobino, aparentava estar muito bem, apesar de suado e empoeirado, porém o rapaz dava sinais claros de desconforto nos pés e nas pernas, sua expressão de fadiga era indisfarçável, debruçava-se sobre os braços apoiados ao corrimão da escada.

— Está cansado, Lucas? — perguntou Jacobino.

— Sim, irmão. Muito. Desde que saí do convento sabia que a distância era longa. Só desejo deitar-me, por certo dormirei até mesmo sobre uma pedra — respondeu Lucas.

Jacobino sorriu, era a segunda vez que o rapaz revelava o desejo de descansar. "Deve estar exausto o pequeno Lucas. Perturbado como estava, por certo não dormia direito há algumas noites", pensava o religioso, ampliando o sorriso que fazia brilhar seus olhos escuros com certo jeito matreiro.

— Padre! — chamou o criado aproximando-se dos religiosos — O duque pede-lhe desculpas por não vir atendê-lo imediatamente. Disse que terminará em alguns minutos seus afazeres e depois deseja passar o restante do dia em vossa companhia.

— Não temos pressa, meu filho — respondeu Jacobino ao criado.

— Por favor, será que conseguiria uma tina com água? Preciso refrescar meus pés — pediu Lucas ao criado com uma expressão sofrida estampada no rosto, fazendo Jacobino rir. — Não ria, irmão, é falta de caridade — alertou Lucas em tom de brincadeira.

— Aquele que desperta a alegria nos outros também faz caridade — retrucou Jacobino. — Você que foi caridoso comigo, aliás, conosco — corrigiu-se, apontando o criado que trincava os maxilares para não rir.

— Solte seu riso, meu filho — incentivou Jacobino, dirigindo-se ao criado, o que bastou para vê-lo abrir um largo sorriso. — Está mais belo assim.

— Por favor, padre, não me encabule — pediu o criado. — Não devia estar tomando essas intimidades. Os senhores são visitantes do duque.

Voltando à postura empertigada de antes, convidou-os:

— Venham, vou levá-los a um dos aposentos onde poderão refrescar-se.

Dando meia-volta, tornou a subir os degraus.

Limpos e descansados, os visitantes foram instalados em uma ampla sala do castelo, e lhes serviram vinho, para a satisfação de Jacobino.

— Delicioso! — exclamou Jacobino aprovando. — Pode deixar a jarra, nos serviremos.

— Como quiser, padre — respondeu a criada que trouxera o vinho.

A moça se retirava quando ouviram passos firmes ecoando sobre o piso dos corredores e, em seguida, o duque, alto e imponente, elegantemente vestido, entrou na sala cumprimentando os religiosos conforme o costume.

— Então, irmão Jacobino, o senhor voltou ao secretariado do bispado — comentou o duque. — Isto me deixa muito feliz.

— Folgo em saber, duque, que tal mudança seja do seu agrado. Eu sou sincero, não me agradou, mas vejo uma oportunidade de melhorar o trabalho ao qual tenho me dedicado nos últimos anos, por isso aceitei — respondeu Jacobino.

— O senhor é o homem ideal para dirigir o convento do Vêneto. Por que não pleiteou substituir o falecido bispo Giordano?

Lucas ouvia surpreendido o diálogo. Nunca imaginara que Jacobino tivesse influência a ponto de pretender o bispado, como dava a entender o duque.

— Não me agradam as funções políticas da Igreja, e o senhor é sabedor disso. Prefiro trabalhar com as pessoas e, como o senhor sabe, desde que retornei ao convento tenho me dedicado à educação dos órfãos. Nosso sábio bispo Giordano era um homem de visão, ajudou-me muito a descobrir meus caminhos — respondeu Jacobino.

— Ele lia nas almas. É um ser humano que fará falta neste mundo — lamentou o duque. — Mas que notícias me trazem?

— Uma carta, duque, vinda do convento da ordem carmelita, onde está sua esposa em retiro espiritual — informou Jacobino, entregando-a ao duque.

Ele a abriu e leu as curtas sentenças que lhe davam ciência do que ocorria com sua esposa.

— É da abadessa Agnes — disse o duque. — Dá-me a conhecer que minha esposa foi tomada de um mal súbito e está enferma. Por sorte, o bispo Ricardo visitava a instituição e a está medicando. Tranquiliza-me dizendo que a situação está sob controle e manter-me-á informado sobre a saúde de Clarissa.

O duque enrugou a testa pensativo, caminhou até uma das janelas e contemplou a natureza caprichosa que se desenhava à sua frente, depois se voltou aos visitantes e disse:

— Clarissa tem uma saúde delicada, não é a primeira vez que fica enferma em um retiro. Não sei se é prudente essa prática devocional, considerando o mal à sua saúde. O que pensa disso, irmão Jacobino?

— Não sou o confessor de vossa esposa, duque. Por isso, não devo opinar quanto à necessidade ou não de ela fazer este retiro — lembrou Jacobino usando de diplomacia. — Eu, particularmente, não recomendo isolamento absoluto. Julgo por mim. Detestaria ficar calado, dias e dias, sem ver a luz do sol ou respirar o ar puro. Isso me revoltaria. E uma alma revoltada é ingrata com seu Criador. Além disso, somos gregários, não é mesmo? Quando preciso meditar, e reconheço que isso é algo de que todos precisamos, procuro sentar-me sob uma árvore e fico horas pensando na vida e em oração.

Lucas arregalou os olhos ante a confissão de Jacobino, depois recordou os momentos em que caminhavam e o conforto que lhe trouxera, muito maior que todas as vezes que agredira seu corpo ajoelhado diante da imagem de Jesus crucificado. "Irmão Jacobino tem uma forma amena e saborosa de viver a religião", concluiu o seminarista.

— Além disso, meu caro duque, o senhor sabe que eu não passaria bem fazendo jejum. Em retiro, definitivamente minha alma seria condenada ao fogo eterno. Pois eu não faria outra coisa em minhas preces senão clamar ao Senhor por liberdade e comida. Creio que foi por reconhecer essa minha rebeldia, desde a infância, que o bispo Giordano nunca me obrigou a retiros e me deu os votos sacerdotais mesmo sabendo as minhas opiniões.

Jacobino serviu mais vinho, entregando as taças aos demais e, notando a surpresa de Lucas, falou:

— Lucas, aprecie as coisas boas que a matéria lhe oferece, mas nunca esqueça que o espírito deve ser o soberano e não o escravo em tudo quanto a criação o cerca.

— Sábias palavras, irmão! — aplaudiu o duque. — Ficam no castelo esta noite. Mandarei preparar as acomodações.

Lucas sorriu aliviado, porém seu semblante foi perdendo o brilho conforme ouvia a resposta de Jacobino.

— Agradeço-lhe, duque Alberto, porém não devo me ausentar do convento por tanto tempo, especialmente na ausência do bispo. Retornaremos hoje.

— Permita, então, que mande preparar-lhes uma carruagem. Assim teremos mais tempo para conversar e poderemos apreciar o jantar juntos. Que me diz? — perguntou o duque.

Jacobino lançou um olhar a Lucas, que lhe implorava silenciosamente que aceitasse a oferta. O religioso sorriu e disse:

— Caro duque, a misericórdia precisa ser exercitada em nossas vidas, não concorda? Veja: meu pobre seminarista está exausto. Por misericórdia a esse jovem, aceitarei sua oferta.

O duque riu da justificativa, depois fitou o rosto cansado do rapaz, bateu-lhe no ombro e falou:

— Aprenda com esse amigo meu de muitos anos. Ele é estranho, mas muito sábio.

O nobre tocou uma sineta chamando o criado e, assim que este se apresentou à sala, transmitiu-lhe as decisões quanto aos visitantes.

Altas horas da noite, sob um céu estrelado, desciam da carruagem do duque Jacobino e Lucas, em frente ao convento.

O seminarista não se aguentava de pé, andou apoiado no braço do superior até a porta de seu quarto.

— Obrigado — agradeceu Lucas. — O dia de hoje foi muito proveitoso para mim... apesar do estado em que estou.

— Durma bem, meu filho. Deus o abençoe! — respondeu Jacobino, afastando-se.

Notei que Ricardo ficara pensativo ao ser surpreendido pela interferência de Georges, que projetara para nossa apreciação o diálogo entre Lucas e Jacobino. Ele ouvira com muita atenção e dera sinais de tranquilidade, diferentemente de quando assistia às cenas em que ele próprio fora o protagonista. Foi interessante ver o choque estampar-se em seu rosto quando reviu a tentativa de provocar o aborto em Clarissa.

Georges, vez por outra, olhava-me e brilhava nos olhos escuros do meu amigo a luz de um sorriso compreensivo. Não sei se por ver que minhas mãos corriam para anotar as cenas e, frequentemente, se paralisavam, pois me detinha a analisar as emoções que via desfilar no rosto do antigo bispo do Vêneto. Ele remexeu-se um pouco agitado, lançou um olhar para mim e Georges, que lhe fez um gesto amistoso e, indicando a tela, voltamos a ver as imagens do convento carmelita.

Ah! Se paredes e muros seculares falassem, quantos horrores não ouviríamos, e haveria de ter quem dissesse, hipocritamente, que essas testemunhas caladas dos atos humanos mentiam. Sou obrigado a pensar na enormidade do amor de Deus que contempla a todos e a tudo que fizemos e, ainda assim, por sua infinita bondade, nos compreende e nos ama, oferecendo-nos a oportunidade de novas experiências de aprendizado.

Nos corredores escuros do convento, iluminados por tochas, a luz do fogo bruxuleava, lançada sobre as paredes e o piso, e a fumaça criava uma espécie de véu, formando um cenário misterioso. No silêncio da noite ouvia-se apenas, e se prestássemos muita atenção, o ruído suave de passos leves.

Ricardo e Agnes carregavam o corpo da duquesa, trajado com uma vestimenta rústica, oferecida às senhoras que faziam retiro, semelhante aos hábitos das noviças. Cada qual segurava uma das pontas do lençol, sobre o qual a duquesa estava deitada, vitimada de febre e inconsciente.

— Bispo, pegue a última tocha e leve-a. As escadas não são iluminadas — alertou Agnes.

Ricardo aquiesceu e parou em frente à última tocha, firmou as pontas do lençol em uma das mãos, enrolando-as até o pulso, e com a outra elevou a tocha, iluminando os degraus à sua frente.

— Vamos subir, abadessa — avisou Ricardo. — A senhora enxerga bem?

— Não se preocupe comigo, senhor bispo. Faço este caminho com mais frequência do que Vossa Reverendíssima possa imaginar.

Ricardo abafou o riso ante a confissão da companheira e disse:

— Se a frequência for a mesma com que prescrevo penitências e recebo doações por arrependimento de atos praticados, a senhora por certo tem capacidade de subir esses degraus até de olhos vendados.

Agnes riu baixinho, reclamando:

— Não faça graça, bispo Ricardo, eu perderei as forças, e a duquesa não é uma mulher frágil. Ela é pesada.

— Estamos chegando — informou Ricardo, esbaforido. — Por onde devo seguir?

— Dobre à direita. A duquesa ficará ao lado de meus aposentos, assim será mais fácil vigiar o quarto e não levantará suspeitas entre as irmãs — falou Agnes, e cinicamente completou: — Tenho algumas muito piedosas, querem encontrar o caminho da santidade e, enquanto não o conseguem, ficam me atrapalhando com suas beatices. Melhor que nada vejam.

— Também tenho alguns assim entre os padres, mas são úteis. É só saber lidar com eles, são inofensivos, abadessa.

— Prefiro manter cautela — reafirmou Agnes quando pararam em frente ao quarto. — Deite-a sobre o catre, vou cobri-la e providenciar algumas compressas frias para aliviar a febre.

— Com as drogas que lhe ministrei, essa febre deve ceder até a madrugada. Se isso não ocorrer, já teremos um indício de que a criança está morta e aguardaremos pouco tempo até mandá-la de volta ao castelo.

— Embora não saiba dizer a razão, acredito que ela traz no ventre o fruto de seus pecados.

— Neste caso, ela acabará por se recuperar e então conversaremos com Clarissa e decidiremos o que fazer.

Agnes lançou um olhar de concordância ao bispo, dirigiu-se à cômoda e apanhou uma bacia de louça, enchendo-a com a água da jarra que compunha o conjunto de higiene do aposento. Então retornou à cabeceira da duquesa, sentou-se e aplicou-lhe compressas. O bispo e a abadessa velaram Clarissa até o amanhecer.

Agnes levantou-se esfregando a região lombar, endireitou-se e, descobrindo a duquesa, iniciou um gentil exame do corpo severamente machucado, extraindo gemidos.

— Ela é muito forte e saudável. A hemorragia cedeu. A duquesa está inchada, nada posso afirmar quanto à gestação, são apenas suspeitas.

— Entendo — disse Ricardo, e com expressão cansada e de pouco caso ao que se sucedia, voltou a sentar-se.

Três dias depois, nos aposentos da enferma, Agnes e o bispo comunicaram-lhe que a tentativa de abortamento fora malsucedida e, dado o estado de sua saúde, não julgavam prudente nova investida.

— Mas, então, que devo fazer? Matar-me? — indagou a duquesa.

— Nem pense nisso — advertiu Ricardo. — Uma mulher como você dizer tal coisa não faz sentido. Afinal, não há razões para desespero, você é uma mulher casada e com certeza não será a primeira nobre a dar um filho bastardo ao marido.

— Mas como fazê-lo aceitar? Alberto não é nenhum idiota. Saberá obviamente que esse filho não é dele — retrucou a duquesa, aflita.

— Ora, duquesa, eu creio que não preciso ensiná-la a seduzir um homem — falou a abadessa. — Tenha alguns encontros íntimos com seu marido e algum tempo depois lhe diga que está esperando um filho. Sua gravidez está nos primeiros meses, faça jejuns durante a gestação e o bebê, com um pouco de sorte, nascerá pequeno e passará como prematuro aos olhos dos demais. Com essa desculpa, evite que vejam a criança até que se tenham passado alguns meses, então todos terão se esquecido do ocorrido.

— Não é tão simples, abadessa — tornou Clarissa.

— Como não? — indagou Ricardo. — O plano da abadessa Agnes é muito viável e comum, todos sabemos disso.

Uma expressão debochada estampou-se no rosto de Ricardo como se um pensamento divertido lhe atravessasse o pensamento:

— A menos que... isso seja impossível. E o duque não aceite pacificamente a prova da traição.

— Sempre inteligente, Ricardo — concordou a duquesa, comungando da expressão de deboche do bispo. — Não posso afirmar que seja impossível, mas com certeza muito difíceis e bastante raros foram meus "encontros íntimos" com o duque.

— Hã? — surpreendeu-se a abadessa, incrédula ao que ouvia. — Está certo que o duque não é um homem jovem, mas também não é assim tão velho. Até é atraente para a idade que tem. Conheço outros piores que estão em melhor condição.

— Às vezes penso que ambos não agradamos um ao outro. E assim como é uma bênção para mim vê-lo afastado de meu quarto, o mesmo ele deve sentir por eu não procurá-lo. Mas sei o quanto preza a própria honra, não me perdoaria, faria da minha vida um suplício e a dessa infeliz criança também — falou a condessa preocupada, tentando erguer-se no leito e quedando-se sobre os travesseiros, sem forças. — O que disseram a ele? O duque sabe alguma coisa do que se passa aqui no convento?

— Acalme-se, prima. Mandamos informar a seu marido que um mal súbito a havia acometido, mas que estava em tratamento. Recebemos uma generosa quantia vinda do castelo para providenciarmos seu restabelecimento — tranquilizou Ricardo.

Agnes foi à janela e admirou a vista de um pequeno jardim interno. Assim permaneceu alguns minutos, depois se virou e, dirigindo-se a Ricardo, falou:

— Se a tentativa de atribuir a paternidade da criança ao duque não tiver êxito, ainda há saídas. A duquesa apenas precisará se ausentar do castelo e do convívio social nos meses em que forem inegáveis as mostras de sua situação. Poderíamos então voltar a recebê-la para um retiro maior até o nascimento da criança. Então deliberaríamos sobre o que fazer.

— Serei eternamente grata a vocês se me ajudarem até o fim. Saberei recompensá-los, tenham certeza — afiançou a duquesa, concordando com a sugestão.

O sofrimento a que se submetera deixara-lhe marcas de medo. Pouco se afligira por matar, mas morrer era diferente. Não desejava outra tentativa de abortamento ainda que fosse recomendável. Algo em seu interior havia mudado, mas não sabia a causa. Não poderia ficar com a criança, nem desejava ser mãe, entretanto suportaria a gravidez e daria à luz aquele ser, depois Ricardo e Agnes se encarregariam do futuro dele.

— Está decidido — declarou Clarissa. — Esconderei a gravidez, o que para mim será mais fácil do que atribuí-la ao duque. Voltarei ao convento quando o bebê estiver para nascer.

Ricardo e Agnes trocaram olhares de cumplicidade e concordaram com a decisão da duquesa.

— A senhora deverá ficar pouco tempo mais no convento. Talvez três ou quatro dias e voltará ao seu lar. Enviarei hoje uma carta ao duque, informando-o de suas melhoras e de sua breve partida, para que mande vir buscá-la — disse a abadessa com a costumeira frieza.

— Eu levarei pessoalmente sua carta ao duque, madre. Escreva-a o quanto antes. Com esse assunto resolvido, nada mais me prende a este convento. Já o visitei por tempo mais do que suficiente para elaborar meu parecer sobre o excelente trabalho da abadessa e encaminhá-lo a Roma — informou Ricardo.

— Por certo que me apressarei — respondeu Agnes e, constatando que a duquesa de fato convalescia, resolveu: — Aliás, farei isso imediatamente. Com sua licença, Reverendíssimo.

— Tem toda, madre. Aguardarei a missiva na carruagem — disse o bispo.

Agnes retirou-se do quarto e Clarissa estendeu as mãos ao bispo, que as tomou entre as suas, e disse:

— O que seria de mim sem sua amizade, Ricardo? Obrigada por sua ajuda.

O bispo apenas sorriu e apertou levemente as mãos da duquesa, depois as pousou sobre o lençol que lhe encobria o corpo e, acenando, retirou-se dos aposentos. Apressadamente deu ordem para que arrumassem sua bagagem e, acomodado na carruagem, olhava, pela pequena janela, bastante interessado em alguns soldados de sua guarda.

No retorno ao bispado, Ricardo foi procurado por Rugiero. Ao vê-lo solicitar uma entrevista, uma expressão desdenhosa se insinuou no rosto do bispo. "Uma ausência de vários dias não passaria sem uma fofoca. Ele não perde tempo", pensou Ricardo.

Jacobino, a seu lado, nenhuma importância atribuía ao pedido, não ignorava o motivo conhecendo-o de alguns anos, via seu caráter ainda manchado por procederes de pouca integridade.

— Bispo, para quando devo marcar essa entrevista? — indagou Jacobino, sua voz não expressando qualquer sentimento.

Ricardo pensou alguns minutos, olhou o secretário e comentou:

— Infelizmente esse irmão ainda não sabe fazer uso proveitoso da língua. Mais se atrapalha com ela do que lhe é de alguma ajuda. Imagino que venha queixar-se de alguma coisa ou de alguém. Tenho pensado em remetê-lo algum tempo para servir em um vilarejo distante daqui. Que você acha da ideia, irmão Jacobino?

— Vossa Reverendíssima tem poder para decidir esse assunto sem minha opinião, mas, já que a solicitou, acredito que seja proveitoso ao padre Rugiero dar-lhe uma atividade que exija maior dispêndio de energia. Aqui ele se mantém ocioso e sua mente é oficina do mal. Dê-lhe um local onde tenha bastante trabalho e ocupe-se em servir ao próximo. Será uma medida salutar para a melhoria do seu comportamento.

— Ele, por certo, não gostará nada desse plano. Mas desde que cheguei, há alguns anos, noto que esse padre está sempre envolvido em desavenças e disputas. Vou afastá-lo daqui. Será bom para ele, e melhor para nós — decidiu Ricardo. — Marque a conversa para uns trinta minutos antes da missa do ângelus. Mande o seminarista informá-lo de que o ouvirei em confissão, portanto, deverá fazer os preparativos necessários.

Jacobino franziu o cenho ao ouvir a ordem. A reação não passou despercebida ao olhar atento de Ricardo, que esclareceu:

— Ouvi-lo em confissão é a melhor forma para fazê-lo calar, seja sobre o que for que venha me falar. Padre Rugiero não poderá me cobrar nada sobre o que relatar e ainda terei algum prazer em vê-lo ajoelhado ante a congregação.

Jacobino recebeu a explicação com o silêncio inexpressivo que caracterizava suas demais atitudes no desempenho das funções do secretariado. Percebera que, embora com objetivos bastante diferenciados, ele e o bispo tinham algo em comum — uma forma própria de ver e viver o sacerdócio.

— Prepare a documentação necessária para remetê-lo a uma paróquia distante. Há aquela vila que tem um asilo de velhos e doentes; lá ele terá bastante trabalho. Há três meses faleceu o padre que a servia, segundo a carta que recebemos. Envie-o para lá com urgência. Assinarei os documentos antes da missa e deverão ser encaminhados a ele amanhã pela manhã — orientou o bispo.

— Sim, Reverendíssimo. Faremos conforme sua ordem — respondeu Jacobino. — Com sua permissão, vou retirar-me para informar Lucas que procure padre Rugiero e lhe comunique sua decisão. Depois irei para o orfanato. Como sabe, tenho dedicado as primeiras horas da tarde para atender às minhas tarefas como diretor do lar de meninos.

Com um aceno de mão, o bispo concedeu o pedido de Jacobino e ele prontamente afastou-se.

Voltaram a reunir-se poucos minutos antes do horário aprazado para a confissão de Rugiero. Jacobino assistia a Lucas auxiliando o bispo a paramentar-se. Era visível que o jovem realizava a função a contragosto e seu trabalho deixava a desejar, motivando reprimendas e reclamações.

Mirando-se no espelho, Ricardo deu-se por satisfeito quanto à sua aparência, correu a mão sobre a corrente de ouro que lhe adornava os ombros, por sobre os paramentos, até atingir o grande pingente em forma de cruz cravejado de pedras preciosas. Tomando-o nas mãos, examinou-o, embevecido.

— Linda joia! O ourives que a elaborou é um verdadeiro artista. Era um desperdício ficar sem uso junto ao tesouro do bispado — comentou Ricardo e, lançando um olhar à figura de seu secretário, que trajava uma batina simples e um par de sandálias de couro, prosseguiu: — Nunca lhe vi usando joias, Jacobino, e veste-se sempre com batinas severas. Ficaria melhor usando algo mais alegre. Apesar das limitações, nossas vestes podem variar.

— Não vejo razão para isso, Reverendíssimo. Adoto este modelo porque o julgo mais confortável — respondeu Jacobino.

Lucas, parado atrás do bispo, disfarçava muito mal sua antipatia por ele e por sua forma de pensar.

— O que foi agora, jovem? Parece que está doente! Por que franzir a boca desse jeito? Está enjoado? — perguntou o bispo e, avaliando o corpo do rapaz, disse: — Esse italianinho é muito magro, Jacobino. Será que ele passou fome no seminário ou tem jejuado demais?

— Não creio, bispo — respondeu Jacobino. — Ele deve pertencer a uma família de compleição física delicada. Que nos diz de seus familiares, Lucas, como são?

— Todos magros, o senhor meu pai é muito alto — respondeu Lucas a Jacobino. Depois, envolvendo o bispo, completou: — Mas não se preocupem, sou muito saudável.

— Tenho minhas dúvidas — respondeu Ricardo. — Tem jejuado por algum motivo?

— Não, senhor. Estou muito bem — respondeu Lucas.

— Ótimo! Isso demonstra que tem se mantido afastado do pecado — disse o bispo mecanicamente, encaminhando-se à porta: — Vamos, está no horário. Irmão Jacobino, e quanto à documentação para a designação da paróquia para onde enviarei o padre Rugiero?

— Está pronta. Deseja assiná-la agora ou depois da missa? — indagou Jacobino.

— Já — falou Ricardo parando à porta e ordenando a Lucas: — Busque a documentação e o tinteiro. Deixaremos tudo pronto. Amanhã, antes das primeiras orações, deverá entregar essa ordem ao padre Rugiero.

Lucas baixou a cabeça e rumou para a sala de trabalho onde estavam os documentos. Minutos depois voltava, apresentando-os ao bispo, que os leu, assinou e, dobrando-os, selou com o anel que trazia na mão esquerda. Ao entregá-los a Jacobino, o bispo sorriu aliviado.

— É o descanso! Espero que ele permaneça lá muito tempo — falou Ricardo, sem esconder a satisfação que sentia. — Vamos.

Enquanto Lucas e Jacobino verificavam se tudo estava em ordem para a realização da missa, o bispo recebia no confessionário o padre Rugiero, muito contrariado com a direção dada a seu pedido. Entretanto, astutamente disfarçava, sob um manto de falsa humildade e aceitação. Adentrou o recinto e dirigiu-se ao local utilizado para o sacramento sabendo que atrás da treliça de madeira o bispo o espiava, por isso ia com passos curtos e cabeça baixa coberta pelo capuz. Aproximou-se do confessionário, fez o sinal da cruz, ajoelhou-se e saudou o bispo.

— O que o traz aqui, meu filho? — indagou Ricardo serenamente recostado na cadeira atrás da treliça, secando o suor com um lenço impecavelmente branco. — Pode falar que o escuto sob os sagrados votos da confissão, em nome de Deus. Nada do que for dito aqui entre nós poderá ser comentado lá fora.

— Eu sei, Reverendíssimo. E confesso-lhe que estranhei a sua determinação, mas acato-a reconhecendo sua sabedoria. Desejava apenas falar-lhe, colocá-lo a par de alguns acontecimentos que se sucederam em sua ausência e julgo relevantes para o bom nome de nossa congregação.

— São fatos graves? Lesaram algum interesse da Igreja?

— Não, senhor bispo. Ainda não.

— Há então uma conspiração que deseja revelar?

— Não.

Rugiero confundia-se e via cada vez mais distante seu intento. As indagações do bispo falavam de problemas sérios e ele, em verdade, desejava lançar cizânia na relação de Ricardo com Jacobino.

— Folgo em saber que não se trata disso.

— Bispo, o que me aflige é o comportamento do secretário do bispado. Ele teve condutas muito estranhas em sua ausência.

— Hum! Irmão Jacobino! — exclamou o bispo, em cujo rosto se desenhava um sorriso de escárnio enquanto pensava: "Desgraçado! Então realmente não me enganei. É um invejoso e cobiça o cargo que dei a Jacobino. Vem plantar a discórdia. Cobra venenosa! Bem fiz em livrar-me de você".

Tomando as expressões do bispo como interesse no que pretendia revelar, sentiu-se incentivado e prosseguiu, exagerando e distorcendo os fatos:

— Ele ausentou-se um dia inteiro do convento, sem deixar outro como responsável por suas atribuições. Simplesmente abandonou as funções que lhe cabiam como superior da ordem naquele momento. Não bastasse isso, levou consigo o seminarista Lucas. Disse que foram até o castelo para uma entrevista com o duque, mas não sei se podemos crer piamente nisto, pois ele dispensou todo aparato para sair do convento, até mesmo a carruagem. Pediu somente um cantil com água e foi a pé. Veja, Reverendíssimo, que menosprezo com a imagem da Igreja.

Ricardo, enxugando a testa, contendo o riso: "Que me importa se Jacobino deseja passear com o jovem seminarista? Que vá!".

— Voltaram altas horas da noite e vi quando Jacobino conduziu o rapaz até os aposentos, amparado em seu braço. Muito estranho. E o rapaz é inseparável de Jacobino. O senhor já notou? — continuou o confidente.

Cansado de ouvir Rugiero, o bispo resolveu encerrar a confissão.

— Padre Rugiero, o senhor não consultou sua consciência como deveria antes de ter vindo à minha presença. Pois, se o tivesse feito, não haveria de ter pronunciado as palavras que disse. O senhor, padre, está em pecado. Pensa mal de seu irmão e julga o que não conhece. Irmão Jacobino, ao visitar o duque e abandonar por algumas horas o convento, cumpria ordem minha que, mesmo afastado, sou o superior deste convento. A maledicência levou à perdição muitas almas. Ore e vigie. Infelizmente, não percebi nem sombra de arrependimento em sua confissão. Aliás, desconfio de que o senhor pecou contra um sacramento.

— Mas, Reverendíssimo...

— Sem "mas Reverendíssimo". Sei o que estou fazendo. É para o bem de sua alma. Devo zelar pelo meu rebanho e você, meu caro padre, está em perigo. O senhor se manterá ajoelhado, em oração, aos pés da cruz, desde agora até amanhã pela manhã. Tome o seu terço e ore. Jejuará até o final da penitência.

Dando por encerrada a confissão, Ricardo ouviu padre Rugiero murmurar irritado, por entre os dentes, o mea-culpa em latim, ao fim do qual fez o sinal da cruz e recitou as palavras de absolvição dos pecados em nome de Deus, liberando-o. Prazerosamente, ao subir ao altar, observou Rugiero ajoelhado ante a imagem do Cristo crucificado, cabeça baixa, murmurando orações. "Deve estar furioso" — pensou o bispo e sorriu, iniciando a missa.

Na manhã seguinte, Lucas dirigiu-se à igreja à procura de padre Rugiero para entregar-lhe a ordem do bispo transferindo-o à paróquia de Belluno.

Parado ao lado do padre ajoelhado, Lucas aguardou que se erguesse, limpando a batina e movimentando as pernas.

— Bom dia, padre Rugiero. Venho entregar-lhe esta carta do Reverendíssimo bispo.

— Uma carta? Deixe-me ver.

Rugiero recebeu a carta e leu-a rapidamente. Tomando ciência das ordens superiores, seu rosto cobriu-se de intenso rubor e nos olhos uma indisfarçável chama de raiva.

— Seminarista, diga ao bispo que estou ciente e partirei esta manhã, conforme determinado.

— Deseja que mande preparar alguma coisa para sua viagem?

— Não — respondeu secamente Rugiero.

— O bispo mandou-me às estrebarias logo cedo com ordens para que preparassem um cavalo para o senhor. O cavalariço o deixou pronto, amarrado ao lado do portão principal — informou Lucas. — Faça uma boa viagem, padre. Deus o acompanhe.

Padre Rugiero baixou a cabeça e nada respondeu. Somente quando o rapaz se afastou, disse a si mesmo:

— Maldito Jacobino! Isso não ficará assim. Mandar-me para Belluno, aquele fim de mundo, para cuidar de velhos e doentes. Ah! Um dia, um dia eu voltarei e acertaremos as contas. Aquele maldito foi mais esperto do que pensei, conquistou o bispo com seu jeito de idiota. Mas juro que voltarei e ele pagar-me-á por essa. Ah, se pagará!

Sem que Rugiero percebesse, tamanha era sua fúria, padre Bento entrou por uma porta lateral às suas costas e ouviu suas palavras. Aproximou-se, colocou a mão sobre seu ombro e falou mansinho:

— Que é isso, meu irmão? Acalme-se. Por que tanta revolta?

— Tome cuidado, padre Bento. "Aquele nosso amigo" é mais influente do que pensei. Ontem conversei com o bispo sobre a ocorrência que houve em sua ausência, conforme havíamos combinado, lembra-se?

— Sim, padre Rugiero. Lembro que o senhor me disse que daria início ao trabalho — falou padre Bento em voz baixa e olhando cuidadoso à sua volta para verificar se não havia ninguém. — Vamos nos ajoelhar, padre, então o senhor poderá me contar o que se passa. Assim ninguém suspeitará.

Ajoelhados lado a lado, Rugiero, enfurecido, dava ciência ao companheiro de sua transferência para a distante paróquia à qual fora designado naquela manhã, logo após concluir a vexatória penitência imposta pelo bispo em seguida à confissão.

— Foi ele, tenho certeza — acusava Rugiero. — Tome cuidado, padre Bento. Veja o que estão fazendo comigo.

Padre Bento balançou imperceptivelmente a cabeça. Calar era o melhor a fazer.

Tomado de revolta, Rugiero levantou e se despediu apressadamente, dirigindo-se até seus aposentos. Arrumou seus pertences pessoais e, sem dizer mais nada, foi ao portão do convento, montou no cavalo e partiu a galope.

Da janela de sua sala, Ricardo observou, a distância, a partida de Rugiero e comentou:

— Ele se vai, Jacobino. Está afoito. Deus o acompanhe!

Jacobino parou o trabalho e aproximou-se da janela, contemplando ao lado do bispo a partida do padre.

— Que siga em paz! — disse Jacobino. — Tomara que use bem a oportunidade de trabalho que Vossa Reverendíssima lhe confiou.

Meses de calma transcorreram no convento do Vêneto. O bispo autorizara todas as melhorias que Jacobino desejou no orfanato, o que mantinha o secretário ocupado às tardes, horário em que Ricardo utilizava para acrescer suas posses sempre que possível, tornando a Congregação beneficiária do testamento de algum nobre, nem sempre utilizando somente os meios da persuasão.

As vidas corriam em relativa tranquilidade quando Ricardo recebeu uma carta da duquesa Clarissa e outra da abadessa Agnes solicitando sua presença no convento carmelita. Imediatamente deu ordens para prepararem a carruagem e sua bagagem, transferiu ao secretário as funções de supervisão da ordem em sua ausência e, poucas horas após a leitura das cartas, partiu rapidamente ao encontro das duas mulheres.

No outro dia, ao cair da tarde, chegou para nova visita ao convento carmelita. Apresentando-se à porta, foi recebido e encaminhado ao encontro da abadessa em sua sala de trabalho.

— Reverenda madre — anunciou a monja que acompanhava Ricardo —, o senhor bispo chegou e deseja vê-la.

— Faça-o entrar, irmã. Não desejo ser perturbada nesta entrevista por nada nem ninguém — respondeu Agnes, sem levantar a cabeça das contas que analisava.

— Sim, senhora — respondeu humildemente a monja e, afastando-se da porta, fez entrar o bispo no recinto, retirando-se em silêncio.

— Abadessa Agnes, como tem passado? — cumprimentou Ricardo, estendendo a mão para que Agnes beijasse seu anel.

— Muito bem, Reverendíssimo. Nossa congregação cresce a olhos vistos, o que me deixa muito satisfeita.

— Excelente. É preciso que o serviço do Senhor prospere. Mas vamos logo ao assunto. Como está a duquesa?

— Iniciou o trabalho de parto há algumas horas. Fui vê-la não faz muito, e como deduzi que o nascimento demorará algumas horas, resolvi trabalhar enquanto o esperava — respondeu Agnes friamente.

— Que me diz de seu estado geral?

— A gestação foi difícil, a recuperação foi lenta e deixou sequelas. Acredito que devemos nos preparar para trazer ao mundo uma criança deformada. Ao longo dos anos tenho visto pequenas monstruosidades nascerem nestas circunstâncias.

— Se isso ocorrer, eliminaremos no nascimento. É melhor que Clarissa nem veja — decidiu o bispo.

— Como combinamos, ela passou os últimos três meses no convento, parece-me mais sensibilizada com a maternidade do que no início. Demonstrou preocupação com o destino que daremos à criança.

— Ora, ora, que notícia surpreendente. Não esperava por essas fraquezas em minha querida parenta — comentou Ricardo. — Porém não me iludem. Sei que tão logo esteja recuperada do parto não conseguirá resistir aos prazeres compartilhados até com os serviçais do duque. Pobre Alberto!

Agnes ouviu os comentários de Ricardo e um sorriso malicioso desenhou-se em seu rosto, enquanto com gestos concordava com o pensamento exposto.

— Deixemos de lado a vida privada da duquesa, pois, afora os rendimentos que possa nos trazer, em nada mais nos interessa. Suponhamos, madre, que a criança seja viável, me compreende? — Novo gesto de aquiescência sucedeu o comentário do bispo. — Acredito que tudo já esteja preparado para dar execução ao plano inicial.

— Certamente, bispo — respondeu Agnes, dirigindo-se a um cofre de ferro muito pesado, que abriu sem maiores dificuldades, e apresentando a Ricardo uma bolsa com joias e moedas de ouro. — Tanto a duquesa sensibilizou-se com a maternidade e está preocupada com o destino da criança que me entregou um verdadeiro tesouro para garantir-lhe a vida e o futuro.

— Quanta generosidade! Será mais do que o suficiente para a criança. Aliás, acredito que a gravidez acresceu esta característica à duquesa; é sem dúvida a mulher mais generosa que tenho o prazer de conhecer — disse zombeteiramente Ricardo.

— Eu também, Reverendíssimo. E creio que concorda conosco o cavalariço da duquesa, por quem ela também se diz apaixonada. O que faz uma gravidez!

— Clarissa apaixonada! Ora, reverenda madre, será que ela lhe confiou o que foi feito do antigo amante?

— Romperam. Obviamente ela não era louca de expor-se a relações com o senhor Giuliano estando grávida, isso seria facilmente percebido. Sem outra opção, entregou-se ao relacionamento com o cavalariço e diz-se apaixonada.

— O que é esta vida, meu Deus? A nobre duquesa do Vêneto amando um serviçal de seu castelo. É por isso que a luxúria é um pecado mortal, madre, esfacela, subverte as mentes e a sociedade.

— O senhor bispo me dizendo tais coisas! Ora, não me faça rir, pregue isso a quem não o conhece como eu — advertiu Agnes em tom de mofa.

— É, a senhora tem razão. De mais a mais, vamos lembrar que não nos cabe julgar os atos da duquesa.

— Ela está nas celas do porão desde cedo. Temi que fosse muito escandalosa com as dores do parto e a transferi para lá. Aquelas pedras são grossas e seculares, ela poderá gritar à vontade.

— Vamos até lá, então — resolveu Ricardo. — Quem sabe a natureza já não fez a sua parte?

Na mesma sala onde alguns meses atrás realizaram a malsucedida tentativa de abortamento, a duquesa se encontrava novamente deitada sobre a mesa rústica, coberta de suor, tapada com um lençol. Apertava as mãos nas bordas com força e ouviam-se seus gritos e gemidos. O ventre dilatado sobressaía nos contornos do corpo de Clarissa, que se vislumbravam sob o lençol. Ricardo aproximou-se do improvisado e desconfortável leito e perguntou:

— Clarissa, como está?

— Cansada, muito cansada. Desde cedo estou com dores horríveis e esta criança não nasce.

— Vou examiná-la novamente, é provável que esteja mais próximo — avisou a abadessa.

Uma expressão de medo estampou-se na fisionomia de Clarissa e seus grandes olhos cinzentos se apertaram quando pediu:

— Seja delicada, madre. Não sou uma vaca.

— Ora duquesa, a natureza realiza o mesmo trabalho em mulheres e em vacas. Não há outra forma — retrucou a madre, sem dar qualquer importância ao pedido da parturiente.

— Ah! — gritou a duquesa ao sentir as mãos da madre remexendo em seu corpo. — Ricardo, por favor, me ajude.

— Tenha calma, estamos habituados a esse trabalho. Agnes é uma parteira competente — tranquilizou Ricardo. — Como está, madre?

— Não deve demorar. Vou subir e empurrar a criança para fora. O senhor ajude-a puxando por dentro — respondeu Agnes enquanto subia na mesa e posicionava-se de cócoras empurrando com ambas as mãos o ventre da duquesa. — E a senhora, duquesa, quando sentir as dores, empurre, faça força, não desperdice energia gritando ou me mordendo como fez antes. Morda os lençóis, como lhe disse. Vamos lá, empurre. Força!

Logo se ouviu o vagido de um recém-nascido e escorregava para as mãos de Ricardo o corpo perfeito de uma menina, forte e aparentemente saudável, com a cabeça coberta de cabelos negros semelhantes aos da mãe.

— É uma menina, perfeita — anunciou Ricardo exibindo aos olhos da madre a pequena que segurava pelos pés e com a cabeça para baixo.

— Ponha-a na mesa e vamos terminar logo com isso — disse Agnes descendo da mesa. — Finalmente! Estou exausta.

Agnes aproximou-se da cabeceira e notou lágrimas correndo no rosto da duquesa.

— A senhora está bem, duquesa?

— Sim, madre. Creio que por vários dias não poderei andar, nem me mexer muito bem. Estou cansada — respondeu Clarissa.

Ricardo atendia a recém-nascida cortando o cordão umbilical e finalizando os trabalhos do parto. Enxugou e enrolou a menina em um lençol e dirigia-se à porta quando foi chamado pela duquesa.

— Traga-a até mim, Ricardo. Desejo vê-la.

— Tem certeza, Clarissa? — indagou Ricardo surpreendido. — Poderá ser pior para você. É melhor esquecer tudo isso.

Agnes olhava o bispo como quem diz: "eu lhe avisei que ela mudou".

— Traga-a, Ricardo! Sou eu quem decide o que fazer com a minha filha. Deixe-me vê-la.

Ricardo atendeu ao pedido. Colocou a menina nos braços da mãe, que lhe acariciou o rosto miúdo, admirando-lhe os traços.

— A pequena se parece comigo — constatou a duquesa, orgulhosa. — Coisinha linda!

Ricardo e Agnes trocaram olhares preocupados.

— Isso passa. Logo ela cairá em si — sussurrou o bispo ao ouvido da abadessa.

— Assim espero. De qualquer maneira, não poderá levar a criança ao castelo — respondeu Agnes.

— Abadessa! — chamou Clarissa sem afastar os olhos da filha. — Quantas crianças são deixadas nas irmandades católicas ao longo de um ano?

— Perde-se a conta, duquesa — respondeu Agnes.

— E o que fazem com elas?

— São encaminhadas aos orfanatos, senhora.

— Prima Clarissa — interveio Ricardo. — Isso é novidade. São fatos de conhecimento público.

— E aqui, no convento, é frequente abandonarem crianças? — insistiu a duquesa.

— Em nosso convento são raras, duquesa. É mais frequente na roda dos enjeitados, nos hospitais e asilos — esclareceu Agnes preocupada.

— Responda-me apenas sim ou não, abadessa. Há crianças que são deixadas aqui? — perguntou a duquesa.

— Sim.

— Não entendo, Clarissa, por que essas perguntas? — questionou o bispo.

— São poucas as alegrias que tenho em meu casamento, caro bispo. E ao longo desses meses pensei muito. O meu Bruno pediu-me para rever algumas coisas, ele gostaria de ter a criança por perto. Ofereceu-se para criá-la. Ele me ama de verdade, Ricardo. Por ele, quero ficar com a menina. Além do mais, ela é linda e perfeita. Temi que por causa daquilo ela nascesse doente, mas creio que fui perdoada e ela está bem — declarou Clarissa para assombro dos religiosos que viam sua fonte de renda secar repentinamente.

— E seu marido, sua posição social, sua família? Não aceitarão jamais que você viva com um camponês. Recobre seu juízo, Clarissa — advertiu Ricardo. — Vamos seguir nosso plano original. Será melhor.

— Se eu decidir adotar uma criança deixada em um convento, enquanto fazia um retiro, ninguém terá nada a dizer. Meu marido ficará contente por este ato de altruísmo e Bruno me será grato e dedicado para sempre por dar-lhe uma filha e deixá-lo vê-la crescer — disse Clarissa e, depois, dirigindo o olhar aos religiosos, prosseguiu: — Logicamente, não serei egoísta desejando a felicidade apenas para mim. O silêncio de vocês será recompensado. Como tem sido até hoje, não é mesmo?

— Seja como quiser, Clarissa — concordou Ricardo após uma troca de olhares com a abadessa.

A duquesa sorriu feliz e pediu auxílio para sentar-se abraçada à filha.

— Ótimo. A importância que lhe entreguei, Reverenda madre, peço que seja dividida entre este convento e a Ordem dirigida por meu primo, como doação que faço pelo nascimento de Lúcia.

Os olhos de Ricardo brilharam ao lembrar-se da fortuna no cofre da abadessa.

— Reverenda madre, desejo que me tragam papel e tinta, preciso escrever a meu marido, solicitando seu consentimento para este meu gesto de amor. Direi a ele que pretendo ficar com a menina até a idade de entregá-la a uma boa escola e providenciar-lhe o futuro. Envie com urgência essa carta, por favor — pediu Clarissa.

— Assim que estiver acomodada em seus aposentos, duquesa — respondeu Agnes. — Para dar maior credibilidade ao seu plano, devemos fazer com que a menina seja encontrada às portas do convento. Ainda bem que é noite e isso não será difícil.

— Eu providencio isso. Há aquela saída pelos porões, não é mesmo, madre? — Ante a concordância de Agnes, Ricardo continuou: — Levo a menina comigo e, alegando estar passeando pelos arredores do prédio, encontro a criança e trago-a para dentro. Amanhã pela manhã, depois de conhecer a criança, a duquesa pede à abadessa a graça de levá-la consigo quando terminar seu retiro.

— Perfeito — elogiou Clarissa. — Eu e Lúcia agradecemos. Leve-a, mas traga-a de volta o quanto antes.

O plano para introduzir a bebê no convento não poderia ter sido mais bem-sucedido. O duque não opôs qualquer barreira ao desejo da esposa, ao contrário, estimulou-a à prática da caridade e declarou que receberia a menina como uma afilhada. Um mês depois do nascimento, plenamente recuperada, a duquesa e sua afilhada partiam em direção ao castelo. Dias depois, a pedido do duque, irmão Jacobino oficiava o batismo da pequena Lúcia.

CAPÍTULO 4

Marcas da infância

"Se és sábio, para ti o és; se és escarnecedor, tu só o suportarás."[8]

Ricardo agitava-se, visivelmente incomodado. Estava sendo muito difícil apreciar as cenas de sua existência. Georges, notando que ele sufocava em emoções conflituosas, tocou-lhe o braço e indagou:

— Quer conversar um pouco? Não temos pressa.

— Por favor. Será um alívio, temia as dificuldades dessa proposta, mas nunca imaginei que me sentiria assim — respondeu Ricardo, sentando-se no divã.

Eu não conseguia vê-lo, mas sua voz carregada de emoções denunciava o dilema, a falta de hábito de expressar o que transitava em seu mundo íntimo. Algo até certo ponto comum, pois são poucos os que se desvendam, na matéria dizem que isso é coisa de mulher, mas a esfera emocional ignora as vestes físicas e não faz distinções. São os preconceitos que impedem o homem, e falo do sexo masculino, de admitir e trabalhar as emoções. Digam os psiquiatras, psicólogos e orientadores de trabalhos espirituais se minto, e se não são os que estão sob a forma feminina os que mais abrem seu campo emocional ao diálogo?

— Como assim? — perguntou Georges.

---

8 Provérbios 9,12. *Bíblia Sagrada*. Trad. João Ferreira de Almeida. Barueri, Sociedade Bíblica do Brasil.

— Não sei explicar e isso me aflige, me angustia a falta de palavras, sinto-me sufocar e sei que elas seriam as válvulas de escape, entretanto me faltam aos lábios. Foram anos e anos de silêncio, acredito que, se algum dia soube falar, com o tempo desaprendi.

Georges sorriu compreensivo e comentou:

— Enuncia grandes verdades, Ricardo. A primeira: você compreendeu, sentindo, que expressar os sentimentos é o meio de limpar e harmonizar as emoções. Torna-se uma necessidade. Segundo: quando sufocamos uma delas, impondo-lhe silêncio, acabamos por criar um empecilho à nossa libertação. Tornam-se algemas com as quais nos aprisionamos por vontade própria, e elas sufocam, apertam e incomodam, pois tudo quanto existe no universo nasceu para ser livre e circular. Emoções são energias, são forças do espírito; represá-las acarreta concentrações que geram com o tempo incômodos e até mesmo doenças. A sufocação que você sente tem essa origem. Você colocou em si mesmo o tampão do silêncio, preferiu ignorar a conhecer esse universo interior. Terceiro: descobriu atrofiado o dom da comunicação. Consequência natural de seu proceder.

Georges fez uma pausa avaliando seu paciente.

— Para aprendermos é que serve a vida, Ricardo.

— Como faço para quebrar essas algemas, Georges? Ajude-me, elas são horríveis. Sinto meu peito rebentar-se, estraçalhar-se e isso não tem fim, nem alívio.

Ah! Dor moral, dor emocional, como aflige! São tantos os que julgam e condenam as multidões que se deslocam e correm de um lado a outro em busca do alívio desse mal e dão-lhe nomes e pechas de todas as espécies. Se, por um minuto só, trocassem de lugar com estes que chamam de fracos e covardes, veriam que a luta deles exige uma têmpera de aço para não sucumbir. Teriam mais paciência ao vê-los caminhar, às vezes trôpegos quando se recuperam.

— Fale, Ricardo. Continue o que começou, despeje essa represa, confie em mim, sou seu amigo, quero ouvi-lo...

Ricardo irrompeu em pranto. Levantou-se e andou pela sala como um animal enjaulado. Fixava as paredes e dava-me a impressão de que ante seus olhos descortinavam-se cenas dolorosas e atrozes, pois repentinamente o choro recrudescia. Georges mantinha-se calmo e sereno, acompanhando com o olhar o desabafo do paciente. Em seus olhos, li a mensagem: "Ninguém impõe diques à natureza impunemente. As forças precisam ser conhecidas e bem administradas pelo ser, a fim de que encontrem vazantes úteis e criativas na obra divina".

— Chore, Ricardo, o quanto desejar. Alivie sua alma, depois encontrará as palavras que precisa — confortou Georges.

— Ai, Georges, que miserável eu sou! — exclamava Ricardo.

Em meio às lágrimas, encostado a uma parede, deixou-se escorregar lentamente até ficar de cócoras com o rosto escondido entre as mãos. Pelos seus dedos vi escorrerem as gotas salgadas de seu arrependimento.

Aproximando-se do antigo bispo do Vêneto, Georges tomou-lhe as mãos molhadas e o forçou a erguer-se. Com infinita paciência o reconduziu ao divã, auxiliando-o a recobrar a serenidade.

— Não diga mais isso, meu amigo — pediu o médico. — Todos somos filhos de Deus e, por mais equivocados que tenham sido nossos caminhos, merecemos sempre uma nova chance. Você não é um miserável, é um ser equivocado, extraviado de sua natureza divina há algum tempo, mas não a perdeu. Será que agora é capaz de falar o que tanto o aflige?

— Eu era um revoltado. Neguei tudo quanto me ensinaram e que eu mesmo ensinava aos outros. Não. Não ensinei nada, refaço o que disse. Como eu poderia ensinar algo em que não acreditava? Não, definitivamente, não ensinei nada de proveitoso. As inúmeras missas oficiadas eram frias, mecânicas; além de fazê-las em uma língua que poucos entendiam, ainda não transmitia nenhum sentimento. Nos diálogos, muito menos. Eu era um sacerdote de palavras decoradas. Conhecia todos os livros sagrados, o pensamento dos principais teólogos da Igreja para impressionar quem convivia comigo e acho que também usava como autoafirmação. Sentia-me importante. Era um conhecimento como outro qualquer, não divisava um alcance maior. Agora há pouco, quando vi a atitude de Jacobino, questionei meus propósitos como sacerdote e reconheço que fui movido pela ambição. A bem da verdade, que a mim mesmo confesso, eu buscava liberdade e poder na Igreja.

Ricardo fez uma pausa, reclinou-se no divã, seus olhos ergueram-se buscando recordações passadas e depois prosseguiu:

— Desde muito cedo, contava pouco mais de dez anos, comecei a perceber que eu era diferente dos outros meninos. Não me atraía o treinamento para a guerra, os esportes, mas me fascinava ver os homens lutando, observar-lhes o porte, o físico. Eu não desejava participar, nem ser um deles, no entanto admirava-os muito. E passava horas acompanhando os treinos da guarda de meu pai. Apreciava a arte. Como gostava de pintar! Sabe, Georges, fiz vários esboços, alguns bem razoáveis, mas, quando meu pai os descobriu, horrorizou-se. Condenou-me. Fez com que eu sentisse uma vergonha imensa do que havia feito e que antes eu admirava orgulhoso. Reduziu-me a nada. Foi a minha primeira lição de calar meus sentimentos. Amarguei a vergonha causada por suas palavras durante dias e andei cabisbaixo. Não entendia, sinceramente eu não entendia, por que ele havia me falado daquela forma, mas compreendi que ele tinha nojo e vergonha do que eu havia feito. Concluí que o que me havia levado a produzir aqueles esboços e a permanecer, horas e horas, admirando os homens da guarda era nojento e vergonhoso. Fui proibido de fazer o que gostava e mandado a um colégio interno. Foi para mim um grande castigo, pois amava a liberdade de galopar nos campos, amava o meu lar, meus irmãos e irmãs. Fui afastado de todos sem qualquer explicação e entregue às mãos dos freis capuchinhos, que se tornaram responsáveis por minha educação. Fiquei seis anos entre eles, tempo suficiente para ter aprendido tudo o que precisava e ter dado os primeiros passos na compreensão de quem ou do que eu era. Voltei ao meu lar, meu pai era membro de uma família influente, muito rica, e eu, seu primogênito, deveria ser o sucessor. Contava então dezessete anos...

Um súbito silêncio se fez no ambiente. Ricardo interrompeu suas lembranças e notei que examinou, detida e minuciosamente, a minha expressão e a de Georges, buscando saber que emoções suas confidências despertavam, mas permanecíamos atentos e tranquilos. Assim ele respirou fundo e continuou:

— Meu casamento com Clarissa estava acertado. Fui informado disso no dia do meu retorno. Papai temia que, sendo jovem, eu ficasse um dia sequer livre. Disse-me que o casamento poria juízo à minha cabeça e me livraria do fogo do inferno. Lembro-me do que ele falou:

— "Meu filho, desde cedo me preocupo com você, por isso o coloquei no colégio interno dos freis. Aqui, entre os meus soldados, não seria um bom lugar para a sua juventude. Deve ter aprendido as abominações e o que esperam aqueles que se deitam com homens. Não quero isso para você. Deverá se casar em breve e encontrará nos braços da sua prima a paz para sua alma."

— Naquele dia pensei: "Ele tem vergonha de mim, odeia-me porque admirava os soldados, não me dá ao menos a oportunidade de falar". Ah! Que dor! Georges, se uma espada tivesse me atravessado naquele momento, não teria sentido a mesma dor, fria e cruel, a cortar-me o peito. As atitudes dele não me feriram o corpo, mas arrasaram-me por dentro e talvez as feridas nunca tenham cicatrizado. Senti-me humilhado, menosprezado, um ser abjeto, vil, que causava horror a quem me havia dado a vida. Ouvi tudo o que ele tinha a dizer calado; quando terminou, me retirei e lembro-me de que fiquei jogado sobre a cama até o dia seguinte, aflito, me sentia preso. Impunham-me uma vida que antecipadamente sabia não me traria felicidade. No dia seguinte chegaram meus tios e primos, com Clarissa, obviamente para o noivado. Era uma jovem linda. Aliás, a beleza de Clarissa foi sua perdição. Porém, em mim não despertava nada além de simpatia. Seu riso fácil, sua companhia inteligente e faceira eram-me agradáveis, mas não suportava seu toque, tinha medo do fogo que via em seus olhos e das promessas silenciosas que me fazia. Seu jogo de sedução era para mim um tormento e delicadamente a fazia recuar. Fui ficando a cada dia mais triste e aflito, até a visita de um dos meus antigos professores, com quem havia descoberto muitas coisas, inclusive minhas preferências sexuais. Foram dias em que recuperei um pouco da vontade de viver, e em nossos encontros secretos confiei-lhe meus temores de não suportar viver com Clarissa e o medo de que, com o tempo, as pessoas descobrissem o que somente meu pai desconfiava a meu respeito e me tratassem da mesma forma; disse-lhe que eu não suportaria tal vida. Tomando-me em seus braços, ele me acariciou e disse ao meu ouvido: "Declare a eles que você deseja servir à Igreja. Então estará livre deles, será livre e terá o poder de um sacerdote. Sua família é influente, logo você conseguirá ascender na hierarquia religiosa. Fará carreira brilhante, será o orgulho da família. Ninguém saberá da sua vida privada e você descobrirá que os conventos escondem muitos segredos sob o manto da respeitabilidade". Aquelas palavras soaram como música aos meus ouvidos. Ele também me prometeu ajuda na tarefa de convencer minha família. E depois de pensar alguns dias, na manhã em que era aguardado o anúncio do noivado, falei a meus pais da descoberta de minha vocação religiosa e declarei meu desejo de fazer votos sacerdotais. Após certo choque, pois não era o esperado, eles cederam e informaram aos meus tios da minha decisão. Todos, muito religiosos, ficaram surpreendidos, mas imediatamente passaram a me olhar de forma diferente, com respeito e devoção; acreditavam-me um eleito. Naquele momento, senti pela primeira vez o gosto do poder de dominar outras pessoas e passei a exercê-lo. Como sacerdote de brilhante carreira, encontrei na Santa Madre Igreja a liberdade e o poder, pelo qual não recuei diante de qualquer obstáculo. Matei, roubei, pois também o dinheiro e as propriedades das mais ricas famílias vinham às minhas mãos acompanhadas dos mais escabrosos segredos. Na absolvição de seus pecados eu enriquecia, com isso aumentava meu poder e maior era minha liberdade. E tudo premeditei e calculei friamente. Ninguém poderia saber do silêncio, da conspiração, das palavras dúbias, da fachada exterior do digno representante do Senhor e nem do interior em chamas ardendo calado, marcado pela revolta, pois fui para a Igreja em busca de liberdade e poder, entretanto também é verdade que fiz isso para não ser rejeitado pelos que eu amava e com quem queria viver.

As palavras de Ricardo eram passadas de amargura. Compreendi que a vida religiosa fora para ele uma espécie de exílio, sentira-se banido do meio a que naturalmente pertencia. Georges ouvia compenetrado, deixando que Ricardo silenciasse alguns minutos, mas, como se prolongou, julgou ser oportuno interferir:

— Como se sente agora? A aflição diminuiu?

— Sim, sinto como se surgisse um espaço dentro de mim. É uma sensação estranha, parece que há uma zona na qual posso me mover. Coisa estranha! — respondeu Ricardo, desenhando-se em seu rosto pela primeira vez a sombra de um sorriso genuíno.

— É o resultado natural de desabafar. Reconhecer a sua realidade é o primeiro passo para aceitar-se e ingressar em um processo de autoconhecimento. Enquanto você lutar consigo mesmo, nada conseguirá, estará dispersando suas forças e não as usando a favor de seu bem-estar. Notei, Ricardo, que deu muita ênfase ao ter buscado na Igreja a liberdade para viver sua sexualidade. Se foi a proteção de uma batina para encobrir sua sexualidade que buscou, por que se envolveu em tantos atos infelizes?

Ricardo pensou bastante antes de responder, várias vezes passou a mão na testa e seus olhos fitaram o teto. Por fim disse:

— Senti-me enredado em fios, para responder-lhe, Georges. Quando fiz todas as coisas que você sabe, simplesmente agia, via a oportunidade e não a perdia, não parava para pensar qual era o motivo impulsionando-me àquelas atitudes. Simplesmente fazia, vislumbrando mais e mais poder, acreditando que com ele eu cresceria e seria livre. Agora, pensando sobre o passado, reconheço que vivia à sombra do medo. O medo de repetir-se a vergonha que senti quando menino, no momento em que meu pai descobriu minhas tendências ao convívio sexual com outros homens, o medo de novamente ser expulso de um local onde tinha, bem ou mal, criado raízes, o medo de perder a minha "respeitabilidade". O dinheiro, o ouro e as conspirações me garantiriam o apoio necessário para abafar qualquer escândalo.

— Ricardo, você me fala do medo da rejeição, da humilhação, de não ser aceito e por isso ser banido, e que o teriam conduzido a todo seu comportamento. Mas, revendo essa história, percebi que em muitas cenas seus olhos brilhavam de prazer. A sensação de prazer é embriagadora e, quando não sabemos usufruí-la com moderação, ela vicia. E o sexo não é o único veículo de prazer. É apenas mais um. Todos os nossos sentimentos e atos são fontes de prazer ou desprazer para nossa alma, que é quem em verdade sente e vibra. Pergunte-se: quais eram as suas fontes de prazer? — pediu Georges atento aos progressos do antigo bispo.

— Prazer?! — repetiu Ricardo com uma inflexão na voz que me deixava na dúvida se ele deliciava-se com a proposta ou se tinha dúvidas quanto ao significado do prazer.

— É — incentivou Georges. — Fale-me do prazer, da sensação de realização, de satisfação, de estar integrado a alguém ou a alguma coisa. No que ou como você o encontrava?

— É difícil, não pensei nisso. Na revolta, no medo, na sensação de insegurança, até mesmo na vergonha várias vezes eu pensei quando ainda era o bispo. Mas no prazer...

— Simplesmente sentia, sem pensar. Pois agora pense, Ricardo, analise, não temos pressa.

E ele regressou ao passado gravado em seu íntimo, buscando em suas atitudes as fontes de prazer que o viciaram e por quê.

Rapidamente sucederam-se na tela as imagens conhecidas em uma velocidade alucinante, depois novas cenas desfilaram aos nossos olhos lentamente.

CAPÍTULO 5

Pessoas que falam e ouvem com o coração

"(...) Ele quer que cada um se torne útil, segundo suas faculdades."[9]

Ricardo e Jacobino despachavam no gabinete do convento quando Lucas irrompeu na sala, apressado, olhar agitado, transmitindo nervosismo. Percebendo o estado do jovem, Jacobino parou a tarefa que realizava e indagou:

— O que houve, Lucas?

— Preciso lhe falar com urgência, irmão.

— O que há? — indagou o bispo interferindo na conversa. — Diga o que o trouxe até aqui.

— Não se preocupe, Reverendíssimo. Não é nada com o convento. Sou eu que preciso dos serviços espirituais do irmão Jacobino — explicou Lucas. — Sei que o senhor é o meu confessor e tenho cumprido as suas ordenações e seguido as recomendações. Entretanto, hoje preciso falar com irmão Jacobino.

Estranhando a atitude do rapaz, Ricardo o encarou. Era triste, franzino e nervoso. Lembrou-se das insinuações do padre Rugiero, analisou a conduta de Jacobino que, impassível, mantinha sua atenção no rapaz, porém um detalhe no olhar do secretário fê-lo recuar no rumo de seus pensamentos. "Os olhos dele brilham iluminados pela piedade, são complacentes e bondosos. Sim, Jacobino apieda-se desse jovem", concluiu Ricardo.

9 Kardec, Allan. *O Livro dos Espíritos*, questão. 680. Trad. Salvador Gentile. Araras, IDE.

— De minha parte nada tenho a opor que receba orientações do irmão Jacobino. Depende dele atender seu pedido — concedeu Ricardo, envolvido em uma aura de curiosidade pelas atitudes de Jacobino.

"Por que o rapaz desejava falar com Jacobino e não com ele? Que orientações poderia dar Jacobino que ele não soubesse melhor? Afinal, Jacobino passou praticamente toda sua vida naquele convento, seu conhecimento de teologia era menor, assim como todos os outros. Por que aquele seminarista pedia então orientação a um irmão menor e não a ele, o bispo?", indagava-se Ricardo, em pensamento. Embora possa parecer que a inveja se insinuasse no interior dele, não era o que acontecia; tratava-se de pura curiosidade, bisbilhotice.

Jacobino concluiu a tarefa e levantou-se dizendo:

— Meu trabalho está terminado, bispo. Com sua permissão, atenderei nosso jovem seminarista.

— Vá, Jacobino — respondeu o bispo observando a saída deles.

Movido pelo desejo de conhecer o que se passaria entre o seminarista e seu secretário, Ricardo levantou-se depois de alguns minutos e, como seus passos eram extremamente leves, seguiu-os a alguma distância, sem ser notado. Viu-os ingressarem na igreja e se dirigirem à sacristia. Rapidamente postou-se rente à porta de acesso ao local, que ficara entreaberta e possibilitava-lhe, apurando a audição, tomar ciência da conversa.

Lucas prontamente ajoelhou-se no confessionário, porém, para sua surpresa, sentiu a mão de Jacobino puxar-lhe o braço fazendo-o erguer-se.

— Não deseja ouvir minha confissão, irmão Jacobino? Mas eu lhe pedi isso, não pode me negar o sacramento — choramingou Lucas. — Eu preciso.

— Você pediu para conversar comigo. Sou seu amigo, não precisamos dos rituais da confissão para conversar. Estou ouvindo-o.

— Mas, irmão, eu preciso do perdão do Senhor. Por favor...

— Lucas, meu filho, nada o impede de obter o perdão do Senhor. Está vendo a janela à sua frente?

— Sim, irmão, claro que a vejo.

— Pois então fixe seu olhar no céu, na beleza e na luminosidade do dia e ore, diga a ele por que sente que precisa do Seu perdão, fale com as suas palavras — ensinou Jacobino. — Traga Deus para perto de você, sinta-o como seu maior amigo. Desenvolva com ele o relacionamento de Pai e filho que os une, assim como a todos nós. Ele pode muito mais do que eu, meu filho. Não O tema, você não precisa de intermediários para falar de seus problemas. Ele conhece a todos nós, sabe o que nos aflige e o que nos faz felizes, conhece as nossas dores e necessidades, não O tema, ame-O. Fale com Ele, Lucas. Ele pode muito mais do que eu.

Ante a indecisão e a resistência de Lucas, Jacobino insistiu:

— Vou orar com você. Ele escuta a milhões de almas ao mesmo tempo, não se perturbe, fale com calma. Eu ficarei a seu lado e, em silêncio, também falarei com Ele. Depois conversaremos, está bem?

— O senhor é estranho, irmão Jacobino. Nenhum outro padre me recomendou isso quando lhe pedi uma confissão; todos tomaram os paramentos e me concederam o sacramento — falou Lucas sem esconder a decepção que sentia. — Por que o senhor age assim comigo?

— Olhe, meu filho, o caminho mais fácil para mim seria realmente tomar os paramentos e cumprir os rituais da confissão. Entretanto, para você serviria de pouco. Talvez apaziguasse momentaneamente sua consciência, mas não contribuiria para você desenvolver paz interior. Se eu o ouvisse em confissão quando alguma outra situação o afligisse, você correria à minha procura e se tornaria dependente do meu serviço espiritual, como o chamou. Não desejo isso, quero ensiná-lo a ser livre e encontrar o caminho para sua paz interior. Aprenda a falar com Deus e a considerá-Lo o confessor da sua consciência. Assim, onde estiver e a qualquer hora, se alguma coisa o afligir, você conhecerá o caminho para a calma e a tranquilidade, terá forças para enfrentar a vida por si mesmo, amparado Nele, que tudo pode. Experimente, considere como se fosse outro sacramento que ainda não lhe havia sido ensinado. Tente, Lucas, depois conversaremos.

Dominado pela expressão firme e serena do olhar de Jacobino, o jovem ajoelhou-se sobre a pedra do piso da sacristia, ergueu a cabeça ao alto através da janela, fixando o céu e o brilho do sol. Devagar seus olhos foram se fechando e ele mergulhou em seu mundo interior conversando com Deus. O religioso, parado de pé, com os braços relaxados ao longo do corpo e as mãos unidas, contemplava o firmamento. Orou por breves minutos, depois baixou o olhar ao rapaz ajoelhado, sorriu candidamente e pensou: “Um dia ele se erguerá para falar Contigo e terá prazer em olhá-Lo admirando a Sua obra”.

O silêncio imperava na sacristia e uma leve brisa refrescou-lhes as frontes passeando por sobre os cabelos deles. Uma paz deliciosa os envolvia. Ricardo ouvira atento o diálogo e fora aos poucos conquistado pelas palavras de Jacobino, porém, quando a prece envolveu os outros, ele apenas sentiu um rápido refrigério. Mergulhar a consciência na busca das fontes sagradas da vida estava além de suas forças. Compreendia a prece como declamação de palavras, não como um encontro consigo mesmo e com Deus, uma integração pessoal com o universo. Mas o bem-estar que o envolvera, aliado à curiosidade, o fez prosseguir na escuta.

Lucas abriu os olhos, que mostravam uma expressão serena e com renovada energia. Jacobino sorriu e estendeu-lhe a mão, convidando:

— Venha, sente-se a meu lado. Vamos conversar.

— Irmão Jacobino, que experiência boa o senhor me ensinou! Obrigado. Sinto-me aliviado, parece que respiro melhor, estou calmo e meus pensamentos não me atormentam. Sei que meu problema continua, mas me sinto melhor — confessou Lucas enlevado. — Foi maravilhoso orar com o senhor, do seu jeito, quero dizer.

— Eu o compreendo, Lucas. Realmente a prece não traz soluções milagrosas aos nossos problemas, mas nos dá paz, serenidade, fortalece-nos e nos torna capazes de encontrar os melhores caminhos. Se Deus resolvesse nossos problemas, que mérito teríamos? O que aprenderíamos com eles? Nada! E tudo que a vida nos apresenta vem para nos ensinar a sermos melhores, Lucas. Aprender é a grande palavra da vida. Agora, fale, por que foi me procurar?

— Carrego dúvidas no meu coração e elas me atormentam. Quando visitamos o duque Alberto, o senhor me explicou muitas coisas sobre os desejos que eu sinto. Desde então, não me flagelo mais, mas ainda assim eles me atormentam e compreendi que será sempre assim, estou errado?

— Não, Lucas, está certo. Compreendeu muito bem. O desejo sexual é lei natural. Enquanto viver, estará sujeito a ele. Poderá encontrar caminhos para sublimá-lo, caso deseje ser celibatário, entretanto ele andará passo a passo com você — concordou Jacobino.

— Irmão, nós não estamos em confissão, por isso me atrevo a lhe fazer uma pergunta: como o senhor faz para manter-se calmo e sereno todos os dias? Parece que nada lhe aflige. Como o senhor venceu o desejo?

Jacobino olhou o jovem à sua frente. Uma expressão benévola estampou-se em seu semblante, como se julgasse ingênua a pergunta de Lucas. Um leve sorriso se desenhou antes de responder, mas quem prestasse atenção veria em seus olhos profunda tristeza.

— E de onde tirou a ideia de que eu o venci?

O seminarista esperava ouvir uma longa explicação sobre os caminhos a percorrer e sentiu-se roubado com a pergunta de Jacobino. Julgando que o religioso brincava, implorou:

— Tenha piedade, irmão, não brinque comigo. Eu sofro. Minha esperança é aprender com o senhor a encontrar o caminho para superar isso. Várias madrugadas acordo aflito e não torno a adormecer, minha mente é um turbilhão e meu corpo arde em ânsias. Então olho o futuro e o que vejo é uma infinidade de longas madrugadas iguais às que tenho vivido. Eu choro, meu pai. Sei que não devia, mas eu choro. Envergonho-me da minha fraqueza, me questiono como posso estar tão dividido: quero servir ao Senhor, eu O amo, desejo dedicar minha vida ao bem, mas me falta força. O caminho à frente me desespera. Como fazer?

Jacobino o ouviu em silêncio, refletindo, recordando seu próprio passado. Lucas, angustiado com o silêncio do amigo, pediu:

— Diga alguma coisa, meu pai, por favor.

Jacobino tomou a mão de Lucas entre as suas e o fez encará-lo.

— Meu filho, se não lhe digo nada é porque não posso e não devo influir em sua decisão. Você está num momento crucial. Usando suas palavras: dividido entre ser ou não ser um sacerdote. É essa sua maior dúvida, não é mesmo? Não sabe se terá forças para as exigências que a vida monástica impõe?

— É, meu pai. É isso mesmo.

— Lucas, você está entre nós há tempo suficiente para descobrir que nem tudo é como parece ou como deveria ser dentro dos muros de um convento. Portanto, sabe que nem todos os que se abrigam sob o manto dos votos sacerdotais os cumprem com fidelidade.

Receoso em admitir a verdade insinuada por Jacobino, o seminarista desviou o olhar, observando as coisas conhecidas ao redor, depois baixou a cabeça e murmurou:

— Do que o senhor fala?

— Eu falo, Lucas, do que se passa nas celas, à noite. Nas estrebarias e com os membros da guarda, nas horas mortas do dia.

O jovem não levantou a cabeça. Jacobino soltou-lhe as mãos e, tocando seu queixo, fez com que o encarasse.

— Estou falando das relações sexuais que nossos companheiros mantêm entre si e com os membros da comunidade, Lucas. Estou falando que o voto de castidade é cumprido por poucos.

— Sim, eu sei. Não há como ignorar morando aqui. Eu sei o que acontece e me horrorizo. Por isso, minha fé vacila.

— Você os condena?

Confuso, Lucas pensou antes de responder:

— Inicialmente, sim. Foi um choque e uma decepção. Achei que deviam ser banidos da casa do Senhor. Creio que eu sonhava muito e a verdade me arrancou os véus de sobre os olhos, me mostrando que santos não andam sobre a Terra. E eu queria ser um homem santo, achava que os outros também o seriam. Condenei-os, sim, pensava em bani-los para bem longe daqui. Então me dei conta do que acontecia comigo e, ao senhor confesso, meu pai, que uma vez pensei em ceder ao assédio de outro companheiro. Acho que ele reconheceu os sinais do meu desespero. Por isso me flagelei impiedosamente aquela última vez, muito mais do que nas outras, tanto que o senhor viu, e depois de nossa conversa aceitei meus sentimentos.

Lucas fez uma pausa e, registrando a indagação no olhar de Jacobino, prosseguiu:

— Hoje não os condeno mais. Entretanto, não é o que desejo para o meu futuro. Não cedi aos apelos do companheiro, pois, embora eu reconheça a necessidade que sinto, não creio que encontraria alívio. No meu coração sei que seria pior, para mim seria; para eles, como lhe disse, hoje não os julgo mais, não sei, talvez sejam, ah, sei lá, meu pai...

— Também senti isso, meu filho. Como sabe, eu cresci neste convento. Não sei quem são meus pais, não tenho família. Minhas opções foram poucas, quase inexistentes. Mas nem por isso a vida me fez diferente de meus irmãos. O falecido bispo Giordano era o abade desse convento na minha juventude e creio que, por ter me visto crescer, aquela alma santa tinha por mim um carinho que vejo nos olhos de alguns pais. Depois que fiz meus votos, ele mandou-me servir fora daqui; tinha sob minha responsabilidade a capela e o serviço religioso da vila, foi assim que me tornei amigo do duque Alberto. Foram anos inesquecíveis da minha vida. Aprendi muito. Trabalhar em um lugarejo distante e, por fim, na cidade de Vicenza. Lá coordenei atividades com órfãos e doentes, sentia-me feliz e nunca, meu filho, me senti tão realizado como naqueles dias. Era tanto trabalho que muitas vezes, ao deitar meu corpo jovem e cansado, esquecia-me de rezar. Aliás, esquecia de quase todas as obrigações com os rituais da igreja, envolvido com as pessoas. Quando regularmente voltava ao convento e confessava isso ao meu bispo, ele, em vez de aplicar-me uma penitência e advertir-me, ria por detrás da treliça do confessionário. Várias vezes levantou-se e veio ao meu lado abraçar-me, dizendo o quanto era feliz por me ouvir, que desejava que todos os seus tutelados fossem lhe confessar o mesmo drama, pois assim seria o mais feliz dos abades. Rezávamos juntos e ele me mandava embora sem penitência, dizendo que quem ama ao próximo dá regozijo ao Senhor e não merece castigo, nem motivos havia para perdoar-me a falta com as leis da Igreja, pois maiores que estas eram as leis de Deus, e o amor as resumia todas, que trabalhando pelos outros eu desenvolvia amor por eles, pois se não os amasse, ainda que de forma inconsciente, eu nada faria de bom.

Jacobino repentinamente interrompeu suas memórias, calou-se emocionado. Lucas, a seu lado, preocupou-se e, desejoso de ouvir mais, pediu:

— Continue, meu pai.

— Em Vicenza houve uma peste e não titubeei em acolher todos os doentes que me buscavam. A carga de trabalho tornou-se muito pesada, não recebi ajuda de ninguém ligado à Igreja. Mas, para horror de meu superior na cidade, aceitei a ajuda das prostitutas mais conhecidas da localidade. Aquelas mulheres foram incansáveis a meu lado. Como trabalhamos! Foi um convívio diferente do que eu estava acostumado. Elas não eram discretas, usavam roupas decotadas e riam alto, mas também conversávamos e me abriam seus corações, me contavam suas vidas, e eu lhes falava de Deus, do amor e da forma como via a existência humana. Trocamos experiências e saí enriquecido. Afeiçoei-me a uma especialmente, seu nome era Giuliana. Ela era alegre e doce, apesar de todos os sofrimentos que a vida lhe apresentava. Certa vez, quando velávamos os doentes à noite, só nós dois, pois as outras, cansadas, dormiam verdadeiramente amontoadas em um canto da sala, ela contou-me a sua vida e me falou dos seus sonhos de tornar-se mãe e esposa, de entregar-se ao amor de um homem e viver a seu lado, criando os filhos que Deus lhe confiasse. Eram desejos tão simples de amor, mas havia tanta carência em sua voz e tocou-me tão fundo o que ela me dizia! Naquele momento compreendi que meu coração sonhava a mesma coisa, eu queria conhecer aquele mundo de ventura simples que poderia haver entre um homem e uma mulher e eu queria muito ser pai. Enquanto ela falava, eu via crianças correndo em meio aos vinhedos. Via-me um pequeno agricultor e os meninos e meninas, de cabeças louras e morenas, eram meus filhos, que brincavam à minha volta, e o riso deles enchia meus ouvidos, tão cansados das confissões e dos problemas humanos. Deixei-me levar naquele estado de sonho e vi no rosto das crianças da minha mente uma expressão alegre e brilhante que eu via no rosto de Giuliana; no meu sonho era ela a mãe dos meus filhos. Sem me dar conta, abracei-a, senti seu calor e suas mãos, seu coração pulsava ao meu toque e a venerei como se fosse uma santa. O carinho dela deu-me alegria e sob o manto daquela madrugada fria, em meio à dor e ao cansaço, nos tornamos amantes. É, meu jovem, não fique chocado. Vivemos dias maravilhosos. A peste se foi, enterramos muitos mortos, salvamos alguns. Entre minhas auxiliares, várias morreram e fiz com que acreditassem que encontrariam o caminho do céu. Elas não eram católicas, nem aceitas pela Igreja, mas eram cristãs, verdadeiras Madalenas que viveram comigo. Passados aqueles meses de exceção, voltei à minha rotina normal e Giuliana foi comigo, o casal que me servia era idoso e não havia sobrevivido à peste. Creio que muitos desconfiavam do que se passava entre nós, mas ninguém falava nada, pois as obrigações eram cumpridas religiosamente. Ah, como fui feliz, meu filho! Não entendia por que para servir a Deus eu não podia me casar e ter minha família. Eu sentia que o amor de Giuliana havia curado as feridas da alma geradas pela orfandade. Ela era a minha Madalena.

Eu a chamava assim e ela ria. Auxiliava-me em tudo. Não havia ferida, por mais repugnante, que ela não tratasse, nem mendigo fedorento que não acolhesse. Bêbados e desolados encontravam nela apoio e compreensão. Dizia-me que vivera em meio aos vícios e sabia o quanto aqueles infelizes necessitavam de carinho para reerguer-se. Minha Giuliana acreditava que no homem existia um bem que não se apaga nunca. Era uma mulher sábia. Minha consciência, algumas vezes, exigia a confissão da situação ao bispo Giordano. Mas, ao mesmo tempo, eu pensava: qual era o pecado de amar? Não encontrava resposta e calava-me. Giuliana nunca me exigiu nada e acomodei-me. Mas algumas senhoras, muito religiosas, escandalizaram-se ao reconhecer na minha sacristia uma antiga prostituta e, mais ainda, ao saberem que trabalhava na casa paroquial. Por vias avessas, a informação chegou ao meu bispo. Ele decidiu visitar-me e certa tarde surpreendeu-me: ficou em minha casa vários dias, o suficiente para conhecer Giuliana e encantar-se com ela. Chamou-me para uma conversa em particular e, francamente, como era do seu feitio, disse-me que tinha conhecimento dos fatos que se passavam. Não neguei e aguardei a excomunhão. Ao lado de Giuliana não temia nada, seria um alívio. Sabia que sentiria falta da vida sacerdotal, mas superaria. Ele, porém, decidiu afastar-me da congregação temporariamente. Orientou-me a viver em uma aldeia distante, eu manteria os vínculos com a Igreja, mas não poderia oficiar e deveria regularmente visitar o convento e me confessar. Partimos e por três anos vivi longe da vida sacerdotal.

— Por que voltou, meu pai?

— Porque meu coração é viúvo, meu filho — respondeu Jacobino, e colocando a mão sob a batina, à altura do pescoço, puxou um cordão de veludo negro no qual trazia dependurado ao lado de uma cruz de madeira um pequeno camafeu com o rosto de uma mulher. — Minha Madalena morreu subitamente. Nunca esquecerei aquele dia. Foi o maior teste de confiança e amor a Deus que já enfrentei. Ela, sentindo que ia morrer, pediu-me um beijo de despedida e disse que voltava para junto do Criador, que eu a ensinara a amar, e que da outra vida me acompanharia sempre. Chorando, lhe implorei que lutasse contra aquela febre, mas sorrindo ela disse que não havia mais forças. Desesperado, lembrei-a dos filhos que queríamos ter, e ela me disse: "cuide dos órfãos, seja o pai deles e, de onde estiver, eu serei a mãe". Dizendo isso, morreu, apagou-se em meus braços como uma vela soprada pelo vento. Depois de algum tempo, voltei ao convento. O bispo Giordano acolheu-me e, entendendo minha dor, fez-me responsável pelos órfãos. Esse é o segredo da minha paz, Lucas.

Ricardo, ouvindo atrás da porta, emocionou-se com a história de Jacobino, que nem ao menos imaginava, julgando-o um rigoroso e rígido sacerdote. Enxergou o homem e admirou-o pela coragem de afrontar os preconceitos para viver seus sentimentos. Uma pequena ponta de remorso insinuou-se em seu interior ao ouvi-lo falar com tanta admiração do bispo Giordano, mas calou-a imediatamente justificando que suas necessidades eram diferentes. Apenas um pensamento se demorou em sua mente:

"Jacobino pensa de maneira diferente do meu pai".

Lucas ficou silencioso, meditando sobre o que ouvira, depois falou:

— O senhor trocou o sacerdócio por uma vida simples ao lado de uma mulher, não teria voltado caso Giuliana ainda vivesse. Não sentiu falta da religião, da vida religiosa?

— Não, meu filho, não senti falta alguma. Descobri naqueles anos que poderia desenvolver minha relação com Deus e amar ao próximo com muito mais alegria e satisfação se eu amasse a mim mesmo. Ao lado de Giuliana eu fui feliz, ela curou-me as carências de amor e, veja, não estou mais falando de sexo pura e simplesmente, falo de amor. Para servir a Deus não é preciso uma batina, uma vida monástica, é preciso amar, tão só e simplesmente. Desse sentimento nasce todo o restante: o desejo de fazer o bem, a honestidade, os hábitos de vida salutares, tudo que você possa imaginar que seja necessário saber para servir ao Senhor se resume a amar. E, meu pequeno, saiba que existem inúmeras maneiras de amar. Conforme as descobrimos, elas se multiplicam. Giuliana me deu um amor sem condições, isso me fartou, satisfez minha sede, ela jamais me pediu qualquer coisa ou fez imposições ao meu modo de ser, aceitou-me tal qual eu era. Aquela que muitos chamavam de pecadora ensinou-me mais da vida do que os livros de teologia que li. Ela era simples, não tinha cultura nenhuma, mas havia um universo de compreensão em seu coração. Minhas missas foram o meu trabalho, isso já antes de conhecê-la, mas era junto aos que sofrem que eu me sentia útil; minhas hóstias sagradas foram e são o sorriso das crianças que busco educar; e o altar que eu mais venero é a natureza. Vivendo em contato com ela, tive a graça de apreciar a inteligência de nosso Criador. Enquanto tantos andavam para cima e para baixo, de um lado a outro, eu ficava, horas e horas, contemplando a natureza, observando e pensando na sabedoria que nada de inútil colocou nela. Ficava assim até que Giuliana vinha me buscar e, então, conversávamos muito. Nos últimos tempos que compartilhamos nossas vidas, muitos vizinhos vinham à nossa casa e falávamos de Jesus e da vida com liberdade, e isso enriqueceu a todos. Eles tinham pouca cultura e, despreocupado de observar os rituais litúrgicos, eu lhes falava de Jesus no dialeto deles. Era gratificante, muito gratificante! A religiosidade não deve ser confinada a dias e horários estabelecidos na vida de alguém, isso não é religiosidade, é compromisso social; a religiosidade é um modo de viver integrado a Deus em todos os momentos da vida, não importa onde, nem quando.

— Entendo.

— E permanece em dúvida, não é mesmo? Esse foi o meu caminho. Eu lhe disse que não tinha a resposta que procurava, apenas sei lhe dizer que flagelar seu corpo não secará as necessidades que a vida imprimiu nele. Trabalhar pelo próximo é um caminho que muito tem me auxiliado na construção da minha paz. Mas especificamente o domínio dos desejos físicos, eu encontrei no amor, na realização ao lado do ser amado e, se hoje vivo só, é porque foi tão forte o que senti e sinto, que outra pessoa não me satisfaria. Dedico-me alegremente ao cuidado dos meus filhos e várias vezes, quando me sento sob a árvore do jardim, parece que sinto a minha Madalena a meu lado sorrindo para nossas crianças. Meu trabalho produz frutos e me sinto realizado. Tenho sonhos: quero que um dia esses órfãos sejam livres e preparados para viver na sociedade, e não sejam mais forçosamente padres. Quero que tenham opção.

— Não sei o que fazer. Tenho que pensar também em meus pais, será para eles uma terrível decepção se eu desertar da vida religiosa. Minha mãe fez promessa de entregar um filho a Deus, o escolhido fui eu.

— Diga a sua mãe que todos estamos e sempre estivemos sob a proteção divina. Ninguém precisa ser entregue a Deus, todos precisamos, isso sim, nos integrar a Ele. Não há uma só planta, um animal sequer pelo qual não vele o olhar do Pai, quanto mais a nós, humanos. Não há necessidade de entregar nada a Ele, pois Ele nada perdeu. A confiança se expressa na aceitação ativa de seus desígnios, lutando, meu pequeno Lucas, construindo e fazendo tudo quanto a nossa razão diga ser necessário, mas aceitando quando nossa força for impotente perante a vontade de Deus, que é outra. Então nos cabe aguardar para que, com o passar do tempo, contemplemos a sabedoria da decisão Dele.

O jovem ergueu-se e contemplou o céu pela janela. Havia algumas horas conversavam. A claridade diminuía lá fora, dando lugar a um azul mais escuro e profundo no céu, como se a noite guardasse mistérios.

— Está escurecendo.

Ricardo, ao ouvir a informação, deu-se conta de que passara as horas da tarde a ouvir seu secretário atrás de uma porta. Sentiu-se ridículo, mas ao mesmo tempo nascia-lhe um sentimento novo: admirava um homem pelo que ele era, sem qualquer interesse. Decidiu afastar-se, afinal a hora do ângelus se aproximava e tinha obrigações a cumprir. Considerou que os outros dois encerrariam a conversa, afinal Lucas sabia de seus deveres.

— Está quase na hora da missa — disse Jacobino. — Mas ainda temos alguns minutos e desejo lhe dizer mais algumas palavras. Você conhece a história das antigas religiões, dos cultos gregos e romanos, não é mesmo?

— Os cultos pagãos?! Conheço pouquíssimo.

— Deveria estudá-los mais. Neles muitos teólogos buscaram inspiração para criar, ou inserir, crenças na doutrina cristã.

Lucas, silencioso, ouvia as palavras de Jacobino.

— É, Lucas, várias lições ensinadas aos fiéis têm sua origem nas imagens projetadas pelos cultos pagãos greco-romanos. Um deles, talvez o mais difundido, é o inferno, tal qual o pintam os teólogos. Encontramo-lo também nos mitos da Antiguidade, porém com uso bem diferente. Quando estudamos esses mitos, suas personalidades, vemos que traziam uma concepção de mundo que serviu ao pensamento de uma época. Havia o lugar destinado aos deuses — o Olimpo — e o inferno, destinado aos que contrariavam os deuses. É interessante notar que o inferno mitológico também tinha um governante — Hades. Note as semelhanças. E Tánato, ou a morte, era sua mensageira. Os inúmeros personagens da mitologia encarnam tipos humanos, personalidades, e cada um traz uma interessante lição de vida.

— O senhor aprendeu estas coisas na Igreja, meu pai?

— Sim, nossa biblioteca é muito rica e, como pouco havia a fazer na minha juventude, estudei muito. E sou grato porque também tive bons professores. Mas, voltando ao que queria lhe falar, um dos personagens mitológicos que mais me fascinam é o rei Sísifo. Já ouviu falar dele?

— Não.

— Sísifo é um dos personagens mais astutos da mitologia e há sobre ele muitas versões. Ele reinava na cidade de Corinto, na Grécia, a qual havia fundado com o nome de Éfira. Como era um homem muito inteligente, contam-se muitas coisas a seu respeito, porém diz-se que era um rei sem ética e, por isso, muitas vezes foi chamado de ladrão e malfeitor. Na verdade, não media esforços para ter o que desejava, menos ainda julgava se sua atitude era justa ou se seria benéfica a outras pessoas. Certa vez, Zeus, o deus supremo do Olimpo, raptou a bela Egina, filha de Asopo, deus com poderes de fazer brotar a água. Asopo, procurando a filha, passou por Corinto e pediu a Sísifo que o ajudasse a encontrá-la ou lhe informasse ao menos uma pista. Sísifo havia visto Zeus escapar com Egina, disse a Asopo que revelaria o nome do raptor de sua filha se em troca ele fizesse nascer uma fonte em seu reino, e assim foi. Revoltado com a ação de Sísifo, Zeus o condenou à morte, enviando-lhe Tánato. Mas Sísifo logrou enganar a própria morte, prendendo-a. Isto enfureceu Zeus, pois nem Sísifo morria, nem qualquer outro mortal, e Zeus voltou à ação para libertar Tánato e sentenciar à morte Sísifo. Mas o danado do rei de Corinto era tão esperto que orientou sua mulher para que, quando morresse, o deixasse insepulto. Ela obedeceu. Então, quando Sísifo chegou ao inferno, se queixou a Hades do procedimento de sua família e implorou para voltar à Terra para ensinar seus familiares como realizar suas exéquias. Hades concedeu tal desejo desde que ele, uma vez sepultado, voltasse rapidamente. Sísifo retornou à Terra e, divertindo-se com a inocência de Hades e gabando-se de suas proezas, ficou bom tempo sobre a Terra até que Hermes, ou Teseu segundo alguns, o devolveu ao inferno, onde foi condenado a um castigo cruel: deveria subir um enorme penhasco carregando uma pesada pedra até colocá-la no topo, porém quando ele alcançasse a tarefa, a pedra cairia e ele seria obrigado a recomeçar. Assim foi pela eternidade.

Jacobino, enquanto narrava o mito, acompanhava as expressões de Lucas e lia em seu rosto que não entendera o recado, por isso perguntou:

— O que achou do mito de Sísifo?

— Interessante, muito interessante — respondeu Lucas, sério. — Mas não entendo o que tem a ver comigo e com o que falamos antes.

— Meu filho, preste atenção. As atitudes, as escolhas de Sísifo o condenaram a uma vida de trabalho infrutífero, na qual ele não tinha paz ou satisfação. Acima de tudo seria impossível realizar, pois está além das forças de qualquer mortal contrariar uma lei natural. Ninguém, por mais astuto que seja, burla as leis naturais que regem a vida. A pedra rolava penhasco abaixo, pois era impossível empurrá-la e colocá-la tão alto naturalmente não se sustentava e caía. Vejo no mito de Sísifo o exemplo de quem luta com as leis naturais da vida. Condena-se a ser um fracassado. Então, meu filho, analise se o sacerdócio não será para você a pedra de Sísifo. Aprenda com o rei de Corinto que não há inteligência humana capaz de burlar uma lei divina. Pense, Lucas.

Jacobino levantou-se da cadeira, fitou o céu pela janela, agradeceu a Deus a oportunidade de auxiliar no crescimento do jovem seminarista e, tomando-lhe o braço, os dois encaminharam-se aos aposentos do bispo.

No dia seguinte, Ricardo, impelido pela curiosidade de conhecer o pensamento de Jacobino e fazendo-se ignorante do que se passara na sacristia, comentou a atitude estranha do seminarista.

— Por que, Reverendíssimo? — indagou Jacobino. — Falar de nossos problemas e conflitos íntimos é uma necessidade.

— Para isso há a confissão. Qual a razão da preferência do jovem por ser você a ouvi-lo?

Jacobino sorriu, pois, encarando seu superior, notou que nele, naquele momento, não havia maldade, nem inveja. Era movido por alguma razão que escapava à sua observação, mas era isenta de propósitos escusos. Por isso, andou até a mesa onde o bispo despachava e, fingindo arrumar alguns papéis, respondeu-lhe:

— Ouvir é uma arte que poucas pessoas conhecem. Talvez eu me inclua entre elas.

— Ora, Jacobino, desde que não sejamos surdos, todos ouvimos — comentou o bispo em tom jocoso.

— Concordo, porém a maioria das pessoas não se satisfaz em ouvir, quer logo interferir na vida alheia. E acaba mais falando do que ouvindo. Enchem as pessoas de conselhos, querendo ser sábios, apontam caminhos e nunca falta quem diga "fosse eu no seu lugar, faria isso ou aquilo, mas nunca aceitaria tal coisa". Quer dizer, recriminam aquele que se propuseram a ouvir. Não faz sentido. Lucas pediu-me para ouvi-lo, e não o fiz em confissão, mas ainda assim meu senso de ética não me permitiria revelar o teor de nossa conversa.

— Irmão Jacobino, se você não acha correto recriminar alguém, como aplica penitências aos seus confidentes?

— Não aplico, bispo. Recomendo a oração, sempre. Mas não acredito que seja bom aos olhos de Deus que seus fiéis sejam obrigados a adorá-lo — respondeu Jacobino sinceramente, sabendo que andava em terreno perigoso.

Ele conhecia pouco do pensamento religioso do bispo, pois desde que trabalhavam juntos seu serviço se resumia a aspectos administrativos.

— É um procedimento incomum, você poderia ser acusado de infiel aos mandamentos da Igreja e perder sua posição de sacerdote — advertiu Ricardo.

— Tenho conhecimento disso, Reverendíssimo, entretanto não posso andar contrário ao que me dita a consciência. Quem sou eu para recriminar alguém? Será essa batina, quente e desconfortável, que envergo todo dia, que me faz diferente de meus irmãos? Não creio. Eu sei o quanto somos semelhantes.

— Realmente pensa assim? Que uma batina não nos diferencia dos demais?

— Se não pensasse, não teria dito — respondeu Jacobino, sentando-se em frente ao bispo.

Chegava o momento de conhecer mais de perto o novo superior.

— Vivo aqui, como o senhor sabe, há muitos anos e esse convento tem poucos segredos para mim. Portanto, quando afirmo que uma batina não nos faz diferente dos outros, falo por experiência pessoal, não por teorias.

— Mas você não nega o poder da Igreja? Ela exerce uma influência capital, tem poder inclusive de vida e morte, e nós somos seus legítimos detentores. Isso não faz diferença?

— Eu concordo, mas faz diferença nas mentes que ainda não aprenderam a pensar e a se conduzir por si próprias, que precisam lhes seja dito "faça isso, não faça aquilo, venha aqui, vá lá". Sobre essas pessoas se exerce esse poder a que o senhor se refere, pois sobre as que conhecem um pouco mais, que têm olhos de ver e não se iludem com o cenário deste mundo, ele nada significa.

— Mas podem ser mortas.

— E o são, não é verdade, meu bispo? Algumas deixam-se matar convictas de que agem certo, outras porque não têm bolsas suficientemente aquinhoadas para comprar a indulgência da Igreja a seus pecados e transgressões. E aí volto a pensar: de que nos valem fiéis temerosos? Não precisa me dizer o que respondem os teólogos, bispo, eu sei todas as virtudes que eles veem no temor a Deus. Na prática, eu acredito que fiéis temerosos sejam os grandes responsáveis por algumas maravilhas arquitetônicas que conheci, pelos tesouros que engrandecem a Igreja. Mas quando testemunhei tais doações reparei muito nos olhos dos doadores, em seus rostos e mãos. E, apesar das palavras generosas e passadas de devoção, seus olhos, seus rostos e suas mãos me demonstravam que sentiam ódio e não davam de boa vontade. Nesses momentos, agradeci a Deus ser tão somente um simples sacerdote, servindo em um lugarejo distante e pobre e jamais ter recebido tais doações. Tenho um grande respeito ao sentimento de ódio nas criaturas, já vi grandes devastações em vidas aparentemente organizadas e equilibradas por conta dele. Não o quero nunca voltado à minha pessoa.

Ricardo riu com gosto das palavras de Jacobino e disse:

— É um pensamento digno de um pobre. Devia ter sido franciscano, irmão. A igreja não tem o que temer de olhares incendiados de ódio de alguns pecadores.

— A vida me fez naturalmente pobre, Reverendíssimo. Não vi necessidade de fazer votos e o tempo se encarregou de me orientar a manter-me assim. Sei que as igrejas, enquanto templos, permanecerão incólumes aos olhares rancorosos e de ódio que lhe são desfechados, mas e as pessoas contra as quais eles são lançados? Elas não têm a constituição das paredes, dispa-as da batina e verá que são iguais.

— Nunca me detive a pensar nisso, não há razão. Há uma estrutura social organizada, e nós, mesmo os mais pobres, somos privilegiados — retrucou o bispo, sem dar qualquer sinal de haver se afetado com as palavras de Jacobino.

— Ainda assim, bispo, meu pensamento focaliza-se nas pessoas. Muitas estruturas sociais se sucederam na história da humanidade. As posições de liderança e subalternidade alteram-se com impressionante rapidez. Mais seguro é confiar no amor. Ele é perene.

— Amor? — indagou Ricardo esquecido de quem era e de onde estavam.

O mistério que fazia de Jacobino alguém hábil para tocar os corações se realizava com o bispo:

— Que será o amor?

— O senhor nunca amou ninguém? Creio que definir com palavras seja muito difícil, mas todos somos capazes de amar.

— Não sei se já amei. Você já amou, Jacobino?

— Eu amo, bispo.

— E como você vê o amor? — questionou Ricardo.

Jacobino, perfeitamente acomodado na cadeira à frente da mesa do bispo, ajeitou a batina, pensou e iniciou suas considerações.

— Amar é uma forma de viver. Podemos escolher sofrer ou amar. Sem amor em nossos corações a vida se parece com uma árvore seca, que não produz frutos, simplesmente extraímos da vida os prazeres que a ilusão nos oferece, mas nosso interior é pobre e ressequido. Quem não ama vive em solidão, e isso é triste, mas aquele que ama se regozija até na companhia de um animal. Muitos vivem cercados de pessoas, em festas e folguedos variados, entretanto, são tristes e solitários, porque não descobriram a capacidade que têm de amar. Regalam-se com o que a vida oferece, saciam todos os sentidos ilusórios e amanhecem vazios e doentes no dia seguinte, pois seus espíritos ainda não despertaram para uma vida mais além — falou Jacobino, inspirado.

Seu rosto parecia envolvido por uma luminosidade encantadora, seus olhos fulguravam, irradiando tamanha felicidade que Ricardo se sentiu diminuído e questionou-se quem era aquele homem que crescia assim a seus olhos, sem ouro ou poder, mas usando tão só dos recursos do coração. Alheio ao que despertava em seu ouvinte e até momentaneamente esquecido de sua presença, Jacobino prosseguiu:

— "O amor é paciente, é benigno; o amor não arde em ciúmes, não se ufana, não se ensoberbece, não se conduz inconvenientemente, não procura os interesses, não se exaspera, não se ressente do mal; não se alegra com a injustiça, mas regozija-se com a verdade; tudo sofre, tudo crê, tudo espera, tudo suporta. O amor jamais acaba..." Assim ensinava São Paulo aos Coríntios. Nada existe acima do amor, poder algum. Ele é uma fonte inesgotável que sacia todas as almas sem fazer distinções de qualquer espécie; quanto mais bebemos dessa fonte, maior é nosso desejo de que a ela cheguem todos e se fartem.

Jacobino calou-se. Piscou os olhos rapidamente, encarando o bispo e, ante o espanto em sua face, sorriu docemente e disse:

— É assim que eu, um padre pobre um tanto diferente, entendo o amor, Reverendíssimo.

Ricardo dispensou Jacobino com poucas palavras e sem nenhum comentário. Após aquela conversa, ficou silencioso por muitos dias, pensativo. Cumpria seus deveres, recebia seus confidentes e despachava com Jacobino, mas sentia-se a ausência de seu pensamento.

Por vários dias, foi visto à tarde caminhando cabisbaixo pelos corredores do convento. As obras de embelezamento do interior do prédio não mais o atraíam. Ninguém se atreveu a questionar os motivos de seu estranho estado de espírito.

Sentado sob a árvore, cercado pelos meninos, Jacobino o viu, várias vezes, caminhando entre os arcos que separavam os corredores externos do convento e o jardim onde lecionava aos pequenos. Em dias menos ensolarados, o bispo chegou a aproximar-se dos meninos e em duas ou três oportunidades sentou-se nas raízes da grande árvore ao lado de Jacobino, ouvindo-o ensinar o Evangelho de Jesus aos pequenos e responder pacientemente às perguntas, interferir nas desavenças, sendo doce e severo ao mesmo tempo com os órfãos. Parecia encontrar paz naqueles momentos.

Os comentários se multiplicavam no convento e padre Bento, ainda choroso com a ausência de seu companheiro Rugiero e lastimando que o plano fora abortado involuntariamente, acompanhava com olhos de inveja o que julgava ser uma crescente aproximação entre o bispo e seu secretário. E, em longas missivas, tudo reportava ao exilado amigo que na distante Belluno fervia de ódio e reiterava seus votos de vingança contra Jacobino.

Caía a tarde quando, após dias, Ricardo deu sinais de sair do estado de introspecção. Chamou Lucas, que descansava em uma cadeira em frente à janela usufruindo a brisa fresca. Ao ouvir a ordem do bispo pedindo a presença do secretário, o seminarista levantou-se e correu a atendê-lo, indo à procura de Jacobino. Encontrou-o no refeitório dos órfãos fazendo suas contas e tomando o caldo.

— Irmão, o bispo o está chamando. Pede que vá o mais rápido possível.

— Sente-se, Lucas — convidou Jacobino calmamente. — Eu irei, mas depois de concluir o que estou fazendo. Como está nosso superior?

— Como nos últimos dias. Esteve quieto a tarde toda, mas não saiu a vagar pelo convento. Eu descansava, pois não tem me dado nada para fazer, a não ser acompanhá-lo nas missas, então, de repente, ele me mandou vir chamá-lo. Foi até engraçado, acho que eu estava cochilando e assustei-me com a expressão determinada que vi no rosto do bispo — comentou Lucas descontraído na presença do amigo, a ponto de compartilhar do caldo de Jacobino, sem lhe pedir permissão, fazendo com que o religioso risse de seus modos e lhe corresse a mão pelos cabelos, como um pai a um filho predileto.

— Você acabou com o meu caldo. Mas não terminei as contas. Vá buscar mais e traga duas canecas, por favor — falou Jacobino fingindo ralhar com Lucas. — Vejo que está faminto de comida de verdade.

— É, nem isso o bispo tem feito, não se alimenta muito bem. Será que adoeceu?

— Não, acredito que ele esteja bem, apenas pensativo. E isso faz um homem crescer. É bom.

Os dois amigos, sentados lado a lado, tomavam o caldo enquanto Lucas esperava Jacobino terminar o trabalho.

Algum tempo depois se encontravam na presença do bispo. Após as saudações de praxe, Ricardo surpreendeu-os, dizendo:

— Lucas, por hoje você está dispensado. Minha conversa com Jacobino é particular — e estendeu a mão ao seminarista que, reverente, beijou-lhe o anel. — Deus o abençoe, durma em paz.

Jacobino permaneceu parado, de pé, ao lado da grande mesa de madeira, ricamente entalhada, usada pelo bispo. Em seu rosto, a calma e a serenidade costumeiras, porém um leve brilho no olhar denunciava sua surpresa com a atitude do bispo. Acenou com a cabeça às despedidas de Lucas e aguardou que o superior iniciasse a conversa solicitada.

— Sente-se — convidou Ricardo. — Nossa conversa será longa.

Obediente, o secretário acomodou-se. Ricardo observou a fisionomia inalterada de Jacobino e, curioso, indagou:

— Irmão Jacobino, você é para mim uma figura singular. Nunca notei qualquer abalo em seu rosto, nada parece agastá-lo nem modificar-lhe o estado de espírito. É realmente assim, tão frio?

— Muito longe disso, bispo. Não me julgo um homem frio, sou perfeitamente normal, mas não vi nenhum motivo pelo qual eu devesse me agastar ou me tornar eufórico.

— Mas sempre o vejo assim. Acredito que algumas vezes, quando adverte os meninos, sua atitude de severidade é fingida.

— Severidade não se finge, bispo. Para mim, severidade é dar a conhecer os limites da minha tolerância. Julgo que ela seja benéfica, assim eles compreendem exatamente o que podem ou não fazer e não vivem a me testar para saber quais serão minhas reações se fizerem isto ou aquilo, já sabem e não me temem por isso, ao contrário, são meus amigos. Desenvolvemos um relacionamento muito afetuoso. Eles sentem o meu amor e se sou severo é porque ali está o limite. Não. Eu não fingiria jamais diante de uma criança, elas são extremamente sensíveis e muito perspicazes. Se eu fingisse, usariam truques para me fazerem mudar de opinião, e, se eu cedesse, todo meu trabalho de orientá-las estaria perdido. Assemelhar-me-ia aos dizeres do Cristo me tornando um cego conduzindo outros. Na infância eles precisam da minha experiência para se desenvolver. É isso que lhes dou. E eles sentem que sou tão verdadeiro quando os repreendo quanto quando os abraço, e eles confiam em mim.

— Nunca me envolvi com a educação de crianças; parece que você se delicia com isto.

— Como lhe disse outro dia, só compreendo a vida agindo por amor. Quando retornei a esta casa, vim um tanto desorientado, mas com bastante experiência para ter aprendido a me conhecer e serei para sempre grato à sensibilidade do falecido bispo Giordano, que me encaminhou para a tarefa junto aos órfãos. Entre eles, sou um homem realizado. Mesmo após minha morte, minhas ideias viverão na mente das crianças, que serão adultas e as transmitirão às gerações futuras. Espero contribuir para que sejam melhores e, por consequência, construam um mundo melhor e mais livre. Se possível, até que renovem muitas coisas.

— É um grande sonhador, Jacobino, mas aprecio ouvi-lo. Confio em você e são muito poucas as pessoas em quem confio.

— Agradeço-lhe a demonstração de estima, Reverendíssimo, e desejo ser digno dela.

Ricardo recebeu as palavras de Jacobino em silêncio, apenas sustentando o olhar do secretário. Sentia-se muito bem na presença dele, isto era visível na expressão relaxada do rosto e do corpo.

— Mas o chamei aqui por outra razão, embora ligada à questão dos órfãos.

A declaração do bispo imediatamente produziu efeito em Jacobino, que inclinou o tronco do corpo em direção à mesa como que desejoso de ouvir mais de perto o assunto de seu interesse. Atento, permaneceu silencioso aguardando que Ricardo prosseguisse.

— Nestes dias pensei muito e decidi fazer várias modificações nesse setor do convento. Outro dia analisei os livros e notei que poucos recursos eram destinados ao orfanato. Obviamente, você é o responsável pela atividade e é meu desejo que continue sendo. A carga de trabalho do secretariado e da administração da ala me parece bastante grande, mas você tem garantido eficientemente o bom andamento de ambas, não há razões para mudanças.

— Folgo em saber — comentou Jacobino, voltando a reclinar o corpo no encosto da cadeira. — Vossa Reverendíssima pode me dizer que modificações deseja fazer?

— Decidi reformas na estrutura material da ala. Acredito que uma ampliação será benéfica. Há alguns meses entrei no alojamento dos meninos e vi o quanto ele é pobre.

— Nossa ordem era muito pobre sob o comando do bispo Giordano. Éramos relativamente poucos padres sob o regime conventual, a maioria estava designada para servir nas aldeias. Nestes anos em que o senhor assumiu o bispado recebemos novos integrantes e realmente nossas finanças tiveram um progresso significativo — avaliou Jacobino. — Alegra-me muito saber que esses recursos beneficiarão os órfãos.

Ricardo expôs os planos de reforma do setor que abrigava as crianças. Falava com ardor e empolgação e Jacobino ouviu com verdadeiro regozijo interior as propostas de ampliação e melhoria das acomodações do orfanato. A conversa estendeu-se por algumas horas quando finalmente o bispo lançou sua última ideia:

— Irmão Jacobino, como é de seu conhecimento, nossa Ordem tem realmente recursos mais do que suficientes para fazer as obras. Elas iniciarão tão logo o senhor me apresente o projeto com o que for necessário à criação de uma escola.

Jacobino levantou-se, tomado de surpresa. Seu rosto estampou uma alegria genuína, seus olhos brilhavam de prazer e, não acreditando no que havia ouvido, perguntou:

— O senhor liberará recursos para a criação de uma escola vinculada ao convento?

— Sim, Jacobino. E será uma escola para atender também as crianças da aldeia. Obviamente, para estas o ensino será restringido, como convém. Nossos meninos serão instruídos com outras crianças.

— Maravilhoso! Deus o abençoe, bispo! Que sua mente seja sempre iluminada! — Jacobino exultava, e instintivamente seu olhar voltou-se à janela, cuja parte superior se encontrava aberta e via-se o brilho das estrelas.

Fitando a luz dos astros noturnos, o coração de Jacobino elevou-se em prece silenciosa de gratidão ao Criador, por colocar em suas mãos a realização de um sonho tão almejado, e, de felicidade, sentiu rolar pelas faces lágrimas que eram como o orvalho embelezando as flores. Lágrimas sempre comovem, mas quando são fruto da alegria embelezam, pois falam da sinceridade e da profundidade dos sentimentos de quem as verte.

Ricardo observou as lágrimas silenciosas do religioso à sua frente, experimentando um estranho prazer. Desejava abraçar Jacobino, mas era isento de qualquer marca de sensualidade. Havia muito tempo não sentia isso, na verdade, desde que recebera os últimos afagos de sua mãe na infância.

Jacobino enxugou as lágrimas com as costas das mãos. Sentindo-se alegre e motivado, ao olhar o superior flagrou a carência afetiva em seu olhar e, sem pensar, aproximou-se e abraçou-o, apertando-o junto ao peito, desejoso de transmitir-lhe os sentimentos que o invadiam. Naquele momento queria abraçar o mundo. O bispo retraiu-se, mas, aos poucos, cedeu ao abraço de Jacobino, deixando-se envolver e banhar-se nas vibrações serenas e alegres daquele padre tão estranho, a quem aprendia a admirar.

Foi o único homem que Ricardo tocou com admiração e reverência e também o único que permitia que o tocasse, pois seu contato era isento de qualquer paixão carnal, não o afligia, envolvia-o em segurança tal qual o colo de um pai.

Os meses que se seguiram foram de intensa atividade. As obras receberam um grande afluxo de trabalhadores e a notícia espalhou contentamento geral entre os moradores, que passaram a lotar as cerimônias religiosas do convento. Os fiéis pobres ofereciam a mão de obra para a construção e os nobres sentiam-se compelidos a colaborar financeiramente com o projeto.

Ricardo, pela primeira vez desde que decidira ascender na carreira eclesiástica, não planejara lucrar com o fato. Entretanto, ao ver-se assediado por um grande número de doadores, que depositavam em suas mãos generosas quantias para as obras do bem, sentiu a cobiça corroer-lhe as entranhas e cedeu ao velho vício de amealhar para si próprio. Ao receber joias e moedas de ouro, seu olhar fulgurava, dizia expressões triviais de agradecimento e que a boa alma que ofertasse ao Senhor seria recompensada no paraíso, após a morte do corpo.

Fato é que a campanha feita por Jacobino em favor das crianças órfãs e carentes rendeu muitos louros ao bispo, que viu nisso mais um motivo para ter próximo de si o secretário.

Eles se revezavam nas atividades religiosas do convento, mas um fato chamava a atenção de Ricardo: ao fim das missas, o povo se aglomerava à porta da igreja aguardando irmão Jacobino para uma palavrinha, que a todos atendia com imensa brandura. Era frequente, nos domingos, ausentar-se convidado pelos aldeões para piqueniques e festividades. O seminarista Lucas tornara-se, dia a dia, a sombra de Jacobino e notava-se que o jovem se fazia estimar pela comunidade. Nas procissões o bispo caminhava à frente, mas quem conduzia as orações e os cânticos era seu secretário.

Os meninos do orfanato formaram um lindo coral, afinadíssimo, e alegravam os eventos do convento graças ao apurado ouvido de frei Paulo, que tomara a si a incumbência de assessorar Jacobino na educação dos meninos, contribuindo com a parte artística, a sua paixão.

Estabelecera-se uma integração entre o convento e a comunidade e respirava-se um clima de alegria e bem-estar. O trabalho oferece a quem a ele se entrega o prazer de servir e sentir-se útil. Apenas padre Bento isolava-se da grande mudança que se operava nas relações dos religiosos; permanecia quieto e rabugento, ruminando em pensamentos o quanto era desprezado pelos outros, pois nunca o consultavam. Cego pela vaidade, julgava que deveria ser consultado para opinar sobre algo de que não participava, esquecido de que o bom trabalhador oferece as mãos à atividade e não aguarda transformar-se em oráculo. Sisudo, resmungava pelos cantos do convento do Vêneto, buscando encontrar eco para sua insatisfação na alma de seus companheiros, porém andava só naqueles dias. Os ventos do trabalho haviam varrido a depressão que tomara conta de todos após a longa doença do bispo Giordano e os primeiros tempos do novo bispo.

Jacobino via com alegria as mudanças no convento. Suas noites eram povoadas de sonhos felizes reencontrando o grande amigo Giordano, com quem conversava longamente sobre os destinos da congregação. Várias vezes o amigo vinha acompanhado de sua amada Madalena e então ele acordava refeito e disposto para o trabalho que lhe cumpria realizar.

Ao longo do período em que edificavam as novas dependências, apenas o pequeno Enzo trouxe preocupação a Jacobino. O menino emagrecia a olhos vistos e seu rosto, marcado por fundas olheiras, contava sobre noites maldormidas, não tinha disposição para as aulas e pouco se alimentava.

Preocupado, Jacobino falou ao bispo a respeito, pois era sabido dos amplos conhecimentos do bispo na área da medicina.

— Traga-o, irei examiná-lo — disse o bispo e, quando Jacobino se afastava, tornou a falar: — Espere, é melhor que o seminarista busque o menino e nós continuaremos o trabalho, senão nos atrasaremos.

Jacobino aquiesceu e pediu a Lucas que trouxesse o pequeno. Pouco depois batia à porta acompanhado da criança.

O bispo parou o que fazia e dirigiu um demorado e investigativo olhar ao menino. Apesar de abatido, chamou a atenção de Ricardo sua promissora beleza, o cabelo loiro, os olhos castanhos, os traços clássicos dos italianos da região. O menino passaria facilmente como filho de um nobre e não de aldeões.

— Venha, Enzo, não tenha medo. Lembra-se de mim, não é mesmo? — falou o bispo, cordial e atencioso.

O menino, de cabeça baixa e andar vacilante, aproximou-se e tomou a bênção do superior, como era conveniente. Ricardo acariciou-lhe os cabelos encantando-se com a suavidade dos fios e notando que estavam opacos, apesar dos rigorosos hábitos de higiene ministrados por Jacobino. Ergueu-lhe o rosto, correndo o dedo pela pele, da testa até o queixo, e fixou os grandes olhos castanhos do menino: havia tristeza e dor. Ricardo lembrou-se do dia em que o havia acolhido. Perspicaz como era, travou um diálogo com Enzo e, ao fim de poucos minutos, estava convencido de que o mal do menino era que perdia as forças para lutar contra a orfandade e rendia-se à tristeza. Mas independentemente de já haver formado o juízo do problema, examinou demoradamente seu corpo, constatando que nada de mais havia, afora uma natural fraqueza em razão das noites maldormidas e de alimentar-se pouco. Não precisou usar de sua habilidade para convencer Enzo a lhe confiar seus problemas. Assim, descobriu os pesadelos que atormentavam o menino, fazendo-o recordar sempre o abandono materno. Noite após noite ele acordava sentindo-se caído sobre as pedras do piso da igreja, fraco e sem forças para correr em busca da mãe.

O bispo conhecia a dor de ser rejeitado por alguém amado e que, durante a infância, fora o porto seguro. Também fora mandado para longe, para viver em um convento. Sabia dimensionar o estado de espírito de Enzo, por isso, tomando--lhe as mãos, indagou:

— Enzo, lembro-me de que um dia me disse que deseja tornar-se um bispo. Se ficar doente e sem comer, não terá condições de realizar esse desejo. O mundo é dos fortes e você será um forte. Jacobino, como está o desempenho do menino nas lições escolares?

— É um de meus melhores alunos, senhor bispo. Muito atento, aprende com facilidade, se expressa muito bem para sua idade — elogiou Jacobino observando o procedimento de Ricardo. Notou uma inflexão carinhosa até então desconhecida na voz dele.

— Muito bom — aprovou o bispo. — Continue se esforçando e brevemente entrará a meu serviço. Apenas é preciso que cresça um pouco mais.

Entre a dor e a tristeza estampadas no olhar de Enzo, brilhou um rasgo de esperança e ele sorriu, admirando pela primeira vez o ambiente luxuoso e confortável em que estava.

Conversaram mais alguns minutos e o bispo o dispensou, dando instruções a Jacobino para ministrar-lhe soporíferos por alguns dias e acompanhar com atenção os resultados. Vendo que Lucas conduzia o menino à ala do orfanato, Ricardo comentou:

— O mal desse menino é que ainda tem sentimentos frágeis. Sofre de tristeza. Se não melhorar em alguns dias, pensarei em outra forma de tratá-lo.

Jacobino ouviu calado e pensativo. Tinha uma sincera amizade pelo menino e nada do que o bispo apurara em seu exame era novidade para o secretário. Havia muito que quando olhava Enzo vislumbrava alguém que se afogava nas águas de um rio, e vez ou outra lançava a cabeça para fora das águas e lutava, para depois submergir, tão alternados eram seus estados de ânimo.

Os dias transcorreram e Enzo não teve melhoras. Caiu em prostração com os remédios administrados por ordem do bispo que, informado do fato, mandou que o transferissem para seus aposentos, onde poderia acompanhar seu estado.

Jacobino não escondeu a surpresa, e o bispo divertiu-se com seu espanto.

— Tenho grande prazer em cuidar do corpo humano, em manipulá-lo. Lutar e vencer a morte me fascina — disse ele, e em pensamento, completou "da mesma forma que vencer a vida".

As ordens do bispo foram cumpridas e Enzo, a contar dos onze anos, passou a residir com Ricardo e a ser seu protegido. Cumulou-o de atenções. Tão logo deu sinais de recuperar-se, passou a acompanhar o bispo em suas visitas aos nobres e às aldeias. O menino sentiu-se valorizado e cumpria cegamente tudo quanto o bispo lhe ordenasse fazer; dessa forma saiu da tutela e da orientação direta de Jacobino para ser o protegido do bispo do Vêneto, para ser seu aprendiz.

A fama da benevolência de Ricardo, sua capacidade administrativa e de congregar fiéis tomaram corpo e chamaram a atenção de seus superiores. Passou a ser mais prestigiado e tornou-se poderoso entre os chefes da Igreja. Beneficiando-se da fama, mais e mais delegava poderes a seu secretário, que, interessado unicamente na boa realização do trabalho, pouco se importava com os louros colhidos pelo bispo.

A escola era um sucesso. Além disso, outras atividades foram implantadas: um asilo ergueu-se na aldeia, ao lado de uma pequena capela reformada e reativada — nela Jacobino era o oficiante do povo.

Lucas, apesar de suas constantes dúvidas e torturas, insistiu e fez os votos. Jacobino assistiu à cerimônia de sagração dos novos sacerdotes e, quando Lucas tremeu ao receber os paramentos, pensou: "Nesta vida não há caminho sem volta. O que parece tão definitivo e assustador hoje amanhã é coberto pelo pó do tempo, e andamos mais firmes quanto mais experientes nos tornarmos". E, quando Lucas, ainda sobre o altar, buscou-lhe com o olhar, lhe sorriu certo de que o amanhã não era tão definitivo quanto havia sido dito na homilia.

As cenas do cotidiano de Ricardo sucederam-se ante meus olhos. Concentrado, ele nos relatava suas memórias e as emoções fluíam com as lembranças. Ora sorria deleitado ao recordar uma passagem e seus olhos brilhavam amorosos, ora, diante de sua ambição, seu rosto se fechava e ante os desejos considerados inconfessáveis notávamos as marcas da vergonha.

Era nítida a mudança em monsenhor Ricardo. Com o passar dos anos, ele lentamente abandonou seus amantes. O furor sexual se acalmava. Seus olhares não demoravam mais do que o necessário nos homens da guarda. Tratava-os gentil, mas friamente. Sem que percebesse, ergueu entre eles uma muralha. Parecia entediado dos prazeres, ressequido, árido, e em seu íntimo ele clamava por algo maior.

O vazio de uma vida destinada a um trabalho insatisfatório cobrava o preço por abrigar uma ilusão; nem mesmo a busca desenfreada pelo poder e a liberdade de viver sua sexualidade lhe pareciam recompensas suficientes. Era rico, riquíssimo, mas e daí? Não havia com quem compartilhar todo aquele ouro, não havia com quem dividir pequenas alegrias, nem com quem conversar em uma madrugada insone. Enfim, não havia ninguém. O poderoso bispo do Vêneto, religioso de grande influência entre os chefes da Igreja, era solitário, carente e carregava o pesado fardo da rejeição.

Muitas vezes maldisse a si mesmo naqueles anos e perguntou ao nada, pois com Deus ele não falava, por que era assim? Por que era diferente dos outros homens, que se satisfaziam com uma mulher e viviam livres? Por que tivera de encarcerar-se entre os muros de um convento? Por que fora afastado da família? Por que as pessoas haviam agido assim com ele? Afinal, sabia que não era o único na face da terra a ter uma preferência sexual diferente.

Muitas noites andou pelos corredores do convento, ouvindo lamentos em algumas celas, o som de açoites em outras, e gemidos de prazer. “Todos somos humanos” — pensava —, “por que às vezes agimos como se fôssemos animais irracionais e travamos lutas sem armas que ferem profundamente e deixam vidas mortas habitando corpos vagando pelas ruas, em sofrimento?"

Abrigando pensamentos amargos e remoendo antigas mágoas, o bispo tornou-se, de fato, celibatário. Os prazeres que o haviam atraído para a vida religiosa apagaram-se. E isso esvaziou mais sua existência. Por verdadeira compulsão, seguiu amealhando ouro e influência.

Voltou ao convento carmelita esporadicamente, apenas para atender a compromissos vinculados à sua função como bispo ou então para "aliviar" alguma dama ou freira de uma gravidez indesejada. Mas aquilo passou a lhe causar repugnância, o que o fez ensinar a abadessa Agnes a aplicação das drogas e se afastar.

Recebia cartas de sua prima Clarissa, dando-lhe a conhecer o mundo de venturas descoberto na maternidade. Lúcia era a luz de sua vida e, para maior graça, encantava o duque Alberto. Um tempo de paz se instalara na existência conturbada da duquesa e uma das frases de sua última carta martelava na mente de Ricardo sem tréguas. Dizia:

"Caro bispo, primo Ricardo. Não estranhe minha ausência no confessionário, a maternidade me transformou, encontrei uma razão para minha vida e sinto-me feliz. Continuo a mesma mulher de antes, mas somente os braços de meu Bruno me dão prazer. No amor encontrei a satisfação. Estou plena e feliz. Segue a doação costumeira para suas obras".

A frase ia e voltava em sua mente: "No amor encontrei a satisfação que buscava". Lembrava-se da conversa entre Jacobino e Lucas havia anos e da devoção com que seu secretário falava da mulher que fora o amor de sua vida e do que dissera a Lucas sobre o segredo de sua serenidade: "Meu coração é viúvo, meu filho".

Várias noites chegara a sentir-se febril de tanto pensar. Vagava pelos corredores e pela ampla igreja, até que, exausto, se recolhia a seus aposentos. Antes de deitar-se, olhava Enzo adormecido, quase um rapaz; ele tornara-se sua única alegria.

Desde que residia com Ricardo, nunca mais Enzo caíra nas malhas da tristeza de forma tão acirrada. No máximo, ficava um dia ou dois mais acabrunhado, mas logo voltava ao normal. Era um aprendiz dedicado e a admiração que via nos olhos do adolescente o animava. Um intercâmbio de energias se estabeleceu entre eles, e isso os uniu.

A chama de amor passou a aquecer o coração do bispo, embora ele tenha admitido isso bem mais tarde.

O bispo do Vêneto apaixonou-se pela primeira vez em sua existência.

"Há alguma coisa que se possa dizer: Vê, isso é novo? Não! Já foi nos séculos que foram antes de nós."[10]

Percebi que Ricardo analisava as ações passadas em busca da resposta à pergunta de Georges: no que ou onde ele encontrava prazer?

E ele seguiu sua busca... até que suas lembranças se tornaram mais lentas e fixou a atenção em outra etapa de sua vida.

A azáfama de atividades múltiplas em que se desdobrara o convento não mais possibilitava a ociosidade. Padre Bento era o único que se mantinha arraigado ao passado.

— Eu cumpro os meus deveres, não há o que me cobrarem — dizia ele. — Não aceito as mudanças, as novidades estão desvirtuando nossa Ordem. Aqueles que detêm o poder — falava ele referindo-se especialmente a Jacobino — são perigosos. Não titubeiam em perseguir e maltratar quem se opõe a eles. Lembrem-se de nosso irmão, padre Rugiero, e do destino que lhe deram. A última notícia que me deu dizia que se sentia envelhecer dez anos a cada dia que fica naquele fim de mundo, onde tudo é difícil e o povo indócil. A paróquia dele vive na

10 Eclesiastes 1,10. *Bíblia Sagrada*. Trad. João Ferreira de Almeida. Barueri, Sociedade Bíblica do Brasil.

miséria e conta apenas com uma senhora idosa para cuidar da casa. Não, eu estou firme no meu posto, guardarei nossos princípios contra essa ventania de inovações, permanecerei fiel a meus votos e quero ver o que eles poderão fazer. Quando se meterem comigo, tenham certeza, não titubearei em levar o caso adiante, até o papa, se necessário for.

Era o seu discurso quando encontrava um companheiro desocupado; sussurrava pelos cantos, cultivando a inveja e a insatisfação. Em inúmeras ocasiões, Jacobino presenciou seu proceder, conhecia as ideias de padre Bento e sua ligação com padre Rugiero, e lamentava-lhes a conduta.

— São crianças ranzinzas reclamando da merecida advertência. É pena que não aproveitem o momento, pois há tempo para tudo na vida, tempo de plantar e tempo de arrancar o que se plantou, por isso devemos cuidar da semente que lançamos ao solo. Os frutos dela nós mesmos colheremos.

Assim contavam os membros da congregação que o buscavam, preocupados com a tentativa de cizânia de Bento.

— Mas, irmão Jacobino, algo precisa ser feito... — insistiam alguns.

— Nada, meu filho, precisa ser feito. Ele planta, ele colhe. Não se envolva em sua plantação e tudo estará certo. Prossiga seu trabalho e guarde seu coração em paz. Lembre-se do provérbio que diz: "Sem lenha, o fogo se apaga; e, não havendo maldizente, cessa a contenda". Assim morre uma má semente lançada em solo bom.

Advertidos para cuidarem de seu próprio comportamento, os religiosos se iam e a contenda não se instalava, o que deixava Bento impotente e enraivecido contra o bispo e seu secretário, ou "os poderosos", como os chamava.

Uma grande seca se abateu sobre a região e os vinhedos secaram. A colheita foi mirrada e ruim, os animais magros penavam pelos campos em busca de alimentos e a miséria assolava impiedosamente os moradores. Sem recursos, de nada adiantava a produção dos artesãos, pois sem riquezas circulando não havia compradores para seus produtos e todos acorriam à igreja em busca de amparo, aumentando o trabalho assistencial, estendendo-o ao vilarejo.

— Que faremos? — indagava padre Lucas em uma reunião nas dependências do bispo.

— Precisamos fazer algo com urgência, esse povo está à míngua e assim não há fé que resista — completava padre Felipe. — Nem mesmo o coral que sempre os animava tem sido aplaudido. É uma tristeza! Vivem olhando o céu à espera de chuva, mas parece que nossas preces ainda não serão ouvidas, não há nem sinal de água para molhar nossas lavouras.

— Os velhos estão morrendo desidratados. Para maior flagelo, a pouca água dos poços parece contaminada com alguma doença — relatou o padre responsável pelo asilo.

— Não só os velhos, senhor bispo, estão doentes, mas também as crianças; jovens mães têm procurado a igreja para enterrar seus filhos. É triste, muito triste! — informava Lucas. — Senhor bispo, irmão Jacobino tem alguma ideia? Precisamos tomar providências.

As discussões se prolongavam e várias ideias foram sugeridas e descartadas. Enzo assistia à discussão, na qualidade de seminarista a serviço do bispo, e, a certa altura da reunião, comentou:

— Faltam recursos. Temos de pedir ajuda às regiões vizinhas.

O bispo olhou longamente seu aprendiz, ponderou a sugestão enquanto um silêncio caiu sobre a reunião até Ricardo indagar:

— É uma ideia interessante, Enzo. Realmente todo problema passa pela falta de recursos, mas como pedir ajuda aos vizinhos?

Enzo ficou pensativo. Jacobino, a seu lado, considerava a ideia e cochichou com ele:

— Sua ideia, meu filho, por acaso seria a de vender os produtos dos artesãos em outras localidades ou trocá-los por comida e vinho?

— Não havia pensado tanto, minha ideia era simplesmente pedir. Mas sua sugestão parece bem mais viável, poderemos promover uma feira — respondeu Enzo, em tom baixo.

— Creio que será muito bom — concordou Jacobino. — Ajudará a afastar a tristeza do local, até que a situação se restabeleça. Sugira ao bispo Ricardo a ideia.

Enzo pigarreou, ergueu a mão pedindo a palavra e dirigiu-se ao bispo:

— Meu caro bispo, tenho uma sugestão a fazer. Concordamos que o problema é a falta de recursos gerados pela seca, proponho incentivar o comércio ou a troca de outros produtos que temos em estoque por alimentos e vinho. A ideia é a realização de uma feira em outra localidade levando os nossos produtos.

Ricardo considerou a proposta e, como foi recebida com contentamento pelos demais, disse:

— Excelente ideia, Enzo. Deus abençoou você. Encarregue-se de formar um grupo para coordenar essa atividade e vá discuti-la com os artesãos da vila. Quanto à questão da saúde levantada há pouco, eu e Jacobino nos encarregaremos de visitar o local e ver o que é possível fazer. Iremos amanhã, logo cedo. Enzo, prepare o necessário para a viagem. Inspecionaremos os poços e o estado de saúde dos doentes. Depois falaremos com o duque Alberto solicitando ajuda.

Discutiram mais algum tempo enquanto Enzo selecionava os padres para auxiliá-lo. A inversão hierárquica promovida pelo bispo não passou despercebida. Mas era do conhecimento geral que Enzo era o protegido de Ricardo, assim os comentários foram silenciados. Incentivados por Jacobino, priorizaram o bem-estar da população, deixando para trás rusgas de vaidades. A ideia era boa e merecia incentivo.

Na manhã seguinte partiam em direção à vila duas carruagens levando os religiosos.

A constatação *in loco* das condições precárias de sobrevivência chocou o bispo, pouco afeito a confrontar a miséria. Enquanto Enzo liderava o grupo que organizaria a feira, ele e Jacobino visitaram os doentes.

O asilo, apesar de confortável, era simples, não havia ostentação. Muitos doentes e acamados, velhos e enfraquecidos, malcheirosos, em sua maioria, gemiam e suspiravam.

Ao parar sob o umbral da porta de acesso, Ricardo estremeceu, nunca presenciara coisa igual. A visão da velhice e da decrepitude do corpo causou-lhe mal-estar emocional, não se detinha a pensar no amanhã com os olhos da realidade. Quando olhava o futuro, via-se rico e prestigiado, e nunca, absolutamente nunca, se enxergava velho. Via-se como era no presente. Entretanto, sabia que todos os corpos envelhecem, por mais cuidados que sejam, e que o tempo imprime suas marcas.

"Um dia serei assim", constatou Ricardo, chocado, lançando um olhar sobre os braços emagrecidos e flácidos, as peles enrugadas e grossas dos rostos, os cabelos brancos e, em alguns, ralos, seres desdentados e cegos, mas vivos e lúcidos. "Que triste fim tem a vida humana. O que vale a vida na Terra? E o pior é que, mesmo nesse estado, há medo nesses olhos cegos ou semicegos. Será que temem a morte?"

Sua memória voltou aos últimos instantes de vida do bispo Giordano, a expressão dos olhos azuis do velho sacerdote, por vezes, o perseguia. Agora, olhando aqueles idosos alquebrados e doentes, constatava a fibra moral de sua vítima — não percebera em Giordano o medo da morte. O antigo bispo o temia, mas não temia a morte.

Imerso em seus pensamentos, precisou que Jacobino sutilmente lhe tocasse o braço, arrancando-o de seu estado de introspecção.

— Vamos examiná-los — convidou Jacobino apontando os doentes.

Ricardo suspirou profundamente e disse:

— Claro, para isso viemos. O senhor tem experiência no trato com doentes, irmão Jacobino?

— Alguma, Reverendíssimo. Quando servi fora do convento, atendi vários doentes, meus conhecimentos são elementares e nascidos da necessidade. Fiz poucas leituras nessa área.

— Eu, ao contrário, leio muito sobre doenças e remédios, mas exercito pouco o conhecimento. Não há um médico em toda essa região?

— Havia um, mas morreu há duas semanas vitimado por males do baixo-ventre — respondeu Jacobino. — Em razão da penúria da aldeia, com tantos doentes, ainda não providenciaram a substituição.

— Lembre-me disso quando estivermos conversando com o duque. Precisamos de um médico com urgência.

Andando alguns passos, Ricardo, vencendo seus temores, aproximou-se do primeiro doente que, ao vê-lo ao lado de seu leito, o recebeu com um sorriso desdentado e o cumprimentou no dialeto local. A partir daí Jacobino e o bispo lançaram-se ao trabalho e a manhã correu célere.

Jacobino surpreendeu-se com os conhecimentos do bispo na área da saúde e, quando deram por encerrada a tarefa, teceu elogios à atuação do superior.

— Bispo Ricardo, se o senhor não tivesse abraçado os votos religiosos, teria sido um excelente médico. É fácil perceber sua habilidade em lidar com os doentes e como lhes cativa a confiança com facilidade.

Ricardo piscou várias vezes ao ouvir as palavras do amigo. Entregara-se de tal modo ao trabalho que esquecera tudo, até mesmo seu alto posto clerical. Olhou Jacobino e notou a sinceridade costumeira em sua expressão.

— É, não havia pensado nisso — concordou o bispo, lembrando-se da forma como fizera sua opção vocacional. — Realmente, talvez eu tivesse sido um bom médico. Confesso, Jacobino, que me causou horror a visão destes velhos, mas não era a doença que temia e sim a velhice. Você já pensou em ficar velho?

— Não considero que seja necessário pensar em ficar velho. É um fato natural. Penso muitas vezes como deve ser chegar a uma idade tão avançada e observo muito as outras pessoas. Tenho notado que, para algumas, a velhice é prazerosa, apesar dos inconvenientes de um corpo desgastado; para outras, nem tanto.

— A que atribui essas diferenças? — indagou o bispo lavando as mãos em uma bacia de louça colocada sobre uma mesa próxima à porta.

— A forma como viveram. Uma pessoa me ensinou, quando estive fora do convento, que devemos manter nossos olhos e desejos muito atentos ao momento presente, pois é nossa oportunidade de corrigir o passado, se necessário, e de construir um futuro melhor. Ela tinha sonhos de envelhecer cercada de netos, numa vida simples, e me dizia que viver com amor e sinceridade a realidade de cada dia garantia não só a saúde do corpo, mas também a alegria e a paz na velhice e essas duas tornavam mais fácil carregar o peso de um corpo alquebrado.

— Nunca pensei na velhice e causou-me horror ver o estado desses corpos, me pareciam mortos-vivos, sem condições de existir. O corpo é um fardo abjeto.

— Não pense assim, bispo. — advertiu Jacobino com familiaridade.

Eles haviam construído o conhecimento e o respeito quanto às diferenças de pensamento em relação à religiosidade. O bispo encobria o pensamento pouco ortodoxo de seu secretário e este não comentava a clara falta de fé do superior.

— Devemos ser gratos ao veículo que nos serviu por toda uma existência. O mesmo corpo que nos deu força, alegria, beleza e prazer é o que na velhice estará extenuado. Fomos nós que o exaurimos, justo é que suportemos as consequências naturais.

O bispo resmungou algumas palavras, secou as mãos em uma rústica toalha e deu o trabalho por encerrado. Apressando o passo em direção à porta, disse:

— Os poços nos esperam e o sol está inclemente. Venha, Jacobino, quanto antes terminarmos a tarefa, melhor.

A claridade ofuscante da rua cegou-os por instantes. A terra ressecada, coberta de vegetação amarelada, estéril e queimada, estalava sob os passos determinados dos religiosos, enquanto vistoriavam os poços artesianos da vila.

— Veja isso! — exclamava o bispo, recebendo das mãos de um morador um balde com água recém-extraída. — Há vermes e lodo, o fundo deve estar sujo e infecto. Mande lacrar este poço, Jacobino. Que ninguém mais retire água dele até que venhamos a liberá-lo novamente. Está podre! — declarou Ricardo enojado.

Jacobino anotava as determinações e explicava aos aldeões os males que a água dos poços fechados poderia causar.

Enxugando o suor com a manga da batina, Ricardo prosseguiu a inspeção. Encontrou dois poços em condições aceitáveis e ordenou:

— Jacobino, reúna jovens fortes e mande-os aprofundar estes poços. Quanto mais aprofundarem, mais limpa será a água e verterá em maior quantidade. Que não se demorem a iniciar a tarefa, é urgente.

Jacobino reconheceu a competência de Ricardo nas questões de saúde pública, e obedecendo às ordens dois jovens se revezaram nos poços indicados pelo bispo, cavando-os.

— As doenças provêm dessa água estagnada que estavam bebendo. Como são estúpidos! — disse Ricardo a Jacobino em voz baixa. — Como não viram que estes poços estavam infestados de vermes? É uma ocorrência lógica em tempo de seca.

— Não se agaste com nosso povo, bispo — pedia Jacobino, apoiado ao tronco da árvore sob a qual se abrigavam. — São ignorantes, é verdade. Mas o que lhes foi ofertado até hoje? Quase nada! Aprendem uma profissão passada de pai para filho, são incultos e suas vidas se resumem a uma simplicidade tocante. Sabe, Reverendíssimo, vivi anos em uma aldeia semelhante a esta e pude meditar muitas vezes sobre o quanto seria bom se ao povo fosse dado mais conhecimento e esclarecimento. Muitas vezes pensei que, se exercesse alguma função de mando em nossa sociedade, teria como prioridade esclarecer o povo.

— Como você sonha, meu caro Jacobino! Bem, não passavam de meditações. Veja bem, eles não foram capazes de reconhecer que bebiam água podre — retrucou o bispo. — Como pode achar que tenham condições de se esclarecerem?

— Mas têm, bispo. Eles têm todas as condições, lhes faltou oportunidade. A mesma que eu e Vossa Reverendíssima recebemos.

— Não delire, irmão Jacobino. São camponeses e artesãos; falta-lhes inteligência para algo maior.

— Discordo, bispo. Acredito que temos a mesma capacidade intelectual, o que não temos são as mesmas oportunidades. Eu sou um exemplo perfeito disso: possivelmente meus pais tivessem essa origem camponesa, pobre, entretanto, no convento, tive as mesmas condições que os demais e desenvolvi conhecimentos que a eles — Jacobino fez um gesto com o queixo indicando os trabalhadores — não são possíveis nem em sonho.

— Se eu fosse você, irmão Jacobino, não teria tamanha convicção em afirmar sua origem pobre. Pelo que sei, você foi um órfão deixado na roda dos enjeitados e encaminhado ao convento. Há muitas mulheres nobres que entregam filhos bastardos à igreja em busca do perdão de seus pecados carnais — argumentou Ricardo. — Como vê, ainda considero muito difícil ensinar esta gente.

— Nunca disse que a tarefa fosse fácil, mas sim que é necessária — retrucou Jacobino, não se dando por vencido. — Naquela época, tive a oportunidade de ensinar algumas coisas àquelas pessoas e foi gratificante ver como os olhos delas brilhavam ante os menores avanços. Tal qual agora, o senhor talvez não tenha notado, enquanto examinava os poços e dava orientações de procedimento, estava ensinando esse povo. Veja os rapazes: seus olhos brilham enquanto cavam e, se realmente encontrarem veios d'água fortes sob aquelas vertentes, lhe aclamarão como a um santo e em ocasiões idênticas saberão como agir.

Como se as palavras de Jacobino fossem proféticas, naquele momento ouviu-se o grito de alegria do jovem aprofundando um dos poços. Todos correram à borda e mais gritos se ouviam a cada novo morador que olhava a água jorrando no fundo. A cada balde cheio com a areia extraída do fundo do poço que era puxado pela roldana, a água em torno do jovem subia mostrando a força com que brotava das profundezas da terra.

— Bom trabalho! — Ricardo elogiou o rapaz. — Encha um balde com água.

O rapaz encheu o balde que descia amarrado à corda.

Na borda do poço, o bispo analisava se a água estava limpa e autorizava o consumo.

— Ótimo trabalho, meu jovem. Por enquanto basta, pode subir — disse Ricardo. Voltando-se aos homens à sua volta, ordenou: — Puxem-no.

Recepcionaram o jovem com alegria e muitos abraços, mas, ao ver-se erguido à condição de herói, ele sorriu humildemente e respondeu:

— O verdadeiro herói é o bispo. Ele é quem disse o que devíamos fazer.

Um súbito silêncio seguiu as palavras do jovem para depois irromperem os aplausos e vivas em outra direção. Os aldeões cercavam o bispo e, com o entusiasmo natural dos moradores do Vêneto, rendiam homenagens ao religioso.

Ricardo surpreendeu-se com as manifestações de apreço, não estava habituado ao calor do afeto popular, à exuberância das manifestações emotivas. O regime conventual o fizera comedido e, como desde cedo aprendera a reprimir as emoções, escondendo-as, não pôde deixar de se sentir um pouco agredido pela liberdade de expressão que via nos rostos à sua volta.

As providências para minorar os efeitos da seca foram acertadas e, mais uma vez, Ricardo viu seu nome alçado a maior destaque entre o clero, aclamado como benemerente, justo, correto e verdadeiramente caridoso. Ele caminhava para tornar-se um mito...

CAPÍTULO 6

Um trabalho difícil

"Colocai, pois, questões claras e precisas e não temais de as multiplicar: podem-se dar alguns minutos para conquistar uma felicidade eterna."[11]

Subitamente as memórias de Ricardo cessaram. Ele sentou-se. Havia em seu rosto uma expressão de perplexidade e confusão.

Georges, calmo, aguardou a retomada da conversa. Eu fiz o mesmo, embora esperar exigisse sofrear minha curiosidade. Estivera a tal ponto envolvido em acompanhar as memórias do antigo bispo do Vêneto que esqueci completamente onde estava e o que fazíamos; meu trabalho era de ordem secundária, cumpria auxiliar em uma atividade essencial ao progresso de Ricardo — seu trabalho de autoconhecimento.

Ele viajava no tempo e nos levava junto, não em busca apenas de mais uma história e de outro alerta à humanidade encarnada, mas viajava em busca de si mesmo. Em nome dessa nobre empreitada me cabia esperar e, tanto quanto possível, relatar seus sentimentos e conflitos, na esperança de que a compreensão desse processo seja útil a quem me acompanhar nessa jornada.

— Estou confuso, Georges — confessou Ricardo depois de um prolongado silêncio. — Não consigo definir o que me

11 Kardec, Allan. *O Livro dos Espíritos*, questão. 919. Trad. Salvador Gentile. Araras, IDE.

dá prazer e por quê. Talvez sua pergunta não tenha resposta, ou melhor, eu não sei a resposta. Simplesmente não consegui separar as coisas. Quando pensava que sabia por que estava sentindo prazer em alguma de minhas atitudes, logo se imiscuíam outros interesses e confesso: não encontrei a resposta.

— Que é isso, Ricardo? Um homem com sua perseverança em atingir objetivos não pode dar-se por vencido — incentivou Georges. — Vamos pensar mais um pouco.

Ricardo sorriu. Foi uma das poucas vezes que o vi sorrir. A amizade iluminou os olhos negros do antigo bispo e espontaneamente ele estendeu a mão para Georges e disse:

— Ajude-me, amigo.

As palavras sinceras de Ricardo comoveram Georges, que estendeu as mãos acolhendo a de Ricardo, e a acariciou, procurando transmitir-lhe segurança e conforto.

— É claro, amigo — respondeu Georges. — É para isso que estou aqui. Tanto quanto me permitam minhas forças e meus conhecimentos, conte comigo.

Ricardo olhou as mãos entrelaçadas, o semblante sério, analisando as recordações recentes de sua última existência física, depois ergueu os olhos e fitou Georges.

— Seu contato me transmite paz. É bom poder tocar alguém livre de outros pensamentos e, principalmente, é bom saber que você aceita meu contato sem medo ou vergonha e acredita que também sou capaz de ser apenas um amigo — falou Ricardo.

— Pois saiba, Ricardo, que amigos para mim são os bens mais preciosos que possuo. E vou me permitir corrigir seu pensamento: você não é capaz de ser apenas um amigo. Você é meu amigo. Isso é algo muito importante.

— Revendo os fatos com os olhos da experiência que adquiri ao longo de todos esses anos, vi que somente uma pessoa despertou em mim o desejo de ser amigo, de respeito e admiração.

— Bem, vejamos a coisa pelo lado bom: antes um do que nenhum, não é mesmo? — disse Georges tentando descontrair um pouco. — Não leve a mal minhas palavras. Por favor, continue.

— Irmão Jacobino foi a única pessoa que eu admirei naquela época. Confiava nele incondicionalmente e jamais tive motivos para arrepender-me. Era um homem digno, acima de quaisquer segundas intenções, leal a si mesmo. Creio que disso eu tinha certa inveja. — Ricardo fez uma pausa, vi seu olhar buscar o teto e depois prosseguiu: — É por essa confusão de sentimentos que sinto dificuldade em responder à sua pergunta. Veja bem, Georges, reconheço o prazer de conviver com Jacobino, mas ao mesmo tempo reconheço que fui capaz de beneficiar-me politicamente das ações humanitárias por ele implantadas na Ordem, tirando a caridade do papel, das normas instituídas e fazendo-a ativa no convento. Isso me rendeu reconhecimento social e poder político junto ao clero e à nobreza. Mesmo admirando-o, não fui capaz de isentar-me de tirar proveito da situação, não fui capaz de dar a quem de direito o reconhecimento, usurpei o lugar de Jacobino. Mas, ao mesmo tempo, sou sincero em dizer que o admiro muito. Sou um infeliz, Georges, como pude proceder assim? Era tudo inveja, ambição, vaidade das vaidades. Era como correr atrás do vento: no fim, não é nada. É uma confusão...

— Tenha calma — pediu Georges e sorriu. — Nosso mundo emocional é dinâmico e nossas emoções são filhas umas das outras. Poderíamos compará-las com os infindáveis casamentos e nascimentos da mitologia, em que deuses perfeitos se unem a falíveis mortais, é por isso que você reconhece em uma atitude sua a admiração e a inveja lado a lado. A amizade é filha da admiração que você sente por Jacobino, e a inveja é filha da ambição que carrega.

— Mas, Georges, Jacobino não tinha nada, você viu há pouco, junto comigo, quando ele dizia que não precisava de votos de pobreza, pois era pobre por natureza.

— Mas a ambição não almeja apenas bens materiais. Será que você não tinha motivos para invejar a conduta de Jacobino, a forma como ele vivia? — propôs Georges.

Ricardo baixou a cabeça e suspirou.

— Tinha, e muitas, razões para invejá-lo. Ele fez tudo que eu não tive coragem de fazer. Acho que nos encontramos porque vivíamos em direções opostas. Nós nos cruzamos nos corredores do convento do Vêneto por alguns anos, mas cada um seguia em direção contrária à do outro. Jacobino vivia para si mesmo, buscava suas verdades e harmonizar-se com a vida; eu escondia-me de todos, vivia para os outros verem, buscava uma conformidade com a opinião alheia e me divorciava da vida. Ele vivia em paz, com seu coração de viúvo, construía nos espíritos com os quais convivia; eu vivia em litígio comigo mesmo, meu coração ardeu por muitos anos na luxúria e das minhas obras, feitas de pedra, nem sei o que ainda hoje existe, mas de nada me valeram depois da morte. É, eu ambicionava ter a mesma fibra moral de Jacobino, ser capaz de viver minha verdade e não me atormentar com o que os outros diriam a meu respeito. Jacobino quebrou um dos votos e ainda isso lhe foi tolerado e perdoado. Embora ele não divulgasse aos quatro ventos sua vida particular, mais tarde descobri entre os registros do convento todo procedimento realizado em torno do episódio de seu afastamento e de seu retorno. E eu ainda tenho dificuldades para admitir sentimentos.

— Apesar de você haver admitido que invejava Jacobino, notei que houve mudanças, por exemplo: afastou-se da prática de abortos e assassinatos — lembrou Georges.

— A convivência estreita com Jacobino me ofereceu elementos de melhora. Eu o invejava e o admirava, queria ter sua força e, dentro de minhas possibilidades, reconheci que ele era muito mais feliz do que eu, o poderoso superior. Por isso me aproximei das obras assistenciais, do orfanato e das pessoas em geral, isso me fez ver que, apesar da liberdade sexual, em verdade sentia uma solidão terrível. O prazer com os membros da guarda, que sucederam meu primeiro amante, deixava-me extenuado, saciava-me o corpo, mas abria chagas na alma, eu queria mais. Não me bastava simplesmente uma relação física com alguém, tinha ânsias de afeto, de união, de comunhão.

E isso a Igreja não me havia oferecido até então. No contato com as dores alheias, de certa forma me senti integrado à comunidade, diminuiu a sensação de rejeição que me acompanhou desde a primeira juventude, porém eu temia qual seria a reação daquele povo se soubessem que seu venerado bispo entregava-se a prazeres sodomitas. Veja, Georges, tive prazer no trabalho, mas recrudesceu o medo de ser rejeitado, a imposição de silêncio foi mais premente. Eu precisava esconder ainda mais uma parte de mim. Imagine se soubessem que eu era um pecador, segundo os conceitos que eu mesmo disseminava, e, além disso, um covarde, sem fé alguma. Não teriam me aceitado.

— Ricardo, responda-me algumas questões de forma objetiva — pediu Georges e indagou: — Você considerou alguma vez exercer outra profissão?

— Não. Minha escolha foi ditada e orientada em função da minha realidade.

— Você foi feliz como religioso?

— Não. Tudo quanto fiz foi mecânico, um conhecimento decorado, utilizado para subir na hierarquia sacerdotal e amealhar fortuna. Entediava-me a tarefa religiosa, porém era uma necessidade e me submeti a cumpri-la. Nunca encontrei qualquer prazer no que fazia. O único prazer que a igreja me ofereceu foi a liberdade para exercer minha sexualidade e meu poder.

Ricardo levantou-se e, andando de costas para mim, foi até a janela. Não pude ver seu rosto, apenas sua voz, levemente alterada, me fazia crer em uma nota de arrependimento quando disse:

— Foi naquela estiagem prolongada que descobri o prazer de curar e auxiliar a vida. A literatura médica sempre me fascinou, entretanto eu usava o que conhecia em prol do prazer de fazer-me senhor da vida, ou assim pensava. Exterminar um corpo fazendo-o degenerar antes do tempo, extrair uma vida de um útero, dominar a natureza e impor-lhe a minha vontade davam-me uma sensação de poder embriagadora. E nisso eu tinha prazer. Mas temia o curso natural da existência, temia a doença e a velhice, pois me faziam pensar o que seria de mim.

A vida de um religioso termina sempre em solidão, no asilo de uma Ordem qualquer onde lhe dão o que comer e os mínimos cuidados de saúde e higiene, sem carinho ou atenção; não haveria quem segurasse a minha mão e me alentasse quando a morte rondasse meu leito, e eu tinha verdadeiro horror a pensar na morte. Ela era o fim, triste fim, diga-se de passagem. Eu me perguntava qual era o valor da vida? Que jogo era aquele e o que eu fazia nele? Pois nem ao menos me encaixava entre as "peças" ditas normais. Pensei sobre isso muitas vezes em minhas caminhadas noturnas pelo convento e não encontrava sentido na existência. Atender os doentes ao lado de Jacobino mostrou-me que era possível encarar com serenidade aqueles fatos. Não adianta mentir e dizer que acatei o pensamento dele; não fiz isso, mas deixei-me envolver na segurança que ele me transmitia e calei meus temores, descobrindo então que ludibriar a morte e auxiliar a vida também dava prazer. Um prazer suave e duradouro, que se renovava quando eu visitava a aldeia e revia algum daqueles doentes. Diferente do outro, que se esvaía no ato consumado e depois gerava incômodo.

— Ótimo! — exclamou Georges. — Percebeu que você distinguiu duas formas diferentes de sentir prazer?

Ricardo emitiu um som gutural, que interpretei como uma resposta afirmativa à pergunta de Georges.

— Distinguir o tipo de prazer que sentimos com uma atitude é fundamental para bem orientarmos nossas escolhas. O prazer existe em tudo na vida. Extraímos prazer do trabalho, dos relacionamentos sociais, das atividades físicas, dos nossos sentidos e das necessidades orgânicas e emocionais. Mas é fundamental distinguir o prazer que edifica daquele que embriaga: o primeiro é duradouro, renova-se ao contato de suas fontes; o segundo desgasta, vicia e acarreta incômodos — disse Georges.

— Agora os reconheço. Acho que fiz da minha vida uma grande confusão. Desesperei-me quando entendi que era diferente dos outros e por isso não era aceito. Senti-me um pária entre os que eu amava. Será que dei à minha sexualidade um papel maior do que lhe cabia? — indagou Ricardo, apoiado no batente da janela.

Remexeu, nervoso, a cortina, e creio não via as cenas exteriores, pois era muito claro que ele havia mergulhado fundo nas questões e começava a tocar as próprias verdades.

— Quem sabe trabalhamos essa pergunta?

Ricardo permaneceu alguns segundos quieto e parado avaliando a proposta de Georges, depois resolveu retornar ao divã; no caminho, olhou para mim e, quando sentou, esboçou um sorriso e me disse:

— Não se esqueça de dizer que isso está sendo difícil. Sempre justifiquei os meus atos porque era diferente dos outros. Por não me aceitarem, transferia-lhes parte da responsabilidade por minhas ações.

Olhei-o surpreso e também sorri, fiz uma rápida anotação e mostrei-lhe, ele leu e gesticulou, concordando.

Georges, assistindo à cena, olhou-me entre severo e risonho, com nossa travessura ou transgressão às normas informalmente formuladas. Tudo corria bem com nosso amigo, não havia motivos para rigorismo.

Ricardo deitou-se, notava-se que descontraía mais e mais, deixando aflorar espontaneamente suas lembranças. Voltamos a ouvir-lhe a narrativa, acompanhando sua volta ao passado.

CAPÍTULO 7

Desejo de amar

"E conhecereis a verdade, e a verdade vos libertará."[12]

Pelos corredores do convento corria uma grande agitação, as atividades com a comunidade cresciam em velocidade vertiginosa. Irmão Jacobino comandava seus auxiliares com serenidade e equilíbrio. Nada faltava à realização dos seus labores. Se havia pessoas a quem o bispo nada negava, elas eram o irmão Jacobino, pela forte ascendência moral, e o diácono Enzo.

O menino tornara-se um rapaz de beleza singular, seus olhos castanhos, rajados de dourado, e os fartos e encaracolados cabelos loiros despertavam a atenção para sua figura. Nele imperava uma harmonia nas feições clássicas e regulares do rosto e no corpo forte e atraente. Afora seus dotes físicos, Enzo era perspicaz, inteligente e dedicava-se devotadamente à busca do conhecimento intelectual, granjeando a simpatia de Jacobino. No entanto, o educador dos órfãos havia perdido com ele a ascendência quando o bispo o passara à condição de seu protegido.

Ricardo fora seu mentor intelectual, ensinara-lhe tudo que sabia, e com o decorrer do tempo a relação entre discípulo e

---

12 Jesus. *Bíblia Sagrada*, João 8,32. Trad. João Ferreira de Almeida. Barueri, Sociedade Bíblica do Brasil.

mestre cresceu em afetividade e confiança. Sem que percebesse, o bispo descobrira na companhia do rapaz sua capacidade de amar. Apaixonara-se por Enzo. Ao ser auxiliado a paramentar-se para as cerimônias religiosas, serviço que o rapaz fazia questão de cumprir, o bispo descobriu-se sentindo prazer sensual ao toque das mãos do jovem em sua pele, próximo ao pescoço, ao colocar-lhe o manto. Admirava-lhe os músculos bem desenvolvidos e delineados dos braços, quando eventualmente as longas mangas de sua batina subiam um pouco lhe permitindo a visão dos membros superiores, e rendia-se ao prazer que os cuidados do jovem lhe ofertavam. Naturalmente a proximidade da convivência e as necessidades naturais de afeto e realização sexual tornaram-se prementes e imiscuíram-se na relação de amizade e dependência que haviam construído em função das múltiplas carências que cada um suportava.

A troca de carícias surgiu espontaneamente, fruto da intimidade, e daí à descoberta da excitação e do prazer foi um passo muito rápido, considerando-se a longa experiência de Ricardo e a profunda necessidade de amar despertada nos últimos anos, aliadas à exuberância da força da natureza na saudável juventude de Enzo e à curiosidade de descobrir as funções do próprio corpo — tão natural e espontânea quanto o é para a criança a descoberta do uso das mãos, da capacidade de locomoção que experimenta de diversas formas até aprender a andar. O domínio do corpo nasce da busca de conhecê-lo, de desvendar seus segredos. Eram necessidades que se atraíam. E a transformação da protetora amizade do bispo em relacionamento apaixonado foi um passo curto e rápido.

O conhecimento dos prazeres sexuais fascinou o jovem Enzo, mostrando sua forte inclinação à luxúria e à tendência a um comportamento devasso. Falando claramente, diria que do que acompanhava das memórias do bispo era nítido o insaciável apetite sexual do rapaz.

Era também muito claro que os sentimentos de um diferiam profundamente dos do outro, o ponto em comum era a paixão sensual. Enquanto o bispo buscava e encontrava nesse sentimento o preenchimento de um vazio existencial descoberto com a maturidade, o rapaz fascinava-se pelo prazer físico e deslumbrava-se ao descobrir a enorme fonte de poder que esse novo prisma de seu relacionamento com o superior lhe oferecia.

A vida religiosa dava a proteção adequada àquela união. Ricardo vivia feliz e tornava-se alguém aberto à percepção das pequenas belezas da vida, algo que apenas o surgimento do amor faz por alguém.

Essa acentuada sensibilidade emocional não passou despercebida ao irmão Jacobino, que havia muito tempo vislumbrava os conflitos na personalidade do superior, inclusive os de ordem sexual. Ao notar que após o período de envolvimentos furtivos e de sensualidade, pura e simples, o bispo agora se voltava à construção de um relacionamento afetivo e digno, o secretário intimamente regozijou-se: considerava esse um caminho para a libertação dos prazeres que viciam e nada constroem.

"O amor", pensava ele, "é a ponte para o crescimento. Uma vida sexual e afetiva digna" — pois não causava prejuízo a ninguém — "é o material elementar dessa construção. Melhor viver com dignidade e desenvolver saudavelmente os diversos potenciais da personalidade humana do que se amargurar, reprimir-se e viver em torno de uma ferida malcurada, nada mais percebendo, nem interagindo na construção do bem, por estar consumido em chagas de fogo, ardendo calado num inferno pessoal. Sim, o bispo do Vêneto, encontrando o amor, caminharia em direção ao progresso. E todo aquele que sinta amor por algo ou por alguém merece respeito, independente da forma como esse amor se manifeste."

Em meio à intensa atividade que envolvia os dias dos religiosos, levando de roldão até o padre Bento que a contragosto assumira uma cadeira na escola do vilarejo, Jacobino era a personificação da felicidade. Sentado sob a frondosa árvore do pátio, olhava os membros da congregação atarefados e agradecia ao Criador com os olhos fixos no céu. Concentrado na prece, visualizou à sua frente o espírito do bispo Giordano, envolto em suave luminosidade. Habituado às aparições dos desencarnados, aceitava-as alegre e calado. Ao longo dos anos aprendera a dialogar com eles e a convicção na continuidade da vida após a morte fortaleceu sua fé e amenizou a saudade dos que haviam partido.

Nada no universo é rigoroso e estanque, as mudanças são gradativas e lentas, havendo zonas de difícil conceituação — pontes entre mundos e reinos. Com a morte não é diferente, não há uma separação absoluta, existem elos entre a vida física e a espiritual.

Jacobino sorriu, ciente de que o amigo Giordano o enxergava ,e mentalmente o saudou, dizendo:

— Seja bem-vindo, meu pai.

A amorosa entidade devolveu-lhe o gesto, transparecendo em sua fisionomia a satisfação em estar com o antigo discípulo.

— A paz esteja com você, meu filho. Acompanhava seus pensamentos e venho regozijar-me com você. Temi por algum tempo o destino deste lar que me serviu na última peregrinação terrena, porém a sabedoria divina em muito supera nossa limitada compreensão. Vê-lo reconduzido às funções de direção tranquilizou-me. Sabia que seu coração era sábio o bastante para dirigir com moderação e amor as almas aqui abrigadas.

— Relutei muito, o senhor bem sabe. Mas agora realmente me sinto feliz. Meus meninos, filhos de meu amor a Giuliana, crescem física e espiritualmente; um dia espero dar-lhes ainda a oportunidade de serem livres.

— Serão, meu filho. Confie no futuro, ele é feito com a matéria-prima do progresso. As consciências hão de renovar-se e encontrar o caminho da compreensão e da concórdia. Essas mentalidades arraigadas que geram as dissensões e impõem condutas cessarão, vencidas pelos ventos da verdade. Lembre-se das frases de Jesus, meu filho: "E conhecereis a verdade, e ela vos libertará". Um dia os homens reconhecerão de público a verdade e ela os fará livres. Liberdade e verdade são conceitos inseparáveis. Somente pode se dizer livre aquele que vive plenamente sua verdade. A liberdade é uma grande alavanca do progresso, portanto, quando usufruímos a liberdade de sermos e vivermos nossas verdades, caminhamos para a realização dos propósitos do grande filósofo de Atenas, conquistando o conhecimento de nós mesmos. Quando mentimos, querendo enganar os outros, somos hipócritas — túmulos caiados de branco por fora e cheios de podridão por dentro, dizia Jesus —, aparentamos uma realidade e escondemos nossas vontades e desejos — nossas verdades. Oprimidos por conceitos repressores e falsos, vivemos presos a uma roda que gira sempre sob si mesma. Não anda, não progride, porque ocupa o tempo em ocultar, em silenciar. Fixa-se na preocupação de manter-se caiado por fora, vive o exterior, enquanto o interior se deteriora, rui e apodrece. E, filho meu, a verdade é o oposto, ela não agride ninguém, senão aqueles que desejam criar dependentes à sua volta. Quando vivemos a verdade, nossa verdade, de forma responsável e digna perante Deus, somos livres e estamos progredindo, mesmo quando essa verdade é recheada de problemas e conflitos. O fato de aceitá-los é o primeiro passo para a transformação. Eu só educo um mau hábito quando o reconheço; quando não o compreendo como minha verdade, ele permanece agindo inconscientemente, determinando condutas. Então não somos livres, somos condicionados a uma força desconhecida porque nós mesmos a queremos omitir, quase sempre a fim de manter aparência de bem caiados.

— Por que me diz isso, meu pai?

— Para que você incentive as pessoas a viverem plenamente sua verdade. Assumiu a tarefa de ser um educador, eu pressentia isso em sua alma, era como uma nascente que vem das profundezas da terra irrompendo caminhos até brotar cristalina sobre o solo. Agora auxilie a que cada um encontre seu caminho, e não esqueça: eles são muitos nessa vida, mas somente a verdade aceita e trabalhada é o roteiro seguro. Às vezes, ou até muitas vezes, este trajeto é espinhoso. Basta lembrar as advertências de Jesus ao comportamento da humanidade ao longo de sua estada entre os homens quando os chamava de hipócritas, homens de pouca fé. Eles se conduziam como censores da vida alheia prontos ao rápido julgamento e à condenação do semelhante e, por fim, como coroação, vê-se que são péssimos juízes condenando a verdade e o amor para ficarem com o atendimento imediato de seus interesses materiais e seus cômodos e falsos conceitos. Só a verdade liberta os espíritos da imperfeição moral, estamos aprendendo, é esse o sentido da vida, nunca se esqueça disso. Portanto, quando ensinar, ensine a verdade, não se importe com o que digam os outros, lembre-se de que é melhor ser feio por fora e incompreendido por muitos, porém limpo por dentro. O interior — pensamentos e sentimentos — nos acompanha na jornada além da morte, as aparências morrem e jazem sepultas sob os túmulos caiados. Trabalhe para que aqui não o aguardem sofrimentos. Viva pacífica e dignamente sua verdade e seguirá em paz, no corpo e fora dele. Não se preocupe com as aparências, olhe para a vida maior e siga. Recorde o que lhe disse, ensine a verdade para que a você se apliquem as palavras de Jesus: "Qualquer, pois, que violar um destes mais pequenos mandamentos, e assim ensinar aos homens, será chamado o menor no reino dos céus; aquele, porém, que os cumprir e ensinar será chamado grande no reino dos céus"[13].

A entidade contemplou carinhosamente o antigo discípulo e, traçando no ar o sinal da cruz, como que o abençoando, apagou-se à visão de Jacobino que, envolvido pela candura do amigo desencarnado, deixou-se ficar meditando, absolutamente enlevado.

Entregar-se à meditação é o primeiro passo para abrir os canais mentais à inspiração do Além. No silêncio interior, na paz conquistada nasce o diálogo com as forças superiores da vida e a integração do ser humano às energias do cosmos. Essa arte Jacobino desenvolveu desde muito cedo, nas longas horas vazias que o mosteiro lhe ofereceu na juventude, e dela nunca se apartou, ao contrário, se tornou um hábito zelosamente cultivado, era uma necessidade vital.

---

13 Jesus. *Bíblia Sagrada*, Mateus 5,19. Trad. João Ferreira de Almeida. Barueri, Sociedade Bíblica do Brasil.

Tão envolto estava que não percebeu a mudança do vento. As nuvens densas e escuras obscureceram o brilho do sol, mas ele somente despertou do êxtase após ouvir gritos e vivas ressoarem no pátio do convento. Então sentiu os suaves pingos de chuva a lhe molharem o rosto.

— Chuva! Chuva! É água! Venham, corram — gritava Enzo, rodopiando no meio do pátio com os braços erguidos e o rosto levantado ao firmamento enquanto chamava os demais religiosos e anunciava a esperança de ver o fim da longa estiagem. — Acabou a seca!

Logo os padres aproximaram-se e compartilharam a alegria do jovem diácono. Ricardo, da janela de seus aposentos, no segundo piso, sorriu da euforia de Enzo. Ao ver que o rapaz olhava em sua direção, esperando que descesse para compartilhar da alegria, apenas ergueu a mão autorizando as comemorações e deixou-se ficar contemplando a cena.

— Irmão Jacobino, venha! O senhor já está molhado — insistiu Enzo, com um largo sorriso no rosto, aproximando-se da raiz da árvore onde Jacobino estava sentado. — Vamos comemorar o fim da escassez. A fertilidade voltará à nossa terra.

O jovem diácono estendeu a mão ao mestre de sua infância e este prontamente acolheu o convite. Erguendo-se e abraçando-o, caminharam felizes para o centro do pátio reunindo-se aos demais, em uma improvisada festa na chuva. Pareciam crianças alegres e barulhentas, todos falavam ao mesmo tempo, agradecendo a Deus o fim da longa estiagem e projetando o retorno do progresso e da saúde à vida dos aldeões.

Em meio ao vozerio dos padres, Lucas convidou:

— Vamos até a aldeia compartilhar a alegria com o povo. Eles também devem estar felizes. Poderemos nos unir e fazer uma cerimônia de agradecimento ao Criador.

— Excelente ideia! — apoiou Jacobino. — Vamos a cavalo, será mais rápido.

Enzo novamente ergueu o olhar em busca de monsenhor Ricardo, que permanecia no parapeito da janela assistindo à improvisada comemoração, e gritou:

— Monsenhor, estamos partindo para visitar a aldeia. Venha conosco, o povo adorará recebê-lo neste momento.

Ricardo apenas fez um movimento com a cabeça recusando, depois completou:

— Irei outro dia, quando os ânimos estiverem serenados. Vão os senhores e levem ao povo minha bênção. Digam que o bispo do Vêneto está orando, agradecendo a Deus por ter atendido nossas preces.

— Mas, monsenhor, se fizer isso junto deles, terá maior efeito na alma popular — insistiu Enzo, que não compreendia o universo emocional extremamente reprimido do bispo.

— Vá, Enzo, se este é seu desejo. Eu permanecerei aqui — determinou Ricardo, vendo que os religiosos se afastavam apressados e risonhos em direção à estrebaria. — Espero-o de volta à noite, providenciarei para que façam um jantar especial. Vá, meu menino! Gosto de vê-lo alegre. Ficarei muito bem aqui e o povo nem notará minha ausência, aliás, nem me esperam, portanto, vá tranquilo.

Vencido pela lógica do bispo, Enzo afastou-se correndo para encontrar os demais, que se aproximavam da estrebaria. Pouco depois, Ricardo viu-os sair a galope na chuva, forte e calma, que fazia recender o cheiro da terra e das matas no sopro de uma aragem fresca. Ele sorriu feliz e orgulhoso contemplando a elegância do jovem cavaleiro louro que se destacava entre os religiosos. "Enzo está feliz e eu também, agora compreendo a mudança de Clarissa. Conviver com meu menino me enche de paz e felicidade", pensava, enquanto perdia de vista o grupo, em meio às colinas suaves recobertas de uma vegetação ressequida que bebia sedenta a água da chuva. Tão sedenta quanto as carências emocionais de seu bispo.

Muito se pode falar sobre o amor e, por certo, não esgotaremos o assunto. Entretanto, existem grafados para nossa análise pensamentos que, com poucas palavras, definem e ampliam universos conceituais, que nos enriquecem de compreensão. Nesse pormenor confesso-me profundo admirador das ideias do espírito Lázaro, publicadas em *O Evangelho Segundo o Espiritismo*, que, quando aborda a lei de amor, diz:

"O amor resume inteiramente a doutrina de Jesus, porque é o sentimento por excelência, e os sentimentos são os instintos elevados à altura do progresso realizado. (...) Feliz aquele que ama, porque não conhece nem a angústia da alma, nem a miséria do corpo; seus pés são leves e vive como que transportado para fora de si mesmo. (...) no seu início o homem não tem senão instintos e aquele, pois, em quem os instintos dominam, está mais próximo do ponto de partida que do objetivo. Para avançar em direção ao objetivo, é preciso vencer os instintos em proveito dos sentimentos, quer dizer, aperfeiçoar estes, sufocando os germens latentes da matéria. Os instintos são a germinação e os embriões do sentimento; eles carregam consigo o progresso, como a bolota encerra o carvalho, e os seres menos avançados são aqueles que, não se despojando senão pouco a pouco de sua crisálida, permanecem escravizados aos instintos."[14]

Apenas em outra existência Jacobino veria impressos os pensamentos que intimamente descobria nas horas de meditação e na longa existência dedicada a ouvir e analisar os companheiros de escola terrestre.

Ninguém merece ser objeto de escárnio ou repúdio, diversos são os níveis de compreensão da vida, porém todos somos aprendizes sujeitos a falhas e acertos — mesmo aqueles que ainda estagiam nas faixas do mero instinto e que, ainda inconscientes de sua verdadeira identidade, muitas vezes descambam para a promiscuidade e a prostituição exercidas em qualquer forma na qual se manifeste a sexualidade do ser encarnado. Tudo na vida é progresso e fala dele; a forma de utilização e desempenho da sexualidade não é exceção. Onde existe o sentimento do amor, aí está o progresso; onde ele se ausenta, ainda assim vive o ser em evolução na faixa dos instintos. Os conceitos de pureza ou

---

14 Kardec, Allan. *O Evangelho Segundo o Espiritismo*, cap. XI, item 8. Trad. Salvador Gentile. Araras, IDE.

impureza estão costumeiramente ligados ao corpo material, mas, ante o nobre ensino dos mestres espirituais, puro ou impuro não existem, assim como o normal e o anormal; o que existe é o natural em processo de evolução, e, muito embora biologicamente a espécie humana evolua, o que de fato interessa é o aperfeiçoamento moral, que se dá pela conquista de sentimentos, entre os quais o amor é o sentimento por excelência.

O bispo do Vêneto, após uma longa e triste etapa da existência marcada pela incompreensão e pela rejeição, geradoras de inúmeros complexos em sua personalidade, estava amando, dava largos passos na evolução, no caminho dos sentimentos. Quem somos nós para julgar as deliberações da lei divina? Se tudo quanto existe cumpre uma função no universo, não há de serem os intrincados mecanismos da sexualidade humana a estarem fora dela.

Distraído, eu pensava na vida de Ricardo exposta ao meu olhar. As cenas prosseguiam: os religiosos chegaram a seu destino, molhados, com cabelos escorridos, as batinas pesadas, encharcadas d'água que descia do céu.

A população da aldeia comemorava nos campos cobertos de vegetação ressequida, sobre a qual se formava uma fina camada de lodo. Entretanto, tão felizes estavam que não percebiam a barra suja de suas vestes, as tranças e os coques desfeitos, os rostos molhados, os cabelos escorridos e os lenços mal atados. Olhavam-se e riam sozinhos, em sua mente nunca haviam vivido dia mais belo nem se sentido melhor física e emocionalmente.

Na superação da dor, na sobrevivência à seca, ouviam-se murmúrios de lábios em prece. Não demorou e o alegre som do acordeão misturou-se ao barulho da chuva torrencial, cortada por raios e trovoadas. O povo tomava o espaço público e comemorava o fim da catástrofe.

Enzo e Lucas juntavam-se à multidão e compartilhavam das alegrias ofertadas pelos aldeões.

A confraternização na aldeia prosseguiu, ainda sob forte chuva, até o fim da tarde, quando os religiosos, liderados por Jacobino, retiraram-se da aldeia, retornando ao convento.

Em todos os rostos o brilho da satisfação, a felicidade de haver compartilhado momentos simples e preciosos junto dos camponeses. Enzo e Lucas cavalgavam lado a lado, um pouco afastados dos demais, e conversavam com a intimidade de velhos conhecidos.

— Padre Lucas, o senhor está diferente — constatou Enzo com um sorriso maroto. — O que aconteceu? Há um brilho iluminado em seus olhos. Vá logo, ande, conte para o diácono o milagre que se operou consigo.

— Não ocorreu milagre algum. Estou feliz, é só isso. Após a chuva, haverá água para consumo da aldeia, o abastecimento voltará ao normal e as lavouras serão férteis novamente. Agradecia ao Criador por essa dádiva, era só — comentou Lucas com o olhar baixo e sentindo a consciência pesada.

— Qual dádiva? — indagou zombeteiramente Enzo.

Lucas, apesar de ainda cheio de conflitos, estava sereno, embora a tristeza e a falta de algo desconhecido enchessem de nuvens seu universo emocional. Ah! Solidão! É estranho como ela é doce e amarga. Às vezes, momentos de solidão fazem enorme diferença na conquista do equilíbrio, em outras, são amargos e pesados de suportar. É quando nos sentimos sozinhos, de certa forma, vazios, perdidos. Olhamos ao redor e não há com quem dividir as angústias ou as alegrias. Faltam amigos. Falta alguém especial que nos compreenda, nos aceite e nos ame como somos. Lucas sofria dessa solidão, essa amargura de suportar o exílio de uma existência sem nunca ter amado e querer, desesperadamente, viver essa experiência. Seus olhos revelavam essa necessidade de compartilhar a vida e o próprio corpo com alguém.

— Ora, não se faça de bobo — advertiu zombeteiramente Enzo. — Nem pense que eu o seja. Vi como olhava as camponesas dançando. Belas moças!

— Nem diga uma coisa dessas, diácono Enzo. As moças merecem todo meu respeito. Se as admirei, foi por ver como estavam alegres e felizes.

— Pois sim, eu sei! — ironizou Enzo. — Por acaso sorriam mais com qual parte do corpo?

— Ora, diácono, você está passando dos limites — alertou Lucas enfurecido e envergonhando-se por perceber que fora transparente ao olhar de Enzo. — Ainda que seja o favorito do bispo no convento, isso não lhe dá o direito de quebrar as barreiras da hierarquia sacerdotal. Eu sou seu superior e exijo respeito.

— E por acaso o ofendi? — perguntou Enzo fazendo-se de ingênuo. — Não tive qualquer intenção, me desculpe.

— Deixe de falsidade e ironia, diácono — pediu Lucas. — Bem sabe que todos fazemos votos de castidade ao entrar para o serviço da Santa Madre Igreja. Aliás, você mesmo já os fez.

Enzo riu gostosamente, como se as palavras de Lucas fossem uma piada recheada de humor e malícia.

— Não vejo razão para o riso — reclamou Lucas, ressentido.

— É hilário falar desse tema, por isso eu ri. Não foi nada pessoal, "padre" — respondeu Enzo com fingida humildade, grifando de submissão a entonação da última palavra.

— Como lhe fazem falta as lições de irmão Jacobino, diácono. Por certo, você não agiria assim caso tivesse sido ele a lhe ministrar os ensinamentos.

— Gosto do irmão Jacobino, mas não participo do séquito de seus discípulos. Aprecio muitíssimo a forma de ensinar de monsenhor Ricardo. É um homem culto, influente, poderoso e sabe exatamente a função e os limites da religião — retrucou Enzo, proferindo uma frase de inegável duplo sentido, revestida e transpassada de malícia. — Além disso, a forma como ele ensina é prazerosa, como desconfio que você nunca tenha experimentado.

Irritado por estar sendo alvo de ironia e deboche do diácono, Lucas falou:

— Menospreza-me por agir com seriedade ante os votos que professei? Condena minha atitude lutando por ser fiel a meus votos?

— Acalme-se, padre, por favor — solicitou Enzo notando a fúria velada na expressão de Lucas. — Não tive qualquer outra intenção senão de aproveitarmos as últimas horas que passamos longe do mosteiro para conversar. Lá é muito difícil falar com liberdade. As paredes têm ouvidos, porém não repetem a viva voz o inteiro teor do que ouviram. São paredes covardes...

— Pois há aí uma grande missão: varrer nosso convento da presença infecta desses companheiros hipócritas.

Notando que sua linha de diálogo não estava auxiliando em nada o petulante diácono, menos ainda servia ao seu crescimento pessoal, Lucas resolveu dar a conversa por encerrada, e com o pretexto de verificar como viajavam os demais, afastou-se de Enzo, deixando o matreiro. A bem da verdade, deve-se dizer que Enzo fizera uma justíssima avaliação do interesse de Lucas, que insistia em se torturar.

E cavalgando, agora ao lado de Jacobino, o jovem padre não conseguia esquecer as palavras do diácono e tampouco as belas mulheres que vira dançando. A alegria e a espontaneidade delas, numa sensualidade inconsciente, o haviam perturbado profundamente, reacendendo pensamentos e desejos que julgava extintos em seu ser. A agitação íntima revelava-se numa postura inquieta sobre a sela, na falta de concentração e no olhar vago e brilhante voltado às lembranças.

Jacobino que, de canto de olho, observava o rapaz, percebeu as alterações. Nada falou, apenas ficou observando e meditando sobre a incrível força que possui a lei natural.

Lucas continuava remando contra a correnteza, despendia um grande esforço e o avanço era por demais lento.

"Aparentemente a calmaria interior dele chegou ao fim, isso demonstra que ainda carrega elementos torturantes. Ah, Senhor, por que insistir na dor?", pensava Jacobino, olhos postos na natureza molhada à sua frente. "Ajude-me a compreender essa irracionalidade humana, se assim a posso chamar. Com tantos caminhos de paz e renovação abertos a seu crescimento, por que se torturar? É difícil, meu Senhor, compreender. Tudo me parece tão simples! Viver o sexo com dignidade e respeito, sem causar dores e mágoas nem a si nem a ninguém, considero mais produtivo do que essa tortura moral e aflitiva que presencio nesse meu filho teimoso. Ah, Senhor! Se estou errado, me corrija, mas os homens criam ou não criam jaulas para si próprios com seus conceitos e ardis sociais, filosóficos e teológicos? Talvez eu seja muito estranho, talvez essa minha vida tão diferente do comum das outras pessoas, longe desse mundo de aparências e rígidos conceitos que são simplesmente letra morta na vida da maioria dos meus companheiros, tenha transtornado um pouco meu raciocínio. Mas a vida me parece tão simples e tão bela quando aprendemos a ler Seus ensinamentos em Seu livro sagrado, a natureza, da qual somos parte ativa e integrante. Eu O descubro em mim. Será que é errado pensar assim, meu Senhor? Acredito que não, e penso que a cada dia, quanto mais eu me conheço e descubro as leis que regem meu organismo e me apontam caminhos, mais próximo do Senhor me sinto e, perdoe-me se é pretensão dizer, que O entendo um pouco mais. Mas não, não pode ser considerada pretensiosa a tarefa de um filho em aproximar-se, conhecer e amar seu Pai. Por tudo que vivi sinto-me feliz e realizado, e tenho convicção de que, se não houvesse sido assim, muita coisa eu, ainda hoje, não compreenderia. Talvez condenasse muitos irmãos de humanidade, julgando-os, sem me sensibilizar com suas carências e buscas pessoais, e provavelmente permanecesse na superficialidade, sem mergulhar no ser maior que todos somos, sem compreender a existência de uma vida interior como sendo infinitamente mais importante do que a vida exterior. Ah, Senhor! Quisera semear a paz que a compreensão e a vivência de Suas leis me trazem, porém quanto é pequena a compreensão de meus irmãos! Nem vou pedir, pois bem sei que conhece o que se passa na minha mente, sabe que isso apenas me causa desconforto e piedade e não vai nenhum rasgo de vaidade ou fingida modéstia nisso. É apenas um sincero anseio de ver chegar um futuro melhor ao coração dos homens, de ver cessar as trivialidades e besteiras que disseminam o sofrimento entre nós. Ah, Senhor! Ajude-me, para que eu não esmoreça e aguarde confiante esse tempo novo, quando os homens serão capazes de compreender-se e os julgamentos cessarão, quando cada um buscará viver de acordo com as Suas santas leis e o amor presidirá todas as relações. Eu sonho, meu Senhor? Creio que não, pois a natureza à minha volta agora me fala da capacidade de renovação no presente e de abundância para o futuro. Eu também sou terra sedenta aguardando a chuva da renovação à minha volta..."

— Irmão Jacobino, desperte! — chamou Lucas. — Faça seu cavalo ceder o passo, estamos às portas do convento.

— Hum? O que foi? — perguntou Jacobino com ar distante.

Envolvido pelo mundo interior, não percebera que haviam vencido a distância de retorno.

— Ei, o senhor estava dormindo de olhos abertos, meu pai? Não viu que já chegamos? — perguntou Lucas divertindo-se com o atordoamento do religioso.

— Ah! Claro! Chegamos — exclamou Jacobino fitando as altas portas do prédio. — Desculpe, vinha tão distraído em minha conversa com Ele que nem ao menos prestei atenção onde estávamos.

— Um dia quero ser igual ao senhor. Ter tamanha capacidade de entregar-me a Deus a ponto de perder o senso de onde e quando, desligando-me da matéria — disse Lucas ao seu lado, rosto fechado e olhar marcado por íntima reprovação à própria conduta emocional.

— É simples. Cultive o hábito de conversar com Ele, sinta-O próximo de você e desenvolva uma relação de amor e confiança com o Criador. Seja grato a Ele. Ore, tenha a humildade de orar e nessa oração dizer o que sente, o que pensa e o que deseja, honestamente — respondeu Jacobino. Depois sorriu e estendeu a mão, tocando o braço do jovem padre. — Logo, logo, descobrirá que não há melhor companhia que Ele, em qualquer momento.

— O senhor realmente diz tudo que sente e pensa a Deus?

— Digo. Preciso ser honesto e viver a honestidade comigo mesmo. Dele nada adianta esconder, pois Ele tudo sabe, mas espera que cresçamos e descubramos. E, meu querido filho, lhe digo que muitas vezes descobri minhas imperfeições agindo assim. Conversando com Deus, exploro meus sentimentos e pensamentos mais profundos, vejo passado, presente e futuro, e isso me aponta as melhorias que devo fazer em mim em primeiro lugar. Daí para a busca de caminhos e soluções é um passo.

Lucas baixou a cabeça, pensativo, meditando sobre as palavras de Jacobino e relembrando fatos importantes de sua existência desde que se incorporara ao serviço clerical. Não pôde expressar as dúvidas, pois logo se ouviu o rangido das grossas dobradiças de ferro e o soar de cornetas anunciando a chegada do grupo de religiosos.

A noite chuvosa, com pesadas nuvens, encobria as estrelas e fazia soar na escuridão o ritmo compassado da chuva regando a terra.

Na manhã seguinte Jacobino caminhava pelos corredores do convento em direção às dependências onde despachava com o bispo. Era muito cedo, o silêncio imperava soberano, apenas uma branda claridade prenunciava o raiar do dia. A noite chuvosa cedera a uma madrugada cinzenta, com o céu carregado. O cheiro de terra molhada fez o religioso respirar fundo o ar da manhã. Porém, ao alcançar o longo corredor que cruzava paralelo às dependências da igreja e do confessionário, deparou-se com a porta entreaberta e, a certa distância, divisou os pés de alguém prostrado no chão de pedra. Aguçando o ouvido, percebeu leves gemidos, doloridos, sofridos, arrancados do fundo do peito.

"Não é possível", pensou Jacobino. "Será Lucas?"

Com passos firmes, ele aproximou-se do confessionário e encontrou o jovem padre jogado ao chão, o rosto inchado, os olhos vermelhos, os cabelos revoltos. "Hum! Que jaula maldita, meu Pai!", disse Jacobino, em pensamento. "Por que encarcerar assim uma consciência e a impedir de ser feliz? Mais uma vez, ajude-me, eu peço".

O rapaz não se deu conta da presença do amigo a seu lado. Jacobino abaixou-se e sentou-se sobre o piso, estendeu a mão e carinhosamente acariciou os cabelos de Lucas.

— O que há com você, meu filho?

Lucas permaneceu silencioso, aceitou o carinho de Jacobino, mas não ergueu o rosto para encará-lo e nem a voz para dizer o que sentia.

— Não confia mais em seu pai?

Um gesto com a cabeça foi a resposta de Lucas, dando a entender que não se tratava de perda da confiança.

— Pelos anos que tenho neste convento, creio tratar-se do antigo problema afligindo-o de novo. Estou certo?

O jovem respondeu com um aceno, confirmando a suspeita de Jacobino.

— Levante, meu filho. Ninguém pode passar a vida jogado ao chão. Erga-se. Olhe para cima e caminhe. Deus anda rasteiro ao solo, meu querido, mas habita nas alturas. Conduza para lá seu espírito.

— Não consigo, meu pai, e me envergonho disso. Puno-me severamente por minha covardia e decadência. Preciso me punir.

— Pequeno Lucas, quantas vezes o lembrarei de que isso não é preciso. Perdoe-se e siga em frente. Enquanto ficar se punindo, isolado nesse confessionário, a vida prossegue sua marcha, vai com ela. Se o Pai não nos pune, por que iremos nós fazer tal coisa? Não há lógica, meu filho.

— Mas eu sou fraco, caio em tentação com frequência. Não sou digno de ser um eleito do Senhor, preciso me redimir.

"Jaula maldita! Cultura infeliz! Ó homens, que semeiam tais ideias! Será que veem os resultados do que fazem? Palavras tão fáceis de serem ditas, de serem escritas, mas as consequências na mente nem sempre são fáceis. Por que não aceitar simplesmente a vida e suas leis e caminhar em paz consigo, com Deus e com o próximo? Para que criar conceitos tão rígidos?", pensava Jacobino.

Diante de quadros de dor e sofrimento inúteis, como o daquele jovem, tinha gana de saltar ao pescoço de teólogos e bispos, que se reuniam em concílios e vaticinavam severamente aos outros as condutas "corretas", escreviam tratados e papas assinavam bulas, para reger as vidas alheias, entretanto em momento algum consideravam os bens maiores: a paz na mente e na existência da criatura e o respeito à sua liberdade e à sua verdade pessoal. De que vale um "corpo santo e puro" se o espírito é um torturado e a mente é devastada? Transformam o que carregam represado em si em conceitos que infestam a vida dos outros; como pestes lançadas ao vento, geram epidemias.

— Lucas, o Pai não tem eleitos, tem filhos e os ama como são. Nós que, por vaidade, desejamos ser melhores do que os outros e nos dizemos eleitos. É uma ilusão, fruto da vaidade, de querer estar acima de onde estão os demais. Isso não existe, meu filho. Se está aqui junto de seus irmãos, é porque este é o melhor lugar, é onde você precisa estar e viver. Entre os santos, os que mais admiro viveram, lado a lado, com os homens, tal qual vivem os homens, cada um a seu tempo. Jesus nos mostrou isso, querido filho. Pense nisso. Não se deixe levar por palavras duras proferidas por corações revoltados. Deus não é tão mau quanto eles querem fazer crer, ao contrário, Ele é amor, inteligência e bondade.

— Mas sou fraco. Sou um fraco, um derrotado que não apago a luxúria em mim. Como posso aspirar a olhar a Deus, ansiar pelo céu...

— Será mesmo a luxúria que o consome? Não creio. Sei que ainda não provou do sexo. Quando não conhecemos algo, não podemos medir nossas reações. Somente sei que sou viciado em alguma coisa se experimento dela e admito que essa coisa carrega em si o potencial de me dominar, então, sim, preciso conscientizar-me da necessidade de fortalecer-me e vencer essa necessidade. Se a convivência com o objeto de meu vício me é prejudicial, é melhor que me mantenha afastado dele até que seja senhor da minha vontade e domínio. Porém, enquanto não tenho tal experiência, não posso dizer: sou da luxúria, sou da gula, sou dos vícios. Não lhe ocorre que o que sente seja carência afetiva e sexual, normal a qualquer ser vivente, em todos os reinos da natureza?

— Já falamos sobre isso e sinto vergonha de ainda não ter aprendido a lição — disse Lucas baixinho jogado ao chão.

Jacobino cessou a carícia nos cabelos do jovem e, deixando cair os braços ao longo do corpo, acomodou as pernas em forma de lótus, os olhos erguidos ao alto, buscando na lembrança os ensinamentos que desejava compartilhar.

— Meu querido, lembra daquela passagem do Evangelho em que o Mestre aceitou os cuidados da mulher durante o jantar em Betânia, quando ela lhe ungiu os cabelos com óleos raros, perfumados e muito caros[15]? Ele deixou-se cuidar porque também precisava sentir-se acarinhado; isso fortalece-nos. Uma existência árida, sem o carinho sequer de um amigo, é muito triste e enfraquece a alma. Um momento, um curto período de amor com alguém é capaz de nos alegrar por toda existência e ser a fonte de nossa tranquilidade. Mas a escassez dos sentimentos aflige, tal qual a seca que consumia há poucos dias as reservas da natureza.

— O que faço, meu pai? — perguntou Lucas erguendo-se devagar, sem coragem de encarar Jacobino.

— Responda-me: você é feliz aqui? Agora é um padre, cumpriu o prometido à família. Como se sente?

— Gosto de servir a meus irmãos. Gosto de conhecer, pensar e falar nas coisas divinas, mas sinceramente me sinto dividido. Pior, me sinto ruir. Não consigo conciliar meus desejos e minhas obrigações. É uma tortura. Deixei de flagelar meu corpo quando entendi suas advertências, meu pai. Mas minha mente é um caos e meu peito parece estourar. Há dias em que não tenho sossego e isso está se tornando tão óbvio que até mesmo o diácono Enzo descobriu. Respondendo claramente à sua pergunta: não sou feliz.

---

15 Nota do autor espiritual: Passagem narrada em Mateus 26,6-13, em que salientamos a advertência do Mestre a seus discípulos: "Por que afligis esta mulher? Pois praticou uma boa ação para comigo. Porquanto sempre tendes aos pobres, mas a mim não me haveis de ter sempre. (...) em verdade vos digo que, onde quer que este Evangelho seja pregado, em todo o mundo, também será referido o que ela fez para memória sua".

"Como é ingênuo esse meu filho! Pensa que somente o diácono viu suas carências. Elas se estampam, malgrado a sua vontade, em cada um de seus gestos", pensou Jacobino.

— E por que ficar aqui? Vá em busca da sua felicidade, não perca tempo.

— O senhor está me dizendo para abandonar a Igreja?

— Estou, pois, se ela não o faz feliz, de nada lhe serve.

Chocado com a clareza e a coragem das palavras de Jacobino, que em momento algum tentou fazer com que ele permanecesse ou reforçou os postulados culturais e religiosos vigentes, Lucas o olhou aparvalhado, porém sentiu como se uma grande porta se abrisse à sua frente e além houvesse um dia claro e luminoso.

Observando as expressões faciais de Lucas, Jacobino levantou-se, estendeu-lhe a mão e o puxou até o corredor. Foram às portas do convento e o experiente religioso perguntou:

— Quer partir em busca da felicidade?

Lucas encarou os altos, pesados e escuros portões, volveu a cabeça para trás e contemplou o prédio silencioso e lúgubre do convento, sentiu lhe faltar o ar. Olhou novamente para os portões, engoliu em seco e, sentindo a mão de Jacobino em seu braço, o fitou e respondeu decidido:

— Quero.

— Ótimo, meu filho. Vá! Seja um homem feliz, um trabalhador honesto. Quando amar alguém verdadeiramente, construa um lar sadio e me dê netos. Deus o abençoe, meu pequeno Lucas — falou Jacobino, sorrindo satisfeito e envolvendo o rapaz em um abraço apertado, infundindo-lhe novas energias e ânimo.

— E quanto à minha saída do convento?

— Não se preocupe, redigirei um documento informando oficialmente seu pedido de afastamento. Tenho liberdade com o bispo para tanto, não se preocupe. Vá à aldeia e procure o duque Alberto, peça-lhe trabalho e moradia, diga-lhe que é a meu pedido. Hoje mesmo enviarei uma carta a ele confirmando. Em breve irei até o castelo e conversaremos — disse Jacobino, e como nenhum sentinela estava a postos, correu os ferrolhos abrindo os portões. — Vá, meu filho! Construa sua felicidade e seu crescimento. É isso que Deus espera de todos os seus filhos.

Com lágrimas nos olhos e um incrível brilho de alívio, Lucas atirou-se emocionado nos braços do amigo.

— Obrigado, meu pai. O senhor terá sempre um lugar em meu coração e em tudo que for meu. Obrigado!

— Eu sei, meu pequeno Lucas. Você também tem seu lugar em meu coração. Agora vá. Nós nos veremos frequentemente.

Com os pés ligeiros, Lucas ganhou a liberdade dos campos que levavam à aldeia. Parecia um pássaro fugindo da gaiola. Corria e dançava no terreno molhado e escorregadio, o amanhecer pesado e cinzento para ele estava radiante e luminoso.

Observando-o, Jacobino sorriu. Balançando a cabeça sereno com seus atos, fechou os portões e foi para seu local de trabalho matinal.

Em sua mesa, ainda sozinho, Jacobino redigiu os documentos do afastamento de Lucas e depois a carta ao duque Alberto, enviada através de um mensageiro, com pedido de urgência.

A manhã ia a meio quando monsenhor Ricardo chegou ao gabinete. Em uma longa conversa, o secretário inteirou o bispo da ocorrência das primeiras horas da madrugada envolvendo o padre Lucas.

— Ele precisa seguir seu caminho, servindo a Deus em uma das tantas formas de trabalho que a vida oferece. Aqui não era feliz, vivendo dividido e atormentado. Eu o aconselhei a afastar-se e buscar sua realização pessoal. Espero que não considere isso um desrespeito à sua posição como diretor espiritual do jovem padre, Reverendíssimo — disse Jacobino, calmo, encerrando sua exposição ao superior.

Ricardo sorriu e jogou-se contra o assento da cadeira contemplando a fisionomia serena de seu secretário. "Ele é uma personalidade realmente diferente. Como condená-lo se não vivo o celibato para o qual fiz votos? Não, Jacobino agiu acertadamente, muito melhor do que eu, que por certo recitaria as deliberações dos concílios eclesiásticos e poria o rapaz em acerba penitência, cumprindo meus conhecimentos teóricos, que eu mesmo não executo", refletia o bispo, ensimesmado.

— É contra as normas religiosas de nossa Congregação esse procedimento — advertiu Ricardo.

— Estou ciente disto, porém sinto que está plenamente conforme ao ordenamento divino — retrucou Jacobino sem se agastar.

"Ele não teme nada. Se o mandasse a um julgamento eclesiástico, acredito que iria e manteria a posição", analisava o superior.

— Dê-me os papéis, é óbvio que concordo com sua atitude e a referendo. Que a posteridade não saiba do que fizemos! — comentou Ricardo.

— Penso o oposto, Reverendíssimo. Adoraria que o futuro tivesse conhecimento dos dramas do presente, creio que muita coisa seria modificada.

— Quem sabe? Pode ser ou não que ocorressem mudanças. Mas vamos ao trabalho.

A notícia do afastamento de Lucas foi comentada pelos habitantes do convento e pelos fiéis, mas, passado algum tempo, o fato foi esquecido.

Observávamos um período de tranquila felicidade na existência de monsenhor Ricardo, bispo do Vêneto. As cenas passavam e deixei-me deter na análise das expressões fisionômicas do meu amigo: elas me falavam da intensidade e da repercussão emocional das vivências que marcaram aqueles dias.

Ele estava relaxado e alheio a tudo à sua volta. Entregara-se intensamente à recordação do passado e deleitava-se em reviver aqueles dias de amor e paz. Surpreendeu-me o som de seu riso, não sei se você que me acompanha percebeu, mas Ricardo sorria pouco. Era pesado, escondido, sombrio, um verdadeiro poço no qual não se vê o fundo. Seu olhar brilhava com inteligência e astúcia. Destemido e ardiloso, carregava um culto mórbido aos prazeres que viciam a alma, porém, desde o início desse processo de autoconhecimento, somente nestes últimos relatos notei um novo brilho no olhar de Ricardo, mais suave, mais humano, sua expressão relaxara, diria que toda sua expressão corporal refletia "um baixar a guarda". O poderoso bispo do Vêneto, a meu ver, começava a depor as armas que carregara por décadas. Era agradável contemplar essa transformação, ver a ansiedade ceder à paz interior. Ele vivia, cada hora, com entrega total sem se preocupar com o passado ou com o futuro.

Ricardo saboreava o gosto do amor e estava deliciado, pacificado em muitos aspectos. Seu lado feroz estava adormecido e se abria um espaço à construção de novos valores em sua personalidade.

Georges o observava, e seu semblante calmo demonstrava a atenção com que acompanhava as emoções de seu tutelado. O olhar fixo em Ricardo era carregado de interesse e compreensão. Em um momento, pressentindo o que eu fazia, desviou a atenção de Ricardo, encarou-me e sorriu, como se me dissesse que mais uma vez se comprovava a soberania do amor no espírito humano.

Enquanto nos perdíamos em cogitações, Ricardo prosseguia sua viagem interior e chamou-me a atenção o brilho de uma lágrima no canto de seus olhos. A primeira lágrima em séculos. Sabedor dessa circunstância, confesso que senti profunda emoção e agradeci ao Pai a porta sempre aberta do futuro possibilitando-nos resgatar nossas imperfeições. Lágrimas desciam pelo rosto de Ricardo e senti que gotas molhavam minhas mãos, me dando conta de que chorava ao presenciar o processo de recuperação de um mundo interior arruinado, sobre o qual caíam gotas salgadas para fazê-lo renascer.

Não sei precisar quanto tempo permanecemos tomados pela emoção. Mas despertamos quando as cores da tela à nossa frente sofreram brusca alteração.

Via-se uma noite escura, iluminada pela lua minguante e poucas estrelas. O pio das aves noturnas cortava o silêncio e depois dele ouvia-se o agitar da natureza com o corre-corre de pequenos animais. Reconheci a região que circundava os prédios do convento, a tortuosa estrada que conduzia às portas da igreja, e nela uma carruagem vinha célere, com o cocheiro em pé sobre a boleia. Vozes masculinas nervosas. Percebia-se a ansiedade e o desespero deles.

De chofre, o veículo estancou em frente aos portões do convento e o cocheiro saltou ágil. Apressado, dirigiu-se à entrada da edificação, agitando pesada corrente que pendia ao lado e ao longo da abertura. Imediatamente ouviu-se o badalo do sino e surgiu uma sentinela com ar sonolento no alto do muro, esfregando os olhos e indagando com voz rouca:

— Quem vem aí, a tão altas horas da noite?

— O duque Alberto, sentinela. Vimos em paz. Por favor, mande abrir os portões e avise o Reverendíssimo bispo e seu secretário que meu amo tem urgência em lhes falar. É caso de morte. A senhora duquesa passa mal e chama seu confessor.

— Jesus! — exclamou a sentinela, assustada. — Abram os portões, seus dorminhocos! — ralhou repreendendo os colegas que, preguiçosos, se erguiam dos improvisados leitos feitos com rústicos tecidos jogados sobre as grossas pedras do piso interno das torres. — Rápido! É o duque quem aguarda.

A sentinela calou-se ao ver que o cocheiro, sem perda de tempo, tinha retornado à carruagem e esperava na boleia. Tão logo os portões se abriram, o veículo entrou veloz no pátio interno somente parando em frente à residência do bispo. O duque descia da carruagem, quando Ricardo surgiu à porta perguntando:

— Que se passa, senhor duque?

— Boa noite, monsenhor Ricardo. Desculpe-me o impróprio da hora, mas sua prima passa muito mal desde a manhã de ontem. Seu estado, ao longo da noite, agravou-se fazendo o médico suspeitar que ela não passe mais um dia entre nós. E ela chama desesperadamente por Vossa Reverendíssima. Por isso, vim buscá-lo.

Ricardo empalideceu, abalado; odiava acompanhar moribundos. Temia a morte, vê-la ceifando vidas o perturbava, mas esse pedido tinha o especial agravante de colher uma existência jovem, de alguém que fora, até algum tempo, muito próxima. Passou a mão no rosto, lançou um olhar ao alto, na tentativa de recompor-se emocionalmente do choque. Depois convidou o duque a entrar.

— É claro, senhor duque, que o acompanharei. É meu dever estar ao lado de sua esposa e ofertar-lhe a unção dos enfermos. Por certo, ela deseja confessar-se, quiçá pela última vez, antes de partir — falou Ricardo, esforçando-se para dar à voz um tom natural e neutro: — Aguarde alguns instantes, preciso apanhar meus paramentos e as hóstias consagradas, então partiremos.

— Eu o espero. Tomei a liberdade de pedir a companhia de seu secretário. É um favor pessoal. Irmão Jacobino e eu nos conhecemos há anos, desde quando ele servia em Vicenza, na ocasião do falecimento de minha primeira esposa. Será para mim um conforto ter a companhia dele.

— Entendo — disse Ricardo. — Alguém foi chamá-lo? Ele é teimoso, prefere residir com os órfãos a ocupar as dependências reservadas ao secretário do bispado.

O duque esboçou um rápido e pequeno sorriso e respondeu:

— Sim, uma sentinela foi chamá-lo.

Após a resposta, Ricardo afastou-se pelo corredor que conduzia a seus aposentos. Apanhou os paramentos e depressa trocou as vestes. Sem fazer ruído, aproximou-se da porta de comunicação que ligava seu dormitório ao de Enzo. O rapaz dormia profundamente, os cabelos louros encaracolados esparramados sobre a fronha de linho imaculadamente branca, tinha o rosto corado e sereno. O bispo parou um instante ao pé da cama e sorriu ternamente; aproximou-se e afagou-lhe os cabelos, chamando baixinho:

— Enzo, meu menino, acorde. Preciso falar com você.

O rapaz mexeu-se e o bispo insistiu no chamado, sorrindo ao vê-lo abrir os olhos.

— Hum... — falou Enzo espreguiçando-se. — O que aconteceu, Ricardo? Por que você está vestido assim?

— Vim avisá-lo de que estou indo ao palácio do duque Alberto. Minha prima não está bem e pede minha presença. Não sei quanto tempo ficarei ausente.

Enzo sorriu, tomou-lhe a mão e esfregou suavemente o rosto barbado nela, depositando um beijo na palma e provocando uma expressão carinhosa em Ricardo.

— Está bem. Precisa que eu o acompanhe?

— Não. O duque solicitou a presença do irmão Jacobino e não haveria justificativa para sua companhia. Fique no convento. Pelo que fui informado, restam poucas horas de vida à Clarissa. Acompanharei os funerais e não demorarei mais do que quatro ou cinco dias.

— Vou sentir sua falta. E, por favor, não se torture. Sei o quanto detesta situações desse tipo. Que se há de fazer? É assim a vida. Pense que estarei esperando por você.

— Pensarei, meu menino. Não se preocupe comigo. Não gosto disto, mas enfrento essas ocorrências há anos. Estarei bem. Adeus.

— Adeus — respondeu Enzo, afundando a cabeça no travesseiro ao ver Ricardo fechar a porta.

Enquanto caminhava pelo longo corredor, coberto de pinturas dos patriarcas hebreus e imagens de anjos, Ricardo ouvia as vozes de Jacobino e do duque Alberto na sala. Tão logo chegou ao recinto, trocaram algumas palavras e seguiram para a carruagem estacionada em frente ao prédio. Acomodaram-se no interior luxuoso e confortável do veículo, e o duque ordenou ao cocheiro, que segurava a porta do veículo:

— Depressa, Bruno! Não poupe os cavalos.

Os olhos do cocheiro, marejados de lágrimas, estavam encobertos pela escuridão da noite, mas a postura revelava a aflição. O duque não desconfiou, acreditando que a ação diligente do servo se devesse unicamente ao estrito cumprimento de suas ordens. Bruno sacudiu a cabeça aquiescendo e tomou seu assento na boleia, extraindo dos cavalos o máximo de velocidade. Literalmente, a carruagem voou sobre a poeirenta estrada de terra. O condutor das rédeas parecia perseguido por mil demônios, tal era sua ansiedade. Breve surgiu o contorno da sólida construção.

Na chegada, o duque e o irmão Jacobino desembarcaram rapidamente e caminharam pelo jardim em direção à porta principal, sem perceberem que o bispo fora retido.

— Por favor, Reverendíssimo — pediu Bruno. — Eu sou Bruno, acredito que o senhor saiba o que isso significa. Dê-me, por caridade, alguns minutos. Preciso lhe falar. O senhor é a única pessoa em quem posso confiar. Por favor, tenha piedade do meu sofrimento. Eu amo a duquesa mais do que minha própria vida, não poder estar com ela, nem ao menos vê-la e saber que está morrendo, é um suplício.

Ricardo parou e olhou surpreso o homem à sua frente: "Então este é o tal Bruno. O amante da duquesa". E avaliou mentalmente: "Mas é um tipo bem comum, nenhuma beleza especial. Ela conheceu homens mais atraentes e apaixonou-se logo por este, um criado de seu marido. Que coisa louca!".

— Fale, meu filho. Embora devesse adverti-lo dos pecados que cometeu, porém, considerando esse momento de dor, vou esquecer essa mácula — respondeu Ricardo solene. — Mas seja breve, caso contrário, chamaremos a atenção do duque.

— Preciso ver Clarissa e preciso de sua ajuda — Bruno pediu decidido.

— Como? — indagou Ricardo, surpreso com tamanha ousadia.

— Eu sinto que ela não morrerá em paz se não for em meus braços, bispo. Nós nos amamos. Não precisa dizer que é pecado, eu sei. Mas pouco me importa, não pude lutar comigo mesmo e nem ela. O senhor sabe que Lúcia é nossa filha e aflijo-me pela menina. Por Deus, lhe imploro, me ajude a entrar no quarto de Clarissa. Trago uma corda, suficientemente comprida para, se for jogada da sacada, alcançar o solo. O senhor a joga pelo lado do jardim, ali há plantas altas que a esconderão. Ninguém verá, nunca viram antes. É só o que lhe peço.

A ansiedade de Bruno beirava o desespero. Ricardo, mais uma vez, considerou como poderia culpar ou incriminar alguém se ele próprio não era um modelo de virtude. Por isso, colocou a mão sobre o ombro de Bruno e respondeu:

— Dê-me a corda.

O homem não se fez de rogado e passou às mãos do bispo um pacote envolto em tecido negro, como se fossem vestes eclesiásticas.

— O que é isso? — indagou Ricardo tomando o pacote.

— O hábito rústico que Clarissa usava em seus retiros com as religiosas. Não levantará suspeitas. Eu estarei aguardando no jardim. Assim que vir Vossa Reverendíssima na sacada, saberei que a corda está colocada — respondeu Bruno tomando a mão do bispo e beijando-a agradecido. — Sei que sou um pecador e talvez Deus não me conceda a graça de atender às minhas preces, mas, ainda assim, sempre pedirei que o abençoe pelo que está fazendo hoje.

Sem saber o que dizer, Ricardo baixou a cabeça e retomou o andar apressado em direção ao castelo, carregando o precioso fardo de Bruno.

Na agitação do interior do castelo, o embrulho carregado por Ricardo passou despercebido. Apresentou-se na sala onde a criada particular da duquesa o esperava ao pé da escadaria e o saudou:

— A bênção, senhor bispo.

Após um murmúrio de Ricardo à guisa de resposta, ela prosseguiu:

— Por favor, me acompanhe. Minha senhora agoniza e só terá paz na sua presença. É o que esperamos.

Silencioso, acompanhou a criada, deixando irmão Jacobino e o duque acomodados na sala em aflitiva espera.

No quarto da duquesa, Ricardo surpreendeu-se com a agradável arrumação do aposento. Sem velas, imagens de santos ou o ar abafado com janelas fechadas. Arranjos de flores do campo e rosas adornavam o aposento, como se ali a morte não se hospedasse. Por todos os cantos havia vida e organização, o ar era leve, sentia-se a suave brisa do amanhecer e o aroma da vegetação orvalhada.

Sentada ao lado do leito, em confortável poltrona, estava uma encantadora jovem, no frescor dos quinze anos. Os cabelos negros, ondulados, a pele muito clara e o porte elegante lembravam a própria duquesa, em sua juventude. Não bastasse a semelhança, a solicitude da jovem para com a enferma teria dito a Ricardo que aquela moça era o bebê que vira nascer. Enquanto a criada se aproximava da jovem e cochichava a seu ouvido avisando da chegada do confessor, Ricardo a observava com interesse. Vestida nos rigores da moda, ela trajava um finíssimo vestido em tons de rosa, que lhe assentava muito bem. Tinha gestos calmos, e notava-se que dedicava grande carinho a Clarissa que, apesar das dificuldades do momento, estava tranquila. Viu quando a jovem ergueu-se e acariciou a mão da duquesa que tinha entre as suas e depositou-a no leito. Depois se debruçou sobre a enferma, beijando-lhe a fronte e sussurrando algo que o bispo não ouviu. Por fim, afastou-se do leito, e temerosa em deixar a duquesa, a todo instante entre o trajeto do leito até onde estava o religioso, voltava a cabeça para contemplar a doente. Ao aproximar-se de Ricardo, cumprimentou-o como convinha a uma jovem bem-nascida, de esmerada educação, e, com voz pausada e baixa, pediu-lhe:

— Reverendíssimo, ajude minha madrinha nesse momento difícil. Ela está temerosa e sofre horrivelmente, mas sinto que seu sofrimento maior não é físico. As crises hemorrágicas a consomem há anos. Eu era menina e lembro-me da pobre duquesa prostrada ao leito dias a fio, por causa dessas hemorragias e das dores do ventre. Ela está muito fraca, parece a sombra da mulher vibrante que conhecemos. Ajude-a, dê-lhe um pouco de paz e conforto. Ela é para mim uma santa, com o perdão da comparação. Não entendo por que tantas aflições e tristezas, ela chora ininterruptamente desde ontem e diz que vê e conversa com pessoas que já morreram. Não sabemos mais o que fazer.

Ricardo admirou o rosto da jovem, reconheceu os traços de sua família, apenas os olhos escuros e a boca um tanto grande destoavam do rosto da duquesa. "A natureza não mente", constatou o bispo ouvindo, com pouca atenção, as palavras da moça. Repentinamente deu-se conta do silêncio no ambiente, a jovem aguardava sua resposta.

— A senhorita é a jovem Lúcia, por certo?

— Sim, desculpe não ter me apresentado. Mas a madrinha fala tanto no senhor que sinto como se já o conhecesse.

— Realmente, nos conhecemos quando a senhorita era um bebê. Nas oportunidades em que vim ao castelo, a senhorita era uma menina e não participava das refeições na sala. E em nossa igreja não tive o prazer de sua visita.

— Oh! Por favor, Reverendíssimo, não pense que eu seja descrente — desculpou-se Lúcia, sentindo nas palavras do bispo uma velada censura a seu comportamento. — O fato é que sempre me senti muito bem em nossa capela e nosso frei e irmão, embora idoso, é um amigo valioso desde minha infância.

— Não se preocupe. Sei que é uma alma bem conduzida, a duquesa sempre a elogiou muito. Agora, deixe-me a sós com ela.

— É claro — respondeu Lúcia retirando-se do aposento e chamando a criada. — Se precisar de nós, estaremos na saleta.

O bispo aquiesceu e fechou a porta, depois caminhou lentamente em direção ao leito da doente.

A imagem com que se deparou causou-lhe mal-estar. Clarissa vestia luxuosa e alvíssima camisola, com rendas e babados nos punhos e no decote, seu cabelo negro mantinha o viço de seus melhores dias, porém a extrema magreza e a palidez do rosto assustavam, grandes olheiras roxas circundavam os olhos, fechados, e as largas pestanas estavam úmidas de lágrimas, confirmando as palavras de Lúcia.

Aproveitando a poltrona posta ao lado da cama, o bispo sentou-se ajeitando a batina, dispondo-se a esperar que a duquesa acordasse da madorna que a envolvia, o que não demorou. Aguardou poucos minutos até a doente abrir os olhos e um brilho de reconhecimento iluminar-lhe as pupilas.

— Ricardo, até que enfim! Pensei que não teria forças para esperá-lo. Mas consegui.

— Aqui estou, Clarissa. O que deseja de mim?

— Preciso me despedir de Bruno e tenho que conversar com Lúcia, encaminhar-lhe o futuro. Desejava vê-la casada antes de morrer, porém a vida deu-me outro destino e nestes dias de aflição e medo tenho pensado muito. Ela é jovem e indefesa, ama-me com devoção, não poderei morrer sem confirmar a verdade que o espelho prova.

Um sorriso se desenhou no rosto da duquesa lembrando a beleza que tivera no passado. Ah! Como é vã a vaidade física, pois não existe beleza que não se renda à doença. Depois de uma pausa para respirar, a duquesa prosseguiu:

— Quando ela era criança, sentava-se em meu colo e comparava o rosto dela ao meu, ficava triste porque a cor de nossos olhos não era a mesma, e por mais que eu elogiasse os meigos olhos negros da minha criança, emburrava e dizia que nunca seria tão bonita quanto eu. Ricardo, Lúcia é a luz da minha vida. Ela retirou-me das aventuras em que vivia, mostrou-me o amor e deu sentido à minha existência. Fui a mãe mais feliz do mundo e não quero morrer sem ouvir minha filha me chamar de mãe e saber que nunca foi órfã. E quero que ela conheça o pai e saiba que nós a amamos muito. A última coisa que lhe peço, Ricardo, é que encaminhe minha filha ao convento. Como não pude casá-la com alguém que lhe desse uma boa vida, como está acostumada, vou comprar-lhe um título eclesiástico e prover-lhe generoso dote, para que ela seja bem recebida na Igreja.

A voz da duquesa traía a fraqueza que a consumia e suas palavras eram apenas um sussurro.

— Eu sempre a ajudei, Clarissa. O que deseja que seja feito primeiro? Conheci Bruno à chegada do castelo e ele me deu uma corda para facilitar seu acesso a este aposento.

Ricardo levantou-se e andou até a janela que dava para a sacada e, aumentando a abertura, viu a figura do homem parado nos jardins com olhar fixo na janela do quarto.

— Ele está no jardim. Devo fazê-lo entrar?

Reunindo forças, a duquesa ergueu-se no leito recostando-se nos travesseiros e pediu:

— Antes de fazê-lo subir, ajude-me a arrumar os cabelos. Não quero que ele guarde como última imagem a figura de uma moribunda descabelada.

Sem discutir, Ricardo gentilmente penteou-lhe os longos cabelos, trançando-os e prendendo-os em um coque sobre a cabeça com a joia preferida da duquesa. Depois lhe deu o espelho e disse:

— Fiz o melhor que pude.

A duquesa tomou o espelho de prata com o brasão da família do marido e examinou-se. Beliscou as faces emagrecidas, tentando inutilmente torná-las rosadas, porém uma incrível luminosidade devolveu ao olhar de Clarissa todo o encanto do passado — eram os olhos de uma jovem à espera do namorado e não os de uma mulher à beira da morte. Era a força do espírito imortal expressando-se pelas janelas do corpo.

— Pronto! — disse a duquesa. — Faça-o entrar, como combinaram.

Ricardo lançou a corda rente aos altos arbustos que a encobriam, amarrou-a firme na balaustrada da sacada e acenou para Bruno, que aguardava nos jardins.

Ao ver o bispo na sacada, Bruno dirigiu-se com a pressa de um raio para junto da parede, testou a corda e, com agilidade, escalou a construção, fazendo Ricardo pensar que aquela era uma atividade praticada regularmente.

Bruno chegou à sacada e com um salto se pôs diante de Ricardo. Sem palavras, avançou pelo quarto até o leito da duquesa e tomou-a nos braços, beijando-a apaixonadamente, mas, notando as parcas forças da mulher amada, interrompeu o beijo e a abraçou como se quisesse transmitir-lhe a seiva da vida que dela se esvaía com rapidez. Ele não conseguiu falar, mas todos os seus gestos eram repassados de paixão e desespero. Por fim, Clarissa afastou-o e, respirando sofregamente, falou:

— Bruno, como sentirei sua falta! Se realmente for verdade que depois da morte outra vida nos espera, cada dia longe de você será para mim uma eternidade.

— Clara, para mim a saudade será um suplício. Não sei como viverei. Por favor, não me deixe.

— Psiu! — falou a duquesa baixinho, colocando o dedo sobre os lábios do amante. — Não torne amarga nossa última hora juntos. Sabemos que não há condições de eu continuar vivendo. Sinto a morte tomando os membros, meus pés não se mexem mais faz algumas horas e um frio lento sobe por minhas pernas. Ela veio buscar-me. Mas eu resisti, meu amor, para vê-lo pela última vez. Precisamos contar a Lúcia.

— Mas, Clara, por quê? — indagou Bruno.

Contudo, notando a palidez mortal da duquesa, apressou-se a corrigir-se e acatar o último desejo de sua amada. — Como você quiser, minha amada. Nunca fui capaz de negar-lhe nada.

— Ricardo! — chamou a duquesa. — Peça a Lúcia que entre.

O bispo, que permanecia junto à janela observando a pequena distância o encontro dos amantes, encaminhou-se à porta e, sem fazer ruído, retirou-se. Voltou minutos depois seguido pela jovem. À porta do quarto voltou-se e, decidido, falou à jovem, tentando preparar-lhe o espírito:

— Senhorita Lúcia, a hora da morte é um dos mais solenes momentos da vida de alguém. Tenho acompanhado isso há muitos anos e com as mais variadas pessoas. Surgem, frequentemente, revelações e pedidos inimagináveis. Segredos guardados, por anos e até décadas, raramente baixam ao túmulo sem serem confessados. Às vezes, minha jovem, nós, os religiosos, ouvimos coisas que provocariam guerras e abalariam as mais distintas personalidades. O coração humano é um mundo estranho e difícil de ser explicado. Não tenho a pretensão de dizer que o compreendo, mas em momentos como o que estamos vivendo, aceitar esse mundo ignorado que as pessoas carregam no peito é mais importante do que entendê-lo.

Lúcia o olhou surpresa, era inteligente e percebeu a intenção de Ricardo.

— Entendo, Vossa Reverendíssima. Esteja certo de que saberei aceitar quaisquer revelações ou pedidos que minha madrinha tenha a fazer. Devo-lhe minha vida e obediência, sem ela não passaria de uma órfã na roda dos enjeitados.

Ricardo perscrutou com o olhar o semblante da jovem e tudo que encontrou foi tristeza e resignação mescladas a grandes doses de coragem.

— Muito bem, então vamos.

Mansamente entraram nos aposentos da enferma. Se Lúcia surpreendeu-se com a presença de Bruno ao lado do leito, abraçado à duquesa, nada disse, tampouco seu rosto mostrou alterações. Seguiu firme para o lado da madrinha e, contornando a cama, sentou-se do outro lado. Clarissa voltou a cabeça para contemplar a jovem e, reunindo suas forças, sorriu, estendendo-lhe uma das mãos e deixando a outra entre as de Bruno.

— Lúcia, dei-lhe esse nome porque você me trouxe a luz.

— Eu sei, madrinha, desde menina a senhora me diz isso e sou feliz por saber que a faço feliz.

— Venha, aproxime-se mais de mim, deixe-me abraçá-la. Pensei não viver o bastante para ter as duas pessoas que mais amo juntas em meus braços. A vida foi injusta conosco, nos uniu, aproximou-nos, nos fez amarmos uns aos outros e não permitiu que gozássemos livremente esse sentimento. Mas a vida cede à morte e ela esperará, se realmente me quer a seu lado, que antes eu os tenha juntos, encostados ao meu peito, e conte a Lúcia todos os segredos da minha vida, sem esquecer nenhum. Minha vida prosseguirá em você, por isso preciso que saiba tudo...

Corajosamente, talvez com a coragem que só a hora da morte concede, Clarissa relatou tudo quanto guardava na consciência, falou de seus inúmeros amantes, do casamento infeliz com o duque, que reconhecia ser um homem bom e digno, porém não o companheiro certo para sua juventude. Emocionada, recordou o início do relacionamento com Bruno, a gravidez inesperada, a primeira ideia de abortar, o sofrimento com a tentativa malograda, o estranho sonho com o ser de luz naquele estado febril e, por fim, o surgimento do amor materno e a decisão de criar a criança ainda que se utilizasse de estratagemas sociais.

Omitiu somente a participação de Ricardo e o local onde se sucederam os fatos.

Compreendendo que enfim conhecia as próprias origens, Lúcia chorava com a cabeça encostada aos seios da duquesa e chamava ininterruptamente.

— Mãe, minha mãezinha, por que só agora, mãe...

— Não me condene, minha amada filhinha, eu lhe peço. Esta vida é dura para as mulheres, mesmo as mais bem-nascidas. Sei que errei muito, mas eu procurava o amor e só com seu pai o encontrei. Lembre-se sempre, Lúcia, você é filha do amor, não de uma relação espúria qualquer. Acredito que um ser de luz interferiu em seu nascimento e veio alertar-me dos descaminhos que praticava, por isso você se chama Lúcia, a que vem da luz.

Tomando as mãos de Bruno e as da jovem, uniu-as entre as suas, dizendo:

— Nós somos seus pais e a amamos muito, não se esqueça disso, minha filha.

A jovem irrompeu em soluços e agarrou-se desesperada ao corpo da doente, beijando-lhe as mãos, a face e por último o ventre, falando:

— Mãe, minha mãe, eu a amo hoje mais do que em qualquer outro dia. A senhora viverá em mim até o dia em que eu for encontrá-la no reino dos mortos. Eu não a condeno por nada, só tenho a amá-la e bendizer seu nome.

— Obrigada, minha filha. Não imagina o quanto estou feliz neste momento, quantas vezes, quando era uma criança e ficava comparando nossos rostos no espelho, quis dizer-lhe: “Sou sua mãe”. Mas não podia. Abrace-me, filha, que eu morra no calor dos braços dos meus amores.

— Não, mãe! Fique mais um pouco — pediu a jovem. — Deixe que pelo menos por uma hora eu a chame de minha mãe.

— Calma, minha criança — pediu a duquesa beijando os cabelos de Lúcia. — A vida é cheia dessas estranhas ironias que nos fazem sofrer.

A jovem acalmou-se. Sentindo uma mão grande e calejada afagar-lhe os cabelos, ergueu o olhar e contemplou os olhos negros de seu pai. Recordou os cuidados que dele tivera quando a ensinara a cavalgar, o carinho, a solicitude com que sempre a cercara e a alegria inegável que iluminava o olhar do cocheiro quando conduzia a duquesa e a afilhada a algum lugar. "Deus", pensava Lúcia, "será que realmente ninguém nunca soube do que se passava entre estas paredes?". Tudo lhe parecia tão claro. O amor e o sofrimento que via estampados no olhar daquele homem — um amor que raiava a devoção — a silenciaram. Não tinha palavras. Era jovem demais, desconhecia os segredos da vida, do amor e do sexo, mas naquele momento de verdade e de dor estava diante dos seres que lhe concederam a existência. Tomou as mãos de ambos e, juntas, as beijou, dizendo:

— Minha mãe, meu pai.

Não era necessário falar mais nada.

Passadas as emoções mais intensas, a duquesa recostou-se novamente nos travesseiros e pediu a Bruno que a abanasse com o leque que se encontrava sobre o criado-mudo, ao que ele acorreu pressuroso. Depois se voltou para a filha e disse:

— Minha filha, por favor, traga minhas joias.

— Todas? — indagou Lúcia, recompondo-se das turbulentas emoções.

— Sim, todas.

A jovem ergueu-se do leito e rapidamente se dirigiu aos armários em que a duquesa guardava seus objetos pessoais.

— Aqui estão, mãe — falou Lúcia sentando-se no mesmo lugar que ocupava antes e depositando o pequeno baú de joias ao lado da duquesa.

— Ricardo — chamou Clarissa. — Aproxime-se. Você sabe de toda a verdade acerca da minha vida. Eu confio irrestritamente em você e neste momento lhe entrego o bem mais precioso que tenho: Lúcia. É minha vontade que ela parta com você assim que eu estiver sepultada e que seja sua educação confiada à Igreja. Também é meu desejo que ela siga a vida religiosa, já que veio nascida com luz; para isso deixo-lhe todas as minhas joias e a importância em ouro que integrava meu dote. Quero para ela um título eclesiástico tão logo seja possível.

Até esse dia, Ricardo, você será o tutor dela e de sua herança. Tome-as — a enferma apontou as joias —, na gaveta de minha cômoda há uma carta minha endereçada ao duque expondo meus últimos desejos, entre eles, esse pedido. Não encontrará qualquer dificuldade.

— Farei como deseja, Clarissa — respondeu o bispo, que acompanhava a distância o encontro dos três, embora um brilho de emotividade marcasse indelevelmente seu olhar.

A duquesa encarou a filha em busca de confirmação. A jovem, atordoada e sob forte emoção, mas educada a obedecer, respondeu:

— Cumprirei seu desejo, mãe.

Um suspiro se ouviu no quarto, parecia saído de um ser dilacerado, chamando a atenção da duquesa, que lançou um olhar ao eleito de seu coração.

— Para você deixarei esta joia — disse, retirando a presilha de que mais gostava e que, naquele momento, lhe prendia os cabelos. — Para que se lembre das tardes em que a tirou dos meus cabelos.

Bruno recebeu o legado entre as mãos e a apertou. Notava-se que estava com a garganta opressa por uma emoção muito forte, engolindo em seco e respirando fundo, respondeu:

— Para sempre, minha amada, eu me lembrarei de você. E declaro-lhe neste instante, quando você entrega nossa filha ao bispo, que eu buscarei um mosteiro e passarei os dias rezando por você. Nada mais me resta aqui. Somente seu amor me prendia a essa propriedade e a essa vida.

— Seja feliz, meu amor — respondeu a duquesa num sopro de voz. — Abracem-me, sinto que a morte se aproxima.

Pai e filha abraçaram a duquesa e olharam o bispo aguardando que ele ministrasse a unção à enferma. Maquinalmente, Ricardo pronunciou o perdão dos pecados da moribunda, abençoou-lhe e deu-lhe a eucaristia. Ainda com a hóstia entre os lábios, a duquesa deu seu último suspiro e, como se fosse algo premeditado, Lúcia e Bruno levaram as mãos para cerrar os olhos de Clarissa, e em tácito acordo as uniram e cada um fechou-lhe um dos olhos. Ambos a beijaram. Por fim, Bruno abraçou a duquesa, dominado pelo desespero que lutara por conter, e chorou copiosamente agarrado ao corpo dela. Lúcia afastou-se e ajoelhou-se ao lado do leito; fazendo o sinal da cruz, pôs-se a rezar, iniciando, segundo acreditava, o cumprimento do último desejo da mãe.

Ricardo aproximou-se de Bruno e, usando toda a sua força, conseguiu afastá-lo do corpo da prima, puxando-o para fora dos aposentos. Próximo à sacada, sacudiu-o com energia na tentativa de fazer cessar-lhe o pranto. E disse, asperamente:

— Vá embora!

— Não posso, senhor, me faltam forças. Deixe-me ficar um pouco mais, ninguém sabe do ocorrido.

— Pouco me importa se sabem ou não — respondeu Ricardo. — Ela está morta e de nada adiantarão suas lágrimas. Vá embora depressa e siga sua vida.

O pobre homem demorou a crer na frieza do bispo, porém, ao sentir a força com que lhe apertou o braço, não duvidou de que ele tinha pressa em afastá-lo daquele aposento. Recalcitrante, lançou um olhar à jovem ajoelhada e pediu:

— Posso abraçar minha filha?

— Não. Você ouviu, ela deseja entregar-se à Igreja. Vá embora! Nada mais o prende aqui.

Sem alternativa e humilhado pelo tratamento do bispo, Bruno dirigiu-se à sacada e, descendo pela corda, retornou ao jardim. Ali pegou os poucos pertences que reunira em um saco e, pondo-o nas costas, afastou-se.

Bruno havia comunicado ao administrador do duque sua decisão de ingressar em um mosteiro, portanto ele simplesmente foi embora.

Da sacada, o bispo observou a triste partida do amante da duquesa e pensou: "Que vida irônica! Se alguém me houvesse contado que assim terminaria a orgulhosa Clarissa, eu jamais lhe daria crédito. Mas sou testemunha desse final". Olhou a jovem que rezava e apiedou-se dela, como de todos que via ingressar nas ordens religiosas. Voltou ao interior do quarto, aproximou-se de Lúcia e, tomando-lhe gentilmente um dos braços, fê-la erguer-se.

— Senhorita Lúcia, haverá muitas horas para rezarmos pela alma da duquesa. Agora precisamos pensar nas coisas práticas.

Um tanto aturdida, Lúcia levou alguns instantes para compreender as palavras do religioso e respondeu:

— O senhor tem razão. Mandarei chamar a criada particular de minha mãe, ela me auxiliará a prepará-la dignamente para o funeral. O senhor dará a notícia ao duque?

— Por certo que darei. Mas não é sobre isso que eu falava. Você teve muitas revelações e está sob forte emoção, entretanto, creio que compreende o que pode e o que não deve ser de conhecimento de outras pessoas.

— Ah! — exclamou a jovem, e logo uma nuvem de preocupação somou-se à tristeza de seu olhar. — Nada direi. Entendo que tudo quanto se passou neste aposento sob sua vista não deveria ter acontecido. Nada direi, senão da vontade de minha mã... madrinha, para que eu siga a vida religiosa.

— Uma jovem inteligente e sensata — avaliou o bispo. — Vamos então aos preparativos para o funeral. Deixo-a cuidando do corpo e falarei ao duque para que tome as demais medidas.

Em silêncio, Lúcia retornou para junto do leito mortuário e, secando as lágrimas que lhe desciam pelo rosto, pôs-se a cumprir a tarefa.

Na sala, o duque e irmão Jacobino aguardavam pacientemente. Ao ver o bispo descendo as escadas com o rosto velado e cabisbaixo, Alberto compreendeu que estava viúvo.

— Prezado duque, sinto expressar-lhe minhas condolências — disse o bispo formalmente. — Sua esposa faleceu há alguns minutos, tão logo acabou sua confissão e recebeu o último sacramento. Não houve tempo para chamá-lo.

— Entendo — respondeu o duque com certa tristeza. — Irmão Jacobino, o senhor me ensinou que de nada adianta mentir. Eu não era um marido apaixonado, confesso que tentei no início de nosso casamento, mas tínhamos temperamentos muito diferentes. Foram anos muito difíceis. Depois veio a pequena Lúcia e essa criança transformou Clarissa; desenvolvemos a partir daí uma relação de amizade. Sinto a partida de uma amiga. Deus a receba em seu reino de paz!

— Assim seja! — murmurou Jacobino, que pouco ouvira das palavras do duque, concentrado em uma prece pela morta.

— Sua afilhada está cuidando da preparação do corpo — informou o bispo. — E também sou depositário das últimas vontades da duquesa. Ela entregou-me esta carta pedindo que a passasse às suas mãos, bem como expressou o desejo de que a afilhada fosse encaminhada a um convento, doando suas próprias joias como dote da jovem; nomeou-me seu tutor até que tome os votos. Depois deverei entregar-lhe um título eclesiástico em cumprimento de suas últimas vontades.

— Senhor Jesus! Por quê? — indagou o duque, surpreso.

— Não sei responder, caro duque. Esse motivo a duquesa levou consigo para a outra vida.

— Lúcia é ainda uma criança. É doce, inteligente e muito bonita, não há motivos para uma vida de clausura. Não posso aceitar isso — rebelou-se o duque. — Ela é minha afilhada. Clarissa há de me perdoar, mas não consentirei em cumprir esse desejo, mesmo que feito no leito de morte.

Jacobino congratulou-se com a disposição do duque, sorriu incentivando-o e disse:

— Esse pedido deve ter sido feito em um momento dramático, talvez a pobre enferma nem estivesse no pleno uso de sua razão, quem sabe em estado de delírio.

— Ela estava lúcida — interrompeu o bispo abruptamente. — Tanto que manifestou sua vontade por escrito. Eu devo zelar que seus últimos desejos sejam cumpridos a fim de que a duquesa descanse em paz.

Não desejando criar polêmica com o bispo e sabedor de que muitos e diferentes caminhos existiam até a consciência dos deveres do religioso, o duque disse:

— Não discutiremos esse assunto delicado agora, não é o momento. Após os funerais trataremos devidamente desta questão. Até lá peço-lhes nada comentarem com Lúcia. A menina sempre foi muito apegada à minha falecida esposa, obedecia à madrinha em tudo. Deixem que eu fale em particular com ela.

— Como desejar, senhor duque — concordou Ricardo.

E assim realizaram-se os funerais da duquesa. O castelo, coberto por véus de luto, foi visitado pelos amigos e parentes da família enlutada. O viúvo, auxiliado pela afilhada, recebia os votos de pesar. Após o sepultamento, de volta à residência, o duque pediu uma entrevista a sós com a afilhada e discutiu o desejo da falecida. Conforme esperava a jovem, imediatamente concordou em cumprir a última vontade da madrinha e foram em vão os argumentos do duque para dissuadi-la da ideia. Pediu ao irmão Jacobino que conversasse com a moça, mas também aos argumentos do experiente religioso ela mostrou-se refratária. Embora tenha ponderado e sentido sua decisão fraquejar por alguns momentos, sem outra razão disse que fazia isso por amor à madrinha e que, como órfã que era, simplesmente retomava seu destino. Agradeceu comovida a vida que havia desfrutado no castelo, reiterando profunda estima ao padrinho, mas nada a fez reconsiderar a decisão.

Numa manhã que prenunciava um dia quente e abafado, Lúcia partiu do castelo acompanhada pelos religiosos rumo a seu novo lar — o convento da Ordem carmelita.

Mais uma série de segredos, frustrações e sentimentos reprimidos pretendiam ser enclausurados entre as paredes seculares da Igreja. Mas seriam realmente?

Lúcia ingressou solitária no convento carmelita. Sua companhia era uma carta do bispo do Vêneto apresentando-a à abadessa da Ordem. Não houve testemunha de seus passos vacilantes, nem do medo em seu olhar enquanto encarava os longos, escuros, sóbrios e frios corredores da abadia. Via mulheres trabalhando e lhe pareceram tristes e silenciosas. Em sua mente uma pergunta se formou e perduraria por meses:

"Será isso uma vida de virtude?"

Foi recebida secamente pela superiora e encaminhada para o noviciado. Informaram-na de seus deveres e direitos, aliás, restritos apenas ao direito de obedecer. Apresentaram-lhe sua nova morada: uma cela pobre na qual a um canto se via um catre, coberto com alguns lençóis, travesseiro e cobertor, um criado-mudo, um castiçal de argila, uma cômoda rústica, decorada com um nicho dedicado a Virgem Maria e, na parede, sobre o catre, pendia um grande crucifixo com a imagem de Jesus exangue. O piso gelado de pedra e as paredes escuras ameaçavam sufocá-la. Apenas uma janela servia ao ambiente para entrada de ar e luz, mas ficava tão alta que era impossível olhar o lado de fora.

— Que solidão! Que frio! Ah, minha mãe! É isso o melhor para mim? — questionava Lúcia, e apenas o silêncio respondia com o eco de suas palavras.

Ouviu uma batida na porta e logo uma jovem, vestindo um hábito cinza e branco, estava à sua frente. No olhar da noviça, Lúcia viu o brilho da admiração, o que despertou sua curiosidade.

— Você é a nova noviça? — indagou à recém-chegada. — Trouxe seus hábitos — falou apresentando o fardo com as vestes dobradas.

— Sou. Chamo-me Lúcia. Qual é seu nome?

— Por enquanto, até eu fazer os votos, pode me chamar de Mônica, é o meu nome de batismo — esclareceu a jovem depositando os trajes sobre o catre. — Posso tocar seu vestido? É tão lindo! Esse tecido lembra as nuvens do céu.

Lúcia sorriu e estendeu a mão com sua doçura habitual; simpatizara com Mônica.

A noviça aproximou-se receosa e tocou-lhe o vestido. Sem se conter, exclamou:

— Nossa Senhora! Como é macio. Deve ser delicioso vestir algo tão macio e bonito.

— Mônica, você nunca usou um vestido de seda?

A outra, embevecida no toque e na contemplação do vestido azul e branco que Lúcia trajava, apenas negou com um gesto. Depois, como se isso explicasse tudo, disse simplesmente:

— Sou órfã. Minhas roupas sempre foram uniformes iguais aos das outras pessoas com quem convivi.

— Você gostaria de usar este vestido? — indagou Lúcia. — Eu lhe empresto. Tiro-o e você o veste. Que acha?

— Não podemos. Se alguma das madres nos pegar, seremos castigadas com certeza. Serei acusada de vaidade.

— Mas você gostaria de vesti-lo, vejo em seus olhos.

— Claro, sua roupa é linda. Às vezes, sonho que vivo fora daqui e frequento festas, bailes e passeio pelas ruas com roupas bonitas e coloridas.

— Realize ao menos uma parte de seu sonho — insistiu Lúcia, tomada de piedade pela moça à sua frente, que provavelmente teria sua idade ou menos. — Ninguém nos verá, a porta está fechada e a janela é tão alta que só os pássaros a alcançam.

Mônica não resistiu. Despiu o grosso e pesado hábito, e foi imitada por Lúcia. Ao ver as roupas inferiores da afilhada da duquesa, Mônica encheu-se de nova admiração ante a delicadeza das rendas, fitas e babados das camisolas e calçolas. Lúcia, por sua vez, viu panos de algodão rústicos, sem qualquer graça, parecidos com sacos.

— É isso que irei vestir? — perguntou para Mônica.

A noviça a olhou cheia de compaixão e disse:

— É. Mas são práticos para o trabalho que fazemos.

Lúcia não escondeu a tristeza sentida desde que atravessara os portões do convento. Um frio se apoderava de sua alma e entorpecia-lhe os sentimentos.

A inocente brincadeira de vestir a noviça com suas roupas, de repente, tornou-se cruel, mas era tarde. A ansiedade de Mônica por vestir um traje diferente era comovente.

"Isso era algo tão comum em minha vida. Meus armários cheios de lindos vestidos de seda, brocado, veludo. Mantos e casacos de pele. Cetins, fitas, rendas, perfumes, adornos, joias. Tantos quantos quisesse usar. Agora nada mais... Alegrias tão simples e pequenas a que não terei mais direito. Tudo ficou para trás", constatou Lúcia, enquanto seu olhar recaía sobre os trajes que Mônica havia trazido e que seriam seus dali em diante. "Cinza. Cor significativa, tudo que resta da minha vida são cinzas de velhas lembranças."

Lúcia, sentada sobre o catre, em trajes inferiores, amargava pensamentos depressivos, esquecida de sua companheira que rodopiava alegre e deliciada, como uma criança travessa. Vestida com o belo traje de seda, Mônica não cansava de alisar, com as mãos calejadas e unhas maltratadas, o fino tecido.

Os dias seguintes na vida da jovem Lúcia poderiam ser descritos como cinzentos. Tinha somente uma amiga naquele ambiente fechado: Mônica. E só lhe restava obedecer.

Por um momento lancei meu olhar ao rosto de Ricardo desejoso de acompanhar-lhe as emoções ao conhecer as vivências alheias propositalmente intercaladas em suas memórias por Georges. Alegre, constatei que ele permanecia muito concentrado, e lágrimas tranquilas continuavam rolando de seu rosto. Não senti nele o desespero e o temor presenciados frequentemente antes daquele trabalho. Havia uma calma aceitação de si mesmo e, me atreveria a dizer, um toque de arrependimento de muitos de seus atos. Isso era um ótimo sinal, prenunciava uma tomada de consciência como ser imortal diante das leis supremas da vida. Ele começava a se encontrar nos próprios desenganos. Não pude fugir à lembrança dos ensinamentos de nosso orientador:

"— José, preste atenção, do mal forçosamente nascerá sempre o bem. É preciso dar tempo ao tempo para avaliar-se uma atitude pelas consequências que ela trará. Por isso, não julgar é uma medida de grande sabedoria. O maior malfeitor de tempos atrás pode ser hoje ou no futuro um grande idealista, obstinado por construir o bem, o que prova o quanto o mal é transitório. Como ensinaram os grandes irmãos da espiritualidade: o mal é apenas a ausência do bem".

Acompanhando as emoções de Ricardo ao rever sua existência, poderia apostar estar presenciando o nascimento do bem. Mas a tanto, só o futuro me responderá. Espero, sinceramente, que seja assim. Que as lágrimas que vejo sejam o degelo de seus sentimentos.

Retornaram as imagens ao Convento do Vêneto e sorri ao ver a alegria de Jacobino quando foi recebido por seus órfãos. Todos tinham algo a contar ao paizinho, pois o cercavam de tal forma que ele mais de uma vez tropeçou na própria batina ou nas pernas das crianças. Mas o meigo sorriso parecia cristalizado em seu rosto quando, por fim, deu-se por vencido e, sem cerimônias, sentou-se no chão poeirento do jardim e rindo deixou-se abraçar pelos pequenos.

Ricardo, ao ouvir as gargalhadas infantis, voltou-se e contemplou um amontoado de crianças, identificando entre pernas e braços algumas partes da batina de seu secretário.

"Como pode um homem com essa idade — Jacobino deve ser quase dez anos mais velho que eu — jogar-se ao chão e rir como criança?", pensava o bispo. "Será que os anos não lhe pesam? Nada lhe verga o ânimo ou o caráter? Que figura! Por certo, não seria bem-visto entre os cardeais, muitos bispos já expressaram opinião contrária a ele, mas que me importa? Nesse antro somente confio nele e em Enzo. Que role e brinque como um louco ou como um bobo. Talvez, entre nós, somente ele saiba o que é ser feliz."

Nessas cogitações e na contemplação da festa, o bispo não despendeu mais do que um minuto e prosseguiu em direção à sua residência, esperando encontrar seu protegido.

Após as saudações costumeiras de Cristóvão, o criado que o servia, indagou:

— Onde está o diácono Enzo?

— Saiu logo cedo, Vossa Reverendíssima.

— Ele não recebeu a correspondência que lhe enviei durante a semana informando a data de minha chegada?

— Recebeu, Reverendíssimo. Eu mesmo a entreguei e o vi ler — respondeu, humilde, o criado. Mas algo havia no olhar dele, baixo ao responder ao bispo, temeroso de fazer uma revelação, fato de pronto registrado pela perspicácia de Ricardo.

"Há algo estranho acontecendo aqui ou aconteceu algo enquanto estive ausente", pensava o bispo, encarando o criado.

— O diácono disse aonde ia? Deixou-me uma mensagem?

— Não, Reverendíssimo. O diácono Enzo simplesmente saiu.

— Sabe quando ele pretende retornar?

— Não, Reverendíssimo.

— Houve alguma coisa anormal enquanto estive ausente?

O criado olhou o bispo desconfiado e o medo estampou-se de vez em seu rosto, fazendo-o empalidecer e verter gotas de suor geladas na fronte. Notando suas reações, Ricardo recrudesceu o interrogatório.

— Vejo que minha desconfiança procede. Vamos, Cristóvão, conte logo o que se passou aqui em minha ausência.

Tremendo, o criado olhava apavorado para Ricardo, que ante a demora se enfureceu e esbravejou:

— Fale de uma vez, criatura imprestável. Não disponho do dia todo para esperar. Fale.

Gaguejando, Cristóvão respondeu:

— Jan... jantares, senhor. Qua... quase todos os dias. Bebiam muito, ouvi muito riso. Faziam desordens por todos os aposentos.

Ao término da resposta, a voz do criado era um sussurro, mas o bispo prosseguiu indagando-o sem piedade:

— Quem participou?

— Alguns homens da guarda, e ma... mais dois padres, senhor. Eram ao todo oito homens, Reverendíssimo, incluindo o diácono.

— Você sabe os nomes, Cristóvão? — indagou Ricardo aparentemente mais brando.

— Apenas dos padres, bispo. Não tenho contato com os homens da guarda, sei que eram soldados pelos uniformes.

— Diga-me: quem são os padres?

— Padre Bento e um visitante que chegou um dia após sua partida. Pelo que soube, já residiu aqui no monastério, chama-se Rugiero. Passaram todos esses dias junto do diácono.

"Víboras", pensou Ricardo ao receber a informação. "Eles não perdem por esperar."

— Pode ir, Cristóvão, e não diga nada ao diácono sobre minha chegada.

O criado aquiesceu em silêncio, afastando-se pálido e trêmulo. Havia vários anos servia ao monsenhor, portanto o conhecia bastante bem para saber que compreendera o ocorrido em sua residência durante aqueles dias. Caminhando pelo corredor em direção à cozinha, Cristóvão falava baixinho:

— Isso vai dar uma encrenca dos diabos.

Ao dar-se conta do próprio vocabulário, persignou-se ante as imagens dos santos e disse-lhes:

— Não considerem mal minhas palavras, foram somente algumas blasfêmias. Pior foi o que vi fazerem com vocês — persignou-se novamente. — Deus me livre! Nunca pensei ver tal coisa — falou recordando as orgias presenciadas em que nem mesmo os objetos sagrados e as imagens de santos haviam sido poupados do erotismo dos participantes.

A tarde chegou e caiu, surgiam as primeiras estrelas quando a espera do bispo chegou ao final. Do alto das muralhas, fingindo inspecionar acompanhado de Jacobino, viu a poeira do galope de três cavalos. O coração lhe disse quem eram os cavaleiros antes que seus olhos os enxergassem com clareza. Parou sua caminhada e indagou ao secretário:

— Já lhe informaram da visita de padre Rugiero?

— Sim, Reverendíssimo. Padre Felipe comunicou-me logo cedo. Ao que me consta, ele se disse portador de um importante comunicado ao nosso bispado.

Notando a surpresa e a curiosidade na expressão do superior, perguntou:

— O senhor não sabia? Porventura, ele ainda não se apresentou a Vossa Reverendíssima?

— Não — respondeu Ricardo secamente. — Esse padre é muito estranho. Não confio nele. Seu procedimento é irregular e será advertido. Desconheço qualquer comunicado que o autorize a abandonar os fiéis que lhe confiei sem minha ordem.

— Não sei o que padre Rugiero pensou para vir aqui sem ser chamado.

— E, ao que vejo, foi tempo suficiente para conduzir consigo outros membros da Ordem à indisciplina. Padre Bento não está no convento, abandonou suas tarefas sem ordem alguma para isso.

Jacobino considerou as informações escandalosas relatadas por padre Felipe e, em tom de intimidade respeitosa, questionou cautelosamente o superior:

— O senhor soube dos fatos lamentáveis ocorridos nas dependências da igreja e da sacristia?

Ricardo franziu o cenho com ar preocupado ao responder:

— Não, mas conte-me.

— Padre Felipe contou-me, dizendo ser testemunha dos fatos, pois sofre de insônia. Numa dessas noites vagava pelo convento quando foi atraído por ruídos no interior da igreja e, lá chegando, presenciou cenas vulgares e libidinosas envolvendo Bento, Rugiero e Enzo. Sinto ter que lhe informar sobre tais eventos, principalmente porque sei de seu afeto pelo diácono, porém não podia omiti-los. Padre Felipe pediu providências e, como sabemos, ele é de inteira confiança e não comentará o que viu com outras pessoas.

O bispo concordou, e seu rosto transformou-se numa máscara de pedra com olhar duro e frio.

— Tomarei as devidas medidas contra todos os envolvidos. Fatos dessa gravidade não podem ficar impunes — respondeu o bispo frisando a palavra "todos".

"Enzo ultrapassou todos os limites. Quem esse rapazola pensa que é? Ou o quanto acha que pode? Enganou-se muito se pensou exercer poder sobre mim a ponto de pôr em risco minha reputação como superior da Ordem. Aprenderá que para tudo e para todos existe limite. Ainda que ao impô-lo eu também sofra", pensou Ricardo quando ouviu soar o sinal de abertura dos portões.

Olhou para baixo no mesmo instante que Jacobino, e ambos constataram que o trio de indisciplinados retornava e que estavam visivelmente embriagados e totalmente descompostos. Ricardo deduziu que vinham de uma taberna mal frequentada, distante algumas léguas.

— Guardas — chamou o bispo. — Conduzam os recém-chegados à masmorra do convento. Eles permanecerão lá, incomunicáveis, pelos próximos sete dias. Depois darei novas ordens com relação ao destino deles.

Os guardas prontamente cumpriram a determinação. O trio não ofereceu qualquer resistência à detenção, tal era o estado de embriaguez. Observando-os, Jacobino comentou consternado:

— Que estado deplorável! Os cavalos retornaram trazendo-os como fardos, pois nenhum deles parece lúcido o bastante para conduzir um animal.

— Horrível! — exclamou o bispo com contida fúria. — Sete dias de isolamento talvez auxilie a recuperação do juízo. Irmão Jacobino, lavre o edital contendo minhas determinações quanto aos três, afixe-o em todos os locais de reunião do convento, dando ciência de que este é o início do processo disciplinar instaurado contra os faltosos.

— Ainda hoje cumprirei o pedido.

— Ótimo. Vou me recolher. Creio que afora este supremo inconveniente, o restante está em ordem.

— Realmente, do que supervisionei, tudo correu perfeitamente bem em nossa ausência.

Jacobino, parado sobre a muralha, acompanhou com o olhar a descida solitária do bispo. Era fácil ver o ódio e a mágoa no superior, mas como Ricardo não deu mostra de desejar falar sobre o assunto, ele não insistiu, limitando-se ao cumprimento dos deveres administrativos.

Enquanto o bispo caminhava em direção à sua residência, os guardas alcançavam o prédio em cujo porão se localizavam as celas solitárias, usadas como masmorra.

Ricardo, no pátio, olhou o ingresso dos ébrios na prisão e balançou a cabeça. Jacobino, observando-o do alto da muralha, pensou: "Ele sofre. Pobre bispo! Deve ter sido uma grande decepção".

Sete longos dias se passaram...

— Traga o diácono à minha presença — ordenou friamente o bispo ao guarda.

O guarda reverenciou o bispo e encaminhou-se às masmorras.

Jacobino, sentado em sua mesa, tomava as providências necessárias ao andamento do processo disciplinar. Havia visitado os padres, naquela manhã, informando-os dos procedimentos determinados pelo bispo, bem como das acusações que pesavam sobre eles. Ao longo da semana havia ouvido o criado Cristóvão, que identificou os membros da guarda envolvidos no escândalo; padre Felipe, que relatou os fatos presenciados no interior do convento formulando oficialmente a acusação, aliás, confirmada com a confissão dos membros da guarda que pretenderam obter a clemência do bispo, mas ele foi irredutível, expulsando-os sumariamente.

"A decepção abalou monsenhor Ricardo", constatou Jacobino em pensamento. "Ele emagreceu, parece não estar dormindo bem, tem a expressão cansada e sempre sombria. Seu olhar lembra os tempos de sua chegada, frio, duro, cortante. Em algum lugar, muito fundo, ele sepultou a mágoa e o afeto que eu vi nascer nos últimos anos."

Enzo surgiu à porta, sua figura suja e mal trajada causava piedade. Estava magro, barba por fazer, cabelos em desalinho, abatido e envergonhado. Ao vê-lo, Jacobino indagou do superior:

— Iniciaremos os procedimentos regulamentares ou Vossa Reverendíssima deseja conversar em particular com o diácono?

— Irmão Jacobino, eu nunca falo em particular com meus subordinados, recebo-os apenas em confissão, não devo e não posso comprometer meu papel de diretor espiritual dessas almas — advertiu ríspido o bispo, dando o tom do diálogo com o antigo protegido. — Estamos agindo conforme os preceitos canônicos, cumpra sua tarefa.

Jacobino calou-se, penalizado por ver como seria solucionado aquele conflito, que envolvia sentimentos e questões de ordem pessoal. Com voz branda, falou ao diácono:

— Aproxime-se, meu filho. Preciso adverti-lo dos detalhes sobre esse procedimento.

Calmamente explicou ao jovem o necessário à compreensão da gravidade do que se passava. Enzo ouviu em silêncio, olhar baixo, murmurando poucas palavras de concordância. O secretário deu-lhe ciência formal da acusação e das confissões dos demais envolvidos. Encerrando a tarefa, Jacobino o encaminhou à frente do bispo e formalmente disse:

— Eis o diácono Enzo, acusado de estar envolvido em atos de grave falta disciplinar e incorrer em prática de luxúria. Ele está ciente das penalidades que pode receber.

— O que tem a dizer, diácono? — perguntou o bispo secamente.

— Digo que as acusações são verdadeiras, que faltei como homem, como servo do Senhor e como membro desta congregação. Recorro à sua bondade e peço-lhe clemência para minhas faltas. Como meu confessor, peço-lhe perdão para meus pecados e coloco minha vida e carreira em suas mãos. Cumprirei, sem reclamar, quaisquer castigos e penitências a mim impostos, por reconhecer merecida e sábia a vossa decisão, Reverendíssimo. Assumo minha culpa, minha máxima culpa, e peço perdão.

O diácono falou com voz embargada, mantendo o rosto e o olhar voltados ao solo, as costas encurvadas demonstravam sua humilhação.

O bispo permaneceu em silêncio, olhou-o friamente e disse:

— Seu caso é diferente dos demais, você ainda não proferiu todos os votos, não foi ordenado sacerdote. Isso deveria ocorrer em dois meses. Porém, demonstrou que ainda não está preparado para servir ao Senhor. Deixou-se arrastar pela voz do demônio, pior, o fez entrar na casa de Deus. Considerarei sua confissão e pedido de clemência. Mas permanecerá na masmorra até minha decisão final, sob jejum, a pão e água. Isso o purificará. Aproveite o tempo para examinar a consciência e arrepender-se dos atos impensados — falou o bispo friamente.

Depois chamou:

— Guarda! Leve o diácono de volta à masmorra e traga-me os padres.

Repetiu-se o procedimento. Mas, ao serem questionados por Ricardo, ambos silenciaram.

— Covardes — acusou-os Ricardo. — Nem ao menos abriram a boca para ter a decência de admitir seus erros e pecados. Infames! Indignos de serem filhos de Deus! Quanto mais estar entre seus eleitos. Serão sumariamente espancados no pátio diante da Congregação, para abominação geral. Ficarão presos até terminarmos os relatos desse inquérito, depois serão encaminhados a julgamento pelo Tribunal Eclesiástico. Sobre padre Rugiero recairá o agravante de haver abandonado sua paróquia sem autorização.

Os acusados permaneceram calados, irritando o bispo, que ordenou:

— Guardas, tirem esses biltres da minha presença o quanto antes! Deverão surrá-los, sem piedade, ao meio-dia de amanhã no centro do pátio diante da congregação reunida.

No centro do pátio, vendados, unidos e amarrados, sob o sol do meio-dia, os padres faltosos ouviram pálidos o rugir dos tambores da guarda e o som do clarinete anunciando o início da cerimônia de execução da decisão. Um rápido pronunciamento de monsenhor Ricardo informou os motivos daquela incomum reunião, bem como os fundamentos canônicos de sua decisão. Pouco depois, ergueu-se a voz firme e serena do irmão Jacobino lendo as laudas de acusação e as confissões dos envolvidos.

De imediato, os acusados foram cercados pelos guardas, ouviram os chicotes estalarem no solo a seu redor e sentiram as grossas tiras de couro baterem sobre seus corpos, acompanhadas de pedras lançadas pelos membros da congregação. Foi um ritual rápido, não excedeu uma hora, entretanto foi suficientemente selvagem para provocar muitos ferimentos. Concluído, o bispo acercou-se dos padres açoitados lançando-lhes olhares do mais puro desprezo e ódio e, falando alto para os habitantes do convento, disse:

— Que isto sirva de lição a todos. Lembrem-se de que a pena hoje imposta foi branda, se comparada à que os aguarda perante o Tribunal Eclesiástico, em Roma. E, mais do que isso, que purifiquem suas almas destes pecados ou os conduzirão ao inferno. Dores acerbas se assentam no caminho dos invejosos, dos cobiçosos e dos que se entregam à luxúria. Esses infelizes deixaram-se dominar pela voz do demônio. Têm a carne fraca. Que seus corpos paguem e expiem as faltas de suas almas, purificando-as. Estão expulsos deste convento. Partem imediatamente conduzidos por homens da guarda de minha irrestrita confiança e por meu secretário, que os apresentará diante do tribunal e dará ciência das graves faltas por eles praticadas. São sabedores de que os fatos protagonizados neste convento são graves e poderão determinar a expulsão e a excomunhão. Adianto-lhes: é isso o que solicitei seja aplicado ao caso. Que fique registrado: eu não tolerarei condutas perniciosas e pecaminosas. Desde que assumi o bispado, esta é a primeira ocorrência grave que enfrentamos. Saibam que esse será o tratamento dado a casos similares. Não tolerarei biltres, covardes e pecadores abrigados sob o manto desta congregação. Está encerrada esta cerimônia. Guardas! Retirem deste prédio esses pecadores, levem-nos a Roma. A viagem deverá seguir a mesma disciplina dos últimos dias. Jejum, somente pão e água, aos punidos. Viajarão amarrados como estão e deverão pernoitar nas estrebarias severamente vigiados; a qualquer desobediência estão autorizados a usar a força.

O bispo pronunciou mais algumas palavras de advertência geral e declamou as expressões latinas que encerravam o rito. A congregação dispersou.

Os faltosos, irmão Jacobino e os membros da guarda iniciaram a viagem a Roma.

Enquanto isso, Enzo, recolhido ao claustro, amargava profundo arrependimento. Sua reabilitação ante os olhos de Ricardo foi lenta e penosa, em nada o poupou de sentir o peso de sua mágoa e o rancor que a traição deixara em seu peito. Os serviços mais humilhantes do convento passaram a ser executados pelo diácono, todas as suas regalias foram retiradas. Era forçado a uma jornada de mais de dezessete horas de trabalho extenuante e, a fim de aprender a domar as fraquezas da carne, era submetido a uma dieta alimentar rigorosa — a ração recebida era apenas a necessária à sobrevivência.

Por seis meses Ricardo nem ao menos lhe dirigiu o olhar, quanto mais a palavra. Recusou todos os seus pedidos de entrevista, adiou indefinidamente sua ordenação como sacerdote, deixando-o suportar a dúvida se, ao final, seria ou não beneficiado com sua clemência, obtendo a oportunidade de reabilitação. Somente quando Jacobino retornou de Roma, informando o início do processo eclesiástico contra Bento e Rugiero, foi que por insistentes pedidos do secretário amenizou a punição do jovem.

— Entendo, Reverendíssimo, sua intenção em recuperá-lo e mesmo a mágoa, a decepção natural que experimenta intimamente. Mas, com o devido acatamento à sua autoridade, não creio seja este o melhor método para educar o caráter arrebatado do diácono — alertou Jacobino, notando que a atitude austera e rígida fazia o próprio bispo sofrer e que a continuidade daquele clima desfavorável no convento acabaria por trazer prejuízos aos trabalhos realizados, atingindo a população leiga fora dos muros da instituição.

— Eu sou o diretor espiritual do diácono, conheço-lhe o caráter e a consciência bem melhor do que o senhor, irmão Jacobino. E apesar de tê-lo em grande consideração, nesse caso, em especial, serei irredutível.

Várias vezes Jacobino recebeu essa dura e intransigente resposta, mas não desanimou. Ao lado de Enzo, exortava-o à humildade, à consciência do erro praticado, não para culpar-se, mas para corrigir-se, exercitando o autoconhecimento. Conversavam longamente na sacristia e o religioso procurava transmitir ao jovem diácono um pouco de sua longa experiência de vida. Questionou incansavelmente Enzo sobre a certeza de sua vocação e recebeu como resposta um firme:

— Sim, é o que desejo. Um dia, depois de reabilitado, serei bispo. O senhor verá, irmão Jacobino.

Essa frase ingênua trazia um largo sorriso ao rosto de Jacobino, que invariavelmente lhe respondia:

— Creio que não, meu filho. Estou velho, aliás, mais velho a cada ano. Não, não verei sua eleição como bispo. Mas, se chegar a tanto, lembre-se de um conselho meu ao receber o *dominus* bispal: bispos vão e vêm. Não são eternos, nem infalíveis, mas a vida o é. Valorize os dias e as pessoas que o procurarem. Aja como um irmão, não como um senhor de domínio. Pense em Jesus e aja usando-o como modelo.

Enzo baixava a cabeça, com ar atônito, não entendia a mensagem humana e carinhosa de Jacobino. Os olhos do religioso recaíam sobre a cabeça loura do rapaz e ele compreendia que semeava em terreno hostil.

Certa manhã, enquanto despachava ao lado do bispo, voltou a insistir no assunto relativo ao diácono, informando:

— Hoje registrei minhas impressões sobre a reabilitação do diácono Enzo no livro dos processos.

O bispo interrompeu a assinatura de alguns papéis e encarou-o, aguardando em silêncio que prosseguisse.

— Diria que ele não agiria da forma impensada como fez meses atrás. Está mais maduro e consciente de seus enganos. Comentou comigo, logo cedo, quando se dirigia às cocheiras, que acredita que seus atos foram motivados pela curiosidade natural do uso do corpo, que ao longo desses meses sente-se bem e em paz, conforme lhe permita a própria consciência. Afirma, convicto, a intenção de permanecer ligado à Igreja e diz sentir sua falta. É visível que o jovem lhe tem grande estima, senhor bispo. Não seria o momento de revermos o processo do diácono?

Ricardo ficou pensativo, em inúmeras ocasiões lhe ocorrera que as atitudes de Enzo poderiam ter sido motivadas mais por curiosidade, pelo desejo de buscar novas experiências, do que representavam um ato consciente e deliberado de traição à relação deles. "Já tive vinte anos", ponderou ele, "toda a energia insaciável de um corpo saudável, a curiosidade e a paixão pelo prazer. É perfeitamente compreensível a atitude infeliz desse menino."

O bispo permaneceu introspectivo por horas até anunciar:

— Amanhã, irmão Jacobino, procederemos à reavaliação do caso.

Jacobino exultou, mas conteve a manifestação de sua euforia, demonstrando sua felicidade com um largo e benevolente sorriso.

— Deus o abençoe, monsenhor Ricardo. Começarei agora a ver o necessário.

— Obrigado, irmão Jacobino.

Nas primeiras horas da manhã, Jacobino aguardava o bispo, os documentos do caso à vista, esmeradamente organizados sobre a mesa.

Ricardo compareceu ao gabinete no horário costumeiro. Seu rosto trazia uma mal disfarçada expressão de cansaço, a noite não fora propícia ao sono. Solidão e fadiga eram o preço que pagava por seu orgulho ferido, por não perdoar.

Ele meditara muito nos últimos dias, constatara a própria infelicidade. Questionara o que ganhava guardando o rancor pela traição de Enzo. Nada, respondeu-lhe a própria razão. Alimentar a raiva, a revolta, o ciúme, não o fazia feliz, ao contrário, amargurava-lhe os dias, lhe dava noites de insônia e solidão, sentia-se triste, desassossegado.

Perdia para si mesmo, sofria. Até o prazer de punir Enzo era amargo, reconhecia que não desejava vê-lo humilhado, maltratado. Fora apenas uma forma de satisfazer o ego ferido, mostrar-lhe o seu poder e humilhá-lo, da mesma forma como se sentira humilhado e enganado quando retornou ao convento após os funerais da duquesa.

Mas passados tantos meses, percebia claramente que perdia com aquele estado de coisas e que não poderia sustentá-lo por muito tempo. Sua disposição interior era fazer o que Jacobino decidisse. Sabia o quanto o secretário se preocupava com aquela guerra silenciosa em seu íntimo, nunca havia falado, mas não era preciso, a solidariedade expressa nas atitudes bastava.

Sentou-se em sua cadeira, permaneceu alguns minutos em silêncio, brincando com a pena entre os dedos.

— Irmão Jacobino — perguntou o bispo —, se estivesse em meu lugar, o que faria com o diácono Enzo?

Jacobino sustentou o olhar do bispo, investigando que sentimentos os olhos de Ricardo revelavam. Calmamente analisou as respostas, entendeu que lhe transferia a responsabilidade da decisão. Naquele momento, o que dissesse seria feito. Constatando a fragilidade emocional do superior e compadecido de seu sofrimento, Jacobino tentou pôr-se no lugar dele, ver e sentir a situação sob seu ponto de vista. Rememorou o que sabia sobre Ricardo e apiedou-se. Em pensamento dirigiu-se ao Mestre:

"Como deve ser triste viver assim, sufocando a si mesmo, escondendo-se, amando e sofrendo em silêncio. Por que, Senhor, as pessoas ainda não compreenderam suas lições tão simples e seus roteiros tão seguros para nossa felicidade? Por que ainda vivem julgando umas às outras e impondo-se cadeias e gaiolas de conceitos vazios nas quais sofrem e até enlouquecem? Por que não se aceitam, vivem e deixam os outros viver conforme suas necessidades e capacidades? Não, são rígidas, orgulhosas e sei lá o que mais. Senhor, o que ganham com isso? Mas que bobagem estou Lhe dizendo, sabe disso muito melhor do que eu. Perdoe-me, mas é meu confessor, seus ouvidos jamais ensurdecem. Quando lembro como fui feliz ao lado de minha Madalena e como ainda sou feliz por amá-la, como adorava andar de mãos dadas pelas campinas, abraçá-la e dizer a quem perguntasse que ela era a razão de minha alegria, sinto o quanto deve ser triste um amor clandestino, escondido, julgado ofensivo à sociedade. Quem somos nós, Senhor, para querermos impor condutas aos outros? Tomara que nos conduzamos bem, e quando digo isso sabe que para mim boa conduta é ser feliz, é deitar à noite e examinar minha consciência e verificar que ela não grita nem me acusa de haver descumprido alguma das leis naturais da vida, que são as reais vontades divinas, é poder deixar-me contagiar pelo riso das crianças, é alegrar-me com o canto dos pássaros, encantar-me com as flores. É viver, Senhor, só isso. Algo que, acredito, Mestre, o senhor ensinou o quanto é simples e que nós, crentes que somos muito sábios, enchemos de dificuldades e conceitos ilógicos e irreais. Ele sofre, eu vejo isso no olhar opaco, no rosto cansado, na linha dura de seus lábios, nos gestos nervosos, na falta de entusiasmo. Ajude-o, eu lhe peço, para que ele tenha coragem e força de buscar as próprias verdades e vivê-las dignamente. Ajude-me a fazê-lo compreender por que o Senhor não condenava, nem fazia discursos particulares determinando como cada um devia viver, mas ensinava lições de vida e comportamentos possíveis de serem utilizados por qualquer um. Ajude-me a fazê-lo entender que o maior beneficiado com o perdão não é o ofensor, mas a vítima, que se liberta de um cativeiro de emoções destrutivas".

Jacobino, calmamente, sentou-se. Envolvido na conversa mental com o Senhor da Vida, iniciou o diálogo com Ricardo. Falou-lhe com total liberdade, esquecido dos papéis de cada um naquela sala; desapareceram o superior e o subalterno, dando lugar à igualdade. Expôs-lhe seu pensamento, evitou ferir os sentimentos magoados e respeitou o silêncio autoimposto do bispo, não forçando uma confissão de seu amor pelo diácono e muito menos da relação deles. Concluiu dizendo:

— O diácono é humano. Como todos nós, tem curiosidades, desejos, sentimentos, carências, enfim, não é uma batina que nos faz diferentes. Muitos podem até dizer tal insanidade, mas duvido que acreditem nas próprias palavras. Não, Deus não nos fez de matéria especial. Ele é jovem, é natural que tenha anseios, e se o Criador nos fez assim é porque assim deve ser. Não acredito que o sexo seja pecado. Claro, entenda bem, não estou dizendo que promover orgias e viver como um libertino seja o correto, mas que precisamos compreender uns aos outros, e não condenar. Enzo precisa de orientação, não de excomunhão. Ele carrega um forte sentimento de rejeição desde o abandono materno, vi isso desde os primeiros dias, aliás, não vi só esse sentimento nascer, mas acompanho seu desenrolar. Cresceu entre as paredes desse convento; o que ocorreu, no meu modo de ver, foi muito mais inexperiência, curiosidade, necessidade de ser aceito e querido, e provavelmente solidão. Não esqueça, foi a primeira vez que o senhor ficou tanto tempo longe dele e desde menino tem uma dependência emocional muito grande da sua pessoa. O senhor é o esteio da personalidade de Enzo.

— Tem razão — disse Ricardo, um brilho tênue se acendendo em seu olhar. — Foi a primeira vez que me afastei dele desde que tinha onze anos. Pode ter se sentido abandonado. Não havia pensado nisso.

— Nós, os órfãos, somos muito carentes e nos apegamos facilmente às pessoas que nos ofertam amor.

— E o que faria neste caso, se fosse o bispo do Vêneto? — inquiriu Ricardo.

— Daria a clemência. Perguntei-lhe várias vezes se desejava prosseguir na carreira religiosa, ele afirmou categoricamente que sim. Antes desse lamentável episódio, nada tínhamos de desabonador na conduta de Enzo, ao contrário. Eu desculparia os atos impensados. Se fosse seu confessor, dialogaria muito com ele para ver se tomou consciência do que o levou a agir, como viu os acontecimentos e as consequências. Procuraria ajudá-lo a educar-se, a identificar os pontos fracos e fortalecê-los. E, como ele morava com o senhor, se estivesse em seu lugar teria com ele uma conversa muito franca e a partir disso estabeleceria as bases do relacionamento — respondeu Jacobino seguro e sereno. — Afinal ninguém é obrigado a amar, isso é uma escolha pessoal. Uma sábia escolha, eu diria.

Ricardo ergueu o olhar ao alto e ficou contemplativo por um bom tempo. Jacobino levantou-se e retomou seu trabalho interrompido. A manhã chegava ao fim quando o bispo tomou a pena, molhou-a no tinteiro e redigiu a decisão do processo disciplinar do diácono reabilitando-o e fixando sua ordenação como sacerdote dentro de três meses. Assinou-o, apondo também o brasão de seu anel, levantou-se e, despedindo-se do secretário, se retirou. Jacobino, ao recolher o processo, lançou um olhar à página da decisão, leu-a e sorriu.

— Ele perdoou. Foi difícil, mas ele conseguiu. Que bom! Obrigado, Senhor.

Subitamente as imagens se apagaram da tela. Voltei a atenção para Ricardo e surpreendi-me com seus olhos arregalados e o rosto marcado pelas lágrimas.

— O que aconteceu, Georges? — indagou ele.

— Apenas uma inserção necessária em suas lembranças. Volte a deitar-se e relaxe, agora quem comanda sou eu. Vamos aproveitar para conhecer mais detalhadamente alguns lances que ocorreram com outros envolvidos nessa história.

— Mas por que se nem ao menos consegui estabelecer uma resposta satisfatória para meu questionamento pessoal?

— Não se atormente, Ricardo, sempre há tempo para encontrarmos nossas respostas e você está no caminho. É muito bom quando as encontramos rapidamente, mas não é o caso. Na existência que estamos revendo tudo já aconteceu, você não pode mudar os fatos, pode, sim, mudar os conceitos que o levaram àquelas atitudes. Esse é o propósito do nosso trabalho: autoconhecimento, autoaceitação e reformulação íntima no que for necessário, e firmeza nos propósitos alicerçados corretamente. É um trabalho inadiável, mas não apressado, façamos um pouco a cada dia conforme suas forças, é o bastante — explicou Georges aproximando-se de seu paciente. — Alguma coisa chamou-lhe a atenção nos últimos lances?

— Bem, tem sido uma experiência interessante conhecer o pensamento das pessoas que me cercaram. A relação do irmão Jacobino com Deus me chama a atenção. Sinto-me em paz cada vez que percebo os pensamentos ou as conversas dele com Deus. É uma sensação nova para mim, melhor dizendo, é uma sensação há muito esquecida.

— Os benefícios da fé são fundamentais para o equilíbrio sadio das forças emocionais e da inteligência. Jacobino desenvolveu um alto senso de espiritualidade e, veja, uma prece lançada ao universo por um coração amante da verdade não se apaga, ao contrário, ilumina pela eternidade.

— Agora posso avaliar a importância dessa busca de comunhão interior, desvinculada de fórmulas, rituais e cerimônias. Espero que não seja tarde demais.

Georges sorriu para Ricardo e disse:

— Nunca é tarde para viver, Ricardo, ou aprender a viver. Relacionar-se com Deus é a melhor forma de harmonizar-se com o universo e suas leis. Você analisou o último momento de introspecção de Jacobino, evocando em pensamento a figura de Jesus?

— Obviamente, emocionou-me muito conhecer a preocupação dele com meus sentimentos e principalmente me sinto aliviado por saber que Jacobino sabia de tudo ou quase tudo a meu respeito e mesmo assim me aceitou livre de preconceitos.

— Jacobino procurou colocar-se em seu lugar, sentir o que você sentia; é um processo de empatia que nos permite avaliar as situações que nos cercam e, principalmente, é o melhor meio de bem conduzirmos nossas ações; exercitando-o, faremos o que gostaríamos que nos fizessem. Ele compadeceu-se do que chamou uma forma de amor clandestino e comparou-o a suas próprias experiências, por isso entendeu seu sofrimento e não o condenou. A mente aberta jamais condena, busca compreender. Você notou a importância do último pensamento dele?

Ricardo recostou-se e suspirou, aquela pergunta mexia profundamente em seus sentimentos. Era uma válvula colocada em ambiente altamente pressionado. Depois de um longo tempo de interrupção no diálogo, de um significativo silêncio, ele respondeu:

— Perdão. Jacobino pediu a Deus que eu compreendesse o que era o perdão.

Novamente silenciou, depois um sorriso largo e sincero, como não vira antes, desenhou-se em seu rosto e iluminou seu olhar. Ele se transformou, uma expressão serena, tranquila, rejuvenesceu seu semblante.

— Georges, algum dia voltarei a ver Jacobino? É possível saber onde ele está, o que faz, com quem vive? Ele reencontrou "sua" Madalena?

Georges riu da curiosidade do paciente e, dando-lhe um momento de descontração, levantou-se e lançou-me um olhar significativo e cheio de alegria, como uma criança que esconde um trabalho que fez para mostrar aos pais. De minha parte confesso que a pergunta de Ricardo pegou-me de surpresa. Georges percebeu e me disse:

— A amizade é uma flor que jamais morre no coração dos homens.

Quem baixou a cabeça envergonhado fui eu, obviamente percebera o quanto Ricardo admirava Jacobino. Nada mais lógico do que ele, reequilibrado, desejar rever o amigo. Ao dar-me conta de que ele desejava a presença de outra pessoa, que abandonava a ideia fixa com a qual convivia havia séculos, compreendi a alegria no olhar de Georges. Encarei-o e ele sorriu, e sem que Ricardo o visse, piscou-me um olho, como se me dissesse:

— Ele está melhorando mais rápido do que esperávamos.

Georges andou alguns passos por seu gabinete, depois voltou e sentou-se quase aos pés do divã em que Ricardo estava reclinado e, sorridente, respondeu:

— Tudo dependerá de você, Ricardo. Se desejar realmente rever Jacobino, poderemos ver a possibilidade desse encontro.

Ricardo olhou para o médico e falou seguro:

— Eu quero. Quando poderei saber se será possível?

— Em breve, espero, mas não posso lhe dizer exatamente quando. Agora, voltemos ao nosso assunto: o perdão. Diga-me, como se sente em relação à capacidade de perdoar?

— Ah, Georges! Por que suas perguntas exigem tanto? — questionou Ricardo demonstrando maior liberdade e intimidade no convívio com Georges.

Simpático, o médico fez uma careta, depois sorriu e indagou:

— Por que, exigente?

— Nunca consigo respondê-las sem pensar muito, sem me questionar, sem sentir. Você me faz mexer em emoções antigas; são como plantas enraizadas no tronco das árvores, eu já não sei quando é a raiz ou a casca da árvore. Arrancar essas plantas dói. Dói muito.

Notei que as expressões simbólicas usadas inconscientemente por Ricardo, para relatar seu sofrimento naquele trabalho, interessaram sobremaneira a Georges, que indagou:

— A árvore estava tomada de raízes de plantas?

— No início eu via apenas as folhas.

— E agora?

— Já vejo vários galhos.

— Como se sente a árvore?

— Respira melhor, parece mais livre. Ao arrancar as raízes, algumas partes da casca foram abaladas, na verdade, muitas, eu vejo em muitos pontos o cerne dela e sinto brotar e escorrer uma seiva.

Os olhos de Georges encheram-se de lágrimas; ele avançou pelo divã e, encarando seu paciente, pediu:

— Abrace-me, amigo.

Ao ouvir o pedido de Georges, lembrei-me de minhas tentativas de aproximação física de Ricardo e temi a audácia dele, larguei as anotações e observei.

Ricardo nem ao menos pensou, tomou confiante o médico em seus braços. Vi quando Georges o estreitou junto ao peito e algumas lágrimas correram pelos cantos de seus olhos. Sentindo o calor da amizade, Ricardo começou a rir. Surpreso ouvi seu riso, era como se algo dentro dele se libertasse. Senti um desejo imenso de abraçá-los também. Sentia-me parte daquele processo de renascimento, eu era a testemunha silenciosa, mas profundamente emocionada, daquele momento. Georges percebeu minhas emoções, pois me estendeu a mão e seu olhar me dizia que de algum modo estávamos irmanados no mesmo sentimento de felicidade. Tomei-lhe a mão entre as minhas e soprei-lhe:

— Você conseguiu.

Ele, com o rosto banhado em lágrimas, me respondeu baixinho, abraçado ao paciente.

— Eu não, o amor que há nele o colocou no caminho da cura.

Ricardo estava tão absorto nas sensações que experimentava, na liberdade de manifestar-se, que nem registrou o pequeno diálogo entre nós.

Aos poucos ele afastou-se do médico. Impressionante o quanto o riso modificara-lhe a fisionomia, estava relaxado, o aspecto sombrio dera lugar a um olhar com brilho suave e calmo, embora um toque de tristeza ainda fosse perceptível.

Georges o encarou sereno, refeito da emoção, mas permanecia a aura de felicidade, o regozijo por sua melhora. Ricardo sustentou-lhe o olhar, sorrindo. Eu tinha a impressão de que ele gostaria de sair andando, correndo pelos campos, com o vento no rosto e os braços abertos, dizendo ao mundo que após muitos anos respirava ares de liberdade, e isso se refletia em todo o seu ser.

Com gestos pausados, Ricardo tocou o rosto de Georges, como se fosse um cego buscando formar uma imagem através do tato, mas a expressão do médico dizia que eu estava errado.

— Toque, Ricardo, não tenha medo — incentivou Georges.

— Você sabe por que faço isso?

Os olhos escuros de Georges brilharam, porém manteve-se calado. Sorriu e, colocando a mão sobre a dele, a conduzia por seu rosto, pescoço e braço.

— Tocando em você, estou tocando em mim mesmo, estou me testando. Quero saber o que sinto — esclareceu Ricardo.

— Eu sei, prossiga. Se deseja minha autorização, eu a dou. Encontre suas respostas, Ricardo. Confie, vá em frente. Tente!

O antigo bispo do Vêneto prosseguiu sua experiência e, ao cabo de minutos, vi surgir outro sorriso em seu rosto e uma expressão aliviada. Deixou cair as mãos ao lado do próprio corpo e encarou Georges. Levantou-se, aproximou-se de mim, estendeu a mão e perguntou:

— Posso tocá-lo?

Surpreso, interrompi as anotações, sorri e respondi:

— Claro.

Ele procedeu da mesma forma que fizera com Georges. Seu toque era diferente: ao tocar em nós, ele tocava algo muito escondido em si mesmo; seu toque era inseguro, cuidadoso, cheio de paradas; a cada momento avaliava algo. Ele não me tocava com os dedos, mas com o coração. Quando ele interrompeu a exploração, encarou-me com um leve sorriso e falou:

— Obrigado, amigo. Você vai contar isso também?

Acenei-lhe afirmativamente e ele retrucou:

— Não sei se todos entenderão.

— Eu entendi. Georges também. Acredito que os que vierem a conhecê-lo pelas minhas palavras também entenderão esse momento.

Ele baixou a cabeça e voltou a ocupar seu lugar no divã, dizendo:

— Eu compreendi, Georges. Depois de todos esses anos a prece de Jacobino encontrou sua resposta. Eu perdoei a mim mesmo. Já não me sinto um pária, um rejeitado, um anormal. Redimi minha autoimagem. Redimensionei meus julgamentos sobre o que e como eu sou e sinto. É como se tudo o que conversamos, todos os fatos que revisamos se unissem dentro de mim e numa reorganização íntima muita coisa desaparecesse, como que tragada por outra nova e subsumisse nela. Sinto-me muito bem.

Fez uma pausa, olhou em torno, depois fixou a mim e a Georges.

— Encontrei a resposta àquela pergunta.

— Qual? — indagou Georges.

— Eu dei à minha sexualidade importância exagerada. Achava que não poderia tocar em um homem livre de desejo sexual. Eu temia isso, ao mesmo tempo em que esse pensamento me impulsionava a buscar companhia, principalmente na minha juventude. Revendo o passado, notei que mudei aos poucos. Engraçado, só agora tomo consciência disso. E posso dizer que não sou conduzido por minha sexualidade. Sou capaz de desenvolver relacionamentos isentos de sexo. Não sou o escravo do desejo que pensei ser. Enquanto me dava conta desse fato, reconheci os erros praticados por ambição, por vaidade e até mesmo por vingança. Fui escravo de uma gama de sentimentos bem diferentes, sem relação com minha sexualidade.

— Excelente. Seu progresso me surpreende, não contava que seria tão rápido. Continue assim, você está no caminho certo — estimulou Georges. — Vamos prosseguir ou você gostaria de descansar um pouco, dar um passeio e retomar o trabalho amanhã?

Ricardo pensou, virou a cabeça em direção à grande janela, através da qual se percebiam réstias de sol, e perguntou:

— Podemos parar até amanhã?

— Sim, podemos. Você pode caminhar pelos jardins da instituição, sentar-se em algum recanto, aproveitar para contemplar a natureza, meditar um pouco.

— Não haverá prejuízo para o trabalho?

— Ao contrário, meu amigo. Solidificará o que já fizemos e nos mostrará se algo necessita de reforço.

Ricardo levantou-se e declarou:

— Então vou passear. Será que me chamarão de louco se eu sair correndo, cantando e tocando nas pessoas?

— Acho que não. Aqui se vê os mais diferentes comportamentos e são aceitos. Vá, corra, cante, brinque com as crianças, para elas ninguém é louco, não se preocupam em pôr rótulos nos outros.

— E eu posso ir sozinho, Georges?

— Obviamente. Sei que voltará para prosseguirmos.

Ricardo sorriu, despediu-se e tão rápido abandonou a sala, que só vi as saias de sua batina: ele já estava nos corredores buscando o caminho para os jardins.

Eu e Georges nos aproximamos da janela e ficamos observando em silêncio o alegre passeio dele pelos jardins de nossa instituição. Logo estava cercado pelas crianças, de mãos com uma menininha risonha.

CAPÍTULO 8
O reino de Afrodite

"O mais real dos homens é rei de si mesmo."[16]

A pausa na observação direta da terapia e da evolução do estado emocional de Ricardo me possibilitou organizar boa parte deste texto. Os principais fatos de seu passado eu havia investigado e trazia semiacabado o relato, mas, ao presenciar suas reações às próprias vivências, ao compartilhar tão palpitantes emoções, não resisti a reformulá-lo. Por isso, me surpreendi ao receber o chamado de Georges para retomarmos o trabalho.

Escrevendo, não sinto o tempo passar. Ansiava em expor aquelas vivências tanto que me isolei em minha sala de trabalho; por várias horas fomos apenas eu e elas, as experiências de Ricardo, envolvidos no prazeroso trabalho de dar-lhes forma e compreensão.

Acompanhar a terapia de Ricardo fortaleceu minha convicção de que ninguém, nem coisa alguma, está isolado no universo. Interagimos em todos os níveis de existência.

Quando inicialmente me propus a relatar as memórias do bispo do Vêneto, pedi-lhe para acompanhar o trabalho de Georges com o intuito somente de acrescentar elementos ao material de que já dispunha. Entretanto, a força dos sentimentos que

---

16 Platão. *A República*, Livro IX. Trad. Enrico Corvisieri, São Paulo, Nova Cultural.

se desencadearam à minha volta levou-me de roldão para dentro da experiência dele, e, de testemunha imparcial e silenciosa que pretendia ser, vi-me profundamente comovido com o desenrolar daquele embaralhado de emoções e me sentiria um ladrão da personalidade de Ricardo se não relatasse todos os sobressaltos pelos quais ele passou para compreender a si mesmo.

Ele que, a qualquer preço, buscou o poder, a liberdade e o prazer, que em nome dessa busca equivocou-se seriamente perante as leis da vida, depois de muitos séculos de sofrimento encontrava na verdade a chave da propriedade que tanto almejava ter. Desvendar-se, esmiuçar seus sentimentos mais secretos, embrenhar-se pelas obras de Afrodite — ato, desejo e prazer —, reviver esse sistema de retroalimentação, desvendar por si mesmo a nascente do desejo na própria alma e a dificuldade de harmonizar esse universo divino aos prazeres materiais que a tão fortes arrastamentos o haviam conduzido. Ele, que se dizia senhor, era escravo. Recriminava-se por sentir-se um ser maculado, e com isso encobria sua servidão, que não era oriunda da forma como praticava o amor, mas dos excessos a que se entregava. Tiranizava os outros e era, ao mesmo tempo, uma alma tiranizada. Vivia a pior das escravidões, a que nenhum ato exterior, por mais poderoso que seja, tem a força de fazer cessar, pois era escravo da própria intemperança, do desgoverno de si mesmo.

Depois de um dolorido processo de maiêutica, ele descobria a viril temperança, o autodomínio, atitude interior que movimenta em favor de si as qualidades do espírito humano, que comanda o que deve ser comandado — os instintos —, impondo a obediência ao que lhe serve e que por si só não é capaz de dirigir-se, impondo os princípios da razão ao que deles é desprovido, exercendo o espírito, por meio dessa atitude, o pleno governo da matéria e do reino ao qual se vincula.

Como bem definiam os filósofos da antiga civilização grega, o problema da sexualidade não está na forma dos atos, mas na questão moral da temperança ou intemperança, no domínio que se exerce sobre o uso dos prazeres. Nesse contexto, a temperança sexual é um exercício da liberdade que se consolida no domínio de si mesmo, na supremacia do espírito sobre o corpo, manifestando-se na maneira peculiar com que nos mantemos e nos contemos no exercício de nossa sexualidade e na maneira pela qual nos relacionamos com nós mesmos dentro da relação que temos com os outros. Chave antiga para um segredo sempre atual na evolução humana.

Ricardo compreendera a necessidade de perdoar a si mesmo, de rever conceitos e imagens pessoais. Bem, mas pelo que eu sabia de sua existência, ainda seria preciso muito mais.

Reuni o material que usava e dirigi-me ao gabinete de Georges. Encontrei-o à minha espera. A porta aberta dava livre acesso aos colaboradores. Localizado em uma ala relativamente plácida, era dali que ele dirigia sua extensa atividade em nossa instituição. Havia sempre um alegre movimento ao seu redor. Espiei pela abertura e o vi sentado, atrás de uma extensa mesa, réplica perfeita da usada em seu gabinete na chácara em sua última existência[17]. O ambiente era simples, muitas plantas lembravam a vegetação da América Central, obviamente reforçada pelos trajes que ele usava costumeiramente.

— Entre, José, eu o aguardava.

— Surpreende-me o rápido resultado da terapia de Ricardo. Ele avança a passos largos — comentei, sentando-me na cadeira que foi minha naquele período e depositando meus objetos de anotação sobre a mesa de Georges.

— Estou muito feliz com a ação de Ricardo no tratamento. Isso me diz que ele deseja melhorar e movimenta as próprias forças em favor do progresso e da libertação pessoal. Está ativo, participante. Se tomasse uma postura de simplesmente reagir, seria mais lento e menos seguro. A reação nasce de um estímulo externo, a ação, de um impulso interno. Por isso, é

---

17 Nota do autor espiritual: A existência em referência foi a narrada em nosso romance *Dramas da Paixão*.

mais firme, a mudança conceitual é firme, capaz de oferecer sustentação aos testes do futuro, quando ele retornar à matéria.

— Também me congratulo com a melhora dele. Está sendo fantástico acompanhar esse renascer de uma pessoa. Expor, em palavras, o que significa ver surgir uma lágrima, um sorriso, uma risada, um gesto simples de carinho, a capacidade de ser espontâneo em alguém que por séculos sepultou afetos é algo que transcende os limites da linguagem.

Georges sorriu, seu olhar se dirigiu à porta. Ele levantou-se gentil e solícito. Encontrando Ricardo parado sob o batente, disse:

— Que bom revê-lo, Ricardo! Entre. Eu e José Antônio o aguardávamos.

O ex-bispo do Vêneto aparentava tranquilidade, estava relaxado e seu semblante irradiava um brilho de alegria. Cordialmente me cumprimentou e, sem esperar convite, acomodou-se no divã, com a intimidade de quem apreciava o lugar.

— Vejo que o passeio lhe fez muito bem — falou Georges enquanto fechava a porta, retornando depois a seu lugar.

— Foi excelente, me sinto renovado. Andei pelos jardins e pela primeira vez desde que estou aqui apreciei a beleza deste lugar e seus habitantes. A companhia das crianças ajudou-me de uma forma que não sei explicar. A simplicidade, a espontaneidade, o sorriso, o carinho delas tocaram-me muitíssimo. Realmente, não consigo explicar o que senti, mas asseguro que foi muito bom e farei disso uma prática. Vou andar em meio à natureza, sentar-me em algum recanto e meditar, observar a vida e as outras pessoas, deixar-me contagiar pelas energias do ambiente.

— Ótimo! Faça isso. Encontrará novos amigos e descobrirá que temos ou enfrentamos dificuldades em algum momento da vida, nos equivocamos, mas estamos dispostos a nos aperfeiçoar para fortalecer esses pontos fracos em nossas personalidades — recomendou Georges. — Não somos diferentes uns dos outros, mas iguais: somos aprendizes na vida.

Ricardo esboçou um leve sorriso, como se as palavras do médico evocassem alguma lembrança boa.

— Podemos recomeçar? — perguntou Georges.

Ricardo, em agradável silêncio, aquiesceu. Respirou fundo e uniu as mãos sobre o ventre, aguardando:

— Neste primeiro momento eu conduzirei as lembranças — informou o médico.

A sala, em suave penumbra e silenciosa, foi invadida pelas imagens da velha Itália, seus conventos, palácios, castelos, praças e fontes inesquecíveis. Prédios suntuosos, ruas movimentadas, um atuante comércio, muito luxo nas vestes, nos detalhes arquitetônicos e nos veículos nos remetiam ao centro religioso de Roma, a cidade eterna.

Um teto coberto de afrescos de imagens representativas dos mundos celestes, segundo a concepção católica, surgiu à nossa frente, acompanhado de estátuas esculpidas em mármore, imagens e altares cheios de adornos, ouro e rutilantes pedras preciosas.

Ouvia-se canto gregoriano executado com perfeição e vimos o desenrolar de uma cerimônia religiosa conduzida com rigorosa disciplina, envolta em pompa e num discurso ininteligível para a grande maioria dos assistentes, baseada na aceitação de "mistérios" desafiadores da lógica e da inteligência humanas, rebaixando-as ao grau das bestas que devem ser adestradas para seguir um comando.

As imagens corriam na tela sem se fixarem, era um passeio pelo centro do poder clerical. Ricardo revia com ar reflexivo o meio no qual transitara com grande desenvoltura no passado, mas as cenas que se sucediam pareciam seguir uma escala descendente. Gradativamente iam tornando-se menos luxuosas, mais silenciosas; o colorido da arte cedia ao cinza; a luz natural, à iluminação das tochas; e o canto, ao silêncio sepulcral. A beleza delicada, expressão da alma dos notáveis artistas responsáveis pela suntuosa decoração fora abandonada, substituída por uma construção reforçada, cheia de cadeados, trancas, portas pesadas, com pequenos orifícios para entrada de ar e comida. A atmosfera era sufocante; quanto mais descia, mais se fortalecia a sensação de abandonar as belezas do paraíso e descer ao inferno estranhamente frio e úmido em seu interior.

Víamos uma tocha percorrendo aquele caminho escuro e ouvíamos o som de passos pesados e o tilintar de metais. Alguém descia àquele lugar.

Finalmente as imagens se fixaram numa porta de madeira extremamente pesada, de grossas dobradiças de ferro e fechada com um grande cadeado preso ao ferrolho.

A tocha foi fixada em um suporte na parede ao lado da porta e à altura de aproximadamente um metro e meio do piso. O fogo projetou uma luz avermelhada sobre o rosto de um homem, aparentando quarenta anos, de físico avantajado, alto, tinha mãos grandes, cabelos ralos e o rosto de traços toscos e expressão dura, sarcástica.

Em silêncio, o estranho procurou uma chave e aproximou-se de uma das celas. Antes de inseri-la na fechadura, olhou através da pequena janela gradeada ao centro da porta e viu um homem magro, de aspecto cadavérico; tinha partes do corpo expostas e marcadas por cicatrizes, hematomas e ferimentos infeccionados. Sacudiu a cabeça com desprezo e disse:

— Erga-se, desgraçado!

O prisioneiro não fez nenhum esforço para obedecer ao pedido, permaneceu imóvel no leito. Sabia-se que ele não morrera porque era possível ver e sentir seu peito movimentar-se no processo de inflar os pulmões no ato de respirar.

— Erga-se, infeliz! — bramiu, enfurecido com o descaso, o padre carcereiro. — Não adianta temer, isso não fará o sol ofuscar-se e a lua surgir ao meio-dia. Fez tudo o que queria, pervertido, agora pague o preço pelos crimes e pecados. Levante-se!

O apenado esboçou uma fraca reação, o organismo estava sem forças, sem estímulo. Com supremo esforço sentou-se no catre miserável, depois lentamente ergueu-se e andou cambaleante e inseguro à porta, aguardando a oportunidade de sair daquele claustro. Era um trapo, um farrapo de homem, uma caveira envergando uma batina preta grande demais para seu atual corpo. Em dias melhores, com certeza, aquela vestimenta ficara muito bem em seu corpo forte e saudável, porém agora estava ridículo, sobrava pano, estava enorme, sem qualquer atrativo, suja, rasgada e malcheirosa.

— Bom — avaliou o carcereiro, enrugando o nariz ao sentir o odor do preso. — Acho melhor lavá-lo antes do julgamento. Está insuportável.

Apesar do notável estado de fraqueza do apenado, o carcereiro não hesitou em amarrar-lhe os braços. Depois puxou-o pelos longos cabelos, até dobrar-lhe a nuca para trás e empurrou-o, fazendo-o andar.

Com dificuldade se distinguia, naqueles ossos aparentes, na pele flácida, na barba crescida e nos cabelos longos e emaranhados, o padre Rugiero. Somente os olhos brilhavam com ódio, o mesmo dos tempos do convento do Vêneto. Ao longo de meses encarcerado, solitário, nas masmorras romanas, ele cultivara sua revolta, sentira-se um injustiçado, um perseguido, o próprio bode expiatório, na expressão do Antigo Testamento — aquele que era o sacrificado para expiar e purificar os pecados alheios. Nunca admitiu a responsabilidade na construção dos fatos, nem avaliou sua longa semeadura de inveja, os desejos de tramar a queda de outros. Não. Sentia-se vítima e jurava vingança contra seus algozes. A mente incendiada por pensamentos destrutivos alimentava o estado emocional desestruturado. O corpo, por conta dos "cuidados" dos carcereiros e vigários judiciários, debilitava-se dia a dia, recrudescendo a revolta em seu espírito. Enquanto o corpo vergava ao solo quase sem forças, o espírito inflamava-se nas chamas da vingança, crendo-se "injustiçado".

Andava trôpego, caindo por sobre os altos degraus de pedra, esfolando os joelhos descarnados; em sua mente febril comparava-se ao Cristo, vivendo sua via-crúcis. Porém não havia quem lhe estendesse a mão para erguê-lo, lhe desse água ou incentivasse a prosseguir naquele caminho mórbido cujo fim já conhecia. Mesmo assim, não reavaliava seus procedimentos, nem se questionava o porquê de não ter amigos. Eventualmente lembrava-se do companheiro — padre Bento — que durante o período de sacerdócio fora o mais próximo dele e com quem compartilhara muitas intrigas, campanhas difamatórias e prazeres mundanos. Imaginava que o outro também estivesse sofrendo aquelas agruras, mas isso não o consolava.

Pararam em frente a uma porta alta. Rugiero ergueu o olhar e um tremor de medo e horror lhe sacudiu o corpo. Muitas vezes fora trazido àquela sala e à presença do vigário.

"É o meu fim. Hoje não suportarei o interrogatório, nem as torturas. Malditos! Será que pensam que não sei que eles fazem tudo o que fiz, que têm amantes homens ou mulheres, que vivem à larga o pecado do qual me acusam? Somos todos demônios! A diferença está no poder de cada um. Malditos! Mil vezes malditos! Encontrarei todos no fogo do inferno! Se me mandarem para lá, eu os esperarei entre as chamas eternas e me regozijarei em vê-los sofrer. Lá seremos iguais, o demônio é um juiz imparcial", pensava Rugiero, enfurecido.

— Ele está fedido demais, lavem-no! — ordenou o carcereiro aos dois guardas postados ao lado de uma grande mesa coberta de instrumentos de tortura. Sobre o tampo havia quatro algemas, duas na parte superior e duas na parte inferior, e cruzava ao centro uma grossa corrente de ferro que serviam para prender o interrogado, apertá-lo e distender seus músculos. Sem dúvida, um local preparado para a tortura. Rugiero tremia e, revoltado, olhava a mesa com indizível pavor.

Repentinamente sentiu pesados golpes d'água. Os homens jogaram-lhe baldes cheios de água fria, com força, arrojando-o ao solo. Eles continuavam a "lavá-lo". Rugiero cobriu o rosto com as mãos na tentativa de proteger os olhos e o nariz dos pesados golpes d'água. O *banho* era, por si, uma refinada técnica de tortura moral. A batina, grande demais, passara a pesar o dobro e ele não conseguia erguer-se. Sabia que abrigava inúmeros insetos na pele e nos cabelos, que lhe causavam um enorme desconforto. Molhado, eles corriam desesperadamente por sua cabeça, barba e em todos os lugares onde houvesse pelos em seu corpo. Teve horror a si mesmo: reduzira-se à moradia de pequenos animais que lhe infligiam sofrimento e mal-estar.

A cena era atroz, mas o carcereiro e seus auxiliares riram.

— Ficou menos fedorento e os piolhos e outros animais de estimação dele não deixaram seu corpo — disse o carcereiro, sarcástico. — Acorrentem-no à mesa.

Aproximaram-se de padre Rugiero e, sem cerimônia ou cuidado, lançaram-no sobre a mesa com força, como se fosse um trapo, fazendo-o bater com as costas e com a cabeça no tampo da mesa, o que fez ressoar o barulho do choque dos ossos com a madeira. Sem darem atenção aos gemidos do preso, ergueram-lhe os braços sobre a cabeça e algemaram-no distendendo-os, além do suportável ao organismo humano. O mesmo fizeram com seus tornozelos, na parte inferior. Depois firmaram seu abdômen, à altura do diafragma, à pesada corrente de ferro, tão ajustada ao corpo que dificultava a respiração.

Rugiero gemia, lançava vibrações de ódio sobre os carcereiros, mas eles eram endurecidos e, indiferentes, não se abalavam.

O ranger da porta anunciou a chegada do vigário judicial. Movendo os olhos, Rugiero o viu entrar, com sua batina negra, a faixa ajustada à cintura e sobre ela uma corrente fina da qual pendia uma cruz que alcançava a altura do joelho. O rosto do homem era fechado, não exprimia nenhuma emoção. Os olhos azuis muito claros poderiam ser descritos como belos não fosse o brilho de gelo. Evocavam a lembrança dos picos nevados das montanhas ao norte da Itália refletindo um brilho azulado a distância, frio, gélido. Tinha um olhar feroz, os lábios finos, apertados, dificilmente sorria, seu rosto era rígido, duro, que não descontraía, creio eu, nem dormindo.

O tremor e a palidez de Rugiero intensificaram-se, suava copiosamente, eram sinais característicos do medo. O vigário balançou a cabeça constatando o pavor que infligia ao padre, aproximou-se e apertou-lhe mais os tornozelos e, ante os gemidos lancinantes de Rugiero, lhe endereçou um olhar frio, dizendo:

— A coragem dos pervertidos acaba aqui. Vocês são uma raça de infiéis, traidores da lei divina. Meu trabalho é encaminhá-los ao inferno, que é onde devem ficar. Sofra! Este é seu caminho. Sodoma foi destruída por causa dos prazeres de vocês. Deus não os aceita. São filhos do demônio imiscuídos no rebanho do Senhor. Eu limpo esse terreno. Quantos mais o acompanhavam naquele convento? Fale, nada ganhará escondendo os desviados.

Rugiero, nos primeiros dias, gritara o nome de Ricardo e de Enzo. Dissera que eram amantes, que o bispo o tomara a seus cuidados ainda menino e o iniciara na perversão e na luxúria; arrolara o nome de Jacobino acusando-o de ter um relacionamento com padre Lucas e denunciara todos que conhecia sem atentar se falava a verdade ou se mentia — seu desejo havia sido trazer a congregação inteira para aquele inferno. Entretanto, nada conseguira. A reputação de Ricardo era inabalável. O trabalho desenvolvido na região do Vêneto, a adoração dos fiéis, o patrimônio amealhado o tornavam inatingível às acusações.

A Rota Romana, o tribunal eclesiástico responsável pelo julgamento, limitou-se a requerer algumas explicações do monastério, investigou alguns nomes, como o de Jacobino, mas a palavra inflamada e segura do bispo e sua influência abafaram a suspeita e fizeram cair sobre os prisioneiros a ira do vigário, por ter sido obrigado a uma medida antipática.

Rugiero aprendeu a calar-se e, pelas conversas dos carcereiros nos interrogatórios, soube que o padre Bento tivera o mesmo destino. Deitado sobre a mesa de tortura, sentindo dores horríveis, pensou: "Bento, será como o bom ladrão, morreremos juntos. Não iremos ao céu, mas seguiremos unidos para o inferno. Será que o demônio atende preces? Se aceitar, ó Lúcifer, eu lhe imploro, mande me buscar. Em seu reino a justiça é mais bem distribuída, ainda que eu continue sofrendo, sei que um dia eles me acompanharão. Mate-me, pois não tenho forças para morrer. Minha alma é sua, leve-a".

Uma sonora bofetada lhe foi impingida pelo vigário, fazendo brotar sangue em seus lábios e arrancando-lhe alguns dentes que caíram sobre a língua. Com esforço, cuspiu-os, e alguns caíram sobre a face descorada e outros sobre a batina molhada e manchada de sangue.

— Verme! — xingou o vigário, fitando-o, impassível.

Permaneceu alguns minutos contemplando-o, irritado com o tempo despendido com aquele prisioneiro. Andou até os carcereiros, deu-lhes ordens em voz baixa e depois, decidido, abandonou a sala. Rugiero suspirou e lembrou-se de sua prece às forças do inferno e tremeu de medo; fizera o pedido em um momento de desespero. Embora o sofrimento no cárcere estivesse sendo atroz, o medo do desconhecido e as visões do inferno descritas por Santo Agostinho em suas obras o apavoravam; temia morrer. Agarrava-se à lei de conservação e extraía forças para manter-se vivo. Em pensamento, descontrolado e febril, recriminava-se buscando alternativas para desfazer a aliança com o demônio, pois não encontrou outra explicação para o fato de o vigário não o ter importunado com agressões físicas e verbais, abandonando tão rapidamente a sala.

O vigário cansara-se dos interrogatórios, não suportava mais ver aquele processo e decidira naquele momento providenciar seu arquivamento, lançando a solução à conta da justiça divina.

Os carcereiros o libertaram. O mais forte levantou-o, colocando-o sobre os ombros, como se fosse um fardo leve, e retornou à masmorra. Um rastro de sangue, proveniente dos ferimentos da boca de Rugiero, ficou sobre as pedras. Seu corpo balançava nas costas do carcereiro e uma tontura insuportável o acometia; com alívio, viu-se jogado sobre o piso da cela. A porta foi fechada e Rugiero, em estado de torpor, ouvia a voz dos guardas cada vez mais distante. Não sabia se estava vivo ou morto e julgou estar alucinando ao ver a seu lado a veneranda entidade do bispo Giordano. O bondoso espírito lhe acariciou a fonte, dizendo:

— Ah! Filho meu, o que você fez? Aonde o conduziram a inveja e o ciúme! Guarde bem na lembrança esses dias, aproveite essa incúria para erguer-se amanhã, na vida espiritual. Leve no coração a lição: tudo o que desejar para os outros construirá para si mesmo. O fim que almejou lançar a tantos outros é o encontrado por você. Tão perto de nós viveu o meigo irmão da natureza, sua igreja de pedras ainda está erguida para lembrar aos homens que a construção verdadeira é interior, seus passos de luz estão indelevelmente marcados nesse prédio em que você, Rugiero, amarga seus dias, mas você foi insensível à voz desses mestres. Entretanto, a grande verdade de que é dando que recebemos se realiza em sua existência. Semeou a discórdia, cultivou a inveja, destilou a raiva e o rancor, não se preocupou em ser justo com seus companheiros, agora recebe tratamento idêntico. Acompanhei-o à sala de tortura e vi seus pensamentos; como, nessa situação miserável, você pode perder tempo orando a um ser que não existe? Mas sua crença nele mostra sua descrença e incompreensão de Deus. Deveria ter orado às forças do bem, pedindo perdão. Este fim de existência prenuncia um amargo despertar na vida espiritual, mas estou aqui para dizer-lhe que ainda é tempo. Volte sobre seus passos, redima sua consciência, aproxime-se de Deus, prepare-se para a viagem levando a disposição de melhorar, o arrependimento pelos erros e a correta avaliação das lições que a vida lhe ofereceu e o que por si mesmo fez. Há pouco falou do bom ladrão, pois esse é o exemplo que lhe serve: o de alguém que na hora extrema reconhece a realeza de Jesus, a verdade de uma vida após a morte, reconcilie-se com a consciência culpada pedindo perdão e, admitindo as próprias fraquezas, propõe-se a um futuro melhor. Lembre-se: aquele homem, mesmo com grau de evolução tão diferente do mestre de Nazaré, seguiu com ele para regiões de paz, obviamente não a mesma habitada pelo Galileu, mas para uma das muitas outras moradas do reino do Pai. O bom ladrão seguiu unido à mensagem de Jesus de erguer os caídos e mostrar-lhes a esperança de um novo amanhã, conscientes da própria responsabilidade na evolução. Erga-se, filho meu, nesses momentos finais, proponha-se à mudança, mire o exemplo do bom ladrão do Evangelho. Pense!

Rugiero registrou as palavras do espírito do bispo Giordano, com clareza, viu-lhe as feições, contemplou sua serenidade, a paz, o carinho que irradiava, convidando-o a aproximar-se. Viu-o sorrir e abençoá-lo. Depois, a visão se desfez e a escuridão, o cheiro de umidade e os sons dos animais que compartilhavam sua cela tomaram sua atenção. Por alguns momentos, fora envolvido numa sensação de bem-estar e esquecera onde estava, mas, ao apagar-se a visão, nada mais restou. Rugiero sentiu os pelos de um rato roçando seu corpo e a revolta aflorou apagando a benéfica interferência espiritual.

Tempos depois a porta da cela abriu-se e o carcereiro depositou a ração alimentar. Rugiero arrastou-se até a bandeja e disputou com os ratos a posse da parca comida. Surpreendeu-se por encontrar uma cumbuca de argila com um caldo quente, pois sentia o vapor no rosto ferido. Antecipando um prazer havia muito negado, reuniu forças e sentou-se de encontro à porta. Faminto, pegou a cumbuca, sorveu o líquido que lhe desceu como néctar pela garganta ressecada, ingerindo avidamente o conteúdo. O caldo espalhou um calor gostoso por seu corpo alquebrado, abandonou o recipiente vazio. Preparava-se para atacar o pão, que misteriosamente tinha bom aspecto, quando faltou-lhe o ar, uma dor fortíssima lhe arrebentou o peito, seu organismo queimava, caiu sobre a cumbuca e o pão. O rosto congestionado, olhos esbugalhados, mãos crispadas na garganta e um pedido de socorro morreu com ele.

Dias depois, sem perceber que o espírito de Rugiero, fervendo de ódio, ainda estava na sala ao lado do corpo assassinado, o carcereiro abriu a porta. Empurrou o cadáver contra uma das paredes, lançou sobre ele uma grande quantidade de massa composta de areia, cimento e água, cobrindo-o totalmente e incorporando-o às grossas paredes da cela. Rugiero assistiu ao inusitado sepultamento de seu corpo, mas não se reteve ali. Com a porta aberta, fugiu apressado, pensando: "Enquanto o demônio não vier me buscar, verei como posso cobrar essa dívida".

O espírito de Giordano, acompanhando o lamentável despertar, olhou-o compadecido. Inúmeras vezes tentou auxiliá-lo, fazer-se percebido, porém o recém-desencarnado, apesar de consciente da morte do corpo físico, envolveu-se em seus pensamentos de revolta e no medo de ser conduzido ao inferno. Como isso não aconteceu, resolveu agir à moda de Sísifo e ludibriar os emissários do inferno. Nessa ilusão, cultivada ao longo da vida, de derrubar pessoas, gerar intrigas e buscar benefícios pessoais, Rugiero tornou-se surdo e cego à interferência superior da bondosa entidade.

— A cada um segundo suas obras. A colheita conforme o plantio e o cuidado da lavoura. A cada escolha, suas consequências. Vejamos para onde irá o pobre Rugiero até descobrir a responsabilidade pessoal em tudo o que o cerca — disse Giordano afastando-se do ambiente das masmorras. — Desejei conduzi-lo ao esclarecimento, ele não quis. Escolheu a ilusão de ser superior à sabedoria divina, elegeu-se mestre de si mesmo, como fez ao longo da trajetória encarnada. Só me resta aguardar a volta do filho pródigo.

No gabinete de Ricardo, no convento do Vêneto, chegou dias depois uma missiva com o selo da Rota Romana. Irmão Jacobino recebeu-a do mensageiro e, notando o estado do viajante, encaminhou-o aos cuidados de padre Felipe, pedindo acomodações para descanso e refeições. Depois retornou ao local de trabalho, sentou-se e examinou o envelope. Não precisava abri-lo para saber o teor do documento. Fora nomeado o encarregado daquele caso, tinha autorização para lê-lo, entretanto, decidiu não fazê-lo, depositou-o sobre a mesa do bispo.

"É o correio da morte. Desde que os acompanhei a Roma, esperava esse fim. Eles não escapariam com vida para contar o episódio, muito menos para serem vistos entre o povo", refletiu Jacobino fitando a carta.

— Bom dia, irmão — cumprimentou o bispo ao ingressar na sala.

Jacobino, concentrado em suas reflexões, sobressaltou-se, levou a mão ao peito na tentativa inconsciente de acalmar os batimentos cardíacos, então suspirou e sorriu ao responder:

— Bom dia. Posso lhe pedir um favor?

— Mas tão cedo da manhã, ainda nem sentei. Mas, diga, o que deseja?

— Quero que o senhor use sapatos que façam barulho. Estou ficando velho, qualquer dia morrerei de susto neste convento, pois nunca ouço seus passos e sempre sou surpreendido por Vossa Reverendíssima às minhas costas.

Uma expressão divertida e sincera marcou rapidamente o semblante de Ricardo ao responder:

— Nunca o surpreendi em nenhuma atitude faltosa ou que precisasse ser escondida, então não tem o que temer. De minha parte, há confiança total em suas atitudes. Nada tem a temer de mim, irmão Jacobino.

— Agradeço-lhe a confiança. Não foi por temer atitudes minhas ou suas que lhe fiz o pedido. Mas, pura e simplesmente, porque se pode morrer de susto e ainda tenho muito trabalho a realizar na Terra. Não quero partir antes do tempo só porque não ouço os seus passos; é um motivo muito banal de morrer — respondeu Jacobino alegre.

Mudando de assunto e em tom profissional, informou ao superior:

— Recebemos há poucos minutos um mensageiro da Rota Romana, o documento está sobre sua mesa.

Ricardo pegou a carta, rompeu o lacre, retirou o papel, leu e comentou:

— Comunica o falecimento dos padres Bento e Rugiero. Em virtude disso, consideram desnecessário prosseguir com o feito, pois os acusados receberão o castigo divino. O processo está encerrado. Pedem divulgação da ocorrência aos membros da congregação. Providencie isso, irmão Jacobino.

— Farei o edital até o final da tarde.

— Não há necessidade de mais documentos. Hoje estou indisposto, peço que oficie a missa e aproveite a oportunidade para comunicar a ocorrência.

Jacobino recebeu a incumbência em silêncio. Tinha horror a usar o púlpito da igreja para fins políticos; julgava que sua tarefa era divulgar o conhecimento cristão, não a ortodoxia e os interesses materiais e políticos de facções religiosas. Ao longo do expediente, aquela ordem o incomodou. Como não costumava carregar dissabores, resolveu tornar ao assunto com o superior informando-o de sua decisão:

— Monsenhor Ricardo, quanto a seu pedido para que o comunicado do falecimento de nossos ex-companheiros seja feito no ofício religioso, preciso dizer-lhe que isso me incomoda profundamente; não me sentirei bem realizando esse trabalho. Porém, não posso desobedecê-lo. Assim, vou rezar uma missa em intenção da alma dos mortos.

Ricardo olhou-o e mais uma vez considerou o quanto ele diferia do meio clerical. "Pouco me importa como isso será feito", pensou Ricardo. "Bastará informar a morte e o objetivo de fortalecer o caráter intimidatório será atingido, basta que saibam que nenhum religioso sai vivo de um processo disciplinar enviado à Rota."

— Faça como quiser, irmão — respondeu o bispo.

Jacobino agradeceu, despediu-se do superior e saiu para o trabalho com os órfãos e as atividades de assistência, nos quais se realizava. Lá chegou sorrindo e caminhando ligeiro.

As imagens projetadas por Georges mostraram dias calmos. Relativa paz se estabelecera entre o bispo e seu protegido. Retomaram o antigo relacionamento. O jovem foi ordenado sacerdote e, sob a orientação de Ricardo, servia na aldeia, mantendo-se vinculado ao convento.

Desatento, tomado de exagerada autoconfiança que beirava a prepotência, Enzo nada via, a não ser as "maravilhas" que ele próprio realizava. Assim não percebeu a mudança de Ricardo. Exteriormente, continuava o companheiro gentil e carinhoso, mas o olhar estava eivado de dúvida, a confiança de outras épocas não mais existia, não partilhava segredos com Enzo além dos que ele conhecia e dos quais Ricardo arrependia-se amargamente ter-lhe dado ciência um dia. Se algum atraso ocorria, o ciúme se instalava, mostrando a insegurança abrigada em seu interior e, ainda que calasse, os sentimentos estavam lá, firmes, alojados em seu peito. Amava-o, sim, por isso não tivera coragem de mandá-lo à Rota Romana. Entretanto, não era mais o sentimento sereno, que prenunciara ser construtivo e equilibrado: transformara-se em um incêndio que o consumia em altas labaredas de paixão, necessidade, ciúme, ansiedade, desconfiança e raiva reprimidos.

O bispo pensou que, vingando a traição, condenando os traidores e humilhando o jovem amante, fazendo-o rastejar à sua frente e implorar seu carinho e sua companhia, aplacaria a dor; ledo engano. Regozijara-se por alguns breves momentos, mas estes não tiveram o condão de apagar os fatos e restituir a situação ao estado anterior.

E, agora, vivia dias e noites agridoces. Quando lembrava os primeiros tempos, sentia saudade da felicidade vivida; no entanto, o episódio da traição nublava as recordações, tirando-lhe a confiança e a tranquilidade. Ricardo se propusera a perdoar Enzo, mas seu amor era condicional e apaixonado, cobrava, exigia; em verdade, não se podia falar em perdão na atitude de Ricardo, e, sim, em tolerância exercitada diariamente.

Jacobino, único detentor da confiança do bispo, acompanhava à meia distância o desenrolar daquela relação. Preocupava-o a insensatez do rapaz, sua indisciplina sexual. No pouco tempo que ele trabalhou na aldeia, recebeu várias queixas de assédio a moças e rapazes. Era necessário transferi-lo com urgência. Sentado sob a árvore, matutava a melhor maneira de sugerir ao bispo a mudança de Enzo, sem dar-lhe conhecimento da conduta imprópria.

Meditava quando viu surgir à sua frente o próprio objeto de suas cogitações. Sorridente e muito falante, Enzo sentou-se ao lado de Jacobino e discorreu incansável sobre seus planos sociais para o povoado e a incrementação dos serviços religiosos, da organização da igreja e das suas relações pessoais com os conceituados cardeais de Roma. Em momento algum falou que tudo devia à influência de Ricardo. Era um sonhador, vivia divorciado da realidade externa. Como um bom egoísta, sua maior preocupação era consigo mesmo, sua satisfação em primeiro lugar, sem importar quem ficasse para trás ou por quê. Sequer questionava se causava algum sofrimento. A criança abandonada ficara no passado, vestira uma dura couraça de egoísmo e ambição, e sob ela se escondiam os complexos oriundos do abandono, da rejeição materna.

Desenvolvera um prazer sádico em fazer mulheres sofrerem por amor à sua beleza. Envolvia-as, seduzia-as e desprezava-as, vingando o abandono da mãe. Vivia tão centrado em si mesmo que não percebeu o perigoso abismo aberto entre ele e o bispo.

Ingenuamente, julgara que, reatando relações sexuais, tudo tinha sido esquecido e pensou que era um capricho de Ricardo o fato de ainda não ter voltado a residir no bispado.

Jacobino ouvia-o, entediado, mas paciente, pensando em como fazia falta àquele jovem a severidade da qual o bispo o havia protegido na infância. Seu caráter teria se moldado com mais segurança e retidão. Aproveitando uma pausa quando seu falante companheiro precisou respirar, ele decidiu que ainda era tempo de fazê-lo experimentar uma boa dose de severidade e lhe disse:

— Aproveitando que você já falou tudo que desejava sobre seus planos e ideais, preciso lhe falar sobre alguns acontecimentos que têm me entristecido muito nas últimas semanas. Recebi há menos de quarenta dias a queixa de uma senhora, fiel e respeitada no povoado, que presenciou você importunando a filha menor dela. Muito constrangida, ela veio me falar. A contragosto e sabendo que mentia, fiz a pobre mulher acreditar que se enganara, mas lhe garanti que sua filha não seria molestada. Nem uma semana depois recebo denúncia de outro pai que, também constrangido, veio à minha presença pedir uma atitude do bispado.

Jacobino encarou Enzo que o olhava surpreso.

— Preciso continuar a longa lista de pessoas que se puseram em procissão à minha sala? Acredito que não. Falemos com franqueza, Enzo, como diz o povo, de homem para homem. Sabemos que é verdade, você importunou esses jovens. Conheço seu passado e seu presente, isso dispensa comentários. Unicamente com o intuito de evitar um dissabor ao bispo, foi que ainda não levei o assunto ao conhecimento dele. Pensava em como sugerir-lhe sua saída do serviço religioso da aldeia, evitando novos escândalos e desgraças neste convento por conta da sua absoluta incapacidade de lidar com o sexo. E eis que veio à minha presença. Era o momento. Quero deixar uma coisa muito clara entre nós, Enzo, é a primeira e a última vez que interferirei, e não o faço por você, mas pelo povo da aldeia, que não merece ter como pastor alguém de sua espécie. São almas inocentes e trabalhadoras buscando conforto e esclarecimento na religião, amparo na companhia de um sacerdote de Jesus, e não lascívia e luxúria. Você conhece o pensamento dos teólogos, recita as ordenações canônicas, conhece as liturgias e a exegese bíblica, mas se mostra incapaz de coisas simples como desinteresse, amizade, solidariedade, lealdade. Tudo isso de que tanto se gaba não me serve para nada. Impressiona os cardeais de Roma, mas você não conhece Jesus, não convive com Ele em seu coração, por isso é duro e bruto. Estou triste e decepcionado com você, Enzo. Depois de ter obtido clemência do bispo, não esperava outra atitude tão infeliz vinda de você. Pense, criança! Amadureça! Veja o que está semeando, pois isso crescerá à sua volta. Não plante ódio, nem brinque com os sentimentos alheios, o preço do retorno poderá ser mais alto do que imagina.

Enzo, a princípio, encolerizou-se com a audácia de Jacobino em repreendê-lo. Depois, dominado pela autoridade moral de Jacobino, aquietou-se, empalideceu e com esforço respondeu:

— O que acha melhor eu fazer?

— Honestamente? Trabalhar em algo realmente útil e não em quimeras e devaneios de poder e autoridade. Sirva ao próximo com desvelo e desinteresse, espalhe o que de bom possuir. Eduque-se, discipline as necessidades e vontades, torne-se senhor de si, corra no campo e se jogue na água fria do rio se o que tem não é bastante em termos de sexo, mas não importune jovens inocentes, cândidas meninas, nem magoe aquele que o quer bem. Torne-se digno de ser homem — retrucou Jacobino, rosto fechado e severo.

— Tentarei, irmão Jacobino, mas perguntei em termos práticos. Entendi que se houver mais uma queixa não serei poupado e, ainda que não seja o senhor a levar o caso a monsenhor Ricardo, outro poderá fazê-lo. Vou emendar minha conduta, lhe prometo. Não se arrependerá em me proteger. Verá. Será que o bispo recusaria um pedido de transferência? Poderia solicitar serviço no convento carmelita, oficiando as missas, ministrando os sacramentos.

— Um pedido voluntário de afastamento é uma forma razoável de apaziguar a questão. Formalize-o já.

Enzo aquiesceu com a cabeça. Depois da advertência de Jacobino, a eloquência do rapaz desapareceu. Ele ficou ainda alguns minutos ao seu lado, em silêncio, mas logo partiu em direção à ala comum onde tinha um dormitório. Olhando-o afastar-se, Jacobino pediu a Deus que fosse sério o propósito de mudança.

Ricardo fizera a si mesmo uma imposição de silêncio no relacionamento com Enzo. Em virtude da quebra de confiança, nada mais lhe contava com relação à vida eclesiástica. Eventualmente o acompanhava nas reuniões com os pares e superiores, mas desconhecia o andamento dos negócios da congregação e os pormenores ocorridos dentro do convento. De preferido tornara-se mais um.

Ricardo conservou-se, contudo, fiel ao relacionamento e ao amor ferido e torturado. Acostumado a silenciar tudo em sua existência, não fora difícil levantar aquela barreira. O rapaz apenas após meses percebeu a perda de influência e prestígio, mas, ingênuo que era, acreditou-se com poderes suficientes para reverter a situação. Por isso, ao deparar-se com o pedido de transferência do recém-nomeado sacerdote da aldeia, Ricardo ergueu as sobrancelhas, indagando a Jacobino, que, como de costume, despachava na mesa ao lado:

— Irmão Jacobino, qual a razão para esse, no mínimo, inusitado pedido do padre Enzo? Há algum problema do qual eu não tenha sido informado?

Jacobino soltou os documentos que organizava sobre uma pequena pilha de papéis, olhou para o alto, depois se penitenciou: "como posso pedir inspiração para mentir?", pensava o secretário. "Não. Não posso me comprometer com uma tão triste conduta."

— Perdoe minha pequena falta, bispo. Foi uma ocorrência tão inusitada, tão disparatada e infeliz que, crendo não fosse se repetir, acabei por não levar ao seu conhecimento. Perdão, monsenhor, eu faltei à minha responsabilidade como seu secretário.

— Se foi algo assim tão estranho, por que não me comunicou? E, antes de mais nada, diga-me: quem é o responsável por esta construção de fato esquisita ao convento e à aldeia e o que tem a ver com um de nossos padres? — falou Ricardo com voz severa, em entonação de cobrança.

— Ele se indispôs com algumas famílias, e estas vieram se queixar do comportamento do novo sacerdote. Entendo-as, são mães torturadas pelas perdas de filhos, esposos recentemente separados pela morte do cônjuge, filhos órfãos, pessoas doentes e sofridas, cheias de problemas que vão à Igreja em busca de conforto, de esclarecimento, de amparo que as fortaleça ante os reveses da existência. Elas buscam um pastor que as ouça e lhes fale tanto à razão quanto ao coração, mas que se expresse de uma forma que eles compreendam. Infelizmente, padre Enzo tem negligenciado a simplicidade do Evangelho de Jesus para pregar teologia, filosofia e até astronomia a esses simples aldeões. O povo o rejeita, em sua grande maioria, pois não têm atendidas as suas necessidades, acabam por vacilar na fé e abandonam a Igreja.

Ricardo, impassível, braços cruzados sobre o peito, olhar impenetrável, mas visivelmente desconfiado, ouviu as explicações.

— E o que mais, além do desempenho dele como pregador, tem ocasionado esse transtorno nas relações com os fiéis? — insistiu Ricardo.

— É um problema sério, Reverendíssimo — reforçou Jacobino, sentindo-se extremamente desconfortável em omitir a verdade ao superior, ainda que motivado por nobres sentimentos de amizade.

— Sério, porém não o suficiente para um pedido de afastamento. Não se esqueça de que acompanho padre Enzo desde sua infância. Sei que ele é suficientemente inteligente para saber manipular o medo do povo, um argumento poderoso para se fazer aceito. Além disso, ele também saberia reduzir o contato com o povo ao confessionário e quem se confessa não pode fazer queixas. Veja bem, irmão Jacobino, não duvido do que me disse. Ao contrário, por conviver com ele tantos anos, sei exatamente que padre Enzo agiria assim. Infelizmente ele não tem desenvolvido uma sensibilidade no trato social que se possa dizer apurada. Ele deve realmente ter falado do que gosta, sem perceber que o povo não ia à sua procura pela pessoa que ele é, e sim pela mensagem que divulga. E nem todos aqui têm uma identificação pessoal com a mensagem divulgada. Portanto, conte-me, o que mais aconteceu para motivar esse pedido?

Ricardo parecia dotado de um fino faro, comparável ao dos cães de caça ingleses, pressentia a anormalidade e as causas. Conhecia extremamente bem o jovem amante.

Jacobino, percebendo que seria inútil tentar argumentar com o superior, disse:

— Infelizmente, monsenhor, não poderei dizer nada mais além disso, o segredo do confessionário me impede de ultrapassar esse limite.

Recorrendo ao velho estratagema, Jacobino pretendia resguardar o convento de mais uma onda de inquietações. Ricardo entendeu os motivos do secretário. Aquela resposta impediu a continuidade da discussão e o impedia de sondar o que havia além das explicações. "Tantas vezes servi essa taça, agora devo bebê-la", pensou Ricardo, analisando a atitude de Jacobino. "Desde que o conheço é a primeira vez que invoca o sigilo religioso. Sei que não gosta de ouvir confissões, mas ... Ele é esperto, prendeu-me mãos e pés, pondo-me um boçal de ferro. Não posso questioná-lo."

— Padre Enzo confessou-se com o senhor? — questionou o bispo.

— Não propriamente, Reverendíssimo. Mas as informações que creio justificarem esse pedido, sim. Como sabe, apesar de nosso convento ser afastado, muitos fiéis vêm à nossa igreja à minha procura. Sou mais um amigo do que um confessor, mas eles, por vezes, insistem no sacramento.

Notando que o superior, indeciso, ponderava o assunto, argumentou:

— Parece-me um caso de absoluta falta de identidade entre o trabalho e o trabalhador, monsenhor Ricardo. Padre Enzo não está realizado. Seus pendores apontam para um campo de trabalho mais erudito e o povo não aceita a condução do pastor, reagindo até mesmo ao medo. Melhor é afastá-los e dar a cada um conforme suas necessidades. Assim ambos estarão felizes e realizados. É simples e possível.

— Irmão Jacobino — falou Ricardo desarmado, reconhecendo a astúcia e a superioridade moral de seu auxiliar —, o senhor é um adversário difícil de ser confrontado em um embate de ideias. Convenceu-me, seus argumentos não deixam margem à réplica.

Jacobino sorriu e retrucou:

— Não tive a intenção de travar um duelo verbal com o senhor. Apenas respondi às suas perguntas e expus meu pensamento.

— Está feito — disse Ricardo, aceitando formalmente o pedido, ao mergulhar a pena no tinteiro, inquiriu ao secretário: — Aonde enviaremos padre Enzo? Não julgo conveniente que ele permaneça inativo aqui, especialmente depois daquele episódio com os falecidos Bento e Rugiero.

— Concordo — falou Jacobino. — É sábia sua visão dos acontecimentos. Sugiro que padre Enzo vá trabalhar em alguma atividade vinculada ao ensino para adultos, talvez religiosos. As inclinações dele apontam para isso.

Ricardo pensou e designou os serviços de padre Enzo para auxiliar a formação de religiosas no convento carmelita, substituindo um padre idoso e doente, sem condições de trabalhar a contento.

"Lá ele não arrumará complicações", pensou Ricardo. "Enzo odeia as mulheres. É diferente de mim que simplesmente não as desejo."

— Oficie à abadessa Agnes apresentando padre Enzo como novo colaborador na instrução das noviças — determinou dando o caso por encerrado.

No convento carmelita a abadessa recebeu a nomeação do novo sacerdote. Sentada solitária em seu gabinete, Agnes era uma mulher envelhecida, com o rosto sulcado por rugas, a pele flácida, o corpo marchando para a decrepitude. Era ainda visível a rigidez nos traços dos lábios, o porte altivo, mas o olhar era perturbado e inquieto, refletia medo, suas mãos tremiam e a postura era encurvada. Sentiu uma estranha intuição, um presságio, ou, como pensava, um mau agouro, na missiva recebida do bispado. Pensava:

"Não conheço esse padre, mas é jovem. Já tive muitos problemas com padres jovens. Não é um bom ambiente, ainda mais entre as noviças. Vou escrever ao monsenhor Ricardo solicitando que reconsidere essa nomeação".

Apanhou o tinteiro e o papel em uma das gavetas, que mantinha trancada à chave, e redigiu uma extensa carta ao bispo, argumentando e lembrando-o das dificuldades enfrentadas no passado quando designaram padres jovens para o convento. Falava das jovens ainda não totalmente afeitas ao serviço religioso, portanto passíveis de caírem em tentação, e encerrou informando que em virtude de problemas de saúde havia algum tempo não mais executava os procedimentos "corretivos" de situações inusitadas envolvendo as freiras; assim rogava-lhe que deixasse a situação no convento como estava ou enviasse um padre idoso e experiente.

Lacrou a carta e retirou-se da sala. Pessoalmente levou o documento até os portões, entregando-o ao mensageiro. Por uma pequena abertura gradeada ordenou-lhe:

— Vá ao bispado. Entregue a dom Ricardo. Preste atenção: deverá entregar em mãos. É um documento confidencial. Vá o mais rápido que puder, tenho urgência.

— Reverenda madre, fique tranquila, entregarei o documento ao destinatário.

O mensageiro olhou o céu adivinhando as horas e prosseguiu:

— Deverei chegar ao bispado tarde da noite.

— Não tem importância. Vá diretamente à residência do bispo.

— Sim, senhora — acatou o mensageiro, montou e partiu em acelerado galope, deixando atrás de si uma nuvem de pó.

Um suspiro de alívio brotou do peito da madre enquanto pensava: "Tomara que monsenhor Ricardo seja sensível a meu pedido".

Retornando ao gabinete, Agnes observou as mulheres à sua volta, a atividade era normal. O silêncio imperava nos corredores. Não era permitido conversar àquela hora, por isso trabalhavam caladas. Passando pela capela, viu um grande número de religiosas ajoelhadas, rezando, cabeças baixas, as costas inclinadas, desfiando o terço. O coro de murmúrios recitando as orações era um som monótono.

Ao chegar próximo à sua sala, viu a noviça recém-ingressada na ordem sentada em um banco do corredor. Os bonitos traços do rosto de Lúcia estavam cobertos por uma palidez assustadora. Ela emagrecera, adquirindo um aspecto frágil. Os olhos escuros estavam abatidos, sem brilho e destacavam-se no conjunto. Absolutamente imóvel, introspectiva a noviça trazia as mãos juntas sobre o colo.

Olhando-a, Agnes avaliou: "Essa infeliz não tem condições de ser religiosa. Mesmo que o dinheiro da mãe lhe compre todos os títulos eclesiásticos possíveis a uma mulher, ela não tem condições para desempenhar nenhuma função. Está no convento há alguns meses e sua saúde dá sinais de não resistir à vida monástica. É o abatimento em pessoa; se ouvir a voz dessa coitada, creio que me assustarei, ela não fala quase nada, vive pelos cantos e corredores do convento, acabrunhada, triste, pensativa. Será um desperdício comprar-lhe um título, não tem personalidade. Definha entre essas paredes. Para vir morrer aqui teria sido melhor não haver nascido, como inicialmente queria a duquesa. Mas essa vida é muito estranha e eu não consigo entendê-la".

Um estranho tremor sacudiu o corpo da madre, um arrepio correu-lhe da nuca à última vértebra da coluna, os batimentos do coração tornaram-se acelerados, um mal-estar generalizado e difícil de explicar espalhou-se pelo corpo da abadessa, que lutou alguns minutos, tentando controlar-se. Acelerou os passos e, sem se dar conta, correu pelos corredores enquanto murmurava:

— Não! Saiam daqui! Fora! Esse é meu convento, vocês não podem entrar. Saiam daqui, me deixem em paz! Não, vocês não vão me matar, eu sou mais forte. Saiam daqui!

Assim como os passos de Agnes aceleravam, a voz se elevava e logo gritava pelos corredores. Enquanto, aflita, arrancava o véu, nervosamente desapertava o hábito próximo ao pescoço na tentativa de libertar-se da opressão na garganta.

— Saiam, demônios! Eu os esconjuro. Saiam daqui, em nome de Deus!

As freiras testemunharam mais uma crise da superiora. Nos últimos anos aqueles fatos insólitos se intensificaram. Agnes gritava e corria pelos corredores do convento nas horas mais impróprias. Falava com seres invisíveis, passava horas nesse estado lamentável e, para a grande maioria delas, inexplicado. Frequentemente era vista aos pés do altar da capela, ajoelhada ante a imagem de Jesus crucificado, apenas de camisola, durante as madrugadas, empunhando um relho de couro, com o qual flagelava-se impiedosamente, até cair em frente ao altar, exausta, chorando e tapando os ouvidos. Dizia frases desconexas e respondia a seres invisíveis:

— Saiam, demônios! Eu não matei vocês. Vocês não existem. É mentira! Por que vêm clamar por suas vidas? Eu não fiz nada. Saiam daqui!

Outras vezes gritava horrorizada mandando limpar o convento, pois estava totalmente sujo de sangue. Nessas ocasiões, a abadessa banhava-se e lavava as mãos por horas a fio, esfregando-as com escovas, até sangrarem, então, caía em prantos tomada de horror por ver as mãos ensanguentadas. Essas crises consumiam-lhe a saúde física e mental.

As religiosas apavoravam-se. A abadessa nunca lhes inspirara amizade e confiança, ao contrário, era fria e distante. Suas subordinadas a temiam cada vez mais com a ocorrência frequente das crises. Algumas as atribuíam à loucura e outras acreditavam-na endemoniada. Tanto em um quanto em outro caso, o afastamento era a solução. Como nenhum carinho despertara naquelas mulheres, elas nem sequer dobravam os joelhos para orar pela superiora.

Somente irmã Marta a socorria. Calma e silenciosa, a religiosa se aproximava da superiora, abraçava-a, elevava o pensamento em prece à Virgem Maria, de quem era devota, implorando socorro e cura à sofredora. Embora repetisse orações decoradas, seu coração estava tocado de piedade, sua fé era sincera e conseguia a assistência espiritual. Marta vira, durante as crises de Agnes, sombras escuras com contornos humanos, ouvira risadas sarcásticas e choro. Assustou-se muitíssimo na primeira vez e, arrojando-se ao solo, ajoelhando-se, colocara-se em preces fervorosas agarrando, firme, a cruz que trazia presa por um cordão de couro ao pescoço. Fechou os olhos, apertando-os, apavorada, mas as cenas prosseguiram; porém, quando ela se pacificou e insistiu na prece, as sombras desapareceram e no gabinete ouviu somente o murmúrio das lamentações de Agnes.

Lúcia despertou do devaneio com a crise da superiora. Imediatamente levantou-se e tomou a madre pela mão, puxou-a para a cela mais próxima e a encerrou. Apressada, buscou a irmã Marta, encontrando-a ajoelhada na capela, concentrada em suas orações. A noviça, fazendo o sinal da cruz, aproximou-se silenciosa, tocou gentilmente o ombro da religiosa e ajoelhou-se a seu lado. Irmã Marta concluiu as preces e lançou à jovem um olhar inquiridor.

— A abadessa — foi a resposta que leu na movimentação dos lábios de Lúcia.

Bastou para Marta entender o que se passava. Ergueu-se e acompanhou Lúcia.

No corredor, a alguns metros da capela, a freira indagou:

— Onde está a abadessa?

— Empurrei-a para uma cela e deixei-a fechada. Está fora de seu juízo perfeito. Como sei que as outras têm medo, julguei melhor escondê-la e buscar a senhora.

— Fez muito bem, Lúcia. Quem ama a Jesus e se entrega de coração não tem o que temer, elas vacilam porque têm pouca fé.

Parando em frente a uma porta fechada, Lúcia informou:

— É aqui.

— Você não teve medo. Gostaria de entrar comigo? É provável que, sendo duas a orarem com fé, a crise seja menos demorada.

Lembrando a promessa que fizera à mãe de seguir a vida religiosa, Lúcia seguiu a freira em silêncio e de olhos fechados entrou no quarto recitando orações. Orientada por Marta, ajoelhou-se diante da imagem que decorava a cela e ali ficou procurando fazer-se surda aos clamores incompreensíveis da abadessa. Entretanto, passados alguns minutos, a contragosto ouviu vozes estranhas misturarem-se às conhecidas. Eram vozes masculinas.

"É o padre", pensou. "Mas não pode ser ele, está acamado, impossibilitado de andar há duas semanas." Vencida pela curiosidade, abriu um olho e espiou. Não havia ninguém além das três mulheres. Fez o sinal da cruz, fechou os olhos e recomeçou as orações a Virgem Maria. Outra vez, agora com mais clareza, ouviu vozes masculinas:

— Você vai morrer, bruxa! Esse hábito não esconde nem protege sua alma. A nós, que fomos expulsos da vida por suas mãos, você não engana. Arrancaremos sua vida. Gema, desgraçada. Bata! Isso, dilacere esse corpo! Bata mais! Não nos calará. Não temos piedade de você. Verta esse sangue maldito. Grite! Ninguém a escuta. Somos surdos aos seus pedidos, como você foi aos nossos.

Após essas palavras pronunciadas com rancor e revolta, ouviu risos de escárnio, incentivando o discurso.

Em pensamento, desconcentrada das preces, Lúcia questionou: "O que é isso? Meu Deus, socorra-me, estou enlouquecendo".

— Outra freirinha. Não vejo marcas nela — respondeu a voz à Lúcia. — Quer saber quem somos? Nós somos os que ela ajudou a matar nos porões deste convento. Estamos fazendo justiça. Ela é uma assassina fria e covarde, escondida nesse hábito de religiosa.

Apavorada, Lúcia recitou as preces em voz alta. Notava-se o desespero em sua voz e irmã Marta a olhou preocupada, no entanto acalmou-se ao identificar que ela rezava.

Inutilmente Marta tentou aplacar a crise da abadessa com preces. Reconhecendo que não estava tendo êxito, afastou-se e disse:

— Lúcia, vamos até o gabinete da abadessa. Em um compartimento secreto da escrivaninha dela, que vou lhe ensinar a abrir, ela guarda um sonífero. Quando as crises são violentas, dou-lhe várias gotas. É o único jeito. Depois que ela adormecer, continuamos rezando. Venha!

Obediente, Lúcia auxiliou-a nas providências. Com a droga, guardada em uma caixa cheia de frascos contendo pós e líquidos de diversas cores, retornaram para junto da abadessa. Conduziram-na aos aposentos, atravessando os corredores vazios nos quais ecoavam os lamentos e gritos de Agnes.

Dopada, ela adormeceu, mas tinha as feições tensas, torturadas; estava entorpecida, não era um sono tranquilo. No nicho da Virgem Maria, acenderam velas e, ajoelhadas, recitaram uma ladainha hipnótica de preces. O coração delas era livre de maldade, agiam no intuito de fazer o melhor que sabiam e suas preces encontraram a assistência dos bons espíritos, que trabalhavam socorrendo aqueles espíritos infelizes e a abadessa.

Elas não viram a chegada dos amigos espirituais. Ignoravam a tortura a que submetiam o espírito de Agnes, desprendido temporariamente do corpo pela ação da droga. A algazarra, os gritos, as vibrações em torno dela causavam piedade. Vencida, prostrada ao solo, acreditava enlouquecer e desejava insanamente a morte. O quadro foi alterado com a intervenção dos espíritos socorristas que entraram no ambiente e aproximaram-se dos algozes desencarnados, conversando com cada um deles, fazendo-os refletir sobre as próprias atitudes, tentando esclarecê-los quanto à justiça divina, que não era feita por vingadores, mas por mestres. Era educativa, não punitiva. Infelizmente, a tentativa não passou de mais algumas sementes lançadas ao solo endurecido daqueles corações. Fugiram sem aceitar ajuda. Era um intervalo naquele processo instalado no curso dos anos, oriundo das ações e dos sentimentos cultivados pela abadessa.

Algumas poucas palavras do diálogo entre as entidades socorristas e os espíritos obsessores foram registradas pela sensibilidade de Lúcia. Aflita com aquelas experiências, assim que constatou a melhora da abadessa, pediu a irmã Marta:

— Irmã, preciso lhe falar. Podemos interromper um pouco as preces? A abadessa dormiu, parece mais serena.

Marta ergueu-se e massageou os joelhos; aproximando-se do leito, examinou Agnes.

— Ela está melhor. Vamos deixá-la dormir. Depois voltamos para vê-la.

Olhou para a janela no alto da parede, nuvens avermelhadas anunciavam o entardecer.

— É quase a hora do Ângelus. Conversaremos a caminho da capela. Diremos às outras que a abadessa foi acometida por um mal-estar e não estará presente. Desde que o padre adoeceu, não celebramos a missa. Será que a abadessa comunicou esse fato a dom Ricardo? Precisamos, com urgência, de um padre. Não é possível nosso convento ficar sem um sacerdote. Não temos confessor, nem celebramos a eucaristia. Que situação! O padre, acamado, nem consegue mais falar, seu estado piora a cada dia, e a abadessa vitimada por essas crises...

Lúcia não prestava atenção ao desabafo da freira, preocupada em não se tornar vítima das mesmas crises.

Pelos corredores relatou, em voz baixa, o que havia lhe sucedido enquanto atendiam a superiora. Viu o espanto na expressão da religiosa, que se benzeu várias vezes, levando aos lábios a cruz que pendia sobre seu peito, beijando os pés da imagem do crucificado.

— Não comente isso com mais ninguém. Não sei o que lhe dizer. Mas não tema. Se forem demônios, lembre-se de que estamos em uma casa do Senhor, somos noivas de Jesus Cristo, devotas da Virgem. Eles não terão poder aqui, os expulsaremos com nossas preces. Mas não convém que as outras saibam, já bastam as crises da abadessa para gerar pânico. Ah! Precisamos da presença de um sacerdote com urgência.

— Nosso padre está doente há bastante tempo, seu estado agravou-se nas últimas duas semanas, por que ainda não veio um substituto? O bispo era o confessor de minha mã... madrinha, ela dizia que no monastério havia muitos padres. Ele é meu tutor, será que não posso escrever-lhe?

— Isso seria um atrevimento, uma desobediência. A abadessa é a superiora, ela é quem pode tratar com o bispo os assuntos do convento. Mas há um caminho pelo qual é possível a você fazer isso. Aguardaremos mais um pouco, se não houver mudanças, oriento-lhe.

Na madrugada, os gritos da abadessa ressoaram no silêncio do convento. Nos dias seguintes as crises tornaram-se ainda mais frequentes, para desespero de Marta, que se viu constrangida a requisitar a ajuda de Lúcia, mesmo com o risco de "contágio", segundo pensava. O estado do padre não melhorou. No final da semana, Marta pediu a Lúcia que escrevesse ao bispo, solicitando-lhe a presença no convento alegando a necessidade de confessar-se e da sua orientação como tutor.

O mensageiro foi instruído a entregar pessoalmente ao bispo a missiva.

À primeira hora da manhã ele chegou ao bispado, tapado de poeira, sedento e faminto. Esbaforido, bateu à porta do gabinete de Ricardo.

— Bom dia, meu filho — cumprimentou Jacobino, surpreso ao reconhecê-lo. — Entre, por favor. Sente-se, quer um pouco de água?

— Aceito, padre.

O religioso serviu-o e, apiedado com o estado do viajante, deu-lhe a jarra, colocando-a na mesa ao lado da cadeira que lhe ofertara.

— Sirva-se à vontade.

— Obrigado, padre. Viajei toda a noite. As irmãs têm urgência, por isso não parei nem um segundo. Não sei quem está pior, se eu ou o cavalo.

Jacobino sorriu, simpatizava com a simplicidade do rapaz; o povo o fascinava, adorava estar em contato com pessoas.

— Ambos estão em mau estado, lhe asseguro. Mas nada que uma boa comida e descanso não possam resolver. Mas, afinal, o que o traz aqui nessa desabalada correria?

— Uma carta particular para dom Ricardo. Desculpe, irmão Jacobino, não posso entregá-la ao senhor.

— Meu filho, não se desculpe por cumprir seu dever. Foi o que ordenaram, é correto seu proceder.

— Não quero que o senhor pense que não confio em sua pessoa.

— Eu entendo, não me sinto ofendido. Aguarde o quanto for preciso pelo bispo, gosto de conversar enquanto trabalho. Conte-me como está a aldeia onde vive, fica próxima do convento carmelita, se estou bem lembrado.

O mensageiro, cativo do carisma de Jacobino, entregou-se de bom grado ao diálogo e o tempo que aguardou por Ricardo passou célere. Ao vê-lo entrar, o mensageiro pôs-se de pé e o saudou, beijando seu anel e pedindo-lhe a bênção.

— Deus o abençoe — respondeu Ricardo. — O que o traz aqui?

O mensageiro sacou do bolso interno do casaco um documento selado e entregou-o ao bispo.

— Que estranho! — comentou Ricardo, dirigindo-se a Jacobino. — É de Lúcia.

— Lúcia? — repetiu Jacobino forçando a memória. — Ah! A menina que batizei, a afilhada do duque Alberto.

— Minha pupila — lembrou Ricardo, rompendo o lacre. — Vejamos o que deseja.

— Desculpe interromper, senhor bispo, mas me mandaram esperar resposta.

O comentário do mensageiro recebeu de Ricardo apenas um breve aceno, demonstrando que para ele era indiferente se aguardasse ou não a resposta. Calmamente leu o pedido de Lúcia e sua única reação foi erguer, de leve, as sobrancelhas.

— Leia — pediu, estendendo o documento ao secretário.

Jacobino correu os olhos pelas frases educadas da jovem e, dirigindo o olhar ao superior, compreendeu que ambos suspeitavam de que algo diferente ocorria no convento carmelita.

Poucos dias antes chegara a carta da abadessa solicitando reconsideração da substituição do sacerdote, o que implicara a continuidade de Enzo no povoado, mas agora acompanhado de padre Felipe e sob as orientações de Jacobino.

— Muito estranho! — disse Jacobino, devolvendo o documento; providenciou papel e indagou: — Qual será sua resposta?

Sem dar atenção à prontidão do secretário, Ricardo permaneceu calado. Olhava a paisagem que se estendia além da janela, aproximou-se do parapeito, apoiou ambas as mãos e silenciosamente avaliou a situação.

"Essa moça nunca mais me deu qualquer notícia. Tudo que sei são as informações prestadas por madre Agnes dizendo acreditar que ela definhava rapidamente, que não suportaria a vida na clausura. Agora recebo este pedido partindo dela e usando o mensageiro oficial da congregação. Há algo errado."

Voltou-se, encarou Jacobino e declarou:

— Irei ao convento carmelita.

E, dirigindo-se ao mensageiro, ordenou:

— Descanse algumas horas. Preciso organizar algumas coisas antes de partir.

— Devo comunicar à abadessa sua decisão? — perguntou Jacobino.

— Não. A surpresa é a melhor forma de bem avaliar uma situação suspeita.

Jacobino concordou com um gesto de cabeça. O bispo mandou chamar Cristóvão, ordenando-lhe que preparasse seus pertences para uma visita à abadessa Agnes. Despacharam até o final da manhã. A tarde ia a meio quando o bispo, acompanhado pelo mensageiro semirrefeito, partiu para o convento carmelita.

Ao ser anunciada sua chegada nos portões do Carmelo, Ricardo já reuniu elementos para vislumbrar o acerto de sua intuição. Até mesmo o viajar desacompanhado da guarda fora proposital, sabia que nada tinha a temer do povo da região.

As sentinelas abriram-lhe as portas de imediato, sem as tradicionais indagações e verificações. Dada a falta de seu costumeiro aparato, seria natural supor um embuste. A segurança do local estava descuidada, anotou o bispo mentalmente.

Entrando no pátio, notou que, apesar da esmerada conservação do prédio, havia um certo ar de abandono, como um pátio muito limpo mas vazio, onde o vento reboja levantando folhas caídas, um quê de aflição no ar, algo que se sentia mais do que se via.

As freiras prosseguiram sua atividade inalteradas, à sua passagem cumprimentavam-no respeitosas. Conseguiu apurar pouca coisa, todas baixavam os olhos e a cabeça, permanecendo impassíveis como as imagens que adornavam a capela e os corredores.

Parando próximo a uma delas, perguntou:

— Sabe quem sou, irmã?

— Sim, Reverendíssimo. É o monsenhor dom Ricardo, bispo do Vêneto, a quem está sujeita nossa congregação — respondeu a religiosa.

— Não recordo de havê-la conhecido em minhas visitas anteriores. Como pode afirmar que sou o bispo?

— Assim anunciaram nossas sentinelas. Não tenho razão para duvidar da informação. Estou no convento há aproximadamente três anos. Fiz os votos há alguns meses. É natural que não nos conheçamos — explicou a freira, e apresentou-se: — Eu me chamo irmã Maria do Sagrado Coração de Jesus, dom Ricardo.

Admirando a firmeza da mulher à sua frente, que, embora com certa timidez, não vacilara ao responder suas perguntas, o bispo retribuiu o cumprimento estendendo-lhe a mão em que estava a joia que o identificava.

— Deus a abençoe, irmã Maria. Fez uma bonita homenagem na escolha de seu nome como religiosa.

— Obrigado, Reverendíssimo. Estou aqui para servir a Deus e a nossa Igreja, se puder lhe ser útil, terei prazer em servir.

— Com certeza, todas as mãos são abençoadas na seara da Igreja. Servir é o labor de nossas existências. Acompanhe-me até o gabinete da abadessa.

— Será uma honra, monsenhor — concordou irmã Maria e, com um gesto comedido com a mão apontando o caminho, convidou-o: — Vamos por aqui.

Enquanto caminhavam a passos lentos, Ricardo tecia uma série de perguntas sobre o andamento das atividades do convento, que a freira respondia com precaução, deixando pairar incertezas e sugerindo mistérios, como quem diz, sem pronunciar as palavras, que nem tudo era exatamente como parecia ou dizia.

Irmã Maria espreitava o comportamento da abadessa desde quando iniciara o noviciado. Sentia profunda inimizade pela abadessa, provocada pelo desprezo dela e as constantes reprimendas a sua conduta, criticando e condenando suas amizades com muitas congregadas, considerando-as excessivamente "íntimas".

"— Seu comportamento é vexatório, indigno. A senhora parece uma pulga de madrugada, pulando de cela em cela, perturbando o sono das religiosas. É escandalosa, não sabe conter-se — dissera-lhe Agnes. — De hoje em diante, aquela que eu encontrar vagando pelos corredores do convento à noite será trancafiada, em jejum severo, pelo tempo que eu considerar necessário à sua purificação e a seu arrependimento desses pecados da carne. E a senhora é a primeira."

Maria atravessara dias amargos e solitários, presa, em jejum absoluto; sofrera a sede, a fome, a privação de tudo. Entretanto, isso, em vez de abatê-la, insuflou-lhe a revolta, a rebeldia, o desejo de vingar-se. A cada momento passado naquele claustro sua mente registrara um voto particular consigo mesma:

"Esta mal-amada haverá de me restituir cada segundo que passo aqui, com o triplo deles que ela terá de amargar. A estrada é grande e nela saberei assentar minhas pedras".

A oportunidade enfim chegara. Qual melhor momento e local para pavimentar a estrada de acesso a sua vingança do que aquele? Aproximar-se de dom Ricardo era o primeiro passo; ele era o poder superior, sua amizade e proteção eram preciosas; o estado de Agnes a tornava frágil, fácil de ser atingida.

"É agora!", pensava irmã Maria e continuava astutamente a semear incertezas e fornecer informações incompletas.

Registrando as entrelinhas do diálogo, Ricardo convenceu-se de que algo errado acontecia no convento. "É talentosa a novata", avaliou intimamente. "Joga bem. É convincente. Por que quer armar para derrubar sua superiora é a questão. Preciso descobrir seus motivos para dar-lhe crédito ou não."

Assim pensando, ele mudou o foco do diálogo transferindo-o para as vivências de irmã Maria no convento. Obteve poucas informações, ela fechou-se tal qual as flores que só abrem à noite e que, com a ameaça do calor e da luminosidade, aos primeiros raios do sol se fecham escondendo seu interior.

"Hum! Houve confusão por aqui e ainda acontece algo de anormal", constatou Ricardo.

Fazendo-o caminhar por mais corredores desnecessários, irmã Maria fê-lo passar em frente ao quarto do padre, idoso e acamado.

Franzindo o cenho, Ricardo parou em frente à porta, ordenando:

— Volte aqui.

Obediente, irmã Maria retornou e, lançando um olhar de fingida surpresa, falou:

— Ah! É nosso bom padre! Coitado, está morrendo. Não se mexe e ouvimos suas palavras com muita dificuldade.

— Desde quando ele pernoita no prédio?

Acentuando a expressão de fingida surpresa, Maria retrucou:

— Por Deus, senhor bispo, não pense mal! Nosso padre adoeceu gravemente, está acamado, quase imobilizado, sem poder levantar-se há uns 20 dias. O pobre homem está tão velhinho! Essa semana nem fala mais.

— E as missas, as confissões, os demais sacramentos, a instrução das noviças, quem tem realizado?

— Por isso, oro muito pedindo sua intervenção, hoje minhas preces foram atendidas. Sua presença porá fim a essa situação. Somos um rebanho sem pastor. Pensei que soubesse.

— Infelizmente, é novidade. Precisamos conversar muito, Agnes e eu.

— O senhor gostaria de entrar para uma visita rápida ao doente? — perguntou irmã Maria.

Ricardo lançou um olhar ao aposento escuro: aos pés do nicho das imagens sagradas, velas acesas davam ao aposento um ar mortiço com as chamas bruxuleantes a dançarem conforme o movimento do ar. Sobre o leito, o corpo esquelético e retorcido do velho sacerdote. Apesar da distância e da penumbra, eram visíveis os traços cadavéricos do rosto do padre com a boca que não mais fechava, torcida à direita.

O temor da velhice e da morte atacou o bispo. Esforçou-se para esconder as expressões de desagrado diante do quadro e disse:

— Haverá tempo depois, irmã. Assuntos mais urgentes reclamam minha atenção. O estado do padre Anísio é lamentável, orarei por ele; desconhecia que estava doente e, pelo que vejo, é grave. Conduza-me ao gabinete da abadessa.

Lançando um sinal da cruz a distância, à guisa de bênção ao doente, deu as costas à porta e com passos decididos e rápidos avançou pelo corredor, demonstrando à irmã Maria que tinha pleno domínio da localização das dependências do convento.

"É bom que ela perceba desde cedo quem comanda. O uso de subterfúgios é válido, mostra que é astuta, porém, se for inteligente, notará que não me enganou", pensou Ricardo enquanto marchava decidido, chamando a si a tarefa de ir ao encontro de Agnes.

Irmã Maria não se deu por achada e, apressando o passo, seguiu ao lado do bispo, fazendo as vezes de anfitriã:

— Vejo que Vossa Reverendíssima tem perfeita lembrança das dependências de nossa instituição. O senhor goza de boa memória — comentou ela alegremente.

Ricardo limitou-se a lançar-lhe um olhar observador e pensou: "Ela é inteligente. Saiu-se muito bem".

Prosseguiram conversando amenidades enquanto atravessavam os longos corredores, silenciosos e iluminados pelas altas janelas.

Em frente à porta do gabinete da abadessa, irmã Maria parou e, dirigindo-se ao bispo, solicitou polidamente:

— Por favor, aguarde, Reverendíssimo. Anunciarei à abadessa sua honrosa visita. Aliás, pode me dizer o motivo? Conversamos bastante, mas não lhe indaguei as razões que o trazem a nosso convento.

— São de caráter pessoal, além, obviamente, das razões de ofício. Ela entenderá — respondeu Ricardo com ar severo, repreendendo com o olhar a petulância da freira em questionar e desejar conhecer seus motivos para uma visita-surpresa.

— Com certeza. Peço-lhe perdão se fui indiscreta. Minha intenção era somente servir — frisou Maria.

Ricardo uniu as mãos à frente do corpo dando a entender que aguardava com impaciência, esforçando-se para ser tolerante. A religiosa apressou-se em bater à porta e, ao ouvir a permissão, ingressou na sala, falando:

— Senhora abadessa, comunico-lhe a visita de monsenhor dom Ricardo, que deseja lhe falar imediatamente.

Agnes empalideceu, assustada. Levantou-se, apoiou as mãos no tampo da mesa, olhou para a porta e depois para irmã Marta, que, silenciosa, a encarava.

"Problemas. Mais problemas. Monsenhor Ricardo não pode saber o que vem se passando aqui, muito menos essas malditas crises; preciso me controlar", pensou Agnes.

— Mas como? Não recebemos nenhuma carta informando sua chegada! Será que estou enganada, irmã Marta? Será que me esqueci de algo tão importante? — questionou a abadessa aflita.

— Não, madre. Dou-lhe certeza, não recebemos nenhum comunicado do bispo — respondeu Marta.

— É — interveio irmã Maria. — O monsenhor disse que vinha sem avisar.

— Surpresa!? — disse Agnes, preocupada.

Respirou fundo, tornou a sentar-se e ordenou à irmã Maria:

— Volte para junto do bispo, conduza-o às poltronas no corredor, deixe-o descansar e faça-lhe companhia. Transmita-lhe minhas desculpas por fazê-lo esperar, mas eu e irmã Marta necessitamos concluir uma tarefa urgente. Diga-lhe que serei breve e, tão logo terminemos, irmã Marta irá buscá-lo. Mande servir uma bebida.

— Sim, abadessa. Conclua o trabalho em paz, cumprirei todas as determinações. Com sua licença — disse irmã Maria, retirando-se do gabinete.

— Por que fez isso, madre? — perguntou ingenuamente irmã Marta. — O que fazíamos não tem urgência, aliás, está pronto.

"Ah! Que castigo irônico que somente essa idiota não tema o que acontece comigo. A coitada não tem muito mais do que um pingo de inteligência", Agnes ruminava pensamentos irados.

— Irmã Marta, preste atenção: estamos fazendo um trabalho muito importante que é dirigir este convento. Tudo o que fazemos pelo bem-estar de nossas irmãs é urgente. O bispo não costuma fazer visitas de surpresa. Desde que assumiu o bispado, esta é a primeira ocorrência desse tipo. Ele é um homem muito ocupado e caridoso, todos o adoram nessa região, entre os demais bispos é muito respeitado. Não quero que se preocupe com nossa congregação, por isso ele não deve saber da minha "doença". Fui clara?

— Sim, madre. Nada direi e acho que nenhuma das outras irmãs falará. Mas, e se a senhora tiver uma crise à noite ou se ocorrerem os pesadelos, o que devo fazer? Não devo socorrê-la para que o bispo não tome conhecimento deles?

— Sim, irmã, não deve — respondeu Agnes, com o semblante carrancudo. — Sirva-me um copo com água.

Marta levantou-se indo ao extremo da mesa, tomou uma jarra e um copo, enchendo-o até a metade, e ofertou-o à superiora.

Agnes tomou alguns goles do líquido fresco, depositou o copo e, apanhando as chaves da escrivaninha, abriu a gaveta secreta. Remexendo em seus frascos de drogas, encontrou um pó de efeito calmante e misturou uma dose generosa na água, ingerindo em seguida.

"Isso será minha salvação. Aumentarei as doses, garantirei assim meu controle sobre esses demônios. Além do mais, a visita do bispo haverá de ser curta", planejou a abadessa que, sentindo os efeitos quase imediatos da droga, relaxou e julgou ter readquirido o pleno domínio de si mesma.

— Irmã Marta, preste atenção, preciso que me ajude a lembrar: tomarei a partir de hoje duas ou três doses do pó. À noite ficará em meu quarto, dentro do nicho da Virgem, o frasco de sonífero. Se a senhora ouvir qualquer ruído estranho em minha cela, entre e me dê algumas gotas da droga. Entendeu?

— Claro. Fique tranquila, cuidarei para que a senhora não ande pelos corredores à noite. Se acontecer qualquer coisa, lhe darei os remédios.

— Ótimo. Agora, busque o bispo e traga-o à minha presença.

Marta, diligente, obedeceu à ordem, deixando Agnes ordenando os documentos sobre sua mesa, fingindo ter estado ocupada.

Após os cumprimentos habituais e corteses entre irmã Marta e o bispo, ambos andaram silenciosos até o gabinete da abadessa. Ricardo apressava os passos para acompanhar a freira que, nervosa, acelerava o passo.

Introduzindo o visitante na sala, irmã Marta afastou-se respeitosa, alegando ter trabalho a vistoriar na cozinha.

Um diálogo tenso, nervoso, truncado e cheio de recíprocas desconfianças marcou o reencontro de Agnes e Ricardo após vários anos de comunicação exclusivamente escrita e formal. A antiga cumplicidade perdera-se. Em seu lugar, a consciência de que ambos sabiam do que o outro era capaz. Mas o fiel da balança pendia para o lado do bispo, afinal ele encarnava o poder da Igreja em proporções vultosas comparado a Agnes.

Ricardo informou que vinha ao convento atendendo a um pedido particular de sua pupila, o que não convenceu a abadessa.

— Eu o informei, recentemente, de que em minha opinião a noviça Lúcia tem uma fragilidade física muito grande, sua saúde é debilitada. Vive apática. Definha.

— Estou ciente — respondeu Ricardo. — Ocorrendo isto, que podemos fazer? É a vontade de Deus. Como ela tem se comportado nestes meses? Será que deseja abandonar o convento, por isso mandou me chamar?

— Não notei nada neste sentido. Ela afirma insistentemente que está aqui para fazer feliz a alma de sua madrinha.

— E padre Anísio, não notou nada de diferente no comportamento da noviça?

À menção do padre, Agnes tremeu. Ricardo apertou os olhos, fixando o rosto da abadessa e, como ela emudeceu, insistiu:

— Abadessa, lhe perguntei a opinião do padre Anísio?

Perturbada, pois naquele momento lhe ocorreu que não mais poderia esconder a doença do sacerdote e a substituição que temia acabaria por ser feita, Agnes lutou para recobrar-se e responder.

— O padre? Sim. Bem, ele não me disse se havia alguma coisa estranha ocorrendo com sua pupila.

— Onde está o padre Anísio, abadessa?

— Adoeceu, de repente. Dois dias atrás ele enfermou.

— Dois dias? — questionou Ricardo, dando à voz um tom de incredulidade. — Qual é o mal que o aflige?

— O médico disse que ainda não tem um diagnóstico, examinou-o ontem.

— Ontem? E onde está o médico? Gostaria de falar com ele sobre a doença do padre.

— Ele não pôde ficar no convento, mas voltará a visitá-lo em breve.

— E quando a senhora pretendia solicitar um substituto?

— Ora, senhor bispo, por que incomodá-lo? Tenho certeza de que em alguns dias o padre Anísio estará recuperado e em plenas condições de exercer suas funções.

— Com certeza — anuiu Ricardo enquanto pensava: "Mentirosa. Agnes teme alguma coisa. O que será? Isso me cansa, é melhor resolver logo e voltar ao bispado". — Descansarei algumas horas, depois avise minha pupila que desejo vê-la.

Aliviada, Agnes suspirou, acreditando ter convencido o bispo. Desejando agradá-lo, perguntou:

— Qual dos homens de sua guarda devo fazer entrar para lhe servir?

— Vim desacompanhado da guarda, abadessa. Não é necessário que ninguém me sirva — respondeu Ricardo calmamente.

A surpresa no rosto de Agnes foi indisfarçável. Esperava tudo, menos que o bispo viesse só, dispensando os cuidados de um oficial de sua guarda. Engolindo a novidade, meneou a cabeça em aquiescência e disse:

— Farei como deseja. Deus lhe conceda um bom descanso entre nós, Reverendíssimo.

Ricardo recolheu-se pensativo aos aposentados reservados às suas visitas. Agnes, sob o efeito dos calmantes, adormeceu debruçada sobre a mesa de trabalho em plena luz do dia. E na capela, em um canto no fundo do altar, irmã Marta orientava Lúcia sobre o melhor a fazer para restabelecer a paz no convento.

No dia seguinte, Ricardo despertou muito cedo. Ainda se dissipavam as brumas da manhã e ele já andava pelos jardins, observando os primeiros movimentos do dia. Pensava no comportamento da abadessa, por que ela estava mentindo, quais as razões de irmã Maria para aproximar-se dele tentando envolvê-lo, mostrando-lhe fatos que ela sabia que a abadessa tentaria esconder. Sentiu no ar o cheiro de mistério, de algo escondido ao seu olhar. Mas o quê?

As práticas "comuns" ao convento eram de seu conhecimento, não ofereciam razões para temores. Sabia que os fatos cotidianos, comuns, envolvendo os padres também aconteciam nos ambientes femininos. O único questionamento que se fazia com relação a eles era se alguma mulher era impelida a buscar a vida monástica para viver sua sexualidade tal qual ele fizera. O silêncio autoimposto e aceito nos meios religiosos sobre o tema o impedia de obter a resposta.

A noite transcorreu calma e silenciosa. A torturada Agnes, dopada, permaneceu adormecida em seu gabinete; o efeito das poções havia sido tão forte que silenciara os gritos de seus pesadelos. No entanto, a imobilidade de seu corpo não era sinônimo de paz, significava apenas que ela, por meio das drogas, retirara temporariamente a capacidade de manifestação física de suas vontades. Semiliberta da matéria, em espírito, prosseguia a relação conflituosa com aqueles que se diziam suas vítimas e ela amanhecia cansada, exausta; seu único desejo era desaparecer. Devagar sua memória foi retornando e ela conscientizou-se do dia difícil à sua frente com a presença do bispo. Sentiu-se sem forças para lutar, mas precisava erguer-se de sua cadeira e buscar energia para dominar os temores que a ansiedade causava. Tinha diante de si mais um dia. Ignorando o que lhe reservavam as horas futuras, antecipadamente as temia, tingindo-as de cores densas. Sofria duplamente, contribuindo inconscientemente para a ação das entidades obsessoras que, observando-a, se deleitavam com suas reações descontroladas.

— Como é fácil fazê-la sofrer! Vejam, ela se tortura sozinha; só precisamos apreciar a cena de sua derrocada. Que maravilha! — comentava um dos espíritos, falando aos comparsas.

— Realmente, não precisamos despender energia. Ninguém se aproximou dela, nem a sugestionou. A idiota, sozinha, apavorou-se e se tortura. Olhem a agitação de seu pensamento! Como dizem as freirinhas: "Virgem Maria!".

— A abadessa se odeia — comentou outro.

— Melhor para nós, enquanto ela se desequilibra, nós apreciamos sua queda e damos risada — apartou o terceiro. — Bem que ela merece. A própria consciência a está punindo.

— Não diga bobagens! — ralhou o primeiro, olhando severamente para o último. — Desde quando gente da laia dessa desgraçada tem consciência? Julga que ela pensou ao menos um momento antes de barrar nosso regresso à vida material? Acaso ela cogitou sobre as nossas necessidades, expectativas e desejos? Não. Portanto, você não pode dizer que ela tem consciência. Nós somos os gritos que ela ouve, nós somos a "consciência" que fala.

— É, mas que não somos apenas nós a fazer tudo que ela está passando também é verdade. Ela tem nos "ajudado" e muito. Torturá-la estando drogada pelos remédios é fácil demais, ela virou um joguete sem vontade, apática. Depois, é só ver o que ela está fazendo agora. Preste atenção nela, deve estar se sentindo fisicamente muito mal, está nervosa, anda aflita de um lado para o outro, pálida, a todo momento passa as mãos na testa e esfrega-as no hábito, sua mente não dá sossego. Vou me aproximar um pouco mais para ver o que ela está sentindo — retrucou o terceiro.

Enquanto as duas entidades desencarnadas acomodadas no gabinete da abadessa observavam a ação do parceiro, Agnes de fato agia como eles haviam descrito. O espírito aproximou-se buscando sorver as sensações da matéria que Agnes experimentava naquele instante. Ligou-se rapidamente a ela e logo se afastou, gargalhando ao informar:

— Ela é muito melhor nessa arte do que nós. Está horrível! Se não a odiasse tanto, teria pena dessa infeliz. Seu coração bate descontrolado, o sangue flui rápido, acelerado, sua mente é um turbilhão sem controle, ela treme e, em pensamento, cria mil imagens, todas ruins. Está em aflição e tem medo de que o bispo descubra que está atacada por "demônios"; é assim que ela nos chama — e com ares de deboche continuou: — Ah! Como é malvada! Eu queria ser um bebê bem bonitinho, não tenho rabo, nem chifre.

Depois, mais sério, continuou:

— Companheiro, chame como quiser o que faz esta criatura sofrer, mas reconheça que não há nenhum "espírito do mal" nesse momento agindo sobre ela e que o estado da bruxa é excelente para nossos propósitos e não estamos nos desgastando para isso.

Os outros o ouviram em silêncio sem compreender as causas de Agnes estar tão torturada, mas, obviamente, estavam muito contentes com o fato.

— Ah! E adianto-lhes: eu não me aproximo dela nesse estado. É muito ruim! Ficarei só olhando e me divertindo. Quando ela estiver "calma", continuarei o trabalho. Se quiserem, experimentem.

Eles nem ao menos se moveram. Deliciaram-se quando Agnes, em profunda aflição, lançou as mãos à cabeça e apertou-a, depois se ajoelhou em frente à imagem e recitou em voz alta as ladainhas costumeiras, sem, contudo, melhorar seu panorama interior. Por fim, tomada de ansiedade, aflição e medo, com o coração palpitante e suando frio, ergueu-se e decidiu enfrentar o dia. A cada passo a sensação era de vencer uma batalha inglória, pois sabia que tudo se repetiria no passo seguinte.

Na capela encontrou irmã Marta, ajoelhou-se ao seu lado, sem perceber a figura da noviça Lúcia do outro lado.

— Estamos rezando, abadessa, enquanto o bispo está se preparando para ouvir nossas confissões. A primeira será a noviça Lúcia, pupila dele. A senhora irá confessar-se, com certeza. Providenciarei para que seja a segunda, está bem?

Ao ouvir as palavras de irmã Marta, uma palidez mortal tomou o rosto abatido de Agnes.

— Abadessa! O que a senhora tem? Está se sentindo bem? — indagou Marta assustada.

Com palpitações e falta de ar, a abadessa esforçou-se e pediu:

— Ajude-me a ir à minha cela. Não estou bem, preciso me deitar.

Solícita, Marta auxiliou a abadessa e a conduziu à cela. Deitada, tomada de pânico, Agnes disse, com dificuldade:

— Diga ao bispo que estou indisposta. Substitua-me por hoje. Pensei ter forças para vencer este dia, mas elas me faltaram. Achei que fosse morrer ajoelhada na capela, estou muito mal.

— Farei o que diz, abadessa. Fique tranquila, mandarei uma das noviças fazer-lhe companhia.

Agnes ficou calada, Marta verificou se ela estava confortável e se retirou. Os desencarnados, observando sua presa prostrada ao leito, sentiram-se impotentes e resolveram se afastar por algumas horas.

— Ela não precisa de nós para sofrer, conseguiu fazer pior sozinha. Não tem graça ficar perto dela nesse estado. Vamos para o jardim, depois voltaremos.

No confessionário, Lúcia relatava ao tutor as deficiências do convento. Obediente à orientação de irmã Marta, pediu-lhe, pelo bem da congregação, que como seu tutor enviasse um sacerdote substituto para o padre Anísio, pois nem mesmo as missas da hora do ângelus e dos domingos estavam sendo rezadas. As irmãs não comungavam nem se confessavam havia mais de um mês e, como se aproximava o período da Páscoa, estas medidas ganhavam um caráter de urgência. Ricardo ouviu os pedidos da pupila, bem como seus lamentos e incertezas. Advertiu-a conforme prescreviam as orientações teológicas da época, prescreveu-lhe a penitência e, por fim, assegurou-lhe que a situação do convento retornaria ao normal. Recitou a absolvição dos pecados e, fazendo o sinal da cruz, indicou o final da confissão.

A manhã do bispo foi tumultuada e cansativa, ouvindo as confissões monótonas das religiosas, seus pecados e culpas de atos presentes e passados.

Após o almoço frugal conversou rapidamente com irmã Marta e tomou conhecimento do mal-estar da abadessa, ao qual não deu qualquer importância. Registrou que, em virtude da doença do padre Anísio, mandaria um substituto ainda naquela semana.

Na saída, Ricardo encontrou irmã Maria próxima aos portões de entrada.

— Faça boa viagem de retorno, monsenhor Ricardo — desejou a religiosa. — Como lhe disse, estou ao seu serviço para o que desejar.

— É por contar com membros com sua boa vontade que nossa Igreja constrói sua obra, irmã. Apreciei-lhe a companhia, escreva-me quando quiser, dando-me notícias. Preocupou-me a situação do convento. Nossos bons amigos, padre Anísio e a abadessa, estão com a saúde debilitada. Peço a Deus que lhes dê muitos anos de vida e saúde, mas é reconfortante saber que pessoas como a senhora se dispõem ao trabalho; isso garante que se possam fazer substituições, quando a vida assim determinar, sem interromper o trabalho do convento.

Um sorriso contido de antecipação da vitória desenhou-se no rosto de irmã Maria. Depois, fazendo um ar constrito, respondeu no mesmo tom impassível do bispo:

— É a vontade de Deus. Pedimos à nossa protetora, Virgem Mãe Maria, que olhe por todas nós. Realmente nosso convento precisava de sua atenção, obrigada pela visita. Escrever-lhe será uma honra.

Ricardo despediu-se e fez um sinal da cruz abençoando a freira do alto da montaria. Olhou as torres e sinalizou às sentinelas; tão logo os portões abriram-se, saiu a galope rápido.

Na tela à nossa frente vi passar as imagens de dias relativamente tranquilos. Ricardo visitava o passado recente com calma, seu olhar tinha um brilho novo, tranquilo e mais afetuoso, expressava com mais liberdade seus sentimentos. Algumas vezes fazia comentários rápidos diante de uma recordação. Com frequência deparei expressões de surpresa em seu rosto e, inteligente como é, percebia minha atenção a suas reações e comentava a lembrança. Em dada passagem ele nos disse:

— Quando estes fatos me aconteceram, os enxerguei sob um ângulo muito incompleto. Observei apenas o que meus olhos viam e dei atenção àquilo que despertava ou servia aos meus interesses. Interessava-me sepultar os vínculos com Agnes. Incomodava-me lembrar que ela acompanhara minha trajetória enquanto escalava os degraus do poder na hierarquia religiosa. Não era arrependimento o que sentia, pois creio que naqueles dias, se fosse necessário, teria tomado as mesmas atitudes. Mas naqueles tempos tinha o desejo de apagar o caminho, de não me lembrar do que fui antes de ser o respeitado, o poderoso e temido monsenhor dom Ricardo, bispo do Vêneto. Agora, passados tantos anos, vejo que fiz muita bobagem, que fui eu o grande idiota da história. Atribuí importância ao que não tinha, cultivei conceitos aprisionantes e vazios. Cada vez que vi nesta tela os monólogos de Jacobino com Deus, senti o quanto era vazia e insegura minha existência, distante de uma amizade com meu Criador. Dimensionei a vastidão do meu orgulho e daquilo que ganhei com ele. Também em cada oportunidade que meu secretário extravasava sua ira para com os conceitos culturais, pelos quais zelei tanto, não querendo me expor, chamando-os de "gaiolas malditas", compreendi que vivi infeliz, preso e amarrado a construções irreais simplesmente por covardia em não exercer meu sagrado direito de reconhecer-me e proclamar-me um ser único na criação. Eu não entendia o quanto isso era libertador. Não, idiota como fui, pensava que devia ser exatamente igual aos outros. Entrei na gaiola e fechei a porta, lá dentro me animalizei, pois em vez de transformar meus instintos em emoções, e elas em sentimentos, preso na jaula irreal cultivei intimamente todos os meus instintos e sufoquei, neguei, reprimi, silenciei as emoções. Agora, analisando esses fatos sob uma perspectiva ampla e conhecendo-lhes as consequências, me reconheço como um doente emocional.

Georges, ao ouvir o comentário, interrompeu a projeção e voltou-se para Ricardo, indagando:

— O que significa para você ser um doente emocional?

Ricardo sorriu e, olhando para mim, reclamou bem-humorado:

— Viu, José? Nosso amigo Georges é muito curioso, meteu-se em nossa conversa sem ser chamado. Isso é deselegante, doutor.

— A elegância é uma bonita maneira de comportar-se, mas, particularmente, ainda tenho dificuldades em cultivá-la nos graus máximos, porque sou muito curioso. E não há, por enquanto, nada que desperte mais minha curiosidade do que a espécie humana e seus infinitos universos interiores. Acho que é porque não posso examiná-lo com microscópio, nem em laboratório, medido em taxas de normal e anormal — respondeu Georges e, devolvendo a troça, completou com fingida severidade: — Então tenha a certeza de que não guardo a pretensão de ser irrepreensível, não sofro por pouca coisa. Aproveite e exercite a capacidade de sentir o que sente o outro. Faça como os obsessores de Agnes, sinta o sofrimento deste curioso. Tenho certeza de que depois de experimentar angústias, aflições e de sua mente trabalhar acelerada, criando respostas e multiplicando indagações, o senhor, ex-poderoso bispo do Vêneto, será complacente comigo e responderá à minha pergunta.

— Revendo minha trajetória localizei cada uma das minhas emoções aturdidas, seu nascimento, seu crescimento silencioso, a luta para sufocar suas expressões. Vi-as se transformarem e sei que me acompanharam depois, na vida espiritual. E tudo quanto fiz foi movido, impulsionado por elas. Não perdi a razão, mas também não me qualificaria, hoje, como alguém plenamente saudável. Eu não estava confortável comigo mesmo, alguma coisa estava errada em mim e não tinha nada a ver com o fato de viver uma sexualidade direcionada ao mesmo sexo. Foi mais, bem mais do que isso. Georges, eu não elaborei um conceito formal, nem sei se é possível, mas são minhas conclusões sobre mim mesmo.

— Você não precisa elaborar nenhum conceito formal, Ricardo. Ter ou não esse conceito expresso em palavras é de pouca importância. O real é que você compreendeu, extraiu da vivência a experiência necessária para não repeti-la. É isso mesmo, as doenças emocionais que desenvolvemos repercutem em nossa personalidade, que é imortal e atravessa séculos conosco. São diferentes das doenças meramente físicas, que se exaurem nas forças da matéria. As emocionais atingem o ser espiritual na geratriz de suas forças — os sentimentos, por isso levam a estados de perturbação insanos. Obsessores e obsidiados são doentes emocionais — comentou Georges, sério.

— E a cura foi este caminho doloroso, cheio de espinhos, de buscar minha verdade, entender a nascente dessas emoções e lutar para ter, ou melhor, para ser senhor de mim — falou Ricardo.

Georges simplesmente abanou a cabeça e apontou-lhe uma frase escrita em uma das paredes de sua sala: "Conhecerás a verdade e ela vos libertará".

— A conquista da verdade é lenta e gradativa — concluiu Ricardo após meditar alguns minutos. — Às vezes dolorida.

— Ela é benéfica. Não fique cultivando a piedade por si próprio, Ricardo. Sabemos que você está sensível e dolorido, para usar uma expressão sua, mas pense que está melhor, muito melhor. Conscientizou-se de suas verdades e caminha para um estado de bem-estar e equilíbrio. Aprenda mais uma coisinha: nosso processo de evolução — emocional e intelectual — é dinâmico e constante, portanto, preserve sua saúde: não inicie agora um complexo de vítima, de pobrezinho.

Ricardo recebeu o alerta sereno, olhou-me e sorriu, como se estivesse pregando uma peça no médico. Naquele momento passou-me a certeza de que ele revia tudo, o que fora e o que fizera, com tranquilidade e consciência, pronto a assumir as responsabilidades ante as leis da vida, por isso inteligentemente brincava com Georges, que não me pareceu ter percebido que, livre das causas, o ex-bispo observava as consequências sem sofrer.

A projeção foi retomada. Acomodamo-nos e prosseguimos mergulhando na atmosfera dos conventos da Itália, nos idos do século XVII, entre restos de feudalismo e Inquisição misturados a um nascente movimento religioso de valorização da experiência humana sobre as verdades teológicas.

Havia se passado mais de três meses desde o retorno do bispo à visita ao Carmelo. A primeira providência fora a imediata designação de padre Enzo para servir no convento.

O jovem sacerdote recebeu friamente a notícia da transferência. Sabia que sua permanência na aldeia estava comprometida; em sua mente ecoava a conversa com irmão Jacobino e a advertência de que não seria tolerada outra queixa. Além disso, o relacionamento com o bispo atravessava uma fase delicada; relutara muito, mas fora obrigado a admitir que perdia o poder de influência que julgava possuir sobre Ricardo. Com o objetivo de reconquistar o espaço perdido, esforçava-se para domar suas inclinações e, quando não resistia aos impulsos sexuais descontrolados, fazia o possível para mantê-los em segredo. Decidido a agradar Ricardo a qualquer preço, encenou, em particular, algumas cenas de carência afetiva e dependência emocional, apelando para despertar-lhe remorso e culpa pelo afastamento, ao mesmo tempo em que fazia juras de devoção e amor ao companheiro.

Mas era nítida no olhar de Ricardo a desconfiança. Ele aceitava as demonstrações de carinho e de interesse sexual de Enzo, entretanto se mantinha distante. Acredito que fosse um fator bem típico do caráter de meu amigo essa dubiedade de conduta, exteriormente uma coisa, no íntimo outra. E como Enzo, empoleirado no alto de sua inteligência e perspicácia, não olhava duas vezes para nada, acabou convencido de que ganhava a partida, quando, na verdade, quem dava o xeque-mate era o bispo.

A relação deles, bastante sofrida, esfriava dia a dia, e o convento carmelita representava uma distância física, uma barreira a mais. Enzo não pensou nisso, não cogitou que Ricardo teria a mesma liberdade que ele, que a estrada tinha, para ambos os lados, o mesmo percurso. Foi bastante frio e reservado ao partir, querendo fazer crer que encobria uma grande tristeza, o que não era verdade.

Ricardo, apoiado no parapeito da janela de seu gabinete, viu aquele que um dia chamara de "seu menino" partir na carruagem do mosteiro.

Jacobino, sentado, o observava, tentando entender o que se passaria no coração de seu superior naquele momento.

"Estou ficando velho", pensou Jacobino. "Antes eu julgava que sabia o que ia acontecer, analisava as pessoas e fazia prognósticos, mas a vida tem me ensinado tanto! Minhas últimas previsões mostraram-se totalmente erradas. Pensei que Lucas seria um excelente padre, a vida mostrou-me que ele será um bom cristão e, sinceramente, acho que isso é até mais útil que ser um sacerdote por vaidade, orgulho ou ambição de alguma coisa. Depois, ingenuamente, fiquei feliz em ver que o bispo descobria o que era o amor. Ironia da sorte, o jovem Enzo mostra-se desequilibrado em sua conduta sexual. Parece que errei mais do que acertei, ou será que, acompanhando os movimentos da vida, as mudanças nas pessoas, conduzindo Lucas porta afora deste convento e de certa forma contribuindo para o afastamento de Enzo, estou andando com esse movimento das forças da natureza? Ela é sábia e espero, sinceramente, que minhas atitudes tenham acompanhado suas ondulações e que tudo caminhe em harmonia e equilíbrio. Pobre monsenhor Ricardo! Está sofrendo, talvez recordando o passado. Ele não esperava que as coisas seguissem esse rumo."

Concentrado em seus pensamentos, Jacobino tinha um ar nostálgico e estava alheio às circunstâncias, tanto que não percebeu o bispo observando-o.

— Irmão Jacobino — chamou Ricardo e, como o secretário não atendesse, insistiu: — Irmão Jacobino, aonde o senhor foi? Está no céu ou no inferno?

— Hum? — reagiu Jacobino despertando. — Perdão, monsenhor, estava distraído. O que disse?

— Perguntei se estava no céu ou no inferno. Era visível que o senhor ausentara-se dessa sala.

— Quem sou eu, senhor bispo, para pretender tocar nas alturas do céu. Não. Estava na Terra, pensando em coisas triviais, nada que me rendesse credenciais para disputar um lugar no reino de Lúcifer.

— Como o senhor consegue tal proeza? Afastar-se assim do mundo que o rodeia, abstrair-se... Experimenta-se paz nesses momentos?

— Experimentar a paz? — repetiu Jacobino questionando a si próprio. — Sim, experimento a paz. Ela é para mim uma forma de viver, não são os momentos de abstração e meditação que a oferecem para mim, e sim uma relação interior e pessoal comigo mesmo, com Deus e com meu próximo, estruturada na verdade e na justiça.

— O senhor é um filósofo. A teologia nunca lhe interessou? Nunca pensou em escrever? A Igreja precisa de bons pensadores.

— Concordo com seu último posicionamento. Porém, não serei eu quem escreverá para a Igreja, falta-me a base indispensável para tanto.

— Do que está falando, irmão Jacobino?

— De crer nos "mitos" bárbaros, pois para mim são piores que pagãos, pregados pela teologia. Fugir à crítica dessa conduta aviltante às lições de Jesus, segurando uma pena em frente a um tinteiro, seria para mim muito difícil. Isso, fatalmente, me conduziria a ser lembrado aqui em missas em intenção à alma dos mortos. Não, senhor bispo, ainda tenho muito a fazer nessa estrela-mãe.

— Mas em que fatos tão importantes meditava para alienar-se tão completamente?

— Pensava na velhice, no amor, nos movimentos naturais da vida — respondeu Jacobino com o olhar ao longe contemplando a nuvem de pó levantada pela carruagem cada vez mais distante do mosteiro.

Ricardo acompanhou-lhe o olhar e nada mais indagou.

Os dias após a partida de Enzo entristeceram o bispo, mas depois, lentamente, recuperou-se e nas primeiras visitas do jovem sacerdote parecia que a intimidade entre eles renasceria.

Uma nova etapa se desenrolou. É presumível que Ricardo se sentisse lisonjeado e mais confiante ao ver Enzo retornar por livre vontade ao convento à procura de seu afeto.

Dias de calmaria, prenunciando vendavais.

O único a ter atividade redobrada foi o mensageiro do convento carmelita. Em nenhum outro período o bispo do Vêneto recebera tantas cartas provenientes do mosteiro feminino. Irmã Maria e Enzo disputavam, sem saber, a atenção do superior.

A tarde ensolarada convidava à contemplação da natureza, a respirar a longos haustos, a deixar o olhar encantar-se com o brilho do sol sobre as verdes e suaves colinas do Vêneto. Mas o bispo não tinha a necessária tranquilidade interior, a paz de espírito para aproveitar assim uma tão linda vista. Ele ficava alheio àquele magnífico exemplar da arte divina que se via além dos portais da janela de seu gabinete. Aquela tarde, sentado atrás de sua mesa, cabeça baixa, concentrado no exame da correspondência, Ricardo mal registrou a brisa com cheiro de campo que lhe acariciava a pele. Essas pequenas maravilhas que a bondade de Deus nos oferece passavam-lhe despercebidas. Sufocara tanto a sensibilidade que estava insensível para reconhecer os traços de arte na vida. Não, o jogo de palavras e intrigas nas cartas, este sim, lhe chamava a atenção e movimentava seus sentimentos.

Leu a correspondência de Enzo, cheia dos costumeiros protestos de saudade. Falava pouco do trabalho no convento, preenchendo as páginas com evocações do passado feliz dos dois. Não poderia avaliar se, consciente ou inconscientemente, Enzo buscava despertar a nostalgia em Ricardo, depois um estado melancólico apaixonado e servir de cura, de solução, ser a salvação. Mostrar-se aos olhos do bispo como alguém imprescindível à sua felicidade.

Mas Ricardo, embora o amasse, não era ingênuo nem de parca inteligência. Percebeu as intenções do amante e não se deixou enganar achando que ele não seria capaz de traí-lo novamente. Conhecia suficientemente o caráter das pessoas para saber que vícios e virtudes, em geral, são comportamentos que se repetem.

Enzo mostrara um vício até então desconhecido pelo bispo, mas, uma vez identificado, era possível e provável a reincidência.

"Ele era muito jovem quando tudo começou", rememorava Ricardo. "Julguei que poderia conduzi-lo, educá-lo e fazer dele um homem tão bem-sucedido quanto eu mesmo. Enganei-me, não olhei bem o interior do menino. Falta-lhe uma espécie de inteligência fundamental, a de bem se relacionar com os outros. Sem ela é fácil cair ou ser derrubado. Ele é de uma autossuficiência que beira a temeridade; isso não é lúcido. Acaba deixando pistas fáceis do que quer esconder. Pensa que as pessoas à sua volta são espécimes sem raciocínio, menospreza-as."

Largou a longa carta de Enzo sobre o tampo do móvel e passou a examinar a enviada por irmã Maria.

— Esta sabe o que faz. Vejamos o que quer agora — disse Ricardo em voz baixa, ao romper o lacre da missiva, e passou a ler:

"Reverendíssimo bispo do Vêneto
Monsenhor dom Ricardo

Deus o proteja e lhe dê glória e poder entre seus eleitos. Rogo à Maria Santíssima por sua saúde.

Infelizmente, obrigo-me a reportar-me à sua pessoa pedindo, implorando ajuda ao nosso convento. Fatos de grande gravidade ocorrem sob o venerando teto que a todas nós ampara e serve à glória de Jesus e devoção a Virgem Santa.

Tremo só de pensar e, antes de escrever-lhe, pedi a Deus, nosso Pai, inspiração sobre a melhor maneira de agir. A consciência dos meus deveres com a Igreja e com minhas irmãs da congregação obrigou-me a escrever-lhe. Por favor, não me interprete mal, tudo o que faço é com o objetivo de servir.

Nossa abadessa, exaurida após uma vida de renúncia e prática piedosa, está gravemente enferma. Arvoro-me à condição de dar-lhe um diagnóstico: enlouqueceu.

As madrugadas em nosso convento são de horror e pânico. Nossa superiora acorda aos gritos e corre desesperada pelos corredores em trajes de dormir, chora e se diz perseguida por demônios que a acusam impiedosamente.

Flagela-se com frequência. Recentemente, auxiliando em seu atendimento, tive a oportunidade de ver-lhe o corpo. Tem as costas marcadas por chagas malcuidadas, estão infeccionadas e não curam, pois os açoites são frequentes demais e não possibilitam à natureza reagir fechando os ferimentos. É lamentável! Veem-se os ossos de suas costas através das carnes dilaceradas. Ela jejua quase que permanentemente e fala coisas desconexas. Não tem lucidez sequer para as preces, joga-se ante o altar e, gritando, pede perdão e fala com Deus tomada de aflição, esquecendo-se das fórmulas e do latim. Em outra oportunidade presenciei quando lançou imprecações, veja bem, contra a imagem de nossa protetora, revoltada com a maternidade, que a nossa amada santinha representa. Ela definitivamente não está nada bem.

Essas ocorrências têm sido muito prejudiciais à congregação. As irmãs estão divididas. Há as que creem que nosso convento está sendo atacado pelas forças do maligno. Não quero dizer que não creia nos poderes dele, longe de mim tal atitude. Se ele tentou ao próprio Salvador, quem somos nós, humildes servidoras do Cristo, para nos julgarmos ao abrigo da tentação. Mas trata-se de um caso isolado, a moléstia recai somente sobre a abadessa. Nenhuma das demais religiosas relata algo parecido, ao contrário, gozam de paz e dedicam-se à fé. Por isso, penso haver motivos suficientes para catalogarmos esse triste episódio como doença, descartando o assédio das forças malignas.

A existência da abadessa, marcada pelo trabalho a favor da Igreja e da caridade, me leva a crer seja ela merecedora do amparo da Virgem, tanto que até o comportamento inadequado ante os altares e imagens sagrados seja relevado por nossa protetora, pois é a doença que causa tamanhos transtornos à nossa superiora.

Perdoe-me, monsenhor, por dirigir-me à sua pessoa sem a interferência de irmã Agnes, ou do padre Enzo, mas os motivos da impossibilidade de obedecer são os colocados acima.

Confio em sua sabedoria e no amparo dos santos para que julgue minha indisciplina e atenda à minha rogativa retornando ao convento para inteirar-se dessa infeliz situação.

Encerro esta carta comunicando-lhe com pesar o falecimento de padre Anísio, sacerdote que nos serviu por longos anos. Seu sepultamento teve de ser rápido em virtude do estado de seu corpo. Graças à sua diligência, contávamos no convento com os serviços do jovem padre Enzo, que se desincumbiu muitíssimo bem de todos os preparativos e cerimônias, aliás, o trabalho do sacerdote tem sido muito elogiado pelas freiras, as noviças têm tido maior interesse na atividade de formação.

Pedindo sua bênção e mais uma vez protestando-lhe minha amizade, admiração e estima, assino

Irmã Maria do Sagrado Coração de Jesus".

— Agnes louca? Não é possível! Era tão fria, equilibrada. Como pode ser isso? Estive recentemente no convento, estranhei um pouco suas atitudes, mas indisposições são normais em mulheres. Mentiu, é verdade; senti que ela não desejava a substituição do sacerdote e percebi que ela sabia os motivos da alegação da juventude de Enzo. Mas loucura?

Ricardo levantou-se, andou a esmo pela sala e depois, chamando o seminarista que o servia, ordenou:

— Mande vir à minha presença o irmão Jacobino e diga-lhe que é urgente e muito grave, que ele não me faça esperar.

Um ar divertido perpassou o rosto do jovem, mas respondeu sério:

— Eu o trarei rapidamente, Reverendíssimo.

O ar maroto do jovem chamou a atenção de Ricardo. Ele tinha feições charmosas e simpáticas, seu corpo era bem desenvolvido, os cabelos escuros e rebeldes caíam sobre a testa alta, os olhos eram alegres e brilhantes, indicando uma personalidade pacífica e descontraída. Não era um exemplar de beleza clássica, mas o conjunto era atraente.

"Não posso compará-lo à beleza clássica de Enzo, mas o jovem é uma promessa", avaliou Ricardo.

— Seminarista, esqueci seu nome. Como se chama? — indagou o bispo.

— Mateus, me chamo Mateus, Reverendíssimo.

— Um belo nome apostólico, digno de um sacerdote da Igreja romana. Não esquecerei mais seu nome — falou Ricardo apreciando o seminarista. — Agora vá! Ah, e se o irmão Jacobino estiver comendo, diga-lhe que a comida, assim como o bispo, também vai e vem, não se esgotará se ele abandoná-la para atender-me.

O rapaz não conseguiu conter-se e sorriu ante a advertência do bispo.

— Ele está velho, Reverendíssimo, e dizem que sempre foi assim. Mas farei o possível para afastá-lo do refeitório.

— É bom — respondeu Ricardo e sorriu para o rapaz. — Vá, meu filho.

Acompanhado pelo novo seminarista, irmão Jacobino, poucos minutos depois, caminhava em direção ao gabinete do bispo, enquanto conversavam alegremente.

— Boa tarde, Reverendíssimo — cumprimentou Jacobino ao entrar na sala de trabalho. — Aconteceu alguma coisa grave?

— Sim, irmão Jacobino. Precisamos resolver um sério problema.

Como o seminarista permanecesse parado ao lado da porta, Ricardo elogiou-o:

— Você foi o mais competente dos últimos seis que me serviram. Conseguiu o feito inédito de fazer irmão Jacobino atender a meu chamado com rapidez. Cumpriu muito bem seu trabalho, mas agora deve se retirar, o assunto é confidencial.

Corado de prazer com os elogios do bispo, o jovem sorriu com seu costumeiro ar maroto e respondeu:

— Eu descobri algo que meu amigo gosta mais do que o caldo do Frei Gusmão. Com sua licença, monsenhor Ricardo, irmão Jacobino.

Jacobino sorriu e acenou para o jovem, dizendo:

— Não se revelam segredos tão facilmente, meu filho, aprenda a guardar suas armas. Vá com Deus.

Ricardo observou o diálogo entre os dois compreendendo que o seminarista, apesar de estar há poucos dias no mosteiro, considerava irmão Jacobino seu amigo. "Que facilidade de conquistar as pessoas tem esse meu secretário. Eu há pouco notei o belo rapaz e eles já são amigos", constatou Ricardo, em pensamento, acompanhando com o olhar a partida de Mateus.

— Excelente jovem! — comentou Jacobino referindo-se a Mateus. — Afetuoso, tem boas maneiras, é alegre, muito interessado em aprender. Simpatizei com ele assim que o encontrei.

— Confesso que notei a presença dele apenas hoje, mas também me causou boa impressão. Mas, deixemos o seminarista para depois, temos um problema muito sério no convento carmelita.

— Ah! Não me diga que padre Enzo iniciou suas confusões entre as freiras! — falou Jacobino indignado. — Aquele rapaz não se corrige. Está procurando confusão.

Ricardo sentou-se surpreso; sem, entretanto, dar demonstrações externas, analisou:

"O que levou irmão Jacobino a acreditar que Enzo é o problema? Parece que ele espera confusão envolvendo-o com as religiosas. Por quê? Há alguma coisa que desconheço nesta história".

Com a fisionomia impassível, apoiou a mão sobre a mesa e cautelosamente comentou:

— Enzo é um rapaz de temperamento arrebatado. É assim desde menino, muitas vezes é difícil mostrar-lhe que está errado. É voluntarioso, eu sei.

— É, porém existem momentos em que, por mais voluntarioso que alguém seja, é preciso ter olhos para ver e saber agir com alguma inteligência. Perdoe-me as palavras grosseiras, mas Enzo é um potro bravo que não sabe se conter. Ele não serve para a vida monástica, seu voto de castidade é uma vergonha. O senhor bem sabe que não me enquadro entre os religiosos radicais, muito pelo contrário. Penso que, quanto mais próxima nossa vida fosse da vida comum do povo, melhor levaríamos a mensagem do Evangelho, pois assim entenderíamos verdadeiramente os problemas humanos. Portanto, não sou casto e não prego a castidade, ou melhor, a virgindade como uma santa virtude, deixo-a por conta da livre escolha de cada um. Mas não posso aceitar a imoralidade, o total descontrole sexual e o desrespeito com os semelhantes que Enzo protagoniza.

Notando que Ricardo empalidecera, embora sua face permanecesse impassível, Jacobino procurou controlar sua irritação.

— Mais uma vez me desculpe pelo meu desabafo, sei que o senhor tem especial afeto pelo padre Enzo, educou-o e conviveu com o senhor por longos anos, mas não podia mais silenciar a respeito desse comportamento. Disse tudo isso com o objetivo de alertar, não quero de forma alguma criar intrigas. Quando padre Enzo foi transferido daqui para o convento, eu, pessoalmente, o adverti de que não encobriria nenhuma atitude sua que o mostrasse indigno da confiança que lhe depositávamos, que ele deveria empenhar-se em modificar-se, em tornar-se senhor de si mesmo, e não um animal no cio.

“Há muita coisa escondida nessa história. Jacobino falou sem pensar, ele devia estar aguardando por problemas, uma ansiedade que não dominou. Mas é bom saber, não direi nada para fazê-lo ver que falou além do devido”, deliberou Ricardo intimamente.

— Tem razão, irmão Jacobino — apoiou o bispo. — Padre Enzo precisa cultivar o domínio de si. Como tenho com ele grande liberdade pessoal e também o dever de ofício, lhe falarei severamente. Quanto a este problema, tenho definido o que fazer; infelizmente não é novo entre nós.

Jacobino surpreendeu-se com a calma de Ricardo. Com a voz desprovida de emoção estava acostumado, mas, em se tratando de um problema dessa ordem, julgou que ao menos um pouco mais de calor haveria.

“Como deve ser triste viver como o bispo”, pensou Jacobino pela milésima vez em sua existência ao lado de Ricardo. “Estamos trabalhando há tantos anos, lado a lado, diariamente, e ele não diz uma única palavra, não deixa entrever sentimentos em suas palavras ou atitudes. É raro vê-lo sorrir, nunca o vi chorar, nem ao menos ter uma expressão alegre ou magoada. Parece uma estátua falante. Fosse comigo que tivesse acontecido tal problema, por certo não conseguiria ser assim. Ah, minha Madalena! Será que algum dia esse meu amigo vai conseguir ser livre? Ele se escravizou tanto! Lembra-se, Giuliana, quantas vezes ríamos até chorar de alguma coisa sem importância, e outras, debatíamos seriamente um assunto, discordávamos, e às vezes até nos agredíamos? Mas o amor era mais forte e as emoções nos enriqueciam. Como era bom correr pelos campos de mãos dadas com você! Se você tivesse me causado uma mágoa, como Enzo fez ao bispo, acho que teria sido muito difícil perdoar. Por certo, eu a perdoaria, mas também é certo que não iria reprimir os sentimentos. E sei que se fosse eu a causar-lhe dor, você também agiria assim. Sou até capaz de ver sua fúria, seus lindos olhos brilhando. Mas nada disso nos aconteceu. Fomos e somos tão felizes, Giuliana! Se puder, eu lhe peço: ajude-me com esse rapaz. Você entendia tanto a alma humana e seus vícios! Venha falar comigo, preciso de sua companhia."

— O que preocupa no convento carmelita, neste momento, é o estado de saúde da abadessa. Segundo me relata uma das religiosas, pessoa da minha inteira confiança, o caso é muito grave — tornou a falar Ricardo e rapidamente resumiu a situação da qual fora informado. Encerrou sua narrativa passando às mãos do secretário a carta de irmã Maria.

— É muito séria a situação — concordou Jacobino. — Pobre senhora, como deve estar sofrendo! O que posso fazer para ajudar? Quais são seus planos, Reverendíssimo?

— Chamei-o para discutirmos o problema. Também lamento muito o infortúnio da abadessa. Foi uma valorosa colaboradora. Pelo que nos informa irmã Maria, há boatos no convento de que a superiora esteja sendo vítima de possessão demoníaca; isso precisa ser calado. Se tal boato chegar aos ouvidos de ordens exorcistas, o padecimento da doente poderá ser pior, sem falar no transtorno que nos traria. O irmão conhece o fanatismo e a cegueira de que são possuídos nossos colegas exorcistas.

Jacobino meneou a cabeça assentindo a todas as palavras de Ricardo.

— Não sou tão pragmático para afirmar com segurança que tudo o que aqui é narrado — disse Jacobino erguendo a carta que ainda tinha em mãos — se resuma apenas a doença. Acredito que ela esteja também doente, mas não seria apressado em descartar outras ocorrências na situação.

— O quê? — indagou Ricardo. — Pensei que o senhor tivesse concordado que não é de bom alvitre envolver ordens exorcistas na questão.

— Entendeu bem, bispo. Mas isso não significa que eu não veja na situação a possibilidade de forças do além intervirem.

— Explique-se, irmão Jacobino, não o estou entendendo.

— Serei claro, então. Não creio no demônio, portanto, descarto totalmente sua ação. O que não existe não pode atuar. O universo é regido pelo amor e pela inteligência de Deus. Tudo quanto existe, no homem e fora dele, é criação divina. Como nos ensinam os Evangelhos, somos filhos do Criador, suas criaturas. Arriscar-me-ia a dizer que a maioria, na qual me incluo, somos os filhos pródigos. Deus não mandou atrás daquele filho rebelde e cheio de vícios nenhum demônio para acoçá-lo, atormentá-lo. Simplesmente foi entregue livre à vida, andou na grande escola terrena, até aperceber-se, sozinho, dos próprios enganos; então aprendeu a lição, retornou ao Pai e foi aceito e festejado. Deus rejubilou-se com a vitória de seu filho cheio de imperfeições e equívocos. É assim que entendo Deus e a vida, monsenhor Ricardo. Amor, aprendizagem, oportunidades renovadas e festejadas. Não compartilho da visão maniqueísta de um mundo dividido na luta entre Deus e o diabo. Reconheço apenas um ser imensamente poderoso. E tamanho poder nasce do amor e da inteligência supremos que para mim Ele representa.

Jacobino fez uma pausa e avaliou a expressão de Ricardo, embora de antemão soubesse que isso de muito pouco serviria, pois ele permanecia ouvindo-o impassível, apenas um brilho divertido e interessado modificava seu olhar, o que o animou a concluir:

— E, quanto aos demônios, creio que todos o somos. Afinal, este é um termo antigo, vem do grego e quer dizer espírito. Somos espíritos, viveremos após a morte, isso é ponto pacífico. Permito-me divagar e questionar: como viveremos? Aí é que vejo que nem tudo é doença em nossa companheira, mas não será resolvido com exorcismos.

— Irmão Jacobino, o senhor vive a dizer pelos corredores deste convento que conhece a Igreja desde que se conhece por gente, mas está me dizendo claramente que não crê em seus dogmas e postulados.

— O senhor me perguntou e lhe respondi que me permito questionar como se dá a vida após a morte. Entenda como quiser.

— Mas em que se baseia para levantar questionamentos? Diz o povo, e eu concordo, que ninguém nunca voltou da terra dos mortos para dizer como era.

Jacobino sorriu e indagou:

— Estamos fugindo do assunto de nossa conversa. Mas se é sincero seu desejo de ouvir minhas opiniões, independentemente da posição hierárquica de cada um, falando como amigos, terei prazer em lhe responder. Se for mera curiosidade de meu superior, me permito não lhe responder.

"Nunca tive amigos. É surpreendente o irmão Jacobino, é também uma raposa velha. Vê-se logo que, praticamente, nasceu respirando o ambiente desses conventos", pensou Ricardo.

— Fale, Jacobino, abriremos um espaço temporal em que estarão temporariamente suspensas as normas eclesiásticas, seremos iguais.

Jacobino sorriu e antes de responder pensou: "Somos iguais. As normas que determinam nossa separação não são dotadas de imortalidade. Elas ficam nesta órbita terrena, enquanto nós avançaremos pela imensidão".

— Nem tudo o que o povo diz merece acolhida. E nada devemos aceitar sem raciocinar, sem conhecer o tema. Dizer que ninguém voltou é fácil a um ignorante, não a quem tenha se interessado em buscar um pouco mais de conhecimento sobre a vida. Esse que bebe nas fontes do saber encontra mil provas e argumentos para pensar que a vida no Além seja bastante diferente do que pregam os teólogos. Desde os tempos pagãos se conhece que a alma sobrevive à morte e colhe nesta nova etapa o que plantou enquanto envolta no corpo físico. No mito de Sísifo, que aprecio muitíssimo, podemos analisar diversas situações da psique humana. Vemos o depoimento de alguém que sobreviveu à morte, retornou à vida física e lembrava-se daquele reino obscuro à maioria. Nos evangelhos, Jesus nos conta a parábola do mau rico que, reencontrando o mendigo no mundo do Além, lhe pede que vá até os seus e os alerte da sobrevivência à morte e de que naquele mundo vigem outros princípios, plenos de verdade, e não ilusórios como os da matéria. Isso explica que é possível voltar do reino dos mortos. Depois há todos aqueles episódios de cura dos possessos, em que Ele não se valia de fórmulas e aparatos, como os exorcistas fazem hoje, mas simplesmente dialogava amorosamente com os seres espirituais e eles se afastavam. Há o encontro de Jesus com Moisés e João Batista, ambos mortos, no monte pouco antes da crucificação. Ele próprio, após sua morte, volta e apresenta-se a Maria de Magdala, lhe fala e reúne-se depois com os apóstolos. O grande filósofo Socrátes afirmava conversar com um espírito, um demônio, que o auxiliava. Há milhares e milhares de pessoas com vivências de encontros, ou melhor, de reencontros com familiares e amigos que partiram, narrando situações às vezes de felicidade, outras, de sofrimento e perturbação. Ouvi muito isso em confissões e o senhor também deve ter ouvido. Esses são alguns motivos que me fazem pensar que é possível voltar do reino dos mortos e contar aos vivos o que por lá se passa.

— Interessante seu pensamento, Jacobino. E tem razão, é bom que não o escreva e nem fale a qualquer um. Senão, a contragosto, rezaria uma missa em intenção de sua alma.

— Eu sei. E sei onde piso, monsenhor. Mas isso não me impede de pensar, estudar, questionar e formar minhas opiniões.

— Se compreendi bem, crê possível que irmã Agnes esteja realmente sofrendo a ação de seres espirituais?

— Sim, creio. Mas afirmar tal coisa logicamente dependeria de conhecer *in loco* a situação.

— Gostaria de ir até o convento carmelita, como meu enviado, para tomar ciência do que está acontecendo?

— Isto é uma ordem ou um convite?

— Um convite. Ainda estamos em nosso espaço temporal diferenciado.

Jacobino pensou alguns minutos, levantou-se, andou até a janela, ergueu o olhar ao céu e Ricardo observou-o. Por fim, baixou o olhar, depois examinou a sala, até fixar-se brilhante e cheio de vigor no bispo ao responder.

— Aceito o convite, senhor bispo. Irei ao convento. Farei um estudo minucioso do que lá se passa e o trarei para sua apreciação.

— Muito bom, mas restrinja seu detalhado estudo à questão da irmã Agnes. O restante do convento está em ordem, visitei-o há poucos dias. E, como disse antes, as questões relativas ao padre Enzo são menores neste momento e cuidarei delas na próxima visita dele.

Conversaram mais algum tempo e despediram-se. Alguns dias depois, irmão Jacobino estava no convento carmelita dando andamento ao trabalho.

Ganhar a confiança da estranha abadessa era uma tarefa digna de Hércules.

Agnes recorreu a todos os expedientes possíveis e imagináveis para esquivar-se da presença de Jacobino. Alegou doença e manteve-se recolhida à cela por vários dias, drogou-se com as poções sedativas a ponto de andar desmaiando pelos salões do convento. Seu estado piorava dia a dia, nenhum desses expedientes lhe propiciava paz. A intervenção do bispado, materializada na presença do secretário do monsenhor Ricardo, agravou seriamente a disposição mental e emocional da abadessa. Às crises de ansiedade e pânico somou um grande medo do contato social e a preocupação de manter seu *status* na congregação. Torturava-se, imaginando um futuro negro à sua frente, descartada, sem piedade, internada em alguma instituição de abrigo a religiosos doentes e idosos ou, então, apavorava-se pensando que, se o superior descobrisse seu estranho estado, poderia sentir-se tentado a descartá-la para sempre. Aterrorizava-se com a possibilidade de morrer, de ser envenenada. Desses pensamentos torturados ao surgimento de um sentimento de perseguição, um comportamento desconfiado de que tudo e todos estavam contra ela, foi um salto rápido.

Ante o quadro de perturbação e os atrozes sofrimentos enfrentados pela abadessa, as entidades obsessoras passaram simplesmente a monitorá-la.

A doença estava instalada; precisavam apenas colher os louros da vitória que acreditavam ter alcançado. Assistiam, divertidos, sentindo-se justiçados, ao desenrolar do drama da abadessa. Entretanto, embora se sentindo vingados, a sede de justiça permanecia indicando que aquele não era o caminho correto. Faltava algo, não havia um preenchimento no vazio interior que viviam, a satisfação era fugaz, momentânea.

A paz que faltava a Agnes refletia-se neles, mas a buscavam em caminhos ilusórios e desviados do rumo certo, construíam algemas apertadas que os aprisionavam uns aos outros.

As investigações discretas do irmão Jacobino confirmaram sua primeira intuição ao tomar conhecimento do caso de Agnes: doença e perturbação de ordem espiritual. Fortalecera suas conclusões através dos diálogos longos e fraternos com irmã Marta. Ouvira-lhe os relatos das crises da superiora, suas intervenções com orações e preces e, passadas algumas semanas, ela lhe confessou, sob os mantos de sigilo que o sacramento exigia, as experiências pessoais com esses "demônios" e o temor de que tal mal contaminasse outras religiosas. Relatou as palavras que a noviça Lúcia lhe contara ter ouvido e que não encontrava outra explicação senão a origem demoníaca.

Ao longo das semanas a aproximação com Lúcia estreitou-se, ganhando os contornos da amizade e da confiança. Descobriu uma jovem solitária, deprimida, questionando a opção de vida, mas debatendo-se na obediência ao cumprimento das últimas vontades da mãe, a quem idolatrava. Revivia mentalmente o romance entre seus pais e, substituindo-o pelo que ela própria ansiava viver, fantasiava para suprir suas carências.

"Esse convento é um barril de pólvora atado a um pavio próximo de um incêndio. Todas as condições de uma explosão se reuniram entre essas paredes.

Reverendíssimo, é delicada a tarefa confiada a mim. Mas, ciente da proteção de Jesus, prossigo buscando vislumbrar possibilidades de desfazer essas condições explosivas. Entretanto, lhe informo que são instáveis e praticamente nulas, até esse momento, as chances concretas de deslindar esse emaranhado de problemas aqui instalado.

A abadessa esconde-se, foge da minha presença, evita dialogar a respeito dos problemas. Porém, vejo perfeitamente o imenso e insano esforço dela para demonstrar um mínimo de normalidade. A doença espelha-se em um de seus olhos; no outro vejo mistérios de um mundo imperceptível à maioria, assim sua alma me fala de dor, doença e tortura espiritual. Creio que, se ela confiasse em mim e se pudéssemos dialogar com franqueza, um caminho seguro de entendimento seria aberto, mas ela se nega e nada posso fazer. Parece-me que ela encontra um incompreensível alívio no padecimento, aceita-o, sem reagir, entrega-se como se merecesse sofrer. Não entendo essa assunção de culpa e desejo de punição. Adoraria conversar com ela e entender esse mecanismo de pensamentos e ideias que a faz alimentar esse estado de espírito, mas ela se nega, restando-me apenas lembrá-la em minhas preces.

As demais freiras causam-me tristeza e piedade. Como sei e confio que o senhor lerá esta carta e a queimará em seguida, confesso-lhe meu sincero desejo de abrir essas portas e dizer a essas mulheres que andem no mundo e vivam seus dias entre a multidão, trabalhando, servindo a si mesmas e aos outros na busca da felicidade. Chego a sonhar com isso! Mas, entra dia e sai dia, aqui não há mudanças, estão imobilizadas nesse conflito patético para o qual, dada as disposições dos fatos e das pessoas, vejo um triste desfecho.

Acompanho de perto as atividades de padre Enzo. Muito embora o senhor tenha me dito que se encarregaria de tratar dos problemas dele, que inclusive desconheço, algo nele está se modificando. Há qualquer coisa de mistério em seu olhar, e, como esperávamos, ele nada vê de anormal no convento. As freiras não confiam na orientação dele, isso é muito claro; muitas pedem a presença de outros sacerdotes para serem seus confessores. Algumas o adoram. Julguei ser importante colocá-lo a par dessa constatação.

Sua pupila também me preocupa. Seria oportuno afastá-la. Como ela ainda não proferiu os votos, peço-lhe que pense nisso. Tenho absoluta certeza de que o duque Alberto a receberia com muita alegria. Ele vive só e a menina lhe seria grata companhia. O senhor é seu diretor espiritual e rogo-lhe que considere meu pedido, por ser benéfico à jovem e à congregação que a abriga".

Assim dizia Jacobino no extenso relatório dirigido ao bispo, ao fim de um mês vivendo com as freiras carmelitas.

Aproximadamente dois meses transcorrem. Rapidamente vimos o esforço persistente e paciente de Jacobino junto às carmelitas, mas foi derrotado na tentativa de auxiliar a irmã Agnes. Ela controlou-se em público, com o auxílio das drogas, mas na solidão de sua sala ou na intimidade de seus pensamentos dava vazão à sua realidade atormentada, clamando a todas as forças que conhecia para que o trabalho do secretário do bispo se encerrasse no dia seguinte.

As drogas ingeridas em grande quantidade começavam a cobrar-lhe o preço, agravando seus mal-estares.

Marta desvelava-se em cuidados e orações com a superiora, relatando tudo ao secretário do bispo e mantendo-o a par dos progressos, na tentativa de auxiliar a abadessa. A benevolente irmã, que fazia as vezes de enfermeira, deu início a um plano de repassar as ideias de Jacobino e testar o interesse e a curiosidade dele.

Jacobino insistia em suas cartas para que Ricardo conversasse com a pupila e a orientasse a afastar-se da vida monástica.

Já irmã Maria informava ao bispo, com riqueza de detalhes, a situação caótica do convento e autopromovia-se, candidatando-se, informalmente, ao cargo de abadessa. Dizia ela:

"Admiro os puros de coração e os ingênuos, sei que são pessoas boas, honradas e justas. Permaneço isenta até hoje dos toques de um homem, disso não temo dizer: sou pura de corpo e coração, constrange-me perceber que, infelizmente, aqui, nem todas as mulheres podem dizer o mesmo.

Reverendíssimo, é muito sério o que relato, por isso peço-lhe meticulosa investigação e cuidado.

Sem desejar, esbarrei outro dia em cenas imorais entre as paredes desse convento. Creia, meu bispo, encontrei nosso novo sacerdote em beijos e abraços sensuais com uma das noviças. Um comportamento sem qualquer dúvida devasso, principalmente porque, não bastasse a ele desviar uma das almas que buscamos orientar, dá-se ao desfrute de requisitar mais de uma. E elas, tomadas pela luxúria, correm a atendê-lo, permanecendo deslumbradas à sua volta.

Confiando em sua discrição, revelo-lhe que são as noviças Lúcia e Mônica com as quais o tenho visto envolvido em jogos de sedução e prática sexual pecaminosa. À última faltam poucos dias para proferir os votos.

É vergonhoso, monsenhor. Pior do que animais. Penso que acreditam que ninguém sabe, são ingênuos o bastante para ainda crerem que "paredes" não escutam. Hipócritas! Rolam em orgias pelos campos da propriedade do convento e esperam que ninguém tome conhecimento. Essa situação só não encontrou o caminho dos tribunais, fato que não tardará a ocorrer, por falta de denúncia, pois tenho a certeza de que não fui somente eu que a Virgem guiou a ver a pouca vergonha. É mais uma prova de que precisamos retomar com urgência a disciplina neste convento. E rogo ao Pai Celeste perdão se for blasfêmia, mas esses fatos horríveis me levam a pensar que talvez o demônio passeie pelos corredores de nosso sagrado lar. Creia, essas pessoas perturbam a vida deste convento.

E volto a afirmar que precisamos de sua visita com urgência. Seu secretário, embora muito eficiente, não tem, a meu ver, progredido em seu trabalho junto à abadessa."

A carta encerrava com os protestos costumeiros de estima e rogativas a Deus pelo bom trabalho, pela saúde etc.

Em seu gabinete Ricardo leu e amassou, furioso, o papel enquanto pensava:

"Maldito, mil vezes maldito! Quem Enzo pensa que é?"

Andava de um lado a outro tomado de uma atividade febril, traçando planos de ação. Durante uma manhã inteira angustiou-se, até que, exausto mental e emocionalmente, sentou-se, expirou, desejando esvaziar o ar dos pulmões e expelir com ele a ira.

"Preciso raciocinar. Esse rapaz não vai me torturar. Não! Ah, não mesmo! Eu o amei, confesso que sim, mas ele não é digno de meu afeto. É um reles descontrolado, um indivíduo de baixa categoria. Pensei, sonhei fazer dele um sucessor, mas vejo que isso é impossível, o desgraçado não gosta de si próprio. Sim, para fazer imbecilidades é preciso não gostar de si. O que tem feito nos últimos anos é uma sequência de atitudes imbecis, de um baldo de inteligência, alguém inteiramente dominado pelo sexo. Onde será que errei em sua formação? Jacobino alertava que ele tinha um caráter difícil e precisava de disciplina, e eu cri que nosso relacionamento fosse firme e duradouro, que ele houvesse superado as marcas da infância e tudo o mais. Como fui cego! Ele não merece nada, quanto mais minha proteção", pensava Ricardo buscando controlar-se e raciocinar, traçando objetivos de como agiria. "Haverá de pagar-me muito caro essas traições. Ele conhecerá minha vingança."

Ricardo cismou por toda a tarde e avançou altas horas da noite, projetou sua ação, meticulosamente. "Não vou matá-lo, não haveria graça em vê-lo morto. Quero-o vivo e padecendo. Vou mandá-lo para o inferno! Ele irá para Belluno, mas antes quero ver de perto essas freirinhas e Enzo. Como quero vê-los!"

Raiava o dia quando se ergueu de sua cadeira, frio, impessoal, decidido. Planejadas as atitudes para pôr um fim àquela história;

cada passo definido, passou à execução. Impassível, redigiu uma carta curta a irmão Jacobino encerrando suas atividades no convento carmelita e determinando que retornasse imediatamente.

Assumiria o caso e usaria o possível e o impossível para obter o que desejava.

Chamou o seminarista Mateus e ordenou:

— Busque o mensageiro, preciso que ele leve esta carta ao convento carmelita.

— De novo, Reverendíssimo? — indagou Mateus, surpreso.

— Novamente — confirmou o bispo, firme e seco.

— Desculpe minha indiscrição, mas trabalhando próximo do senhor e do irmão Jacobino ficou muito claro que está havendo problemas no convento. Sei que tenho pouca experiência, mas se puder ajudá-lo em alguma coisa, saiba que para mim será uma grande honra.

Ricardo olhou o rapaz e seus olhos repentinamente se iluminaram.

— Você é muito perspicaz, Mateus. Realmente estamos enfrentando problemas, sem maior importância, no convento carmelita. Por que deseja envolver-se nesse assunto que não diz respeito à sua formação?

— Por amizade, bispo. Admiro muito o senhor. Vejo como conduz com habilidade os negócios da congregação, sua sábia escolha em ter consigo o irmão Jacobino, uma pessoa desinteressada das coisas materiais e de confiança nesse ambiente tumultuado por vaidades, preferências e, me perdoe, mas é o que penso, também é cheio de ambição, ganância e inveja.

— Entre, meu filho, vamos conversar um pouco mais — convidou Ricardo. — O corredor não é local adequado para tratar de assuntos sérios. Aprenda que as paredes têm ouvidos e os corredores enxergam nos conventos.

Mateus sorriu concordando, mas não avançou em direção ao gabinete.

— Se me permite, gostaria de fazer uma sugestão antes da nossa conversa.

— Qual é?

— Vejo que o senhor está cansado, com olheiras, suas vestes estão amarrotadas, então deduzo que passou a noite em claro. Ainda é cedo, pensei em trazer uma bandeja com café fresco e alguns pães. O senhor se alimenta e nossa conversa será mais agradável.

Surpreso com a gentileza, Ricardo o encarou, notando em seu olhar uma grande vivacidade, e cedeu ao irresistível charme do seminarista. Tocou-lhe o ombro, com cuidado, afagando-o levemente. O rapaz não sorriu, mas indagou em tom amistoso:

— Então, o que me diz, Reverendíssimo?

— É uma excelente ideia, Mateus. Eu o aguardarei no gabinete, pode entrar sem bater.

O jovem elevou uma das mãos à altura da mão do bispo e, a pretexto de despedir-se, pegou-lhe a mão levando-a aos lábios. Sem esconder a sensualidade premeditada do gesto, encarou o bispo de igual para igual e, roçando os lábios em sua mão, disse:

— Com sua bênção, meu bispo.

Ricardo, descrente do que via, mas emocionado e lisonjeado, deixou ficar sua mão entre as do jovem por quanto tempo ele desejasse e, sustentando seu olhar, respondeu:

— Eu o abençoo, meu filho.

Lentamente Mateus soltou a mão do bispo, baixou a cabeça e, feliz, partiu em direção à cozinha.

"Que fato inusitado! Um seminarista ousado, sem dúvida. Nunca dei demonstrações de aceitar carinhos assim, sensuais. Ele não pode saber de minhas relações íntimas. É corajoso. Nem mesmo eu, quando fui seminarista, fiz coisa igual", pensou Ricardo, enquanto um sorriso brejeiro e de puro deleite se instalava em seu rosto e o problema com Enzo passou a segundo plano.

Poucos minutos depois, Mateus voltava carregando a bandeja com louças, pães e um bule de café exalando um delicioso aroma.

Ricardo, vendo-o equilibrar com certa dificuldade a bandeja, imediatamente reorganizou os livros e documentos sobre sua mesa em uma pilha no canto direito do móvel e disse:

— Coloque aqui, meu caro. Estou tão acostumado a esse local, é onde me sinto mais à vontade. Nos últimos dois anos, nem em minha casa tenho ficado muito tempo, me sinto só. Aqui estou sempre cercado de pessoas e atividades.

— Tenho notado, o senhor trabalha muito. Pouco o vejo passeando pelos jardins ou simplesmente descansando, como faz irmão Jacobino sob a "sua árvore", como ele diz. Grande ser humano, o irmão Jacobino! Gosto muito dele. É um velho experiente e alegre.

— Percebi que se tornaram amigos rapidamente.

— Quando cheguei ao convento, foi quem me recebeu; ficamos amigos imediatamente. Ele é meu confessor e encontrei em suas palavras e ensinamentos a compreensão e a paz que buscava na Igreja, mas que o seminário não me deu.

— É mesmo!?

— É, foi, ou melhor, tem sido assim. Apesar de me sentir muito melhor desde que converso com ele, reconheço que sinto falta de sua presença e sem ele preciso lutar mais comigo mesmo.

— Todos nós precisamos lutar com muitas coisas. Compartilhamos uma afinidade: confiamos em irmão Jacobino. Acredito que devemos ter outras semelhanças. Fale-me de você. Não é do Vêneto, a sua maneira de falar denuncia.

Mateus riu, percebendo que Ricardo passava a tratá-lo com intimidade e se interessava em conhecê-lo.

— Não, engana-se. Sou nascido aqui no Vêneto, mas meus pais mudaram-se para a Sicília quando eu era menino. Adquiri alguns hábitos diferentes no tempo em que vivi entre os ilhéus. É um lugar fascinante, apaixonante. Conhece?

— Não, infelizmente não tive a oportunidade. Sou da região e aqui construí minha carreira. Viajei para alguns lugares fora daqui a trabalho, mas o Vêneto é bastante grande, e sempre me detive mais em cidades como Vicenza, Veneza, a belíssima Veneza, estudei lá, sede do nosso bispado. Claro, vou a Roma regularmente. Portanto, fale-me sobre a Sicília, assim conheço-a por seus olhos e, quem sabe, um dia não o acompanho a uma visita.

— Ela é linda, paradisíaca. Não tem a sofisticação de Veneza, mas é natural, encanta por si mesma. Seu povo, caloroso e alegre... — e o diálogo prosseguiu por muitas horas.

A conversa fluente e interessante, aliada ao charme do seminarista, agradou a Ricardo e, conforme as horas avançavam, convencia-se de que o jovem manifestava claramente um interesse maior e pessoal por ele. Isso foi como um bálsamo em seus sentimentos. Era o que precisava e, enquanto transcorriam os dias até o retorno de Jacobino, a amizade entre o bispo e o seminarista fortaleceu-se e tornou-se muito íntima.

Mas o rancor de Ricardo por Enzo, sua raiva, ainda estavam bem plantados em seu íntimo. Não perdoava a falsidade e a traição do ex-amante. E, para resolver a situação, partiu para o convento carmelita no mesmo dia em que Jacobino retornou. Trabalharam juntos algumas horas, apenas o suficiente para a troca de informações sobre a situação dos conventos, e nas primeiras horas da tarde Ricardo partia.

Em frente à carruagem que o levaria ao convento carmelita, despediu-se de Jacobino e abraçou o jovem seminarista, recomendando ao secretário:

— Cuide bem de Mateus, ensine-o e o prepare para a vida. Está provado que o senhor faz isso bem melhor do que eu.

Jacobino aquiesceu com um gesto muito seu e, em silêncio, encarou o jovem Mateus. Depois, como se refletisse um pouco e vislumbrasse algo de novo, seus olhos escuros se iluminaram e ele sorriu misteriosamente. Havia um toque de esperança naquele sorriso.

"É possível que as coisas tomem rumos novos, Giuliana. Bem que você me dizia: a vida tem mil caminhos. Pensei e vislumbrei quadros tão negros a meu redor, envolvendo meus amigos, e eis que hoje me deparo com uma inusitada surpresa. Você trabalhou auxiliando-me; embora não tenha sentido sua presença, sei que não me abandonou", disse Jacobino em pensamento. "Hoje, não sei por que, acordei com tanta saudade! Mal abri meus olhos e a lembrança de seu rosto, de seu sorriso e de sua voz invadiu-me. Sinto-me nostálgico, melancólico. Mas o trabalho, meu iluminado companheiro, me aguarda. Dedicarei meu dia a você. Deus abençoe nosso bispo, para que possa tomar as melhores decisões. Quem sabe seus sentimentos não estejam melhores do que imagino? Ah, Jesus, guie esse nosso irmão!"

Ao lado do religioso, que se demorava observando a nuvem de poeira levantada pela carruagem que conduzia o bispo, as entidades amigas, o bispo Giordano e Giuliana, acompanhavam seus pensamentos.

Acercando-se carinhosamente do velho padre, o espírito da mulher amada beijava-lhe a face enrugada e acariciava-lhe os cabelos embranquecidos, soprando-lhe ao ouvido com ternura indizível:

— Meu amado, não esmoreça. A vida tem de fato mil caminhos, mas, ainda que se tome entre estes um caminho mais longo, todos levam ao equilíbrio e ao bem-estar. Somos viajantes e escolhemos nossas estradas conforme nossa inteligência e vontade. Respeite a escolha alheia. Mais do que alertar e mostrar pelos próprios passos a estrada por nós escolhida não é possível fazer. É nossa fronteira — consolou-o a meiga entidade. — Também eu sinto imensas saudades, mas a vida é tão generosa que nos permite compartilhar dos dias, ainda que separados pelas ilusões dos sentidos. São etapas, meu amado. Confie e trabalhe; bem sabe que, com a permissão de Deus e a companhia de nosso amigo Giordano, sou a mãe dos seus órfãos e estou com você ao lado dos meninos que choram a falta de um carinho materno. Infelizmente, há alguns que choram por esse carinho muitos anos e nossos esforços pouco lhes ameniza os padecimentos. São doentes do afeto. Ao vê-los, meu amado, lembre-se de orientar as mulheres. Eu fui o que todos chamaram uma "caída", uma "prostituta", mas minhas mãos jamais macularam a maternidade e meu coração foi abrigo seguro para muitas mágoas humanas, carências, "crianças" grandes e pequenas que buscavam sob mil formas e pretextos o carinho de quem embala o berço e o mundo. Acalento tanto quanto possível esses mundos vazios de afeto, desestruturados de carinho, carentes. Sei que muitas vezes me viu ao lado dos meninos que choravam; fale disso às mulheres. Lembre-as das belezas do amor de uma criança, anime-as nas dificuldades e alerte-as para o mundo interior do ser que embalam e que seu carinho movimenta e conduz em seus primeiros dias de retorno à matéria, marcando por um tempo indeterminado no espírito, cruzando existências, pois sabemos que a vida não se limita aos portais entre o berço e o cemitério, uma única vez.

Notando que Jacobino percebia-lhe com exatidão a presença e as palavras, sorriu amorosa e novamente ergueu a mão afagando-lhe os cabelos. Então prosseguiu:

— Você está ficando velho, meu amado. As rugas marcam-lhe o rosto, amo cada uma delas, pois representam a experiência adquirida e me dizem que breve estaremos mais próximos. São o calendário do meu amor.

Ao registrar as expressões de Giuliana, o misterioso sorriso que se estampava no rosto de Jacobino ampliou-se e, respirando fundo como se algo lhe infundisse um novo ânimo, ansiando também acariciá-la, respondeu-lhe em pensamento:

"Minha Madalena! Que alegria me traz essa visita! Como quisera também eu poder tocá-la, como faz comigo. Sentir seus cabelos entre meus dedos e deslizar a mão por sua face. Ah! Amor da minha vida! Você é o bem mais precioso que desfruto. Obrigado por estar a meu lado e de nossos filhos. Mas suas palavras me preocupam. Sabe que eu pensava em Enzo e Ricardo, acaso me adverte de algo que não percebi?"

— Não, meu amado. Lembro-lhe de que tanto Enzo quanto Ricardo guardam sérias marcas de rejeição na infância. Ambos amargam a ausência do carinho materno, da compreensão, de uma condução segura e equilibrada desse emaranhado emocional que é a infância e a adolescência. São solitários, carentes, adultos no corpo e na inteligência, mas com corações de meninos que anseiam afagos. De diferentes formas ouço o mesmo lamento nos dois, mas são meninos que se escondem para chorar, que não vertem lágrimas, nem reclamam com palavras; também não aceitam outros carinhos para curar essas feridas. Que fazer? Ensinou-me a orar pelos que sofrem. Eles sofrem, assim como os ébrios, os jogadores, os que buscam o prazer alucinadamente; são fachadas para carências emocionais muito sérias. Nem só de pão vive o homem, lembra? Ora, ampare quando isso for possível. Guie as crianças, os jovens e as mulheres nos caminhos da educação que contempla o ser não como um corpo que nasce e cresce, mas como um espírito imortal, vagando pelo mundo em busca de aprendizagem e experiência. Trabalhe e lembre: estou com você.

Sorrindo e jogando-lhe um beijo na ponta dos dedos, a visão do espírito de Giuliana desfez-se diante de Jacobino, deixando-lhe renovadas energias. Esquecido do mundo físico, ao qual se subtraíra por breves minutos, assustou-se ao sentir o toque da mão de Mateus em seu braço.

— Ah! — voltando a atenção, olhou o jovem e riu: — Esqueci-me de você, meu jovem. Assustei-me com seu toque.

— Notei que o senhor estava distante, muito distante — falou Mateus alegremente. — Fiquei até preocupado; primeiro o ouvi suspirar, depois respirar profundamente, o olhei e achei que estava tendo alguma visão do paraíso, tinha os olhos abertos, mas aposto que não via a estrada.

— Tenho visões de um paraíso pessoal, meu jovem. Coisas de velho, não dê importância. Como vai a leitura dos livros que lhe emprestei?

O rapaz abraçou o velho padre e amigavelmente caminhou com ele de retorno ao gabinete de trabalho enquanto discutiam a filosofia de Sócrates.

— Ele é excelente. Você prestou bastante atenção aos conceitos dele? Observou a estrutura de seu pensamento? Compare com o pensamento de Jesus, mas esqueça-se da teologia do seminário. Faça uma análise isenta — recomendou Jacobino orientando os estudos do novo seminarista.

— Farei, meu amigo, pode ter certeza. Apaixonei-me por sua forma de estudar, mas, diga-me, como faz para não ser acusado de heresia?

— Aprenda a quem, quando e o que pode falar. Esse é o meu segredo, guarde-o muito bem. Seja fiel a si mesmo, não renegue suas verdades sejam elas quais forem, mas não faça de suas convicções carros de batalha para obrigar os outros a se renderem à sua forma de pensar. Cative-os quando tiver oportunidade. Tenho comigo que só o amor e a liberdade geram a justiça, que equilibra e dá paz aos relacionamentos. Conheça sua liberdade, assim reconhecerá a dos outros, ame-se e amará os outros, respeitando os limites de reconhecer-lhes a liberdade de pensar, sentir e agir diferentemente de você; dessa forma será justo e gozará da paz. Nada de ciúme, inveja, orgulhos; faça seu caminho, escolha sua estrada, há mil delas na vida e o destino é único, o que difere são os percursos que traçamos. Portanto, faça o seu e não o imponha a ninguém; se lhe perguntarem, fale, ou deixe apenas o sinal de seus passos.

— Se eu tivesse visto seus passos antes, não teria passado tanto tempo no seminário, teria chegado aqui antes.

— Não se iluda, meu querido. Chegou no tempo certo. Meus passos também estavam no seminário. Estude, desenvolva a capacidade de ser livre em seus julgamentos, não se deixe levar pelo pensamento dos outros, a menos que com ele esteja de pleno e consciente acordo. Viva, isso é fundamental. Adquira experiências, não se isole, leia além das letras, leia o que está escrito na rua, nas pessoas, na vida, meu filho.

— Segundo nosso bom e sábio Sócrates, aprendo isso conhecendo a mim mesmo, tornando-me consciente de que tenho muito a aprender. Que diante do que há para ser conhecido, o que sei é um nada, algo insignificante.

O olhar de Jacobino brilhou alegre ao ouvir a colocação do rapaz.

— E o que você pensa que existe de tão grande para ser conhecido?

— A vida, as leis da criação. Pensei muito em nossas conversas enquanto lia, durante seu afastamento. Será errado pensar que esse conhecimento tão vasto ao qual Sócrates se refere, que torna o pensamento dele pequeno e insignificante, é a inteligência de Deus, seu poder?

— Temos assunto para uma tarde inteira sob a árvore. Mas, meu filho, primeiro providenciaremos o necessário à vida, depois filosofaremos.

— Não me aplique esses velhos jargões romanos — advertiu Mateus fingindo indignação. — Não é justo deixar-me nessa incerteza.

— E quem lhe disse que eu sou a fonte de suas certezas? — retrucou Jacobino no mesmo tom de falsa indignação.

Meneando a cabeça e admitindo a derrota, o jovem apertou levemente os ombros do velho padre e, rindo, respondeu:

— Entrego minhas poucas armas. Paz! Não posso discutir com o senhor, irmão Jacobino.

Abraçados e, em animada conversa, os dois representantes de diferentes gerações ingressaram no convento seguindo seu trabalho.

CAPÍTULO 9

Intrigas

"Se as imperfeições de uma pessoa não prejudicam senão a ela mesma, não há jamais utilidade em fazer conhecê-las; mas se podem causar prejuízos a outros, é preciso preferir o interesse da maioria ao interesse de um só."[18]

No convento carmelita...

Há alguns dias acompanhando a rotina da instituição, Ricardo tinha consigo as confirmações necessárias às informações prestadas por Jacobino. Não que duvidasse delas e de outras que, a fim de poupá-lo, o secretário havia omitido em seus relatórios, mas não escaparam ao seu aguçado senso de observação e análise.

Enzo, tolhido pela presença do bispo e pelo que pensava ainda representar na vida dele, sentiu-se obrigado a conversar com suas muitas amantes.

— O bispo é um homem muito severo, rígido, não compreenderia nossos sentimentos, seríamos expulsos sumariamente e não é o momento para afrontarmos os padrões de conduta da Igreja. Deus nos vê, conhece nosso íntimo, sabe da beleza de nossos sentimentos e do quanto nos tomaram de surpresa. Ele, o Pai, conhece seus filhos, para Ele podemos falar com franqueza e pedir seu perdão, se há erro ou pecado em nós. Mas monsenhor Ricardo jamais aceitaria — justificou-lhes padre Enzo. — Além disso, ele é incrivelmente ciumento. Não sei dizer

---

18 Kardec, Allan. *O Evangelho Segundo o Espiritismo*, cap. X, item 21, Araras, IDE.

se é porque praticamente me criou e se sente responsável por mim, ou se há da parte dele algo de inconfessável. Obviamente, lhe digo isso em confiança. Deus nos livre chegue aos ouvidos dele que levantei tal suspeita. Então, enquanto o bispo permanecer entre nós, teremos de tomar muito cuidado. Acho melhor evitarmos encontros, embora isso seja um sofrimento.

As freiras, encantadas com a vivência do sexo e julgando-se amadas, concordavam sem questionar.

O fascínio do proibido exerce o encanto de uma serpente egípcia, hipnotiza, cega porque age sobre a vaidade do ser humano, fazendo-o crer-se "especial", diferente dos outros, fora do comum. Alça-o à condição de objeto de desejo, de "coisa" inatingível e, por conta da fantasia, a mente humana opera catástrofes distorcendo a realidade, engendra complicados mecanismos emocionais criados sobre bases irreais ou, no mínimo, distorcidas.

O jogo dúbio de palavras Enzo aprendera com maestria no convívio com o próprio Ricardo, o uso é que corria por sua conta. Enquanto o bispo usava o expediente para acumulação de fortunas, arrecadando dinheiro dos fiéis, ele fazia uso para produzir complicações nos sentimentos alheios; seduzindo e abandonando pessoas, semeava espinhos.

Apenas uma noviça despertava nele algo além da cobiça. A fragilidade da moça fazia nascer nele um forte sentimento de proteção, julgava-se poderoso, forte, admirado.

A jovem Lúcia afagava-lhe o ego com sua atitude dependente e submissa. As outras choravam e imploravam seus carinhos; ela contentava-se em recostar a cabeça em seus ombros fortes e deixar-se ficar, não exigia nada, aceitava o que ele desejasse fazer, rendia-lhe a mesma obediência que devotara à mãe.

O estado de constante depressão gerava em Lúcia momentos de euforia quando estava com Enzo. Fugia da realidade, isolava-se em um mundo de ilusões particulares, onde imperavam juras de amor eterno, e a ela Enzo não regateava elogios e promessas nos encontros furtivos do confessionário, onde cenas indescritíveis ocorriam. Abraçado à jovem noviça sobre os tapetes da sacristia, ele repetia conhecidas falas:

— Fugiremos, minha linda, abandonaremos tudo. Amo minha carreira, trago o sacerdócio em meu sangue, mas por nossa felicidade renunciarei à Igreja. Não posso viver longe do seu sorriso. Sofro demais quando a vejo só, ajoelhada na capela entregue às orações. Seu rosto fica tão triste, vejo-a chorar muitas vezes. Sinto o coração apertado, mas não posso descer do altar e abraçá-la diante da congregação, embora seja meu anseio. Compreende meu dilema?

— Acaso você pensa que eu não enfrento dilemas? Esqueceu da promessa que fiz à minha mãe? — retrucava Lúcia. Enzo conhecia todos os detalhes da vida da jovem. — Passo noites inteiras pensando que se fugirmos, como me pede, será realmente o melhor. Debato-me tentando encontrar outra solução para cumprir a promessa feita a minha mãe e permitir que você exerça o sacerdócio. Talvez o melhor seja permanecermos na Igreja, seguirmos nossas vidas, como tem sido até agora. Eu faço os votos, recebo o título adquirido por monsenhor Ricardo e aprendemos a conviver e dominar as ânsias de liberdade que nos invadem vez ou outra. A verdade é que com você protegendo-me sinto-me bem melhor, nem mesmo as crises da superiora e os acontecimentos estranhos que se sucedem comigo e com a irmã Marta me assustam, sei que cuidará de mim.

— Sempre contará com minha proteção.

No manto de silêncio e de dúvida que envolvia as relações humanas dentro do convento, os ingredientes do ciúme e da desconfiança reuniam em torno de Enzo um considerável número de religiosas.

A atenção do incorrigível conquistador não passara despercebida à ex-noviça Mônica, agora irmã Clara. Fogosa e sonhadora, tinha a aparência de ser inofensiva, até simplória, mas a verdade é que guardava dentro de si outra personalidade, forjada ao longo dos anos nos diversos orfanatos e no convento de religiosas.

O sexo entre mulheres para ela não oferecia segredos, mas os carinhos de um homem eram novos e despertavam-lhe a curiosidade. Os encantos físicos de irmã Clara não eram irresistíveis, mas com sua experiência sexual não foi difícil atrair o novo padre à sua cela e à companhia de outra irmã em madrugadas de orgias. Elas dispensavam as promessas e os jogos de palavras. O segredo era tacitamente aceito e compartilhado.

A emaranhada rede de relações tecida por Enzo foi facilmente desvendada pelo observador Ricardo. Bastou-lhe algumas furtivas caminhadas pelos corredores dos conventos, em horários diversos, para ver os sinais; daí a segui-los foi um passo curto, culminando no primeiro lance de seu plano.

Em uma manhã, logo cedo, o bispo mandou vir à sua presença o ex-amante, na sala usada pela abadessa que, com o pretexto de estar doente, se mantinha acamada em sua cela.

Enzo, surpreso com as atitudes frias de Ricardo, não lhe dispensando qualquer atenção desde a chegada e tratando-o como um subordinado qualquer, ao receber seu chamado acreditou piamente que o procurava para um encontro íntimo. Julgou estarem seus atos bem acobertados. Acreditou que Jacobino fosse ingênuo e nada houvesse notado em seu comportamento. Tinha respondido-lhe as reprimendas severas com renovadas promessas de transformação. "O velho tem bom coração, não haverá de querer causar-me problemas", pensava.

Com essa disposição de espírito, cheio de si e confiante, aprumou-se para o encontro com Ricardo. Quando ficaram a sós, aproximou-se dele tomando intimidades físicas que, para sua descrença, foram rechaçadas veementemente.

— Afaste-se, padre Enzo. Não lhe dou permissão para tal comportamento com seu bispo. Existe entre nós uma hierarquia que o senhor está desrespeitando.

Enzo riu nervoso, incrédulo.

— Como? Deixe de brincadeiras, Ricardo, não é do seu feitio. Você nunca foi dado a elas. Não posso crer que não tenha saudade. Que não sinta minha ausência, que não queira me amar.

— Pois acredite, e o quanto antes melhor para o senhor. Estou apenas expondo em palavras o que já é real em minhas atitudes, não desejo qualquer relacionamento com o senhor, além daquele que me obriga a Igreja. Portanto, comporte-se como meu subalterno e nada mais.

— Ricardo! Não posso acreditar nisso. São anos e anos de convivência. Ensinou-me tudo que sei. E nossos planos? Sonhava me fazer seu assessor quando chegasse a Roma. E tudo se encaminha para a realização desses projetos. Você tem uma liderança incontestável entre os bispos, é respeitado. O bispado prospera. Por que essa mudança? Não entendo suas atitudes.

— "Vossa Reverendíssima", é assim que deve se dirigir a mim, padre Enzo. Conhece meus títulos, trate-me por dom Ricardo, sou o bispo e exerço meu domínio sobre o senhor — corrigiu Ricardo asperamente. — Não lhe devo satisfações a respeito de minha vida e de meus projetos. É o senhor que me deve obediência e respeito, padre. Torne-se ciente disso o mais rápido que sua inteligência permitir, a menos que deseje ser expulso da Igreja por indisciplina e desobediência.

— Não faria isso! — insistiu Enzo estupefato e assustado. — Não posso crer no que vejo e ouço. Confiei em seus sentimentos, me sinto traído.

— Guarde seus sentimentos para si, padre. Não o chamei aqui para discutir sua vida sentimental. Ela não interessa à Igreja, cuja autoridade represento.

— Não. Isso não é verdade! — disse Enzo buscando novamente abraçar Ricardo, tocar seu rosto.

Imóvel e impassível, Ricardo lançou-lhe um olhar gelado e, com voz firme, o advertiu:

— Insista em se fazer de desentendido a minhas ordens e sua expulsão será decretada neste minuto. Use a parca capacidade de entender os outros de que se faz dotado e recolha-se à sua insignificância diante da minha autoridade, padre.

Ao ouvir essas palavras, Enzo deixou cair os braços ao longo do corpo e encarou Ricardo, notando a expressão pétrea e determinada de seu rosto, sem entrever outra emoção;

apenas havia determinação. Vencido, baixou o olhar e, fazendo-se de humilde, falou:

— Mereço, Reverendíssimo, uma explicação.

— Sente-se, padre Enzo — ordenou Ricardo. — E lhe darei os motivos pelos quais o chamei.

Ricardo sentou-se na cadeira de espaldar alto e aguardou que Enzo, do outro lado da escrivaninha da abadessa, também tomasse assento. Depois prosseguiu:

— Todas as irregularidades deste convento são de meu conhecimento, padre. O senhor mostrou-se incompetente no desempenho das tarefas para as quais foi designado, por isso aqui está a carta de transferência para sua nova igreja — informou Ricardo, estendendo-lhe uma carta lacrada com o selo do bispado. — Suas funções serão as de um simples pastor. É uma comunidade bastante simples, que nunca ofereceu problemas e espero que assim se mantenha após sua chegada. Desejo-lhe um bom trabalho e advirto-o de que é a última vez que lhe concedo a oportunidade de reabilitar-se no clero. À menor falta sua que chegue ao conhecimento do bispado, será aberto processo disciplinar contra o senhor e encaminhado à Rota Romana com meu pedido de máxima severidade no julgamento e punição exemplar, o qual de minhas mãos já sairá com sua expulsão.

Apavorado, Enzo olhou Ricardo sem entender sua mudança. Em sua mente, distorcendo os fatos pelo egocentrismo que vivia, o relacionamento deles não tivera qualquer modificação. Com a carta nas mãos, olhava o bispo incrédulo e atônito.

— Padre Enzo, o senhor está dispensado. Dei ordem para providenciarem uma montaria para o senhor; tem duas horas para arrumar seus pertences e partir deste convento. Faça boa viagem.

O rapaz continuou parado com expressão aparvalhada e a carta lacrada nas mãos, incrédulo.

— Eu não acredito — disse Enzo após alguns segundos.

— Padre, não se demore — respondeu Ricardo. — As horas correm depressa e não admito desobediência em meus subalternos.

— Não é possível! Não compreendo o que está acontecendo — insistiu Enzo de forma patética ante a fria determinação de Ricardo.

— Padre, eu sei o quanto sua inteligência é limitada. Por isso, darei minhas ordens de outra forma — disse Ricardo com voz macia e depois, elevando o tom, rugiu: — Vá embora! Obedeça e não faça perguntas. Eu sou o bispo e lhe dei duas horas para desaparecer daqui. Se não sair, o guarda fará o senhor se retirar. Entendeu?

Enzo lançou um olhar magoado ao bispo e, julgando-se incompreendido e injustiçado, cabeça baixa e andar lento, deixou a sala. No corredor, encostado à parede, respirou fundo e, tomando coragem, abriu o documento; leu-o e com espanto pronunciou o nome do local para onde deveria partir:

— Belluno! Por Deus, ele mandou-me para o inferno, realmente me deseja o mais longe possível. Que horror! Por que ele fez isso?

Permaneceu mais de meia hora parado, em estado de perplexidade; não percebeu que era vigiado por um guarda, nem notou que o homem trocara algumas palavras com o superior. Somente conscientizou-se daquela presença quando a mão forte do guarda apertou-lhe o braço e uma voz rude e carregada de sotaque lhe falou:

— Está se atrasando, padre. O bispo não tolera desobediência, arrume suas coisas, o cavalo o espera.

Escoltado pelo guarda à cela, Enzo arrumou lentamente suas roupas e objetos pessoais. Seguidamente foi alertado pelo guarda sobre o prazo que se extinguia.

Faltavam alguns minutos quando Enzo disse ao guarda parado à porta da cela:

— Deixe-me sozinho. Farei minhas orações e partirei no prazo determinado. Leve minhas coisas.

— Aguardarei nos portões, padre, em consideração à sua fé — respondeu o homem com ironia e, altaneiro, concluiu: — Mas a bagagem é o senhor quem leva. Sou da guarda de dom Ricardo, bispo do Vêneto, e recebo ordens somente dele. Entre minhas tarefas não se encontra a de servi-lo.

"Não é possível que esta manhã seja real. É um pesadelo", pensou Enzo observando o soldado andar em direção à saída do prédio. "Até esse miserável me desacata. Eu que lhes dava ordens como se fosse o próprio Ricardo. Será mesmo o fim?"

Sentado sobre o catre, tendo a seu lado duas trouxas, permanecia incrédulo; seu estado de abstração e surpresa era tal que pulou assustado ao ouvir a voz de Lúcia chamá-lo à porta.

Triste e acovardado, Enzo fitou a noviça. Nenhum movimento fez para acolhê-la, sequer a cumprimentou, baixou a cabeça, calado. Estranhando-lhe o comportamento, Lúcia avançou e postou-se à sua frente, abaixando-se para ficar à altura de seu rosto.

— O que aconteceu? Está tão abatido, tão triste, desanimado — comentou Lúcia.

Enzo alcançou-lhe a carta que estava sobre o catre, ao lado das trouxas; isso chamou a atenção da noviça para a bagagem.

— Mas o que é isso? Vai viajar? O bispo o chamou de volta? Não, não faz sentido, dom Ricardo está aqui.

Afligindo-se com a apatia do namorado, Lúcia carinhosamente ergueu-lhe o rosto e pediu candidamente:

— Conte-me o que está acontecendo.

— Leia, Lúcia, e entenderá.

Obediente, ela correu o olhar pelas poucas palavras escritas. A ordem de transferência dura, seca, resumia-se a três linhas, sem qualquer expressão de polidez ou justificativa.

— Mas como?! — a indignação de Lúcia era patente em sua voz, em seu rosto e nos gestos nervosos. — Não faz sentido. Qual a razão desse ato de dom Ricardo?

Enzo limitou-se a abrir as mãos sobre o colo como a dizer: "nenhum ou qualquer um, não importa, ele fez porque quis".

Inconformada, a noviça abraçou-o, jogando ao chão uma das trouxas, sem se importar com a porta aberta.

— Você não pode lutar para ficar no convento? Enzo, faça alguma coisa. Não me deixe.

Apático, o rapaz não reagiu. Em seu pensamento desfilaram os dias do passado quando era o protegido do bispo. Recordou o luxo de seus aposentos na residência do bispado, os serviçais prontos a atendê-lo, suas opiniões ouvidas. Tudo acabado. Lamentou, mas não lembrou os passos que o haviam conduzido àquele momento de depreciação e desprezo que amargava. Enquanto Lúcia o abraçava, ele pensava nos dias vividos com Ricardo, apenas nos bons, é claro. Não lembrou as orgias com padre Bento e os outros, não recordou as confusões com os aldeões, menos ainda as severas reprimendas à sua conduta moral feitas por Jacobino. Parecia que isso não havia lhe deixado nem lembranças nem marcas agora que via todas as suas ilusões perdidas. Deprimia-se ruminando intimamente frases como: "meu mundo ruiu", "ele é injusto, esqueceu-se de tudo que lhe dei, é um ingrato". Inventou justificativas aos atos do bispo, nas quais colocava-se em uma posição de superioridade, do tipo: "é por ciúme", "ele é possessivo", "não me permite viver", "me castiga, por ciúme, por paixão".

Lúcia choramingava ao vento. A mente de Enzo estava muito distante de suas queixas; nem ao menos sentia seu abraço, deixando os braços penderem ao longo do corpo enquanto viajava entre o passado e sua irreal leitura do presente.

Desejosa de arrancá-lo desse estado de prostração, ela segurou-lhe os ombros e sacudiu-o com força, falando:

— Enzo! Reaja! Faça alguma coisa, pelo menos fale.

Com o olhar distante e apagado, ele encarou e respondeu:

— Fazer o quê? Não há o que fazer. Eu sempre lhe disse que monsenhor Ricardo tinha muito ciúme de mim. Só pode ser essa a razão de estar me afastando para um local isolado, distante, onde ficarei esquecido. Talvez ele se sinta ameaçado com minha presença, tenha medo de que eu venha a me destacar mais do que ele. Só pode ser isso, não encontro outra razão.

— Perseguição?! Inveja?! Ciúme? Deus! — indignava-se Lúcia tomada de fúria. — Que coisa horrível! Que vai ser de mim agora? Quando vou vê-lo novamente?

— Não sei, Lúcia. Mas tenha certeza de que eu voltarei e dom Ricardo haverá de pagar-me muito caro por esse desprezo.

Na voz e no rosto de Enzo o rancor era nítido e forte.

— Ele verá, não sou mais um menino indefeso que se abandona em algum lugar quando não se quer mais, que não reage e vai chorar sozinho. Não, esse já morreu e "o bispo" saberá disso. Ele que aguarde.

— Enzo, mas isso não resolve nossa vida.

— Lúcia, não há nada que eu possa fazer. Estou indo embora não porque deseje, mas porque fui mandado — disse Enzo e, com um acento de revolta e deboche, concluiu — "Ele" é o todo-poderoso, e eu, um padre pobre, sem títulos, sou obrigado a partir. Não há o que fazer.

— E nosso amor? Nossos planos?

— "Ele" acabou com tudo.

Revoltada e impotente, Lúcia chorou de raiva e frustração caída na cela. Não se apercebeu da extrema frieza com que fora tratada por quem se julgava amada. Enzo recolheu a trouxa do chão, pegou a outra e, silenciosamente, saiu da cela sem se despedir.

Enzo e Lúcia haviam conversado, alheios ao mundo, encerrados em suas dores, por isso não viram a sombra de uma pessoa à porta. Silenciosa, irmã Clara ouviu o diálogo dos amantes, a informação da transferência e, com uma mão sobre o ventre e outra tapando a boca, tomou conhecimento do romance entre eles.

Ao longo dos meses em que Enzo viveu no convento, ingenuamente julgou satisfazê-lo. Embora não houvesse palavras nem juras de amor, as madrugadas juntos, muitas vezes acompanhados por irmã Maria, com quem ela se relacionava desde os primeiros tempos de noviciado, considerava como prova do interesse de Enzo. Lembrou-se do fascínio dele naquelas madrugadas, da excitação e do claro desejo de mostrar-se mais competente que Maria na arte de seduzi-la. Ingênua, não viu que Enzo apenas realizava fantasias sexuais e que tinha um comportamento sexual desnorteado, para o qual canalizava insatisfações, anseios, angústias, traumas de abandono e rejeição, mascarando-os com o ilusório poder de sentir-se um homem cobiçado. Apaixonou-se por ele e, naquela manhã, viera à sua procura, pois precisavam resolver um problema sério: ela estava grávida.

Espantada, Clara viu Enzo passar ignorando-a. Ele seguiu de cabeça baixa, envolto em seu mundo particular, até a saída do convento.

Nos portões, o guarda segurava as rédeas de um cavalo comum e feio, com velhos arreios e uma sela pequena e desconfortável.

— Traga-me um cavalo melhor — ordenou Enzo.

— Não há, padre. Este é o que servia ao mensageiro. Como as freiras não saem do convento, só há os cavalos usados pelo mensageiro.

— E quer que eu creia que este é o único? — comentou Enzo incrédulo e revoltado.

— A outra é uma égua prenha.

Irado, Enzo olhou para o convento, detendo a atenção na janela do gabinete que Ricardo estava usando. Seus olhos castanhos lançavam chispas de raiva.

Arrancou as rédeas das mãos do guarda, montou o cavalo, acomodou seus pertences e partiu imprimindo galope veloz.

Coçando a cabeça e rindo debochado, o guarda disse à sentinela que assistia à cena de seu posto:

— Padre Enzo quer ir a pé. Assim aquele cavalo velho não fará nem a metade da viagem.

Rindo, eles fecharam o portão.

Extravasando a tempestade emocional que a dominava, Lúcia chorava ruidosamente, caída no piso de pedra da cela. Seus soluços entremeados a gritos enfureceram irmã Clara. Ouvira Lúcia clamar por uma atitude e Enzo justificar a situação acusando Ricardo de inveja e ciúme. Clara deduziu que a paixão da noviça fora descoberta e o tutor descontara a revolta no padre, mandando-o para longe.

Parada, silenciosa, apenas os olhos dissimulados movimentavam-se ligeiros, rastreando os corredores. Clara pensava:

“O que farei? Contava com a ajuda de Enzo para livrar-me desse estorvo, agora precisarei descobrir outro jeito. Mas onde, com quem? E esse bispo que não vai embora, obviamente não compreenderá minha situação, não terei clemência”.

Os soluços de Lúcia tornaram-se inconvenientes. Clara entrou na cela e fechou a porta. Viu a jovem no chão, o véu jogado sobre o catre, cabelos em desalinho, o hábito amassado, não viu o rosto, mas era fácil supor que estava vermelho e inchado.

“Como é fraca essa coitada!”, pensou. “Tantas lágrimas para nada. Não conhece a vida nos conventos, ainda é a bonequinha da madrinha rica.”

Se fosse descoberta aquela cena na cela do padre, o bispo tornaria a vida delas ainda mais complicada. Por isso, aproximou-se de Lúcia e puxou-a com força, fazendo-a levantar-se. A noviça não parecia uma bonequinha de luxo, mas uma boneca de trapo. Estava sem vontade, não reagia.

— Pare, Lúcia! — ordenou Clara, segura e fria. — Não adianta chorar. Acostume-se. Esta é a vida nos conventos. Aqui emoções não têm lugar. Desfaça-se delas o mais rápido possível. Aqui não há amor, nem ódio, nem alegria, nem tristeza. Um após o outro, os dias seguem uma rotina. Quando você ingressou na Ordem, renunciou à vida material, à vida humana, para dedicar sua existência à adoração de Deus e a uma vida espiritual destituída de paixões. Silencie sobre as razões desse choro.

— Como? Estou em pedaços, desde que minha mã... madrinha faleceu, só tenho sofrimento. Enzo era minha alegria, minha proteção, como vou viver sem ele?

— Cale-se. Você não sabe o que diz. Está descontrolada. É candidata à noiva do Cristo e confessa amor a um homem. E, pior, a um homem que renunciou à matéria para servir a Deus, um padre. Devia envergonhar-se.

— Vergonha? Do quê? De amar? Mas não é esse o maior ensinamento de Jesus?

— O amor sublime. Livre de pecado, das tentações da matéria. Por isso há o voto do celibato e da castidade. Como alguém que se deixa cair num estado igual ao seu pode servir a

Deus, onipresente, onipotente, mas que exige devoção de seus servidores? Como pregar sua palavra nesse estado lastimável? Como orar hipotecando-lhe devoção com o coração "em pedaços" como você disse? Com certeza, entregaria a virgindade ao padre, se ele não fosse um homem santo!

A essas palavras, Lúcia lembrou-se dos encontros apaixonados e clandestinos. De súbito, as lágrimas secaram e os soluços silenciaram, o rosto vermelho marcou-se de pontos pálidos.

— Minha desconfiança tem razão de ser — comentou irmã Clara. — Isso pode significar a expulsão da Ordem.

— Não, por favor, não deixe isso acontecer. Eu me arrependo, juro. Penitencio-me o quanto for necessário, mas expulsa não posso ser. Quebraria a promessa que fiz no leito de morte da duquesa; não, isso não pode acontecer — implorou Lúcia assustada, dimensionando sua situação. — Se realmente foi por inveja e ciúme que o bispo mandou Enzo embora, fará também comigo. Ajude-me, Mônica. Você é minha amiga.

— Irmã Clara — corrigiu a freira com falsa brandura. — Voltou à razão. Cale-se e espere, é o melhor a fazer. Não conheço a forma de agir do bispo.

Recuperando-se do abalo emocional, Lúcia olhou ao redor à procura de Enzo. Desesperada, não viu a partida dele e nem ao menos sabia dizer como surgira irmã Clara. Notando que estavam na cela de Enzo, indagou:

— Onde ele está?

— Partiu, faz algum tempo.

— Partiu!? Nem se despediu? Deixou-me aqui chorando?

— É — confirmou secamente irmã Clara deliciando-se ao alfinetar a ferida. — Ele é um homem de Deus, agiu como tal. Você não representa nada para ele, talvez arrependimento por ter pecado.

Incrédula, Lúcia andou até a porta e abriu-a, olhou os corredores vazios e constatou: "Ele se foi, abandonou-me friamente. Desprezou meus sentimentos. Por quê?".

— Vamos sair daqui. Não haveria explicação lógica para nos encontrarmos nesta cela com você descomposta desse jeito. Não poderei mentir, mas, em respeito à nossa amizade, guardarei segredo.

Lúcia percebeu que estava nas mãos de irmã Clara, conhecedora de seu grave pecado, punido severamente pela Igreja. Lúcia encolheu-se assustada, insegura e, com esforço, respondeu:

— Obrigada por sua compreensão. A irmã tem razão, vamos sair daqui, irei para minha cela e permanecerei deitada até a hora das orações do ângelus.

Uma pseudonormalidade decorrente do silêncio imposto pela hierarquia eclesiástica regeu os dias seguintes no convento. Ricardo, fingindo não perceber a insatisfação que suas medidas geraram e que, sob a aparente tranquilidade, a situação continuava caótica, apenas extirpara um dos problemas. Era o momento de inteirar-se do problema de Agnes e escolher, cautelosamente, uma substituta. Seu olhar de águia examinava as mulheres à sua volta.

"Aqui não encontrarei uma Jacobina, é quase certo. Mas preciso de alguém em quem possa confiar, que seja ao menos sincera em seus propósitos. Trabalhar cercado de vaidosas e egoístas é cavar a própria ruína", pensava Ricardo, observando o cotidiano das freiras.

Sem pressa, analisou a situação. Irmã Maria obviamente tinha grandes expectativas, julgava-se uma colaboradora estimada pelo bispo e a responsável direta por sua presença no convento. Não fazia o menor esforço para disfarçar que se acreditava a preferida para substituir a superiora. No entanto, enganava-se ao pensar que o bispo confiava nela. Ricardo tinha como filosofia de trabalho: "O veneno das cobras é usado como remédio há muitos séculos, mas é preciso saber escolhê-las, usar e descartar. Crie uma cobra e não reclame de morrer envenenado por sua picada. Maria é uma cobra, o que fez a Agnes poderá fazer a qualquer outro".

Observando comportamentos, concluiu que aquele era um albergue de mortas-vivas. Elas passavam os dias costurando vestes, paramentos, preparando hóstias, bordando, limpando e cozinhando para si mesmas e para os sacerdotes. O restante do tempo ficavam em silêncio ou em oração.

"Acostumei-me à intensa atividade que Jacobino impôs ao mosteiro do bispado. Aqui até o zumbido dos insetos é ouvido, não há o riso das crianças, nem o corre-corre para atender as pessoas. Não me envolvo, mas me agrada a atmosfera de atividade. Neste convento só à noite há vida", ponderou Ricardo sentado em um dos corredores.

Seu olhar passeou até se deparar com sua pupila, também sentada, magra e pálida, em seu hábito cinza, as mãos cruzadas sobre o colo, o rosto com expressão triste, parecia alheia a tudo.

"O que se passará na cabeça dessa criatura? Não parece ser filha de Clarissa, não tem o temperamento forte e determinado, vaga pelos corredores deste convento como uma sombra apática. Deve estar chorando a ausência de seu 'amado', pensando que era a única. Pobre coitada! Criança ingênua e boba! É tão sem graça. Não me sinto atraído por mulheres, mas sei apreciar-lhes o caráter e a beleza, como em qualquer outra coisa. Mas essa!? É insossa, parecida com a horrível canja de galinha que servem aqui. Sem cor, sem gosto, sem brilho. Só a ânsia de Enzo em querer ser bajulado explica envolver-se com ela. Como me enganei com aquele menino! Mas tudo tem conserto."

Lembrou-se do jovem Mateus e do relacionamento recém-iniciado. Um leve sorriso iluminou-lhe a face. Era interessante notar que a presença de Mateus ou sua simples lembrança trazia alegria ao bispo, o que era muito raro.

"Preciso resolver esta questão e retornar ao bispado", decidiu Ricardo e, levantando-se, se pôs a andar pelos corredores em mais uma jornada de busca por alguma freira que o agradasse para substituir Agnes.

Andou a esmo pelo convento, conversou rapidamente com várias religiosas, sondou opiniões. Descobriu que irmã Maria tinha um alto grau de rejeição entre as congregadas, parecia que apenas o núcleo que desfrutava da liberdade de sua cela a apreciava. As demais não confiavam nela. As idosas viviam na cozinha e na capela e nenhuma importância davam ao que acontecia ou deixava de acontecer no convento e com a superiora. As noviças, em sua maioria, eram mulheres deprimidas cuja faixa etária variava da juventude até a idade mais madura. Muitas eram jovens enviadas pelas famílias para esconder relações amorosas escandalosas, estavam marcadas por abortos, situações de abandono, amarguras, decepções; as mais maduras eram, em sua maioria, viúvas ou fanáticas, algumas haviam sido entregues pelas famílias em pagamento de promessas à Virgem Maria. O quadro das religiosas com votos, entre as quais deveria nomear a substituta de Agnes, não era diferente. Em verdade, existia apenas um pequeno grupo de mulheres lúcidas, que se adaptavam à vida no mosteiro, governando-se pelas leis que vigem entre as paredes seculares.

Três dias se passaram e Ricardo ainda não havia decidido a nomeação de uma nova superiora, nem executar seu plano quanto à abadessa. Porém, uma violenta crise de Agnes durante a madrugada precipitou os fatos.

Ela correu seminua pelos corredores do convento, em desespero, clamando aos gritos que limpassem as manchas de sangue nela e falando das práticas executadas nos porões do convento.

Acordado pelos gritos de Agnes, Ricardo presenciou a crise da abadessa. A camisola rasgada deixava entrever os ferimentos em suas costas, as grossas cascas das feridas e as marcas de infecção causaram-lhe pavor. Ouvi-la falar das vozes acusando-a de lhes haver matado nos porões do convento, arrancando-lhes a oportunidade de nascer, alertou-o de que ela falava demais.

— Enlouqueceu! — sussurrou o bispo parado à porta de sua cela, vendo a religiosa correr à capela, e decidiu "silenciá-la".

— Bispo, por favor, nos ajude! — implorou uma religiosa que seguia a abadessa. — Não sei o que fazer. As poções que a abadessa toma não estão fazendo efeito, minhas preces parecem impotentes para acalmá-la. Estou sozinha cuidando dela, a noviça que me auxiliava adoeceu. Por favor, ajude-me!

Segurando a religiosa pelos ombros, Ricardo sacudiu-a gentilmente a fim de tirá-la do estado de quase histeria.

— Acalme-se, irmã. Tenha fé. Tudo será resolvido. Espere, irei vestir-me e a ajudarei.

— Mas, Reverendíssimo, não posso deixar a abadessa sozinha, ela está descontrolada, poderá destruir a capela, como fez com o nicho de sua cela.

— Destruiu as imagens? — indagou o bispo, espantado.

— Quebrou todas, Reverendíssimo. Que não nos ouçam as outras, mas quebrou-as com os pés, tomada de fúria.

— Então corra, vá até a capela e contenha a abadessa. Amarre-a, se for preciso. Estarei lá em um minuto.

Enquanto a freira corria à capela, Ricardo vestiu-se rapidamente e, retirando de uma maleta um frasco, olhou-o apreciativamente e apertou-o suavemente entre os dedos. Decidido, saiu da cela batendo a porta atrás de si e encaminhou-se ao encontro das religiosas.

Um grupo de observadoras acotovelava-se à entrada da capela, espiando o que acontecia em frente ao altar.

— Mas o que é isso, irmãs?! O que fazem todas aqui, paradas? Por que não estão em suas celas?

— Reverendíssimo!

— Senhor bispo!

— Dom Ricardo!

Exclamaram as freiras ao mesmo tempo, surpresas por vê-lo.

— O próprio — disse Ricardo, irônico e frio. — Saiam já daqui. Não veem que sua superiora está doente? Precisa de auxílio e não de bisbilhoteiras. Para suas celas, já! Penitenciem-se por esse ato falho e orem pelo restabelecimento da abadessa. Fora!

Espantadas com a rispidez da reprimenda, dispersaram-se afoitas e em passos rápidos, fingidamente com as cabeças baixas.

"Pensam que me enganam; baixam a cabeça não por obediência real, mas para esconder a raiva", refletiu Ricardo.

Voltou a atenção ao interior da capela e deparou-se com a religiosa que havia solicitado sua ajuda em franca luta corporal com a abadessa. Tentava controlar a superiora. Apesar de relativamente jovem e forte, a freira enfrentava sérias dificuldades em conter Agnes, cujas forças haviam se multiplicado.

Ricardo aproximou-se e ordenou à religiosa:

— Solte-a, irmã.

— Reverendíssimo, ela não sabe o que faz.

— Solte-a que sei como fazê-la parar.

Imediatamente a religiosa largou a superiora e afastou-se, exausta, enxugando o suor abundante do rosto. Livre, Agnes avançou em direção ao altar e foi parada no caminho com uma violenta bofetada no rosto que a jogou ao chão. Não teve tempo de dar-se conta da queda, logo sentiu um pé forte e pesado sobre o peito, próximo ao pescoço, tirando-lhe o ar, silenciando-a e imobilizando-a, mas ainda esperneava.

— Irmã, venha aqui! — chamou Ricardo, e foi prontamente atendido, estendendo-lhe uma cinta de couro. — Imobilize a abadessa. Amarre mãos e pés.

Sem questionar, a religiosa obedeceu; conhecendo a força de Agnes, apertou-lhe firmemente as amarras.

— Pronto, bispo.

— Excelente! Afaste-se um pouco.

Retirando o pé do peito de Agnes, Ricardo rasgou um pedaço da faixa que amarrava sua batina. Abaixou-se e improvisou uma mordaça.

O olhar assustado da religiosa evidenciava a surpresa com os métodos do bispo e por ele manter-se impassível durante o procedimento.

— Vamos orar pela abadessa, Reverendíssimo — convidou a religiosa.

— Depois, irmã. Agora ela precisa de outras formas de tratamento.

— Mas a prece pode aliviá-la.

— É possível, mas terá maior efeito quando ela estiver calma. Siga-me.

Dizendo isso, Ricardo abaixou-se e, tomando Agnes como se fosse um saco, jogou-a sobre os ombros, agarrando-lhe as pernas, e marchou intrépido pelos corredores do convento. Fingiu não ver algumas portas de celas levemente entreabertas e as freiras espiando. Atrás dele seguia a religiosa assustada, benzendo-se e rezando pelos corredores.

"Mas que procissão medonha!", pensou Ricardo, entediado com a ladainha da freira.

Empurrou a porta da cela de Agnes e entrou, jogou-a sobre o catre, sem cerimônia.

— Irmã, faça suas preces do lado de fora da cela e em silêncio. Deus tem bons ouvidos, afinal Ele ouve o mundo inteiro.

As faces da religiosa ruborizaram-se com as palavras do bispo, baixou a cabeça e, calada, se retirou, permanecendo de pé ao lado da porta, rezando baixinho com o rosário nas mãos.

Agnes, imobilizada, deitada sobre o catre, retorcia-se querendo libertar-se das amarras e fugir da presença do bispo. Seus olhos arregalados mostravam a aflição que lhe invadia a alma. Ricardo olhou-a friamente e deliberou:

"Enlouqueceu, não há o que fazer. Morrer é melhor do que os asilos de religiosos".

Deu as costas à abadessa e retirou de um bolso da batina o frasco, tomou nas mãos um copo que havia sobre a cômoda, coberta de cacos de imagens quebradas, emborcou-o no ar para limpá-lo de resíduos da demolição do nicho e despejou um terço do líquido do frasco; misturou um pouco d'água e, dando por concluído o preparo, depositou-o sobre o móvel. Escondeu novamente o frasco no bolso. Aproximou-se dela e disse:

— Abadessa, somos amigos há longos anos. Subimos juntos os degraus da ascensão na carreira religiosa. Seus serviços foram de valia inestimável. Perdoe-me pelos gestos de alguns minutos atrás, foram necessários, a senhora estava fora de si.

O bispo fez uma pausa e, puxando uma cadeira, limpou-a dos restos da destruição com um gesto significativo, sentando-se.

— Precisamos conversar. Tenho adiado esse momento na esperança de ver suas melhoras, mas infelizmente esta noite constatei uma acentuada piora em seu estado. A senhora destruiu as imagens da Virgem que protegiam sua cela.

Agnes tentou falar, mas o som foi abafado pela improvisada mordaça. Nos olhos dela brilhavam o medo e a aflição.

"Ele pensa que não o conheço. Ele quer me matar. Tenho medo, mas não sei o que é pior. Se morrendo eu ficasse livre dessas vozes e desses seres infernais, com alegria eu beberia o veneno do bispo", pensava Agnes.

— Seus atos foram muito sérios. Não terei como evitar a vinda de um padre exorcista.

A essas palavras Agnes reagiu violentamente, sacudindo-se e grunhindo, jogando a cabeça de um lado a outro. Seus olhos pediam que lhe tirasse a mordaça.

— Quer falar? Promete conter-se?

Um gesto afirmativo com a cabeça foi a resposta da abadessa.

Ricardo inclinou-se gentil sobre a religiosa e falou baixinho, em tom ameaçador:

— Ao primeiro sinal de desequilíbrio, serei obrigado a fazê-la desmaiar. Controle-se.

Agnes permaneceu imóvel enquanto o bispo retirava a mordaça.

— Muito bem, o que tem a me dizer?

— Reverendíssimo, não traga um padre exorcista ao convento. Sabemos qual seria o fim. Se devo morrer, e acredito que isso seja o melhor, peço-lhe que, em respeito à nossa "amizade", o senhor me deixe escolher como.

— A senhora sempre foi uma religiosa sensata, por isso a admiro. Se for justo seu pedido, eu o considerarei. Fale.

— Quero que o senhor providencie minha morte de forma indolor e rápida. Se possível, faça desta a minha última noite aqui.

Ricardo ouviu em silêncio o pedido da abadessa e nada disse, ponderava a respeito. Ela insistiu:

— É o melhor, Reverendíssimo. Não suporto mais essas almas penadas que vagam por esse convento. Todas me infernizam. O senhor se lembra do nosso passado, foi o senhor quem me auxiliou em muitos feitos, ensinou-me muitas técnicas que eu não conhecia, especialmente o manejo com as poções, as drogas, aquelas almas malditas me perseguem, falam comigo, me dizem coisas horríveis. Não tenho descanso, nem de dia, nem de noite. Elas não silenciam. Às vezes se afastam, em várias ocasiões pensei estar livre, mas qual?! Voltavam ainda mais enfurecidas. Há anos renunciei àquelas atividades. Desde que eles começaram a me perseguir com mais frequência. Nem assim me deixaram em paz. Vejo sangue e fetos por toda parte, ouço gritos, alguns de mulheres, acho que daquelas que morreram, misturados com choro e palavras desconexas. Não suporto mais. Eu rezei, Reverendíssimo, tanto que as contas do meu rosário perderam o brilho, estão gastas. Meus livros desfolharam. E nada fez com que essas almas infelizes partissem daqui para o purgatório ou para o inferno. Acendi velas, fiz promessas para a Virgem e foi em vão. É tudo mentira, é o que constato.

Agnes ergueu-se um pouco e, em tom de sigilo, prosseguiu, com o olhar assustado:

— Bispo, existem coisas que a Igreja não explica. Essas almas não são o demônio. Quando eu as vejo não têm chifres, nem rabos, parecem pessoas comuns, furiosas, enraivecidas, debochadas, sádicas, mas iguais a nós. Dizem que queriam voltar a viver na matéria e eu as impedi. As vozes das mulheres, algumas eu reconheço, são de freiras que morreram. São terríveis, elas não foram para o inferno, vagam aqui, entre as paredes do porão. Tome cuidado, podem se enfurecer contra o senhor. Mate-me, Reverendíssimo, mas antes receba minha confissão, encaminhe minha alma para que não fique vagando como elas. Quem sabe foi esse o erro: não ministrávamos a extrema-unção.

— Acalme-se, Agnes — pediu Ricardo e, fazendo o sinal da cruz, recitou uma oração em latim dando início à confissão da abadessa.

Por longas horas ouviu as confissões de Agnes, conheceu-lhe o drama pessoal e familiar e as razões pelas quais foi encaminhada ao convento: descobrira que estava apaixonada pelo próprio irmão. Era filha de um rico comerciante de Veneza e sua amante; ambas viviam confortavelmente em um vilarejo distante da cidade. Na juventude conheceu um rapaz que passava uma temporada no campo; enamoraram-se. Mas, quando foi apresentado à sua mãe, eles logo notaram a reação de medo, de incredulidade e de sofrimento no semblante dela. Ao fim daquela tarde, quando estavam sozinhas a mãe lhe confessou suspeitar de que o rapaz fosse seu irmão por parte de pai. A partir daquele dia sua vida cobriu-se com um manto de frieza e crueldade, abafando seus sentimentos. Daí o prazer que sentia ao arrancar filhos bastardos do útero das mulheres. Era sua forma de vingar-se da vida.

Narrou-lhe pormenorizadamente sua trajetória nos conventos, a tolerância com as práticas sexuais das freiras, que ao menos não geravam filhos, e seu rigor extremado com aquelas que se envolviam com os padres, concebendo.

Os primeiros raios de luz da aurora despontavam no horizonte quando a abadessa se calou. Após pronunciar a tradicional declaração de máxima culpa e arrependimento, recebeu a bênção do bispo e o perdão dos pecados. Ele levantou-se e, fingindo preparar a droga mortal, mexeu o líquido. Sem uma palavra, rosto impassível, entregou-lhe o copo.

— Como pedi? — indagou a abadessa.

Ricardo aquiesceu com um levíssimo aceno de cabeça e, com as mãos entrelaçadas em frente ao corpo, presenciou a religiosa ingerir a droga.

Agnes ajeitou-se sobre o catre e não mais se moveu. Aproximando-se dela, Ricardo soltou-lhe as mãos e os pés e a cobriu.

Lembrando-se da religiosa que aguardava no corredor, dirigiu-se até a porta. A mulher ressonava sentada no chão, a cabeça apoiada no degrau de acesso à porta da cela. Abaixou--se e chamou-a:

— Irmã, acorde. Preciso sair desta cela e a senhora obstrui minha passagem.

— O quê? — perguntou a religiosa com expressão assustada.

— É dia. Hora de acordar.

— Eu dormi — constatou a mulher. — Perdão, senhor bispo. Vossa Reverendíssima precisa de alguma coisa? E a abadessa, como está?

— Tudo está sob controle, irmã. Após a crise a abadessa pediu para confessar-se, está muito fraca, há poucos minutos adormeceu. Venha comigo.

Erguendo-se, a religiosa seguiu o bispo até o gabinete que ele estava usando.

— Sente-se e me diga seu nome.

Obediente, ela sentou-se à frente do superior e respondeu:

— Irmã Marta, da Congregação da Virgem Santíssima.

— Muito bom. A senhora é filha da Ordem a que pertence este convento. Tem algum título?

— Não, senhor. Sou de origem pobre, meus pais são agricultores, sou a sétima filha de uma grande família, por isso fui entregue à Igreja.

— É feliz aqui, irmã? Já a tinha visto outras vezes, não é verdade? — indagou Ricardo reparando nas feições da freira e buscando registros na memória.

— Eu era muito moça. Estou mudada. Trabalho junto da abadessa há mais de vinte anos. Hoje tenho trinta e sete anos, cheguei aqui com catorze. Não conheço outra vida, aqui nada me falta, tenho comida, roupa, onde morar, gosto das atividades que faço. Creio que sou feliz, sim, Reverendíssimo. Tenho mais do que muitas mulheres da minha posição.

— Nunca pensou em tornar-se a abadessa deste convento?

— O que disse, senhor bispo? Jamais me ocorreu tal ideia.

— Se houver necessidade, julga-se capaz de assumir o trabalho?

— Como lhe disse, é o que tenho feito há muitos anos, principalmente nestes últimos, desde que a abadessa adoeceu.

Ricardo levantou-se e, da mesma forma súbita como havia iniciado o diálogo, o interrompeu, ordenando:

— Está dispensada, irmã. Mande vir um café fresco e pães. Farei a refeição no gabinete.

Irmã Marta levantou-se para dar cumprimento ao pedido. O dia transcorreu calmo. Agnes dormiu, mexendo-se muito pouco. Ao fim da tarde Ricardo foi vê-la. Repetiu o procedimento da madrugada, ninguém o acompanhou. Irmã Marta permaneceu à soleira da porta e, na saída, o bispo determinou:

— Providencie algumas irmãs para velarem o sono da abadessa. Ela não me parece bem, respira com dificuldade. Escutei-lhe o coração, está muito fraco.

— Será o sono da morte, Reverendíssimo? A abadessa pode morrer?

— Não posso afirmar, mas seu estado inspira cuidados. Está muito debilitada. Quando tiver as irmãs a postos, mande me chamar, creio ser de bom alvitre orarmos pela enferma e lhe darmos a unção.

— Ah! Minha Virgem Maria! Então ela está mal. Coitada, tem sofrido tanto nos últimos anos com essas crises!

— Faça o que lhe disse, irmã Marta.

Realizou os rituais para que nenhuma dúvida pairasse sobre a morte da abadessa. Enquanto o bispo dormia, ela exalou o último suspiro nas mãos das religiosas que a acompanhavam. No meio da madrugada, soou o sino com dobra de morte.

Após a cerimônia fúnebre conduzida pelo bispo, ao lado da sepultura da falecida ele nomeou irmã Marta a nova abadessa. Despertou a ira de irmã Maria que, tendo-se portado, ao longo do velório, como a nova abadessa diante das outras, sentiu-se humilhada com a escolha do bispo.

Ignorando a ira e a revolta da religiosa, Ricardo discursou ressaltando as qualidades de dedicação e simplicidade da nova superiora como as virtudes a serem apreciadas e seguidas por sua congregação. Exaltou a credibilidade e informou que, até a designação de um novo padre, seria ele o responsável pelo serviço religioso no convento.

Ricardo acompanhou os dois primeiros dias de irmã Marta como a nova superiora, orientou-a em diversos assuntos e certificou-se de que ela nada faria sem consultá-lo. No terceiro dia, dando o caso do convento carmelita como resolvido, retornou ao bispado.

CAPÍTULO 10

Ouro ou ferro

"Com o egoísmo e o orgulho, que andam de mãos dadas, haverá sempre um caminho para o mais sagaz, uma luta de interesses, onde são pisoteadas as mais santas afeições (...)."[19]

Jacobino, em sua mesa de trabalho, ouvia pensativo as informações de Ricardo acerca do desfecho dos problemas do convento carmelita, tanto que não percebeu que o bispo aguardava uma resposta.

— Irmão Jacobino — chamou o bispo. — Não tem nada a comentar?

Passando a mão no rosto, o religioso tinha o olhar distante, como se vislumbrasse uma paisagem longínqua.

— Estou avaliando a situação, Reverendíssimo.

— Julga que deveria ter escolhido outra freira para ser a abadessa? Não está conforme com a nomeação de irmã Marta?

— Não, Reverendíssimo, não se trata disso.

A atitude do secretário espicaçava a curiosidade do bispo. Apreciava as opiniões de Jacobino ainda que, raramente, demonstrasse seu sentimento de admiração.

— Bem, e o que é então? É evidente que algo o preocupa.

— Não sei, alguma coisa não me inspira confiança nessa "pacificação" do convento carmelita. Foi rápida e eficiente, como são suas decisões, porém não sei se será duradoura.

---

19 Kardec, Allan. *O Evangelho Segundo o Espiritismo*, cap. XI, item 12. Trad. Salvador Gentile. Araras, IDE.

— Por quê?

Jacobino ergueu-se, largou a pena que usava para escrever sobre um descanso do conjunto de tinteiro e, com passos lentos, encaminhou-se à janela, de costas para o bispo e com o olhar perdido nas suaves colinas do Vêneto. Respondeu, ponderadamente:

— Estive por meses no Carmelo, testemunhei a existência de uma intrincada rede ligando seus membros. Ter enviado Enzo para Belluno foi uma medida sensata. Talvez entre as montanhas e a neve, na companhia de pessoas simples e sofridas, ele desenvolva um pouco de sensibilidade e empatia com o próximo. Pode ser que deixe de enxergar o mundo girando ao redor dele e passe a ver a realidade de que é mais um filho de Deus neste vasto universo. A escolha de irmã Marta também foi apropriada, é uma pessoa simples e honesta, sem pretensões ou segundas intenções. Não é nenhuma inteligência extraordinária, mas será capaz de administrar o local com competência, é muito zelosa de suas responsabilidades. Minha dúvida é que talvez ela seja ingênua e daí a instabilidade que temo nessa "pacificação".

Ricardo o ouvia considerando cada ideia.

— Continue — incentivou o bispo notando que Jacobino silenciara, mas continuava com ar pensativo e preocupado.

— O senhor não ignora que muitas freiras estão insatisfeitas com suas decisões.

— Óbvio, irmão Jacobino. De algumas afastei o amante, o belo e ardente padre Enzo; de outras, a oportunidade de tornarem-se a superiora.

— Nesse quadro estão reunidos sentimentos de ciúme, indignação, revolta e inveja. Todos serão recalcados e darão forma a outros problemas. É por isso que questiono se será duradoura a "pacificação". As redes foram rompidas com certa violência e brusquidão. Poderá nascer um profundo sentimento de injustiça naquelas mentes um tanto quanto distorcidas pelo egoísmo que desenvolvem naquela vida improdutiva.

— Realmente pensei muito nas palavras que o senhor me escreveu nos relatórios. Confesso que muitos dias tive vontade de abrir aquelas portas, mandar aquelas mulheres embora e ir-me junto, abandonando a asfixia daquelas paredes.

— Aquele ambiente é próprio ao cultivo de todos os vícios morais, pois está isolado do convívio humano com o restante da sociedade, as lutas que oferece, os trabalhos e o desenvolvimento do progresso. Elas vivem a mais pura inutilidade social. Se pecado existe, Reverendíssimo, a existência de ordens de clausura é um. Aquele prédio não devia ser devotado à mãe de Jesus, é uma rematada discrepância ter Maria como símbolo para mulheres improdutivas, de ventre e corações secos e amargurados. A mãe do nazareno deu o exemplo de santificação da mulher no lar, no amor e no trabalho, na solicitude junto às crianças e, como companheira de um homem, era esposa de José. E nossas religiosas, devotas de Maria, o que fazem para seguir-lhe o exemplo?

Fazendo uma pausa, Jacobino virou-se encarando Ricardo e, divisando um raro sorriso, debochado e irônico, desenhando-se em seu rosto, percebeu o rumo malicioso dos pensamentos do superior e riu, descontraído. Erguendo as mãos como quem pede ajuda, completou:

— Esqueça, bispo, não é necessário responder. Eu também sei o que está pensando.

Alguns meses se passaram. Sobre a mesa de Jacobino uma carta proveniente de Roma, deixada por Mateus, que a recebera do exausto mensageiro na primeira hora da manhã.

A curiosidade do jovem seminarista aguçava-lhe a percepção dos menores sons e ruídos, esperava a qualquer instante ouvir os passos firmes e compassados de irmão Jacobino.

— Por que justo hoje ele está atrasado? — resmungou Mateus, falando sozinho, espiando o corredor, enquanto arranjava os documentos que lhe competia separar e arquivar.

— Ele quase sempre chega aqui comigo e até antes, adora repreender-me e me chamar de preguiçoso quando me apresento alguns minutos depois dele. Hoje, só para me espicaçar, ele se atrasa — monologava o seminarista.

Depois, o rumo de seus pensamentos mudou bruscamente, olhou à rua, abandonou os documentos sobre a mesa e caminhou à porta, preocupado.

— Será que meu velho amigo adoeceu? Não é normal este atraso.

Decidido, sacou do bolso da batina a chave e trancou a porta do gabinete do bispo. Pensando um pouco, decidiu ir ao refeitório à procura de Jacobino.

— Bom dia, frei. O senhor viu irmão Jacobino? — indagou Mateus ao responsável pela cozinha.

— Claro, veio cumprimentar-me pelo pão. Ele adora minha comida, diz que é por causa dela que os meninos crescem saudáveis — o cozinheiro comentou rindo. — E ele realmente gostou do pão, comeu muito bem, depois conversou um pouco e saiu.

— Estranho, ele não foi para o gabinete. Isso faz muito tempo?

— Bastante. Ainda não havia clareado o dia quando esteve aqui. Tínhamos assado os primeiros pães. Ele fez a refeição conosco, nem usou o refeitório.

— Tão cedo?! E disse para onde ia?

— Não. Somente notei que ele carregava um livro e depois do café saiu para o pátio.

— Ah! Já sei onde ele está. Obrigado pelas informações.

Sentindo o delicioso aroma de pão recém-assado, Mateus perguntou:

— Se importa se me servir de alguns pães?

— Coma, rapaz. Os pães envelhecem e perdem o sabor. É um bom aprendiz de irmão Jacobino. Vejo-os estudando às vezes. Agora aprendeu por que ele vem cedo para o café, para conversar e comer bem — comentou bem-humorado o religioso.

— Nosso amigo sabe apreciar as boas coisas do convento — concordou alegremente o seminarista e, apanhando alguns pães de uma cesta próxima, sorriu, dizendo: — Duvido que ele resista a mais um, estão lindos e muito cheirosos.

Agradecendo a atenção do cozinheiro, encaminhou-se à velha árvore do pátio e deparou com Jacobino sentado sobre as raízes lendo um grosso volume de filosofia, cuja encadernação de longe reconhecia.

Sentindo-se observado, Jacobino interrompeu a leitura e olhou à volta. Sorriu ao reconhecer Mateus, fazendo-lhe um gesto para que se aproximasse.

— Então, meu filho, que faz aqui tão cedo?

— Vim à sua procura. Primeiro fui ao refeitório e o frei me disse que o havia visto com um livro; foi fácil saber onde estava.

— Hum! Velho e previsível, que ser humano mais sem graça estou me tornando — resmungou Jacobino como se estivesse contrariado, o que fez o jovem rir.

— Não, não. Tudo, irmão Jacobino, pode ser possível, menos considerá-lo previsível. Isso nunca!

— Sente-se a meu lado, vamos aproveitar esse silêncio da manhã enquanto os outros dormem — convidou Jacobino. — Aliás, que faz tão cedo de pé?

— Milagres acontecem, irmão.

— Não me venha com essa conversa boba. Bem sabe que vejo a vida e sua constante renovação como o maior milagre de Deus; para mim não é necessário e é ingratidão querer mais do que tudo isso para crer no Criador, em sua inteligência e bondade. Ele não se gastaria à toa fazendo o "milagre" de tirá-lo da cama cedo — ironizou o religioso.

— Amanheceu mais herege ainda, irmão. Deixe-me ver o que está lendo?

— Você não adivinha? Isso, sim, é uma rematada insanidade. Tenho gastado horas e horas a instruí-lo com eles e não os conhece apenas de vê-los?!

Mateus jogou a cabeça de lado, olhou para cima e fingiu pensar, por fim declarou em tom solene:

— Sócrates! Nosso mestre pagão.

— Sócrates, sim, uma grande alma. E não o chame pagão, pois ele tem muito mais afinidade com o pensamento de

Jesus do que vários dos pais da Igreja. Deliciava-me lendo suas ideias sobre o amor.

— É o *Banquete*. Eu o li ontem. Gostei muito.

— Eu meditava um pouco sobre a resposta que ele deu a Alcebíades dizendo não trocar ouro por ferro. Ele oferecia um amor puro, de alma para alma, isento de paixões, pleno de realizações e nobres anseios, enquanto o outro lhe oferecia apenas o amor transitório, a realização dos desejos físicos, ainda cheio de incompreensões e vãs vaidades; por isso Sócrates o comparou ao ferro, um metal vil que enferruja e o tempo destrói.

Lembrando-se do que o levara a procurar irmão Jacobino, o seminarista apressou-se em demovê-lo das conversas sobre Sócrates e seus feitos, sempre extensas, quase tanto quanto quando falavam sobre Jesus.

— Irmão Jacobino, preciso mesmo conversar com o senhor sobre esses textos, mas, infelizmente, não poderemos continuar agora. Vim buscá-lo porque chegou uma carta urgente de Roma.

Fechando o grosso volume encadernado de couro, o religioso encarou Mateus com expressão levemente preocupada.

— Carta de Roma? Hoje? Muito estranho!

— Não estávamos esperando. O bispo não comentou nenhuma ocorrência de problemas nos últimos meses após o retorno do convento carmelita.

— É verdade, Mateus. Vamos até lá. Ajude-me a levantar.

Com os pães nas mãos, o jovem sorriu um pouco constrangido e mostrou-os, ao que Jacobino respondeu imediatamente:

— A carta não criará pernas. Um desses pães é para mim?

— Claro — respondeu Mateus.

Comeram o pão, apreciando o silêncio da manhã, e após minutos o rapaz levantou-se e sacudiu as saias da batina para livrar-se de algumas migalhas. Então estendeu a mão, ajudando Jacobino a se erguer.

Envoltos em amistoso silêncio, dirigiram-se ao gabinete. Enquanto caminhavam, cada um se entretinha com os próprios pensamentos: Mateus, curioso, tecia ideias sobre o conteúdo da carta; irmão Jacobino, muito mais experiente, andava dialogando com Jesus, como era seu hábito, pedindo-lhe orientação e sabedoria para lidar com o teor da dita carta.

"Inesperadamente, de Roma, só pode ser problema e dos grandes", pensava Jacobino.

Ao cruzarem o limiar da porta, depararam com Ricardo sentado em sua cadeira, expressão habitualmente impassível, lendo a carta. Mateus avançou até a mesa de trabalho do bispo e, parando à frente, aguardou que ele concluísse a leitura. Então, tomou a mão que ele lhe estendia e depositou demorado beijo; disfarçando carícias, disse:

— Teve uma boa noite, meu bispo?

— Muito, meu filho. Obrigado.

Jacobino, que vinha logo atrás, sorriu e, depois de cumprimentar o superior, comentou:

— Mateus apressou-me tanto por causa desta carta e vejo que o senhor já conhece o teor.

— De fato, cheguei há bons minutos e, como não os encontrei, iniciei as atividades, a começar por esta — respondeu Ricardo passando a carta a Jacobino. — Leia.

Com o documento em mãos, Jacobino encaminhou-se até a janela, buscando luminosidade. Foi seguido de perto por Mateus.

— Você é abelhudo, Mateus. O bispo disse que eu lesse a carta, o que faz me seguindo?

— Ora, irmão Jacobino, só pensava em ajudá-lo; se tiver dificuldade, posso ler para o senhor — respondeu o rapaz fingindo-se de desentendido com a reprimenda fraterna do secretário do bispo.

— Esperto. Você é muito esperto — retrucou Jacobino sorridente e, consultando o bispo com um simples olhar, recebeu um leve aceno afirmativo. — Está bem, dom Ricardo confia em você e eu também, portanto poupe-me os olhos. Leia para nós.

Mateus não se fez de rogado, tomou a carta e leu-a rapidamente. Texto conciso, formal e direto, dava ciência ao bispo do Vêneto de um pedido de interferência da ordem exorcista no convento feminino sob sua responsabilidade.

Após a leitura, Mateus, literalmente, caiu sentado na cadeira de Jacobino exclamando:

— Há uma traidora! Maldita! Mulher burra, por que fez isso? Por que desrespeitou a autoridade do nosso bispo?

— Calma, meu filho. Não se aflija, nem seja precipitado — advertiu Ricardo. — Nestas horas é preciso pensar friamente. Creio que sei quem é a responsável por este episódio.

— Não é difícil deduzir a autoria quando se esteve naquele convento algum tempo — falou Jacobino pensativo, encarando Ricardo. — O que pensa fazer?

— Responder à carta.

— Dispensar os exorcistas, dizer que foi um engano, uma precipitação da denunciante, seja lá quem for ela, e dizer que tudo está sob controle do nosso bispo. Ótimo! — disse Mateus empolgado.

— Não, meu querido — discordou Ricardo. — Escreveremos justo o contrário. Endoçaremos o pedido, em nome pessoal, alegando que o teríamos enviado em breve e que apenas aguardávamos maior certeza, para evitar um desgaste quiçá inútil, mas que o quadro se nos apresenta claro e positivo como havendo influenciação demoníaca na instituição.

— Reverendíssimo, isso poderá, ou melhor, com certeza acabará em morte — contrapôs Jacobino um tanto angustiado. — Pense bem.

— Está decidido, Jacobino. Quando chegaram aqui, eu analisava a situação e definia o rumo dos fatos. Redigirei a carta, pedindo sigilo absoluto a dom Jaime, o bispo exorcista. Mateus, providencie papel, será uma carta extensa e detalhada, depois vá em busca do mensageiro e informe-o de que deverá partir hoje, antes do meio-dia.

— Reverendíssimo, por favor, pense melhor. Pode estar tomando uma atitude precipitada. É bom meditar mais. Será que não há outro caminho, um meio de evitar essa intervenção? — pediu Jacobino parado em frente ao bispo, com as mãos ao longo do corpo e expressão preocupada. — A nova abadessa é uma mulher sem experiência para lidar com essa situação. É simplória, senhor.

— Eu sei, irmão Jacobino. E, se não estou enganado, a infeliz da irmã Marta é vítima dessas acusações — respondeu Ricardo imperturbável, erguendo poucos centímetros o documento que Mateus lhe devolveu às mãos. — Vá, Mateus, cumpra o que lhe solicitei. Depois volte.

— Ricardo! Desculpe. Meu bispo — corrigiu-se Mateus. — Considere as palavras do irmão Jacobino. Sei que não devo e não posso interferir em sua administração, mas desde que recebi essa carta ela me causou aflição, e agora que conheço seu teor algo me diz que ela não deve ter solução precipitada. Mais uma vez, desculpe-me a petulância, mas é porque sou seu amigo que lhe peço isso.

Ricardo tomou a mão do rapaz entre as suas e sorriu levemente, baixou a cabeça escondendo o olhar e, dando-lhe tapinhas confortadores na mão, falou:

— Não há do que desculpá-lo, Mateus. Mas minha decisão está tomada. Faça o que lhe pedi. — Depois ergueu o olhar, encarou o jovem carinhosamente e sussurrou: — Obrigado.

Jacobino, desde que notara a intenção de Mateus de intervir na decisão de Ricardo, decidiu prudentemente ir à janela e fingiu contemplar a vista, fazendo de conta que nada havia presenciado ou ouvido.

— Sei que você tem condições de lidar com "eles", mas valerá a pena tamanho esforço? — insistiu Mateus.

Ricardo levantou-se, pousou a mão sobre o ombro de Mateus, o encarou e, buscando tranquilizá-lo, disse:

— Aprenda que mandar e comandar tem um preço, Mateus. Não atingimos esses postos sem ônus ou sem assumir riscos; prepare-se para lidar com eles um dia. Não os procure a não ser que esteja certo de seu poder em solucioná-los, mas, se eles vierem até você, não fuja, use sua inteligência e reverta-os a seu favor. Jogue ao lado de quem pode mais e tanto quanto possível faça-os acreditar que lhe fizeram um grande favor, pelo qual você será reconhecido, assim eles farão o que desejar, julgando que são seus aliados. Não temos nada a temer, no final talvez seja a solução dos problemas daquele convento.

— Mas, Ricardo, haverá sofrimento desnecessário. Eles são horríveis, quantas vezes você me disse isso, acaso terão mudado de algumas horas para cá? — revidou Mateus, ainda buscando dissuadir o bispo.

— Não, com certeza eles não mudaram e haverá, sim, sofrimento no convento carmelita. Mas, pergunto-lhe, quem pediu? Acaso foi minha ordem?

— Não, mas isso apenas nós sabemos. Se você executar o plano que traçou, parecerá que foi quem o pediu e que concorda com ele. Será corresponsável.

— E, se não fizer isso, meu filho, o que vai acontecer?

— Poderíamos pensar um pouco mais, mas por que não dispensá-los?

Afagando o ombro do rapaz, ciente de que ele se preocupava com seu bem-estar e sinceramente comovido por essa demonstração de interesse, tanto com ele quanto com os seres humanos que seriam envolvidos naquela intervenção exorcista, Ricardo, mudando drasticamente o rumo do andamento da manhã, comunicou:

— Jacobino, nosso jovem aprendiz está um pouco confuso. Como ainda não fiz a refeição da manhã, vou levá-lo comigo à minha residência. Por favor, providencie o papel que pedi e mande o comunicado ao mensageiro. Voltaremos em breve.

Estendendo o braço sobre os ombros de Mateus, Ricardo guiou a saída, deixando o secretário a observá-los com um olhar esperançoso.

— Mateus é muito sensível, também não tenho bons pressentimentos com essa carta, muito menos com a decisão do bispo — comentou Jacobino em voz baixa e, lançando um olhar ao firmamento carregado de nuvens, endereçou o pensamento à entidade amiga do antigo bispo e pediu mentalmente:

"Por favor, bispo Giordano, inspire a Mateus bons argumentos para demover o bispo Ricardo dessa decisão".

Menos de uma hora se passou até o regresso de Ricardo ao gabinete do bispado.

— Irmão Jacobino, o senhor providenciou o que pedi?

Jacobino sobressaltou-se ao ouvir a voz do bispo às suas costas, pois estava concentrado no arquivamento de documentos, tarefa que Mateus havia deixado inacabada.

— Jesus Cristo! — exclamou o secretário levando a mão ao peito. — Reverendíssimo, por gentileza, considere que estou idoso, faça ao menos um ruído leve, perceptível aos meus ouvidos, que são bons.

— Deveria estar acostumado, irmão, são anos a meu lado — respondeu Ricardo e, sentando-se em sua mesa, sugeriu irônico: — Tente sentir meu cheiro.

— Meu nariz é inteligente, Reverendíssimo, prefere sempre o aroma da comida — devolveu Jacobino, bem-humorado. E, atendendo ao que lhe havia sido solicitado, entregou ao superior os papéis, informando: — Avisei o mensageiro do horário aproximado em que deverá partir.

— Ótimo. Vamos ao trabalho.

— Precisa de ajuda?

— Não, irmão Jacobino. Como disse, lavrarei de próprio punho a carta a dom Jaime. Continue sua atividade. Mateus pediu-me para avisá-lo de que está no orfanato auxiliando padre Felipe com alguns alunos retardatários.

Jacobino aquiesceu e um brilho de carinho iluminou-lhe o olhar à menção da atividade que o seminarista realizava.

— Excelente rapaz, nosso seminarista — elogiou Jacobino.

— Concordo plenamente — respondeu Ricardo. — Terá um futuro brilhante na Igreja, é inteligente, interessado, decidido e tem carisma.

— Ele é um ser humano — retrucou Jacobino. — Tem alma e coração, teria futuro em qualquer lugar, mas se interessa realmente pelos valores do espírito, por isso está na Igreja.

Ricardo ouviu em silêncio a avaliação do secretário e, tomando a pena, mergulhou-a no tinteiro, redigindo a carta ao bispo exorcista. Concluiu a tarefa no horário previsto. Reunindo as páginas que secavam sobre a mesa, assinou as duas últimas, apondo-lhe o brasão do anel. Ordenou as folhas, formando dois documentos, dobrou-os e selou-os, estendendo-os ao secretário.

— Pronto! Encaminhe-os ao mensageiro e peça-lhe pressa em regressar a Roma.

Recebendo os documentos, Jacobino não se conteve e leu os destinatários: um para o bispo exorcista e outro ao vigário judicial da Rota Romana. Ricardo, sorrateiramente, observava a reação do secretário; notou a súbita palidez nas faces de Jacobino.

"Não posso me calar diante disso", pensou Jacobino, sentindo os documentos queimarem suas mãos. Puxou uma pesada cadeira, aproximando-a da mesa, e sentou-se encarando o bispo.

— Monsenhor Ricardo, lembra-se de que há algum tempo o senhor me propôs uma conversa desconsiderando a hierarquia que nos rege, como se fosse a uma dimensão paralela?

— Sim, estou lembrado.

— O senhor aceitaria outro diálogo daqueles?

— Aceito. Fale, irmão.

— Sabemos que tão logo estes documentos cheguem às mãos de seus destinatários, cabeças irão rolar no convento carmelita. O senhor cumpre nestas cartas o plano que traçou logo cedo, está realmente convencido de que é o melhor caminho? Sabe que não haverá clemência. Será que estamos certos em nossas suspeitas? Eu lhe confesso, pelo tempo que permaneci naquele convento, que o melhor seria devolver aquelas mulheres à vida em sociedade, onde seriam úteis. Mas, na impossibilidade de realizar tal coisa, dar-lhes trabalho não seria o mais indicado? A mente ocupada no trabalho disciplina as energias do corpo, dá equilíbrio, os vícios morais cedem ao cansaço do emprego correto das forças e do tempo. Perdoar essa quebra de princípio hierárquico, negar a intervenção, pouparia vidas.

— Por quanto tempo, irmão Jacobino? É o que me pergunto.

— "A cada dia basta seu mal", ensinava Jesus. Por que se afligir com quanto tempo duraria até que houvesse uma nova tentativa? Solucionemos este agora, o outro, quando e se realmente ocorrer.

— Ocorreria, irmão Jacobino, tenha certeza. Nos olhos daquela freira está estampado o que ela carrega na alma. Não me iludi um momento sequer com ela, deixei-a mostrar-se e a vi tal qual se mostrou. Confesso que esperava por algo desse gênero desde a nomeação de irmã Marta como abadessa. Apenas foi mais rápida e ousada do que eu esperava, ela deveria ter demorado um pouco mais, nem ao menos se preocupou em disfarçar os caminhos. Está muito fácil ver quem é a responsável por essa intriga. Por isso, irmão Jacobino, não tenho medo de "julgar" equivocadamente. Mas fique tranquilo, dou-lhe minha palavra de que não permitirei a condenação de uma inocente, somente será entregue a "eles" a responsável.

— Confio em sua palavra, não pensei em pedi-la. Mas o que me preocupa não é apenas a denunciante, são principalmente as denúncias. A informação que veio de Roma foi muito sucinta, praticamente não sabemos nada.

— É a forma como eles agem. Conheço os mecanismos: denúncia genérica, determinação de apuração e aplicação de pena compatível à gravidade da ocorrência a critério do responsável. Isso diz tudo e não diz nada.

Fazendo uma expressão contrafeita, Jacobino reconheceu a verdade das palavras do bispo.

— É por isso que temo apoiá-los. Pode-se endossar de uma penitência leve até a morte sumária de várias pessoas.

— Repetirei o que disse a Mateus: ser o bispo do Vêneto tem seu preço. Não posso simplesmente ignorar esse fato. Não o pedi, mas ele está posto; chamado ao jogo, dele farei parte. Imagine, irmão Jacobino, se eu porventura agisse como vocês me pedem e daqui a alguns dias nova carta fosse parar nas mãos de dom Jaime. Ele a levaria, com certeza, ao conhecimento do papa. Eu seria chamado a prestar esclarecimentos em Roma e uma investigação seria instalada em toda a região do Vêneto. Sabemos que fatos estranhos realmente ocorreram no convento carmelita. Isso viria à tona, pois as freiras não oporiam resistência ao vigário judicial e a seus métodos. Agora me responda: quantos inocentes, entre religiosos e fiéis, poderiam sofrer injustamente e até morrer?

O secretário meditou sobre os argumentos do superior, seguindo-lhe o raciocínio e a linha de ação, e respondeu:

— Por este ângulo o senhor tem razão. Mas confesso: eu jamais poderia ocupar seu lugar; participar desse jogo e dispor as cartas a preço tão alto não me serviria.

— Não calaria o coração. Acaso pensou que eu não soubesse disso, irmão? É por sabê-lo incapaz de silenciar a própria consciência e o coração que o nomeei meu auxiliar e substituto — respondeu Ricardo com amistosa inflexão de voz. — É por isso que eu me sento na cadeira do bispo e o senhor é um velho padre. Tive que escolher, a idiota que se julga muito esperta provocou isso. Embora reconheça a excelência moral de suas ponderações, irmão Jacobino, assim como as que me fez Mateus, não posso me guiar por elas, pois o preço é minha própria vida, acompanhada de muitas outras. Assim, mande entregar esses documentos a seus destinatários com minhas homenagens de estilo. A sorte está lançada! Que vença o mais inteligente.

Jacobino ergueu as sobrancelhas, derrotado e triste por vislumbrar o mar de lama do "poder" clerical. "Onde andam as lições de Jesus?", perguntava-se intimamente. Ergueu-se em silêncio, apanhou os documentos que o bispo lhe estendia e afastou-se.

Enquanto andava pelos corredores, sentindo-se arrastar, a pergunta martelava-lhe o pensamento, até que sentiu a costumeira onda de paz e amizade que a presença do espírito do bispo Giordano lhe infundia. Registrou as expressões:

— Lembre-se, meu querido filho, das palavras pronunciadas no Gólgota: "Pai, perdoai-lhes, pois não sabem o que fazem". Jesus sabia onde seriam sepultadas suas lições: soterradas em meio à vaidade, à ambição e ao orgulho, que infestam o espírito humano. Mas ninguém mais do que ele confia na sabedoria e no poder de Deus. Também sabia que os planos da evolução tinham de se cumprir e que as sementes lançadas germinariam no futuro. São conhecimentos, Jacobino, e todo conhecimento verdadeiro, uma vez lançado no espírito humano, um dia germina. Façamos como o Mestre: compreendamos as atitudes possíveis a nossos irmãos de jornada. Se não são aquelas que almejamos ver implantadas na Terra, paciência e trabalho são os caminhos de um dia vir a torná-las viável.

Ajudemos o progresso, mas não exija de seu companheiro de jornada uma compreensão à sua, nem que ele tome atitudes que você tomaria. Ele é ele, e você é você, simples assim. O Pai não fez dois de seus filhos iguais. Semelhantes, afins é o que podemos ser; idênticos, jamais. Somos joias verdadeiras, obras-primas, Jacobino, não imitações fabricadas em grande quantidade. As lições de Jesus permeiam todos nós, mas as manifestamos em nossas vidas conforme a capacidade de aprendê-las, senti-las e vivenciá-las. Algumas jazem ainda em forma de semente. Entenda isso e não esmoreça, muito menos se entristeça. São solos novos para cultivar, almas que recém-desabrocham e esperam a mão e o carinho de um educador para auxiliá-las. Trabalhemos confiantes na bondade e na sabedoria de Deus.

Jacobino sorriu imperceptivelmente e, em pensamento, agradeceu a companhia fraterna. Reorganizado pela sábia intervenção do espírito do bispo Giordano, seguiu aliviado e mais confiante, cultivando pensamentos esperançosos e otimistas. Sem notar, sua musculatura relaxou, liberou a respiração, seus pensamentos aclararam, o andar readquiriu a costumeira agilidade e ele chegou ao refeitório, onde o mensageiro se alimentava e descansava contando seus casos aos trabalhadores.

Reunidos em alegre conversação, os cozinheiros e o mensageiro nem sequer notaram sua chegada, fazendo-o rir quando se assustaram com seu chamado:

— Ai! — gritou alarmado o mensageiro. — Deus do céu, como o senhor é sorrateiro! Não lhe ouvi fazer qualquer barulho, padre.

— Tenho absoluta certeza de que fiz barulho, senhor — respondeu Jacobino serenamente. — Mas mesmo que não tivesse feito, isso não seria razão para tê-lo assustado tanto. Sabia que alguém viria procurá-lo, não é?

— Sim, esperava, porém não tão rápido. Ainda me sinto montado sobre um cavalo.

— Lamento muito, caro amigo. Você retornará a Roma antes do meio-dia. O bispo tem pressa de que esses documentos cheguem às mãos de seus destinatários. É urgente! Mandarei prepararem uma cesta, assim seguirá bem alimentado e com bastante vinho até o destino.

— Sim, senhor, estou pronto.

Antes das doze horas o mensageiro partia a galope, levando em sua bolsa os documentos enviados por Ricardo.

Na Rota Romana, alguns dias depois...

O vigário judicial lia o documento remetido pelo bispo do Vêneto, seu semblante se fechava a cada linha, as mãos tremiam, estava dominado pela ira refletida em sua face.

Assim como um vulcão prestes a explodir faz a terra tremer ao redor, as emoções do vigário repercutiam em torno dele, os olhos cinza-azulados brilhavam como o aço. Nenhum som se ouvia na sala austera por ele ocupada. Sozinho, desde cedo se entregava às "desagradáveis" tarefas burocráticas de leitura e redação de documentos que diziam meias verdades, quando não eram completas e vergonhosas mentiras.

Repentinamente, riu alto, gargalhou prazerosamente, deliciando-se com o que lia.

Foi à mesa de trabalho, com um largo sorriso de escárnio nos lábios, sentou-se e redigiu a abertura de uma ampla peça autorizando a investigação da ocorrência de quebra dos sagrados votos de castidade entre as freiras do convento carmelita.

Terminou o documento e colocou-o diante de si, admirando-o. O brilho frio do aço em seus olhos ganhara laivos de luxúria ao ler a carta do bispo.

— Precisaremos nos certificar da verdade — dizia para si mesmo. — Nada melhor do que uma longa permanência no local. As freiras serão devidamente examinadas, uma a uma. Hum! Será um trabalho muito, muitíssimo gratificante.

Em um tom irônico e debochado, arrematou:

— As noivas do Cristo não podem esquecer seus deveres, principalmente os de fidelidade ao Senhor.

Baixou o documento, colocou-o sobre a mesa, dobrou-o e fechou-o com o lacre da insígnia religiosa do tribunal. Ergueu-se, chamou o mensageiro e entregou-lhe a resposta, dizendo:

— Retorne ao Vêneto, entregue este documento a dom Ricardo, entendeu? Quero que seja entregue nas mãos do bispo, a ninguém mais. Fui claro?

— Sim, vigário, claríssimo.

— Deus o abençoe. Vá em paz.

— Obrigado — agradeceu o mensageiro, com uma desajeitada mesura. — Adeus, vigário.

— Adeus.

Fechando a grossa porta de madeira escura, o vigário retomou entre as mãos o documento assinado por Ricardo, releu vários itens da carta antes de arquivá-la.

— Tão logo estejam organizados os processos pendentes em Roma, viajarei para o Vêneto — planejou o vigário em voz alta, entretendo-se com os próprios pensamentos.

Em outra dependência das suntuosas instalações da Igreja em Roma, num luxuoso gabinete ornado com belíssimas obras de arte, tapetes e móveis pesados de madeira, poltronas douradas recobertas por fina camada de ouro, despachava um homem alto, magro, de tez clara, marcada por fundas linhas de expressão na face e rugas na testa; tinha os lábios rígidos, finos e bem desenhados, o nariz aquilino emprestava ao rosto um ar de arrogância. Mas, sobretudo, era no verde cintilante do olhar que a dureza do caráter de dom Jaime se evidenciava — ali nenhuma sombra de emoção parecia haver se mostrado ao mundo.

Ele ditava cartas a um rapaz de estatura baixa e compleição franzina, um auxiliar inexpressivo, alguém que no futuro poderia muito bem ter inspirado o criador de alguma máquina.

Batidas insistentes na porta interromperam a concentração de dom Jaime.

— Abra — ordenou ao auxiliar.

Incontinente, o rapaz largou ordenadamente as páginas escritas, ergueu-se e foi atender à porta. Recebeu de um mensageiro os documentos da manhã e, sem pronunciar nem uma palavra, retornou, entregando-os ao superior.

Dom Jaime examinou os lacres, separando a carta proveniente do bispado do Vêneto, e, como que falando consigo mesmo, comentou:

— Dom Ricardo foi ágil na resposta, bem ao seu estilo, atento a tudo. Vejamos o que ele diz a respeito das denúncias.

Correu o olhar displicentemente sobre as expressões formais comuns à correspondência e deteve-se no texto da carta, que dizia:

"(...) As ocorrências no convento preocupam-me há longos meses. Enviei meu secretário para efetuar diligências e investigações iniciais, com a competência e a dedicação com que ele me tem servido, não tenho motivos para desconfiar de qualquer das conclusões apresentadas por ele, ao contrário, dou-lhes fé incondicional.

Mas não me contentei apenas com as informações trazidas por irmão Jacobino; fui pessoalmente ao convento e lá permaneci várias semanas observando in loco *as estranhas atitudes e ocorrências que se têm manifestado.*

Julgo que nossa prezada amiga, a falecida abadessa Agnes, foi vítima de uma moléstia incurável que lhe tirou a lucidez nos últimos meses. Peço-lhe, em respeito à memória da prestimosa madre, que deixe sua alma descansar em paz. Recebi-lhe a confissão e ministrei-lhe os últimos sacramentos. Era uma religiosa devotada e partiu com a consciência pacificada, em perfeita comunhão com os santos e tendo os pecados perdoados.

Entretanto, afora as lamentáveis crises decorrentes da doença da abadessa, algumas outras situações 'estranhas' merecem, de fato, a atenção que Vossa Reverendíssima dispõe-se a lhes conceder.

Empenho junto ao senhor minha irrestrita solidariedade em seu sagrado ministério de combate às forças do mal, sempre dispostas a atacar nosso rebanho de fiéis. Mais do que isso, me congratulo com a iniciativa corajosa do denunciante; ele antecipou-se, em poucos dias, a meu pedido, por isso rogo-lhe que o desconsidere e aja como se apenas o pedido oficial do bispo do Vêneto tivesse chegado-lhe às mãos.

Como de praxe, aguardo-o no Vêneto para dialogarmos sobre os melhores procedimentos a serem adotados quanto às manifestações demoníacas de vozes e visões no convento.

A fim de que não se surpreenda, segue junto desta uma cópia da minha denúncia ao Tribunal da Rota Romana, também envolvendo o referido convento.

Creio que a dupla ação, apoiada pelos caros irmãos de sacerdócio, será suficiente para restabelecer a paz e a fé naquela casa de Deus.

(...)".

A carta seguia com alguns detalhes das observações feitas por ele e por Jacobino, sempre frisando a total e irrestrita confiança no secretário, testemunhando-lhe a fé e a obediência cega aos princípios da Igreja.

Dom Jaime terminou a leitura e, com a carta em mãos, andou em torno da sala analisando a denúncia enviada à Rota Romana. Retornou à mesa, sentou-se e, remexendo as gavetas, encontrou a carta-denúncia; leu-a novamente, voltou a repassar as informações de Ricardo e ficou a cismar por longas horas.

No final da manhã, dom Jaime não havia feito o trabalho daquele horário. Expressão fechada, empurrou para o lado os documentos recebidos do mensageiro e de próprio punho redigiu a resposta à carta de Ricardo.

"Prezado monsenhor dom Ricardo, bispo do Vêneto.

Deus esteja com o senhor, que a paz dos santos e dos anjos se faça em sua comunidade.

Louvo vossa humildade e sabedoria em solicitar auxílio. Ao longo dos meus, já generosos, anos de ministério sacerdotal empenhado no combate sem tréguas a Satã e suas forças, tenho me deparado, infelizmente, com a incredulidade de muitos na eficácia do exorcismo.

Graças a Deus, vejo que em sua congregação conto com apoio e compreensão para esse sagrado ministério.

Considerando os bem-postos termos de sua carta, doravante agirei exclusivamente a seu pedido; para todos os efeitos, serão ignorados os termos da denúncia por mim recebida. Confio que na união de nossas forças residirá o sucesso da vitória da luz contra as trevas.

Apoio, igualmente, o encaminhamento da situação ao vigário judicial da Rota Romana. Padre Inácio saberá investigar e punir os envolvidos nos pecados da luxúria, seres caídos e escravizados pela matéria, pelo domínio das vozes infernais que desejam arrastar, a qualquer preço, mais almas para as chamas eternas. Lutemos! A vitória será de Deus Pai e de seus representantes.

Aconselho que a punição seja exemplar. O temor mantém os fiéis e o corpo eclesiástico no bom caminho. Relaxe os freios do medo e verá seu rebanho arrojar-se no precipício tal qual a vara de porcos endemoniados.

Mas, obviamente, dom Ricardo, Vossa Reverendíssima não necessita de meus conselhos, é um dos bispos mais respeitados da Igreja. O santo padre não lhe regateia elogios, seu trabalho no Vêneto é apresentado como exemplar e sua conduta nesse lamentável episódio envolvendo o convento carmelita é prova de seu bom senso e da excelência da orientação religiosa que ministra.

Unidos na fé, nos propósitos e princípios da Igreja, espero colaborar com o senhor; tem em mim mais do que um irmão, um sincero admirador de seu trabalho.

Estarei em sua companhia no próximo dia 20 deste mês, ou nos dias seguintes."

Escreveu mais algumas linhas de pura formalidade e bajulação, assinou e, com a mesma expressão imperturbável e fria, selou a carta. Estendeu-a ao auxiliar e ordenou-lhe:

— Entregue ao mensageiro. Quero esta carta nas mãos de monsenhor Ricardo com a máxima urgência. Entendido?

— Sim, senhor.

— Então, vá logo!

Com uma respeitosa mesura, o auxiliar de dom Jaime se retirou. Minutos depois, através das vidraças das janelas de seu gabinete, o exorcista acompanhava a cena da entrega da correspondência que seu auxiliar fazia ao mensageiro. Notou alguns gestos exagerados de repúdio do mensageiro, mas não lhe captou as palavras.

— O que é isso? — indagou o mensageiro ao receber os documentos.

— Documentos, não os conhece?

— Conheço, sim. Mas estou perguntando o que é isso que está acontecendo com esses padres. Parece que não sabem a distância entre Roma e o norte da Itália. Por que não mandam correspondências a lugares vizinhos? Só para essas distâncias imensas!

— Deixe de reclamações. Dê-se por feliz com essa viagem. Há sobre a mesa do bispo outra carta de Belluno, imagine se ele resolver responder, para onde você deverá ir.

— Ah, não! Por tudo que há de sagrado, pela Virgem, juro que não vou até lá — falou enfático o mensageiro, negando veementemente com a cabeça e gesticulando com as mãos. — Não vou mesmo! Arrumem outro mensageiro, pois para lá não irei ou a carta não chegará, tenha certeza.

— Está bem. Cale-se e vá cumprir seu trabalho — ordenou o auxiliar do exorcista enfadado com a ansiedade do mensageiro. — Boa viagem.

Resignado com seu destino itinerante, o mensageiro, arrastando lentamente os pés sobre o calçamento do passeio, andou até alcançar sua montaria, acomodou os documentos numa sacola de couro presa à sela e subiu. Tomando as rédeas, virou o animal em direção à saída da cidade em busca do caminho para a região do Vêneto.

Ajoelhada em frente ao nicho da Virgem Santíssima em seu gabinete, Irmã Marta entregava-se ao serviço das orações. Em seus dedos corriam as contas do rosário por um número absurdo de vezes, mas era sincera em seus propósitos, por isso, ao seu lado, se encontrava a doce entidade do bispo Giordano, tentando fazer-se percebido.

Com a atenção fixa na repetição das preces, a religiosa atingiu um estado de concentração mental que lhe permitiu divisar a figura do bispo Giordano a seu lado. O halo de luminosidade que o envolvia fê-la crer que se tratasse da visão de um santo, por isso jogou-se ao chão, de corpo inteiro, aos pés da entidade.

Sorrindo condescendente, Giordano abaixou-se e afagou sua cabeça por sobre o véu, dizendo:

— Minha querida, erga-se. A vida não nos foi dada para vivermos jogados ao chão ou ajoelhados em adoração contínua. Erga-se, vamos, não tenha medo, sou um amigo, apenas isso.

Registrando mentalmente as palavras do espírito, Marta sobressaltou-se, porém a paz que ele irradiava era tão forte que, imbuída dessas sensações, venceu as próprias resistências e ergueu o tronco, permanecendo sentada no piso.

— Melhor assim, querida. Vim para renovar-lhe a confiança em Nosso Senhor. Tenha fé, não importa o que o dia de amanhã lhe reserve, confie na sabedoria divina e prossiga fiel em seus propósitos e sentimentos. Lembre-se da vida dos santos e mártires dos tempos apostólicos e cante sua fé na vida ante as provações. Não recue, Marta. Mesmo que aparentes injustiças e ingratidões venham a feri-la, confie que Deus conhece o melhor caminho para todos nós. Tudo quanto nos acontece tem sua razão de ser, e as causas estão em nós mesmos, Marta. Guarde seu coração em paz e com fé, você não estará sozinha.

Atenta às palavras, Marta pensava, porém não entrevia a razão delas. Mas a entidade espiritual ergueu a mão direita e a abençoou. Ela baixou a cabeça, fechou os olhos e sussurrou agradecimentos em latim.

Quando abriu os olhos, surpreendeu-se por não notar diferença na sala. Sentada sobre o piso de madeira em seu gabinete, o rosário esquecido preso em um de seus pulsos, indagou:

— Senhor, o que foi isso? Qual dos santos veio me visitar? — julgando-se ingrata, corrigiu o rumo de seus pensamentos segundo sua formação religiosa: — Senhor, obrigado por dar-me tamanha graça. Eu sou uma serva inútil em Sua seara.

"Milagre! Eu presenciei um milagre!", pensou e, levantando-se lépida com o olhar incendiado por um brilho extremo de fascínio, fanatismo e deslumbramento, dirigiu-se ao altar da capela. Não percebeu a presença das freiras que o arrumavam, caindo pesadamente de joelhos em frente a ele. Tomada de forte emoção, rompeu em pranto.

As freiras pararam a arrumação dos vasos de flores e a troca das toalhas do altar, entreolhando-se desconfiadas e mudas. Observaram a abadessa chorar, rir e rezar ao mesmo tempo.

Uma delas abandonou sobre o altar as toalhas e dirigiu-se à superiora. Tocou-a suavemente e indagou respeitosa:

— Algum problema, madre? A senhora está se sentindo bem?

Erguendo o rosto lavado de lágrimas, com a voz embargada, Marta respondeu:

— Estou muito bem, minha irmã. Bem até demais. Jamais pensei que tal ventura fosse ocorrer em minha vida.

E, reconhecendo a religiosa que as observava, estendeu a mão e convidou:

— Venha, irmã Maria, junte-se a nós, vamos agradecer a nossa protetora a bendita graça que concedeu a nossa humilde casa nesta tarde. Venham, vamos orar. Compartilhem comigo essa graça.

Ajoelhando-se, porém muito desconfiada, a irmã olhou para irmã Maria, que alguns passos atrás a imitava, e insistiu:

— Graça? A senhora falou que nosso convento recebeu uma graça; qual foi?

— Sim, minha irmã. Recebemos — confirmou Marta com o olhar brilhante, sorriso amplo no rosto e mãos juntas próximas do queixo. — A Virgem deu-me provas de seu amparo.

— Deus a abençoe! Obrigada, Mãe Santíssima! — exclamou irmã Maria convincente e, andando de joelhos até ficar ao lado da abadessa, perguntou: — Qual foi a graça que recebemos, senhora abadessa? Conte-nos, por favor.

— Um santo. São João Evangelista, o preferido de nossa padroeira, eu creio que era ele, eu o vi enquanto orava no gabinete. Ele é lindo! Cercado de luz, uma luz fortíssima, quase me cegou os olhos, tal como aconteceu com São Paulo. Eu o vi, irmãs! Era São João Evangelista e ele falou-me palavras belíssimas, exortou-me à fé em Deus. Olhem minhas mãos, ainda tremem, e só de falar fico arrepiada, as lágrimas saltam de meus olhos. Não sei o que faço — dizia Marta mostrando as mãos e os braços às companheiras.

Estava tão exaltada que não percebeu a desconfiança patente nas expressões das freiras e o olhar assustado da religiosa que acompanhava irmã Maria, e prosseguiu:

— Orar. Eu preciso orar. Jejuarei. Pedirei ao padre que reze missas em honra do santo.

E, fazendo o sinal da cruz, recitou várias vezes o terço.

Irmã Maria acompanhou-a em algumas orações, no entanto logo viu que sua presença sequer era notada, e afastou-se. Sinalizou à outra religiosa para que ficasse com a abadessa e deixou a capela sem fazer ruído.

Andando pelos corredores do convento, Maria tinha um brilho de alegria no olhar, antecipando sua vitória.

— Que surpresa terá "monsenhor Ricardo, bispo do Vêneto"! — murmurou o nome do bispo em tom debochado e irônico, e prosseguiu entusiasmada: — Ah! Vendeta! Vendeta! Quanto mais fria, melhor! Esperei, mas o repúdio de ontem lhe custará caro, muito caro, no futuro. Vendeta! Vendeta! Ah! Essas fanáticas reprimidas enlouquecem e caem como mariposas tontas com a luz. É a glória! Viva a liberdade e o poder.

Absorta em seu monólogo pessoal, irmã Maria não notou que irmã Clara vinha andando em sentido contrário no mesmo corredor e havia estacado aguardando para lhe dirigir a palavra, por isso sobressaltou-se ao sentir o toque da mão dela em seu braço.

— Não se assuste, irmã. Sei que estou com uma aparência horrível, mas não é para tanto — falou irmã Clara.

— É o preço da sua estupidez, menina — respondeu irmã Maria austera, sem esconder que a referência à aparência da interlocutora a desagradava. — O que deseja?

— Preciso lhe falar em particular. Sobre "aquele" problema.

— De novo? Não fez o que mandei?

— Fiz, mas não aconteceu nada. Continuo...

— E essa cara azeda, qual é a razão?

— O mal-estar que não passa nunca. Não consigo nem pensar em comer — disse irmã Clara levando a mão à boca, enfatizando o mal-estar com os enjoos.

— Idiota! É isso o que ganhou se deitando com ele. Preste bem atenção e veja se aprende, para não repetir. Comigo não tinha esse "problema". Por que não me ouviu? Eu sabia o que estava fazendo e, mesmo quando a deixava se deitar com ele e comigo, sabia exatamente quando fazê-lo parar. Mas você achou que sabia muito e se aventurou sozinha.

— Eu já pedi seu perdão, Maria. Por favor, me ajude. Prometo que nunca mais me envolverei com homens. Acho que vou morrer se "isso" continuar crescendo dentro de mim e me trazendo esses inconvenientes. Eu já fiz tudo que você mandou garantindo que me livraria disso.

— Dei-lhe todas as ervas que conhecia e foi como água. Semente ruim a de Enzo! Não se arranca facilmente. Terei que usar métodos drásticos.

— Quando? — inquiriu ansiosa irmã Clara. — Hoje à noite?

Maria pensou, olhou para os lados e encarou Clara à sua frente, o rosto magro, pálido, a pele com algumas manchas e olheiras escuras. Deslizou o olhar pelo corpo da jovem freira, detendo-se nos seios crescidos e, sem se conter, esquecida de onde estavam, elevou a mão e acariciou-os por sobre o hábito, comentando:

— É só o que tem boa aparência em você. Uma lástima depois eles não continuarem assim; são muito pequenos.

— Maria, por favor, agora não é hora — advertiu irmã Clara, olhando preocupada para o corredor vazio.

Sem dar sinais de aborrecimento ou preocupação, Maria continuou seu "exame", comentando simplesmente:

— Tenho ouvidos apuradíssimos. Sabia que não havia ninguém nos corredores. Voltando "àquele" assunto, encontre-me, depois que todas se recolherem, nos porões da ala da abadessa. Aqueles que descobri há alguns meses.

— Estarei lá. Preciso levar alguma coisa?

— Lençóis e toalhas. Amanhã você terá uma hemorragia, por isso é bom que em sua cela nenhuma de suas toalhas de uso pessoal tenha desaparecido, pegue outras na lavanderia, de preferência, novas.

Concordando com um gesto, Clara ia afastar-se quando Maria a chamou:

— Clara, tome o mais que puder dos chás que lhe dei. Lembrou de mandar as cartas como pedi?

— Todas.

— Ótimo. Encontramo-nos na madrugada. Agora vá! Tenho coisas importantíssimas a fazer.

Clara dirigiu-se à lavanderia do convento. Maria foi à própria cela; na gaveta da cômoda, pegou papel e o conjunto de tinteiro, certificando-se de que a porta estava bem fechada. Apesar de ser dia claro, a cela era escura, por isso acendeu duas velas em um candelabro e pôs-se a escrever. A cada linha, expandia o sorriso de deleite e antecipação.

Uma paisagem de beleza estonteante e solitária de repente surgiu na tela diante de nossos olhos. Montanhas de picos altíssimos, cobertos de neve e revestidos de árvores entremeados por algumas casas singelas, de ar hospitaleiro, porém simples. Mais adiante, ao pé das montanhas, um vale com um vilarejo modesto. O vento era gelado, pois as pessoas trajavam roupas pesadas e botas. A igreja dominava o cenário do vilarejo, embora fosse modesta. Tratava-se de uma construção antiga que exigia reparos. As portas de madeira estavam ressecadas, as paredes desgastadas pelo tempo, um velho e pesado sino em uma das torres parecia pôr em risco a construção, pois apresentava enormes rachaduras, as janelas, de uma simplicidade franciscana, sem vitrais com cenas bíblicas, tinham os vidros sujos salpicados com flocos de neve.

A casa ao lado, pequena e térrea, seguia o padrão da igreja. O telhado, coberto de neve, estava ligeiramente abaulado na frente, ameaçando desabar.

Um homem encurvado, com a cabeça coberta por um chapéu de feltro puído, o pescoço e parte do rosto envoltos em uma velha manta de lã preta, o corpo escondido por uma capa negra, com certeza já havia conhecido dias melhores. Caminhava apressado à igreja em meio a outras pessoas. Empurrou a porta de entrada dando a conhecer um ambiente miserável em comparação ao luxo do bispado. O altar destacava-se ao fundo, era rústico, quase grosseiro, tosco seria a palavra para defini-lo. Sobre uma mesa descansava um livro, na capa de couro, bastante manuseada, lia-se: Paróquia de Belluno — Registros de nascimentos, óbitos e casamentos.

Apressado, despiu a feia capa, baixou a manta e jogou o chapéu sobre um banco de madeira, gasto e muito limpo, deixando ver os cachos louros e a batina perfeitamente engomada. Apanhou o livro de registros e rumou a uma porta lateral à sacristia, que dava acesso à secretaria da paróquia. Depositou o livro sobre a mesa de trabalho, sentou-se, abriu o livro e, enquanto molhava a pena no tinteiro, dizia em voz alta o texto decorado a ser escrito:

— Registro de falecimento número 44 do mês de outubro do ano de mil seiscentos e setenta e dois. Nesta data faleceu de morte natural Pedro Vinício Bartollo, católico praticante, batizado, casado, confessava-se regularmente, recebeu os últimos sacramentos e foi sepultado no cemitério da paróquia, deixando enlutados: a viúva, senhora Domênica Bartollo, dois filhos maiores, noras e netos.

Subscreveu a certidão. Observou o número de registros e constatou que os óbitos superavam os batizados e casamentos.

Guardou o material utilizado e soprou a página continuando a falar em voz alta:

— Mais um mês neste lugar esquecido por Deus e terei sepultado mais pessoas que a maioria dos padres que conheço. Não suporto mais este local, me sinto parte do cemitério e, se alguém me chama, nem penso, já pego os aparatos necessários à unção dos enfermos. Só há velhos e moribundos nesta terra! Minha única diversão é ler e não resta mais um único exemplar que não tenha lido nesta mísera biblioteca. Até os diários do padre Belluno, eu li. Em meses, só aquilo me fez rir de verdade. Mas não acabarei como ele de jeito nenhum, para algo servirão os contatos que fiz quando vivi com Ricardo. E ele, como estará? Acusa-me de libertino, mas não é melhor do que eu. Sei com quem trato, deve ter descoberto meu envolvimento com alguma das freirinhas, talvez Lúcia tenha contado e ele, ciumento como é, está me castigando. Não vou esperar de braços cruzados que ele sinta minha falta, tentarei fazê-lo lembrar-se de mim, afinal é um caminho para sair daqui.

Dando vida a suas palavras, retirou folhas de papel de uma gaveta, a pena e o tinteiro e, olhando as paredes carcomidas pelo tempo da velha e rústica construção, pôs-se a datar uma carta e escrever as formalidades de praxe. Depois parou, pensou e escreveu:

"Reconheço sua autoridade, a sabedoria de suas decisões visando ao bem maior da Igreja, mas, em nome de nosso passado comum, peço, imploro, que reveja sua decisão de manter-me na paróquia de Belluno.

Ricardo, este lugar não é digno de um ser humano viver; sou quase uma extensão do cemitério, minha vida é frequentar leitos de moribundos, velórios e enterros. Não posso acreditar que você deseje essa experiência para mim por todo o sempre.

Eu o amo. Compreendo que esteja magoado comigo e dou-lhe razão, sei o quanto o decepcionei, mas, por favor, perdoe-me, compreenda minha imaturidade. Juro pelo que há de sagrado em meu coração: nunca mais o envergonharei. Se, em nome do amor que vivemos, você me receber de volta, fazê-lo feliz e orgulhoso de mim será a razão da minha vida.

Acredito que haja motivos para você sentir saudades minhas. Não é possível que somente eu recorde nosso passado. Não. Sei que sente minha falta, por isso lhe peço, chama-me de volta ao bispado do Vêneto.

Esta é a sétima carta que lhe escrevo. Tenho recebido suas respostas frias e formais falando exclusivamente de assuntos da Igreja e sei que ainda está magoado comigo.

Esqueça, por favor, meus desvarios de juventude, Ricardo. Dou-lhe minha palavra: sou outro homem, eu mudei. A duras penas aprendi a lição; sei que longe de você não serei feliz.

Sempre seu

Enzo."

Deixou a carta secando à sua frente e falou consigo mesmo:

— Ele é duro, mas eu sou insistente. Não será ele que resistirá à minha vontade quando tantos outros cederam, inclusive ele próprio. É o orgulho de Ricardo que está ferido, não admitia dividir minhas atenções com mais ninguém. Isso há de passar! Mas, enquanto não passa, algumas outras cartas para bispos conhecidos serão úteis...

Retomou a pena, mergulhou-a no tinteiro e prosseguiu escrevendo. Passou o restante da tarde escrevendo cartas e, somente quando a velha servidora da paróquia o chamou para o jantar, notou que anoitecia.

— Obrigado, senhora. Estou terminando a correspondência. Logo estarei pronto para o jantar, com a graça de Deus. Aguarde só mais um minuto.

— Sim, senhor padre — respondeu a servidora e, arrastando os pesados calçados sobre o piso da igreja de forma ruidosa, retornou à casa paroquial.

Olhando-a se deslocar com dificuldade, sempre de preto, com um lenço branco amarrado nos cabelos e um avental sujo e úmido sobre o vestido, Enzo pensou: "Ah, que horror! Nem mais um mês neste local, senão enlouqueço".

Na tarde seguinte, entregou uma sacola de cartas ao mensageiro que, regularmente, passava por Belluno.

— Entregue todas com cuidado ao outro mensageiro que faz a região do bispado. São muito importantes — recomendou Enzo.

— Alguma para fora da região, padre?

— Sim, há algumas para outras localidades.

O mensageiro recebeu a sacola e sorriu; ironizando, falou com exagero:

— O senhor se corresponde até com o santo padre. Com tantas cartas, devia pedir ao bispo que lhe designasse um mensageiro para a paróquia. Trabalho é que não faltaria.

Crente que o mensageiro o considerava alguém importante por ver os nomes para os quais enviava correspondência, um tanto enlevado, saboreando o escasso afago ao seu ego, Enzo respondeu:

— Que é isso! O santo padre é muito ocupado, mas tive o prazer de privar de sua companhia várias vezes. É um homem muito bom, inteligente, um santo. Não são muitos os que têm esse privilégio. Mas tenho, de fato, muitos amigos entre os assessores de Sua Santidade, conheço muitos bispos. Ia constantemente a Roma, assistia às reuniões deles.

Olhando à volta, para a paisagem desolada, a construção da igreja decadente e o pequeno e pobre povoado do vale, o mensageiro ergueu as sobrancelhas descrente enquanto ouvia o padre e, no mesmo tom irônico, retrucou:

— Vê-se logo que o senhor é um homem de muita cultura e saber. Obviamente conhece pessoas influentes no clero. Padre, passar bem. Tenho que partir, o caminho é longo até a primeira cidade, preciso subir e descer as montanhas. Sua bênção, padre.

— Deus o abençoe! Faça boa viagem — cumprimentou Enzo, invejando o mensageiro que deixava Belluno. "É provável que na próxima visita não me encontre mais aqui", pensou Enzo.

Dez dias depois, Mateus entregou a Ricardo várias cartas lacradas, separadas por Jacobino.

— Outra vez! — exclamou Ricardo irritado. — Por que o irmão Jacobino não as queimou? Ele sabe que esse é o destino delas.

— Eu não sei, Ricardo — respondeu Mateus. Quando estavam sozinhos, aboliam as formalidades.

— São todas de Belluno. Estou farto das reclamações do padre Enzo — comentou o bispo lendo uma das cartas. — Se ele insistir, será designado para acompanhar uma expedição marítima às colônias espanholas ou portuguesas. Há muitas missões religiosas nessas terras novas. Quem sabe um oceano entre o bispado e esse infeliz seja uma distância melhor? Assim não voltará a nos incomodar.

Mateus riu da ideia e, analisando a carta que Ricardo lhe passou, sugeriu:

— Quem sabe à África? Mande-o para uma missão de catequese, assim ele trocará o gelo pelo calor e o cemitério por um alto índice de batizados. Além do que, dizem que lá andar nu e praticar sexo livremente são fatos naturais. Pelo que me contou, isto seria do gosto do colega.

Ricardo riu e concordou:

— Tem razão, Mateus. É o local ideal para padre Enzo. Uma carta mais que eu receba dele nesses termos e ele seguirá na próxima missão apostólica com destino à África.

— É de lamentar esse padre. Como pode, vivendo tantos anos com você, não saber nada sobre como você age e pensa. Coitado! Ele acredita que você está sofrendo muito pelas trapalhadas que ele fez da própria vida — comentou Mateus, pois conhecia não só a história de Ricardo e Enzo como o teor de todas as cartas enviadas ao bispo. E corrigiu-se: — Estou sendo sádico com esse infeliz. Ele tem problemas sérios, precisa de ajuda.

— É inútil ajudar a quem não está pronto a receber e aproveitar esse auxílio — lembrou Ricardo. — É o caso de padre Enzo. Falei sério quanto a aceitar sua ideia de mandá-lo à África; será bom para o crescimento dele e excelente para nossa paz. Não haveria essa correspondência frequente e irritante.

— As cartas dele o perturbam? — indagou Mateus calmamente, sentando-se em frente ao bispo.

— Absolutamente. Irritam-me, apenas. Nada mais. O relacionamento com padre Enzo está esquecido. Ele se recusa a entender que é apenas meu subalterno. É inoportuno, desagradável, não mais do que isso.

— Então o mande para a África e estará resolvido esse inconveniente.

Notando o meio-sorriso nos lábios do bispo e o leve gesto de concordância, Mateus levantou-se e informou:

— Encontrarei o irmão Jacobino, fiquei de auxiliá-lo a desenvolver uma nova proposta de trabalho para o orfanato.

— Vá, Mateus, aprenda o que irmão Jacobino tem a lhe ensinar. Ele é um excelente modelo.

— Pensa isso realmente? — perguntou surpreso Mateus.

— Lógico. Não há razão para não lhe dizer exatamente o que penso. Irmão Jacobino é um religioso exemplar, siga-o.

— Mas o bispo é você — retrucou Mateus.

— Eu sei. Mas esse bispado deve muito ao empreendedorismo do irmão Jacobino. Se tiver a metade da disposição dele com a mesma idade, me julgarei feliz. Além disso, o pensamento dele é louvável.

— Mesmo não sendo muito afeito à teologia, digamos.

— Falei do pensamento dele, Mateus, não de teologia.

— Hum, oficialmente existe diferença — rematou Mateus.

— Existe. Aprenda com Jacobino o que deve ser feito e como fazê-lo, e comigo os caminhos, as palavras, as portas a buscar. E, quem sabe, um dia você se torne o bispo do Vêneto. Se assim for, entregar-lhe-ei o pálio e o cetro com tranquilidade.

— Ainda sou um diácono, Ricardo — lembrou Mateus despreocupado, sem dar importância às palavras do bispo. — Além do que, para me entregar o pálio e o cetro, você terá que ocupar a cadeira de São Pedro.

— É, para sagrá-lo bispo, deverei ser o bispo de Roma. Mas no futuro tudo é possível.

Mateus encarou Ricardo notando que ele falava sério; pensativo, passou a mão nos cabelos escuros e se despediu.

Ao fim daquela tarde, Mateus e Jacobino inspecionavam o terreno ao lado da igreja da aldeia quando tiveram a atenção voltada para algumas carruagens, elegantes e sóbrias, cercadas de guardas, que subiam a encosta em direção ao convento.

— São eles! — disse Mateus.

— Reze, meu filho. Reze muito — recomendou Jacobino. — "Eles" chegaram.

As primeiras estrelas despontavam no céu quando retornaram ao convento. A hora do ângelus havia sido perdida, bem como a recepção aos visitantes.

Na entrada, ao lado dos portões, um atento guarda os esperava. Como sempre, Jacobino insistira em um passeio a pé, prática aprovada e endossada pelo diácono, que o acompanhava prazerosamente nas longas caminhadas e conversas em contato com a natureza. Ao vê-los se aproximarem, alguém assobiou, chamando-lhes a atenção:

— O que foi isso? — perguntou Jacobino. — Parece que veio daqueles arbustos próximos dos portões do convento. Estranho!

— Realmente, vou até lá observar do que se trata.

Mateus reconheceu o homem escondido de cócoras entre a vegetação e, rindo, questionou:

— O que está fazendo aí, Baltazar?

— Estou à espera dos senhores.

— De cócoras no meio dos arbustos? — duvidou Mateus, malicioso. — Confesse: é uma desculpa inventada neste minuto. Pode contar-nos, irmão Jacobino jamais o faria passar ridículo diante dos outros, nem eu, contando que o surpreendemos aí, assim, desse jeito.

— Por Deus, diácono! Não brinque, é sério. Estou aguardando os senhores a mando do bispo. Dom Ricardo ordenou que eu os fizesse entrar pela porta secreta.

Irmão Jacobino ouviu a explicação do guarda e avançou mais rápido, indagando:

— Dom Ricardo disse-lhe mais alguma coisa, meu filho?

Reverente, o guarda procurou erguer-se discretamente para cumprimentar o religioso:

— Sua bênção, irmão Jacobino. Monsenhor Ricardo disse para vocês irem diretamente à ala da enfermaria e nada dizerem a qualquer um até amanhã na primeira hora, quando irá encontrá-los. Para todos os efeitos, estão doentes e recolhidos ao leito, convalescendo de uma enfermidade contagiosa.

Jacobino ouviu em silêncio, ponderando. Mateus, ansioso, o observou.

— Está certo, Baltazar — concordou Jacobino. — Façamos como ordenou dom Ricardo. Vamos, Mateus, em silêncio. Afinal, enquanto convalescermos haverá muito tempo para ler e conversar.

Embrenharam-se nos arbustos que ladeavam os altos muros do convento até atingirem uma entrada estreita onde se escondia a passagem secreta à enfermaria, totalmente vazia.

A sentinela deixou-os à entrada, despediu-se e sorrateiramente retornou pelo mesmo caminho.

No interior da enfermaria, ocupando duas camas ao canto direito da ampla dependência decorada com simplicidade austera, que contava apenas com leitos, criados-mudos e algumas cadeiras ao redor de uma mesa, tendo sobre cada leito um crucifixo de madeira com a imagem do Cristo morto, Mateus e Jacobino se olhavam calados, tentando assimilar a ordem do bispo.

— Por que ele está agindo assim? — perguntou Mateus.

— Quisera eu saber, meu filho. Mas vou lhe contar uma coisa: nem tudo o que um bispo faz ou manda fazer tem uma razão lógica. Eles têm pressa e são autoridade, estão sempre ocupados uns com os outros, e a grande verdade é que os vejo ir e vir há muitos anos. Aprendi a esperar que as "novidades" passem e depois lhes descubro a razão.

— Irmão Jacobino, o senhor sabe tão bem quanto eu que Ricardo não faria nada sem motivo. Se ele inventou essa história, uma razão existe. Só quero saber por que ele nos quer longe dos visitantes.

— Pense, Mateus, se quiser — retrucou Jacobino calmo enquanto ajeitava o leito para deitar-se. — Eu estou velho, posso esperar até amanhã para saber. Vou dormir. Nada irá mudar se soubermos ou não as razões que levaram o bispo a nos fazer passar por doentes contagiosos.

Mateus, sem outra opção, calou-se. A escuridão tomou conta do ambiente. Ele deitou-se às cegas, desajeitadamente entre os lençóis, e permaneceu horas acordado matutando acerca dos acontecimentos. Enfim, analisando a tranquilidade de Jacobino, que dormia serenamente na cama ao lado, pensou consigo mesmo:

"Irmão Jacobino é terrível! Parece que sempre sabe a melhor coisa a fazer, e o que ele faz é óbvio. Se o tivesse imitado, teria arrumado o leito quando ainda havia alguma iluminação, e não estaria desconfortável como estou agora, deitado com essa batina engomada".

A exaustão cobrou seu preço e ele adormeceu, apesar de todos os desconfortos e da ansiedade.

Raiava o dia quando o bispo, carregando uma bandeja com a refeição matinal, entrou na enfermaria.

— Bom dia! — saudou-os, despertando a dupla sonolenta, que esfregava os olhos descrentes do que viam.

— Bom dia, Ricardo — respondeu Mateus. — Podemos saber por que está fazendo isso conosco?

— Explicarei tudo o que quiser saber, Mateus, desde que possa contar com sua inteira confiança.

— Bom dia, Reverendíssimo — falou Jacobino, enquanto saltava da cama trajando apenas a camisola íntima e as roupas inferiores e apressava-se em auxiliar o superior com a bandeja. — Pode me entregar, bispo, eu tomo conta da refeição.

Ricardo passou-lhe a bandeja observando com desagrado os trajes do secretário, que, sorrindo ao sentir o aroma dos alimentos, pouca importância deu à expressão facial do superior, na qual lia como se fosse um de seus diálogos filosóficos preferidos.

— Não faça esse ar de desagrado, Reverendíssimo. A um doente como eu, convalescendo de um mal contagioso, não pode ser exigido que ande apresentável e de batina; além disso, preciso me alimentar bem, isso favorece o restabelecimento. Deixaram-nos sem jantar ontem. Isso não faz bem, poderemos ter uma recaída.

Mateus riu e, aderindo ao espírito de brincadeira, livrou-se da batina amassada que tanto desconforto lhe causara, saiu da cama e sentou-se à mesa.

— O senhor está absolutamente certo, irmão Jacobino. Ontem à noite pensei muito sobre suas atitudes, o senhor é um homem sábio.

— Não diga bobagens a esta hora da manhã. É muito cedo! Isso me faz temer os dias que ficarei confinado com você nesta enfermaria — retrucou Jacobino com ar de fingida severidade, enquanto se servia. — Venha tomar café conosco, monsenhor Ricardo, vi que trouxe louças para três.

— É verdade — lembrou Ricardo. — Resolvi vir bem cedo porque precisamos conversar e assim não corremos o risco de interrupções.

— Estamos ouvindo-o — incentivou Mateus atento às palavras do bispo.

— Os padres exorcistas, dom Jaime e seu assessor, e o vigário judicial, padre Inácio, com alguns auxiliares, chegaram ontem no fim da tarde. Vocês não estavam no convento, também não retornaram e nem assistiram ao serviço religioso do final do dia, não acompanharam a refeição, enfim, agiram fora do protocolo. Eu não dou importância alguma, mas eles analisam as mínimas coisas e tudo é fator contrário à formação de um bom juízo. Sei que nem o irmão Jacobino, nem você, Mateus, têm a necessária "malícia" para lidar com nossos visitantes. Portanto, para não criar discórdia, informei-os de que vocês estão vitimados por uma moléstia contagiosa e que, por ordem médica, ficaram isolados na enfermaria, onde apenas eu e frei Gusmão temos acesso. Recomendei a este último, inclusive, que deixe a bandeja com os alimentos do lado de fora da porta, apenas dando três batidas para anunciar que a alimentação os aguarda, impedindo a contaminação dos demais.

— Como espera que os outros confirmem essa história, Reverendíssimo? — indagou Jacobino.

— Simples, irmão Jacobino. Eles acreditam piamente no que estão dizendo a respeito da doença de vocês. Eu anunciei durante a missa do ângelus que vocês haviam retornado do vilarejo havia poucas horas apresentando sintomas do contágio da moléstia. Como não havia tempo suficiente para mandar buscar o médico, eu mesmo os examinei e estou tratando a doença até que seja possível enviar um mensageiro em busca do médico. Oraram com muita fé e devoção pelo pronto restabelecimento de vocês. Como vê, há apenas uma informação para todos.

— Ricardo, você não explicou ou, se explicou, não me convenceu dos motivos existentes para nos manter longe dos visitantes.

— Que importância tem isso, Mateus? Não vai mudar nada, não é mesmo? — ponderou irmão Jacobino, entre uma mordida e outra no pão. — Pelo que foi colocado, enquanto os visitantes estiverem no convento, nós estaremos doentes.

— Eu entendi, irmão Jacobino — falou Mateus sem esconder um tom de leve irritação. — Mas tenho o direito de saber por que Ricardo está agindo desse modo. Sou eu que ficarei aqui não sei por quanto tempo, longe de todas as atividades de que gosto, distante das pessoas, então o mínimo que ele pode fazer é me dar uma explicação convincente para essa atitude. E é o que eu quero.

Jacobino engoliu o pão a seco, surpreso com a audácia do diácono, ao mesmo tempo em que a aplaudia intimamente.

Ricardo, longe de se incomodar com a impertinência de Mateus, estava calmo e relaxado. Recostado na cadeira, afastou-a ligeiramente, como se desejasse apreciar à distância o jovem Mateus, como o faria com uma obra de arte que se torna mais bela quando admirada ao longe. Respirou profundamente e respondeu:

— Admiro sua coragem e sinceridade, Mateus. Esta atitude o faz digno de receber de mim toda e qualquer explicação que desejar. Pergunte, objetivamente, o que quer saber. Expresse suas opiniões com total liberdade.

Irmão Jacobino, verdadeiramente estupefato, tinha, nos olhos arregalados, um nítido brilho de incontido prazer e alegria. Enquanto testemunhava aquela quebra de hierarquia religiosa, pensava:

"Nunca mais, ao menos nesta vida, verei novamente um bispo prestar esclarecimento a um diácono. Bispos vão e vêm, mas às vezes monsenhor Ricardo me surpreende. Ele cresce rápido".

— Por que estamos isolados? O que pretende nos mantendo aqui?

— Mateus, você é um jovem brilhante, mas lhe falta experiência para lidar com certas situações de ordem política, com a distribuição do poder dentro da Igreja. Um diácono atrevido começa um mau caminho, e sei que diante de muitas coisas que provavelmente viessem a se suceder você não ficaria calado. Esse aprendizado de silenciar quando necessário você ainda não tem. Sei que admira o irmão Jacobino, então observe o que ele fez: não questionou. E não é porque eu seja o bispo e ele meu secretário, é porque, independentemente de qual bispo vem e qual bispo vai, existem regras básicas que permanecem e uma delas é: se você não sabe fazer o jogo do poder, não jogue, pois ele é mortal. É isso que o irmão Jacobino sabe, e é por se saber incapaz de agir tal qual eles, que se omite. Hoje eu decidi por você, avaliei e resolvi que determinar a reclusão de vocês era a melhor opção. Assista ao desenrolar dessa história à distância e aprenda sem com isso comprometer o futuro. Resumindo: quero os dois vivos ao final dessa confusão, quero ter os menores prejuízos possíveis. Vou tentar fazer esta confusão reverter em benefício. Esclareci suas indagações?

— E as atividades do convento? Os meninos, a aldeia, as obras novas que eu e o irmão Jacobino estamos idealizando, como ficarão?

— Melhor que sejam atrasadas alguns dias do que suspensas por muito tempo, quiçá para sempre, não é, Mateus? — observou Ricardo imperturbável. — Além disso, vocês contam com bons colaboradores. Estão comovidos com a doença que os abateu, prometeram esmerar-se para dar andamento a tudo em perfeita ordem. Meus parabéns, vocês formaram colaboradores fiéis e dedicados ao que fazem. Até mesmo o cozinheiro veio me dizer que não havia motivo para preocupação, todos estavam empenhados em cumprir suas tarefas e as atividades se desenvolviam em perfeita organização. Também os meninos mandaram dizer que se alimentaram corretamente e fizeram todos os deveres, que o irmão Jacobino não terá razões para ralhar com ninguém quando estiver curado, nem para se preocupar com eles. Rezaram pedindo pela saúde dele e pela sua.

Ao ouvir o recado, os olhos arregalados de Jacobino encheram-se de lágrimas, emocionado com a preocupação dos meninos e a atitude responsável dos colaboradores de trabalho.

"Já posso me juntar a minha Madalena, nossos filhos estão criados e prontos a administrar nosso legado. Obrigado, Jesus, por permitir que eu vivesse para ver esse dia", pensou Jacobino.

— Quanto tempo ficaremos presos, Ricardo?

— Poucos dias, Mateus. Eu prometo. Depois tudo voltará ao normal. Espero resolver essa questão o mais rápido possível. Talvez dentro de dois, no máximo três dias, seguirei com os visitantes para o convento carmelita.

— Meu desagrado permanece, é difícil aceitar que não exista outro caminho para essa situação, mas entendi seus motivos e pretensões. Obrigado por se preocupar comigo e com o irmão Jacobino.

As palavras de Mateus, repassadas de sinceridade e demonstrando o esforço que fazia para aceitar a decisão dele, emocionaram o bispo que, desvencilhando-se de seus pudores, levantou-se e, contornando a mesa, se aproximou do jovem abraçando-o fortemente e beijando-lhe os cabelos. Então, sussurrou:

— Obrigado por confiar em mim e por ser como você é. Não esqueça: eu gosto muito de você.

Pela primeira vez, em muitos anos, Jacobino presenciou um gesto público de carinho e emoção do bispo. Assombrado, quando deu por si, tinha as mãos erguidas prontas para aplaudi-lo. No entanto, deu-se conta de que não lhe cabia intrometer-se e voltou seu pensamento ao amigo de todas as horas. Conteve seus gestos e bebericou alguns goles de café, esforçando-se por fingir que estava acostumado a cenas daquele tipo.

"Que dia, Jesus! Eu que fiquei tão feliz quando vi dom Ricardo apaixonado por Enzo, tenho agora o grato prazer de vê-lo dizer que gosta, que ama alguém. Há uma pessoa especial no coração dele. Posso, enfim, dizer que ele tem um coração. Como é lindo ver alguém sair do reino dos instintos e caminhar para o reino dos sentimentos. Muito obrigado por me deixar ver coisas assim acontecerem. Abençoe-os, Jesus, com sua paz e seu amor."

Mateus ergueu-se e, entendendo o que significava aquela atitude para Ricardo, retribuiu o abraço generosamente, dizendo:

— Eu confio, e também gosto de você, sabe disso, jamais fiz segredo.

Passados alguns segundos, afastaram-se, e, sorrindo, Mateus falou:

— Ao menos estou instalado neste cárcere na companhia do irmão Jacobino. Poderemos conversar muito. Aliás, Ricardo, você poderia nos mandar os livros de Platão, são os que mais gostamos de estudar, não é mesmo, irmão?

— É, os Evangelhos sabemos de cor, portanto, não há necessidade de consulta, apenas conversamos para descobrir e aprofundar o entendimento, mas os ensinamentos de Sócrates compõem vários livros. É uma ótima ideia se pudermos contar com a companhia deles — concordou Jacobino, esforçando-se para dominar as emoções e agir com naturalidade.

— Mandarei trazer os livros — respondeu Ricardo, voltando a ocupar seu lugar à mesa. — Está vendo por que tive que fazê-los adoecer? Sabendo que há ninguém menos que um bispo exorcista e o vigário da Rota Romana no convento, vocês pedem para ler um filósofo pagão, que afirmava falar com os demônios, e declaram que preferem discutir os evangelhos como livres pensadores. Se os deixo a sós com as visitas, em menos de duas horas eles levantam material suficiente para condená-los por heresia e prática demoníaca.

Piscando o olho para Mateus, provocou:

— Isso sem falar em quebra de votos sacerdotais.

— Eu serei um sacerdote, Ricardo; devotarei minha vida à causa da espiritualização do povo, mas entendo que para isso preciso ser sadio de corpo, mente e coração. Irmão Jacobino tem me ensinado que não posso ensinar a amar e a viver bem se não tenho essas vivências. Meu maior voto é com Deus, com sua obra e com aquilo que desejo desempenhar auxiliando o progresso. Os homens e suas exigências descabidas são bobagens — declarou Mateus. — O que ele tem me ensinado me é mais valioso que todos os anos passados no seminário.

— Aproveite bem! Mandarei os livros com o almoço. Preciso ir, é dia claro, os visitantes me aguardam para a refeição matinal — falou Ricardo. — Estão hospedados na minha residência, achei melhor deixá-los o mais longe possível do trabalho do convento.

— Obrigado por essas medidas de proteção ao nosso trabalho, Reverendíssimo — agradeceu Jacobino. — Eu sei o quanto está em jogo nesse tabuleiro, embora não saiba e não queira aprender a jogar. Reconheço que o senhor é exímio nessa arte.

— Não tenho certeza se devo agradecer essas palavras, irmão Jacobino, mas é meu dever proteger tudo e todos que estão sob meu domínio. Infelizmente sou forçado a permitir o sacrifício de alguns. Tudo tem seu preço. Cuide bem do nosso aprendiz — disse Ricardo.

— Quando muito, se tornará alguém passível de condenação por heresia, nada mais — ironizou irmão Jacobino.

Ricardo brindou-o com um raro e amplo sorriso e despediu-se, deixando mestre e discípulo em agradável e descontraída conversação.

Após um dia de convivência e descanso da viagem de Roma ao Vêneto, os visitantes se reuniam com o bispo em torno da grande e pesada mesa de jantar da luxuosa residência de Ricardo.

— Sua residência é belíssima, dom Ricardo; meus cumprimentos pelo excelente gosto na decoração dos ambientes. As obras de arte são encantadoras, seus móveis não podem ser de melhor qualidade, nem mais trabalhados — elogiou dom Jaime. — Também estou impressionado com a atividade do mosteiro. O senhor é incansável e muito eclético, se desdobra em mais de mil afazeres e todos realizados com dedicação e competência. Por isso sua diocese cresce a olhos vistos e seu nome é ovacionado no conselho dos bispos, sua cadeira entre os cardeais da Igreja está muito próxima.

Ricardo, sereno e atento, ouviu em silêncio as palavras, ponderando se havia algum fundo de verdade nelas ou se eram somente iscas para prendê-lo. Optando por uma postura de neutralidade e exagerada humildade, respondeu:

— Obrigado por suas palavras. Minha casa está a seu inteiro dispor, fique conosco o quanto lhe permitir a ausência de suas obrigações; para mim e os demais religiosos da diocese, será um grande prazer. Quanto ao trabalho que realizamos no bispado do Vêneto, sinto-me lisonjeado com suas palavras, mas sou forçado a admitir que se trata de um trabalho feito em conjunto, o corpo sacerdotal do mosteiro é excelente, muito competente. Assim, meu caro dom Jaime, não posso receber sozinho tamanha deferência.

— É, mas a posição de cardeal é ocupada somente por um; o senhor declinaria da indicação, se a recebesse? — insistiu dom Jaime.

— E o senhor insiste tanto nessa possibilidade, por quê?

— Eu moro em Roma, privo do convívio diário de vários cardeais, inclusive dos mais influentes junto ao santo padre, e sei que seu nome foi, mais de uma vez, mencionado para ocupar um dos assentos do conselho. Minha opinião é que ainda este ano o senhor deva recebê-la oficialmente.

— Também tenho ouvido rumores nesse sentido — interveio padre Inácio. — Eu, no seu lugar, começaria a providenciar um bom substituto, capaz de gerir este grande trabalho. É com justiça, pelo que vejo, que seu nome tem sido tão lembrado.

O senhor dirige um dos estados papais mais ricos da Itália, embelezou-o, pacificou seus obreiros, presenciei hoje a absoluta harmonia com que as atividades são conduzidas. Além disso, sei o quanto o senhor é justo e preza as leis da Santa Madre Igreja. Pude comprovar isso naquele lamentável episódio envolvendo alguns padres sob sua jurisdição; o senhor não tergiversou em dar-lhes a merecida punição.

E, erguendo a taça de vinho, brindou:

— Deus o abençoe, cardeal.

Todos acompanharam a saudação do vigário e Ricardo, depositando sua taça com ar de constrangimento e modéstia, pediu:

— Deixar-me-ão constrangido se prosseguirem com tantos elogios. Nós, do Vêneto, desejamos apenas trabalhar e bem servir a Deus e ao nosso próximo. Cumprir as leis ensinadas por Nosso Senhor e contribuir para a implantação do reino de Deus entre os homens, isso é o que move nosso trabalho. Mas me sinto profundamente honrado e gratificado em saber que pensam sermos dignos de receber um quinhão maior de trabalho e responsabilidade no seio da Igreja. Aguardemos o andamento dos fatos. Particularmente, nunca me esqueço do ensinamento do servo fiel. Se o que dizem se confirmar, farei o possível para ser considerado um dos merecedores de passar à direita do Senhor.

A expressão compenetrada de Ricardo convenceu os visitantes. Ele olhou-os friamente, julgando se devia ou não prosseguir naquele tema:

— Caros irmãos de sacerdócio, que me trazem tão grata notícia, tenham a certeza de que pelo muito que me auxiliam neste momento conturbado no Vêneto jamais esquecerei a amizade dos senhores e, obviamente, me encontro na condição de devedor. Será para mim um prazer servi-los quando for necessário e assim quitar meu débito de gratidão convosco.

Tomando novamente a taça de vinho, retribuiu o brinde adulando a vaidade dos ouvintes:

— Aos senhores! Verdadeiros apóstolos do bem, credores da minha eterna gratidão. Deus lhes dê glória em seu reino!

O brilho de satisfação no olhar de dom Jaime e de padre Inácio era inconfundível. Os auxiliares que os acompanhavam à mesa, por insistência e convite pessoal do bispo do Vêneto, estavam rendidos à retórica e ao poder de convencimento de Ricardo. Adulando seus superiores, aplaudiram sem constrangimento o brinde do bispo.

A conversa prosseguiu no mesmo tom até altas horas da noite, envolvendo em panos perfumados atos podres cometidos em nome da fé e da religião, tudo regado ao melhor vinho da região e às iguarias da farta culinária italiana.

Cansados e regozijados com o banquete, não só de alimentos, mas também de promessas do bispo do Vêneto, a quem os visitantes antecipadamente chamavam cardeal, chegou ao fim aquele episódio da hipocrisia humana.

Enquanto os convivas recolhiam-se aos seus aposentos, era fácil perceber que se poderia resumir o pensamento deles assim: "Nada melhor do que contar com a amizade e ser credor de um bispo do Conselho de Cardeais, tal dívida é de 'poder incalculável'". Por isso, o sorriso de satisfação, que julgavam ser segredo, se estampava em suas faces, desde dom Jaime, que marchava à frente da fila, até o último dos padres auxiliares.

Ricardo, como bom anfitrião, permaneceu na sala do banquete aguardando que se recolhessem. Sob pretexto de dar ordens ao criado, sentado à cabeceira da mesa repleta de restos, louças usadas e lindos candelabros de prata torneados, e alheio à desordem, ele rememorava os fatos, concluindo:

"Está tudo encaminhado. Ainda não tenho a confirmação de quem fez a denúncia, mas é mera questão de tempo. Não vou questionar dom Jaime, deixarei que ele me diga. Sei que ambiciona ascender na carreira. Quando eu for indicado para o Conselho de Cardeais, ele poderá ter uma oportunidade maior. Talvez queira ser designado bispo do Vêneto. Como ele mesmo disse, é um dos mais ricos da Itália. Uma amizade próxima comigo, pensa ele, poderia lhe garantir esse posto. Deixarei que pense e, se estiver certo, ele terá prazer em contar-me de quem é a denúncia. Ficará mais fácil restringir a ação desse louco.

Vê-se que não fará nada sem minha aprovação; por minha vez, deixo-lhe satisfazer-se um pouco, na medida do necessário, não mais do que isso. Depois eles irão embora, então tudo voltará ao normal e irei a Roma; faz algum tempo que tenho descuidado dessas viagens. Mateus, é certo, não desejará me acompanhar, mas talvez com um pouco de insistência ele vá. Será muito bom que aprenda como se faz esse jogo".

Concentrado em suas maquinações para bem dirigir os visitantes, levando-os a fazer exatamente o que ele queria, não percebeu a atividade dos criados reorganizando o ambiente, até ser despertado desse estado por Cristóvão:

— Reverendíssimo, o senhor deseja mais alguma coisa?

Voltando de seu estado de introspecção, Ricardo olhou ao redor e viu os ajudantes de Cristóvão perfilados junto à parede e o próprio criado parado ao lado de sua cadeira, com expressão cansada, mas solícita.

— Não, Cristóvão, obrigado. Pode se recolher. Amanhã dê especial atenção à refeição da manhã e mande que o cozinheiro providencie uma bandeja com o que houver de melhor no mosteiro, com ordens de ser entregue na enfermaria.

— Sim, senhor bispo. A sua bênção.

— Deus os abençoe. Boa noite.

A visita prosseguiu por três longos dias. Ricardo, pacientemente, recepcionava os sacerdotes, entretinha-os em conversas sobre política da Igreja, levava-os a conhecer as atividades realizadas no povoado e apenas um dia levou-os à cidade, pernoitando em seu palácio.

— Pouco venho à cidade, prefiro gerir a diocese lá do mosteiro, sinto-me melhor próximo à vida religiosa ascética dos conventos. A cidade nos oferece muitas distrações e compromissos e acabamos desvirtuando nossas tarefas e objetivos. Além do mais, como sabem, minha família sempre residiu no campo; nossas propriedades me são caras ao coração, apesar de estar afastado delas há muitos anos. Acredito que venha daí a característica eminentemente agrícola que imprimi aos negócios do bispado. Muitos nobres, confiando no bom uso que seria dado às propriedades, frequentemente nos fazem doações, tanto em vida quanto *post mortem*. E assim é, dom Jaime, que o Vêneto transformou-se em um pequeno império que mantém obras sociais. Estamos trabalhando para criar uma ordem voltada à educação dos pobres; meu secretário empenha-se nisso. Está funcionando, de forma precária, mas quero dar-lhe melhor estrutura. Ele e nosso diácono adoeceram quando inspecionavam um terreno que designei para o início das obras e começavam os contatos com pedreiros e mestres. Por essa nobre razão perderam a oportunidade de conhecê-los, são auxiliares da maior eficiência. O diácono tem um belo futuro na Igreja.

— Continuo encantado com suas propriedades, dom Ricardo. Seu dinamismo entusiasma todos nós. De fato, nada mais merecido do que o reconhecimento de tão belo trabalho com sua designação para o conselho cardinalício. São pessoas como o senhor que engrandecem o nome de Deus. Os fiéis encontram um bom pastor na sua pessoa. Mas permita-me perguntar: quantas horas diárias o senhor dispensa ao cuidado de todo esse trabalho?

Lembrando a constante atividade de Jacobino, o corre-corre dos padres, os relatos que lhe fazia Mateus, somados ao tempo que ele próprio despendia gerenciando os negócios e realizando as atividades religiosas obrigatórias, que havia bom tempo Jacobino não mais dividia com ele, respondeu, após pensar alguns segundos:

— Salvo as horas de sono e as dedicadas ao serviço religioso, todas as demais.

— Eu imaginei e, ainda assim, fico espantado, pois me parecem insuficientes.

— Obviamente não trabalho sozinho, dom Jaime, conto com ótimos nomes no corpo sacerdotal do bispado, como lhe disse, e todos trabalham. Antes não era assim, havia muito ócio no convento e, com ele, intrigas, malquerenças e dificuldades de todo tipo. Então iniciamos progressivamente a dar-lhes ocupação, a direcionar seus pendores para a realização de atividades e o resultado é o que o senhor vê. Temos padres liderando propriedades agrícolas, em vinícolas, onde trabalham muitas famílias necessitadas; temos padres professores; padres dedicados à construção. Nosso bispado tem muitas propriedades e meu secretário está sempre disposto a uma nova construção; isso dá trabalho ao povo. Concordo com irmão Jacobino, prefiro que se ocupem construindo para a Igreja do que se envolvendo em guerras e lutas. Infelizmente, dom Jaime, a população cresce e temos de dar-lhe meios de subsistência; a construção é uma forma.

Correndo o olhar pelas paredes revestidas de quadros, pelo teto decorado com belas pinturas e lustres, pelos adornos, móveis, tapetes e cortinados da sala e recordando a suntuosidade do restante do imóvel, seus jardins com belas fontes e estátuas, dom Jaime comentou:

— E, além de todo seu gênio administrativo e benemérito, o senhor é também um mecenas.

— Acredito que Deus aprecia a beleza. É o maior de todos os artistas, nenhum o iguala. Então, a fim de nos aproximarmos dele, também nossas obras devem ser belas, expressando nossa adoração.

— Tem razão, dom Ricardo. Também sou contrário à excessiva austeridade de alguns conventos. Não vejo razão para a beleza e a elevação dos espíritos não conviverem entre si. É uma forma de demonstrar aos fiéis a predileção de Deus pela Igreja.

— Exatamente. Vejo que temos muitos pontos de vista em comum. Isso me alegra, pois, se como insiste em me dizer, breve serei um dos cardeais, com certeza meu número de assessores haverá de ser aumentado, e dou sempre preferência a pessoas que comunguem da minha forma de pensar: garante a unidade da obra.

Um leve rubor tingiu as faces do bispo exorcista, denunciando o prazer que as palavras de Ricardo lhe causavam.

— De fato — concordou dom Jaime. — Pode contar comigo, cardeal. Será uma honra integrar sua equipe de trabalho. Por falar em trabalho, gostaria que me falasse um pouco a respeito do convento carmelita, para onde partiremos amanhã.

Sentindo que a hora da verdade se aproximava, Ricardo acomodou-se em uma poltrona e indicou a que estava logo à frente convidando dom Jaime a fazer o mesmo, enquanto dizia:

— É um assunto longo e delicado; por gentileza, sente-se, dom Jaime. Vou pedir uma jarra do vinho que o senhor apreciou ontem à nossa chegada. Será mais agradável, concorda?

— Tem toda razão, dom Ricardo. Seu vinho é dos melhores e o assunto é preocupante; podemos, sim, amenizá-lo tornando mais agradável o trabalho.

Tocando um sino de ouro que repousava sobre uma delicada mesa ao lado da poltrona, o bispo do Vêneto chamou o criado da sala e ordenou-lhe que trouxesse vinho e alguns queijos. E assim transcorreram várias horas, entre a entediante exposição do fanático bispo exorcista a respeito dos poderes do demônio e sua astuta atuação que crescia no seio da sociedade e, como ele dizia, "petulantemente" invadia até mesmo as casas destinadas ao serviço de Deus.

Ouvindo-o falar, Ricardo desejava dar gargalhadas homéricas, achava-o ridículo e pobre de intelecto; era fácil perceber que o idiota acreditava piamente nas palavras e nos conceitos bizarros que emitia. "Não creio em Deus da mesma forma que Jacobino e Mateus, mas também não acredito em demônio. Infeliz dom Jaime, tem o pensamento consumido por chamas e temores. É um fanático. Que tédio ter que ouvi-lo! Quanto mais de vinho terei que lhe dar até que fale quem fez a denúncia?"

As horas transcorriam lentas, ouvia-se quase que somente a voz monótona de dom Jaime a explanar sobre as fórmulas de exorcismo, sobre a importância de seu trabalho — a luta sem tréguas contra o príncipe das trevas.

Quando ele começou a ter dificuldade em concatenar as ideias de forma lógica, esquecendo os rumos de sua exposição, Ricardo não escondeu o sorriso de escárnio; sabia que não seria notado, e serviu-lhe mais um copo de vinho enquanto levava à própria boca pedaços de queijo — seu primeiro copo de vinho ainda estava pela metade e o parceiro não percebera.

"A língua dele está solta, seu pensamento não comanda mais, é hora de começar a descobrir algumas coisas", decidiu Ricardo aparentemente sério, mas interiormente divertido com a situação do bispo exorcista, antecipando a vitória com a obtenção das informações que desejava. "É, ouvi todas as aventuras do nobre bispo dom Jaime em sua luta sem quartel contra o diabo, cantou-me todas as suas vitórias retumbantes contra ele, mas foi vencido pelo deus Baco."

Pouco depois, habilmente, Ricardo começou a interrogá-lo sobre a denúncia: como ocorrera? De onde partira?

Sem se dar conta, o bispo exorcista detalhou a trama que o trazia ao Vêneto.

"Traidores!", pensou Ricardo ouvindo-o sem que seu rosto demonstrasse qualquer emoção. "Foi pouco o que fiz mandando vir estes boçais. Mas ainda é tempo. Tão logo me desincumba dessa primeira leva de traidoras, darei novo caminho aos remanescentes... Ah! É sempre bom saber que tipo de cobra se enrosca à nossa volta, no próximo bote conhecerão a mão do bispo."

Dom Jaime estava com dificuldade de manter-se acordado pela ação da bebida fartamente ingerida. Ricardo ergueu-se e, estendendo a mão, tocou o sino chamando um dos criados:

— Conduza o Reverendíssimo bispo aos aposentos dele. Meu visitante foi vencido pelo... digamos, cansaço.

O criado olhou impassível dom Jaime estirado na poltrona, considerando quanta força seria necessária para retirá-lo da sala. Ele dormia profundamente, ainda segurando frouxamente uma taça vazia manchada de vinho sobre o colo.

— Dom Ricardo, o bispo visitante é um homem de físico avantajado, precisarei de ajuda para cumprir sua ordem.

Lançando um olhar de desprezo para a figura patética do bispo embriagado, Ricardo falou friamente:

— Chame outro criado. Não colocarei minhas mãos sobre essa criatura. Vou me recolher, quero as carruagens prontas tão logo amanheça. Minhas bagagens estão prontas?

— Sim, dom Ricardo, e já se encontram na sua carruagem. Amanhã será necessário apenas atrelar os cavalos, o cocheiro está devidamente avisado. Não se preocupe, tudo correrá perfeitamente bem.

— Vocês são muito eficientes. Agora vá, busque um auxiliar e livre esta sala da presença de dom Jaime.

O criado reverenciou o bispo e afastou-se pelos amplos corredores do palacete. Ricardo, sem olhar outra vez para dom Jaime, seguiu para seus aposentos.

O silêncio imperava no palácio, apenas ele permanecia acordado, sentado na mesa de trabalho do apartamento isolado que era privativo. Ricardo escrevia. Uma carta lacrada seguia endereçada a Belluno, uma para Mateus igualmente lacrada e outra ao secretário, dando notícias e determinações a serem implementadas na sua ausência e confiando a ele a entrega das outras missivas. Encerrando sua atividade, o bispo colocou-as numa sacola de couro fechada com um pequeno cadeado, do qual ele possuía uma das chaves e Jacobino uma cópia, que era usada para a correspondência entre eles.

— Certa prudência e segurança são sempre necessárias em se tratando de assuntos ligados à Igreja — dizia Ricardo baixinho enquanto procurava a pequena chave do cadeado entre o molho que carregava em um dos bolsos internos da vestimenta.

Depois de fechada, deixou-a ao lado da mesa e dirigiu-se ao dormitório, onde o criado esperava para ajudá-lo a aprontar-se para o descanso. Poucos minutos depois, como se aquela houvesse sido uma noite corriqueira e sem maior importância, ele ressonava em seu leito, cercado de lençóis, travesseiros e cortinados de seda, desfrutando do luxo e do conforto de sua propriedade.

Da mesma forma procedeu ao amanhecer, apresentando-se à sala de refeições trajado de forma irrepreensível, expressão imperturbável, tratando seus visitantes com extrema delicadeza e aparentando uma disposição que contrastava vivamente com o deplorável estado de dom Jaime.

Terminada a refeição, comunicou ao vigário e ao bispo exorcista que as carruagens aguardavam na frente do palácio e pedia-lhes dirigirem-se imediatamente até lá.

— Preciso dar algumas ordens ao criado. Não me demorarei e partiremos para o convento — disse-lhes Ricardo, levantando-se e saindo da sala de refeições.

No apartamento privativo, apanhou sobre a mesa a sacola de couro, verificou se estava bem fechada e, satisfeito, chamou o criado.

— Entregue isso ao mensageiro assim que partirmos. Mande-o com urgência ao mosteiro e que entregue em mãos, preste muita atenção, somente em mãos do irmão Jacobino.

— Entendido, senhor bispo. Pode partir tranquilo, cumprirei as ordens. O mensageiro deve aguardar resposta?

— Não, deverá voltar imediatamente à cidade.

Sem se despedir, Ricardo retirou-se, deixando o criado parado com a sacola no meio do quarto.

A poeira das carruagens ainda se assentava sobre a vegetação orvalhada quando um mensageiro partiu do palacete do bispo, apressado, em direção oposta.

Próximo do meio-dia, a sentinela do convento carmelita anunciou a chegada dos bispos e do vigário padre Inácio.

— Sejam bem-vindos, em nome de Deus — saudou o guarda à passagem das carruagens.

No interior do convento a rotina permanecia inalterada. A chegada dos visitantes e seus objetivos eram desconhecidos da abadessa, que se entregava compenetrada a suas orações, ajoelhada na capela.

Lúcia, que no episódio das crises da antiga abadessa Agnes conquistara a simpatia e a amizade de madre Marta, trabalhava com ela. A abadessa pretendia nomeá-la sua auxiliar, assim que fizesse os votos, o que deveria ocorrer nos próximos meses. Informalmente, porém, desde a partida de Enzo, superados os primeiros e difíceis dias, o trabalho começara a dar novo alento à noviça, que encontrara no carinho de Marta um substituto do afeto materno.

Enquanto a madre orava, sua auxiliar, no gabinete, organizava as compras do convento, tarefa doméstica à qual estava afeita desde quando residia com o duque Alberto, executando-a com presteza e eficiência.

Ouvindo leves batidas na porta, interrompeu a atividade e, dirigindo o olhar à entrada, falou:

— Entre, irmã. Seja bem-vinda.

Mal se registrava a vibração das primeiras palavras e uma das freiras mais idosas do convento postava-se à frente de Lúcia, com olhar assustado, gestos nervosos e a voz aguda. Era quase um ganido ao informar, afoita:

— Bispos! Dois bispos e um vigário no convento.

Surpresa, a jovem ergueu-se atrás da mesa e, apoiando-se nas mãos, pediu:

— Fale com mais vagar, irmã. Desta forma apressada tenho dificuldade em entendê-la. A senhora disse que dois bispos estão no convento. É isso?

— Isso mesmo — concordou a velha religiosa e, enfatizando, mostrou dois dedos da mão direita enquanto falava. — Dois, dois bispos, mais um vigário. Estão na entrada, mandaram vir buscar a abadessa; eu estava fiando e recebi a ordem de anunciá-los.

Inexperiente, Lúcia não deu importância ao susto da freira idosa ao ver "dois" bispos no convento e calmamente orientou:

— Volte à sala de recepção, mande servir bebidas à escolha dos visitantes; verifique se eles não estão com fome e providencie que sejam bem servidos e tenham conforto. Diga-lhes que nossa abadessa está orando e assim que a informar da chegada dos ilustres visitantes irá ter com eles.

— Não se esqueça de dizer a irmã Marta que são dois bispos, mais um vigário e auxiliares. Alerte-a. Que a Virgem Maria nos proteja!

— Amém, irmã — respondeu com calma a noviça, observando a freira sair apressada. Ajeitou a mesa em que trabalhava e dirigiu-se à capela.

Logo viu a franzina abadessa concentrada rezando. Lentamente, sem fazer ruído, aproximou-se, fez o sinal da cruz ante o altar e ajoelhou-se ao lado de Marta; rapidamente pronunciou uma prece e pediu:

— Abadessa, com sua licença, preciso lhe falar. É urgente.

— Nada é mais urgente que nossa relação com Deus, Lúcia. Espere-me terminar.

— Falta muito, senhora?

— Bastante — respondeu a superiora trocando a conta entre seus dedos.

— Desculpe insistir, madre, mas temos visitas inesperadas e importantes.

— Quem? Mais alguém viu São João Evangelista? Ele é nosso mais ilustre visitante.

— Não, madre, não é visita dessa ordem. São dois bispos e um vigário. Suponho que um deles seja meu tutor.

— Dom Ricardo?! Novamente aqui? Mas por quê? Faz pouco que esteve vários dias entre nós! — comentou a madre, menos interessada nas orações e mais atenta às questões de ordem material. — Mandou alguém recepcioná-los?

— Sim, irmã Lia está cuidando deles. Insistiu muito que a lembrasse de que são dois bispos e um vigário, pediu que a alertasse e solicitou a proteção da Virgem Maria sobre o convento. Achei estranho, porém nada comentei.

Vasculhando as lembranças de quando fora a última ocasião que evento semelhante ocorrera, a superiora recolheu ao bolso interno o rosário, persignou-se e beijou os pés da imagem da protetora. Em seguida, contemplou a jovem noviça e disse:

— É estranho. Um dos bispos, com certeza, é dom Ricardo, mas o outro é desconhecido. E o outro sacerdote, quem é?

— Desculpe, Reverenda Madre, nada posso informar, pois sequer fui à sala onde eles se encontram. Vim avisá-la. Mas irmã Lia pareceu preocupada; não dei maior importância ao fato porque tudo para ela é motivo de aflição.

— Não devemos realmente atribuir grande importância a uma visita do bispo, faz parte das atribuições dele zelar por nós e nada mais natural que venha ao convento. Os outros devem ser amigos dele, viajando pela região — comentou Marta expondo em voz alta os pensamentos que abrigava e, confiante, prosseguiu: — Aliás, com a graça de nossa protetora, que tanto tem feito por nossa congregação, nada temos a temer. A situação é exatamente inversa, temos muito a agradecer e glorificar com a distinção de havermos sido visitadas por São João Evangelista. Quer honra maior? Dom Ricardo ficará muito feliz com esse milagre.

Pela mente de Lúcia passou rapidamente a recordação dos últimos momentos da existência de sua mãe, lembrou-se das emoções que as paredes do castelo presenciaram, do testemunho calado de Ricardo e de sua reação fria e impessoal assim que a duquesa havia fechado os olhos ao mundo. Relembrou quando ele afastou seu pai aos prantos do lado do corpo da falecida, das ordens que recebeu quanto à forma como deveria proceder diante do padrinho e dos demais habitantes do castelo.

"Ele é frio, parece não ter emoções. Enzo contou-me que sofre com a paixão que despertou em dom Ricardo, que é perseguido por ciúme, que o bispo é cruel. Por outro lado, foi amigo de minha mãe por toda a vida, era seu confessor, ela tinha integral confiança nele", pensou Lúcia seguindo a abadessa, "a ponto de nomeá-lo meu tutor; entregou-lhe uma fortuna para garantir meu futuro na Igreja. Não, o bispo deve ter um lado muito bom, muito confiável. Minha mãe não se enganaria tanto."

Marta caminhava apressada pelos corredores em direção à sala de recepção do convento, acompanhada pela auxiliar.

Chegando à sala onde se encontravam os visitantes, reverenciou-os, respeitosamente, como convinha a uma abadessa. Feitas as saudações e apresentações, Marta não atribuiu maior importância aos títulos e cargos que ocupavam, mas mostrou-se muito receptiva, aberta e franca ao diálogo, o que seria fatal para sua condenação. O preço dessa inocência seria pago e ele era caro, muito caro.

Lúcia cumprimentou Ricardo educadamente. Uma leve ruga na testa dele foi a única reação à visão da jovem, expressando talvez um leve desagrado, prontamente escondido quando apresentou-a aos demais, omitindo o fato de ser sua pupila.

O brilho de prazer nos olhos de padre Inácio ao contemplar a beleza da jovem, acompanhando-lhe os mínimos gestos com esmerada atenção, levou Ricardo a pensar zombeteiramente:

"A herança de Clarissa pode me valer duplamente. Tudo será bem mais fácil do que havia imaginado. Pelo que vejo nos olhos do vigário, será fácil, muito fácil, fazer aqui a varredura geral".

— Irmã Marta, podemos conversar em particular? O assunto que nos traz a este convento é delicado. Dom Jaime e padre Inácio ficarão mais à vontade num ambiente reservado — solicitou Ricardo friamente.

— Com certeza, Reverendíssimo. Por favor, me sigam — respondeu Marta despreocupada.

Quando avançava alguns passos, sendo seguida pelos visitantes, estacou e indagou-lhes:

— Irmã Lia providenciou que fossem bem-atendidos à chegada? Não desejam nenhuma bebida, um chá ou café, por exemplo?

— Não, abadessa. Fomos muito bem-recebidos. Apenas temos pressa em dar andamento aos motivos de nossa visita — respondeu padre Inácio.

Notando o desagrado com que os bispos o olharam, corrigiu-se:

— Talvez nossos bispos aceitem sua sugestão. Falei por mim.

A abadessa olhou timidamente para os bispos aguardando a resposta, que não se fez esperar, ouvindo-se a voz áspera e fria de dom Jaime.

— Padre Inácio, faço minhas suas palavras. Prossigamos, senhora abadessa. Além do mais, não é conveniente que se incentivem os prazeres da matéria.

"Especialmente quando somos fracos o bastante para sermos publicamente dominados por eles. É, meu caro amigo dom Jaime, você deve mesmo fugir do contato com os prazeres, tal qual o demônio foge dos amuletos e das fórmulas 'poderosas' que se gabou de possuir", pensou Ricardo, relembrando o episódio do dia anterior, enquanto caminhava em silêncio um passo atrás do grupo, acompanhando-os com o olhar inexpressivo.

À porta do gabinete Lúcia se despediu, retirando-se para sua cela. A notícia da chegada dos visitantes e de quem eram correra de boca em boca a uma velocidade impressionante, como só o poderia ser tendo por combustível o ócio. As freiras, assustadas, se recolheram a suas celas. Apenas na cozinha, na lavanderia e na parte destinada à costura as religiosas continuavam as atividades, alheias à confusão instalada no centro do prédio.

Maria repousava sobre seu catre, conjecturando sobre as razões da presença de dom Ricardo e do vigário judicial:

"A ideia era chamar apenas o bispo exorcista. Por que vieram esses outros? Complicações de última hora não me agradam."

Repentinamente, o silêncio tenso que imperava no convento foi cortado por um retumbante grito.

— Nããããooo! O demônio, nããããooo! É um santo, um santo, meu santinho.

Cabeças apareceram em todas as portas a dizerem umas para as outras:

— Foi a abadessa. Coitada!

— Quem mandou ser boba? Tinha mais era que ficar calada e não dizer nada. Muitas comentaram "coisas estranhas" que viam ou ouviam no convento nos tempos da abadessa Agnes, mas duvido de que se recordem de algo. Eu já esqueci tudo, sou cega, surda e muda, e olhe se não vou deixar de caminhar repentinamente.

E a discussão prosseguia ouvindo-se os gritos da abadessa e eventualmente um tom de voz masculino firme e forte declarar em alto e bom som:

— É o demônio, abadessa. Só o demônio se manifesta. Ele tenta os homens para levá-los ao inferno. Ele é sagaz, não hesita em tomar a forma de um santo, até mesmo de Nosso Senhor Jesus Cristo, para dominar almas desprevenidas como a sua. Confesse, irmã, que o demônio a possuiu.

— Nããããooo! Nããããooo! Nuncaaa! Isso não é verdade! O senhor tem inveja, porque sou eu que vejo São João, o preferido de Nossa Senhora, é no meu convento que ocorre a graça — gritava Marta enfurecida, perdendo completamente o controle e não medindo a gravidade e as consequências de suas palavras.

Dom Jaime lançou um olhar ao bispo do Vêneto e, empunhando uma grande cruz de metal que sacara do bolso, ergueu-a, pondo-a a frente do rosto, e declarou:

— Como vê, dom Ricardo, estamos na presença do demônio. A abadessa foi possuída, deve substituí-la e entregá-la a meus cuidados. Tudo farei para livrá-la deste perverso e dominador príncipe das trevas. Ele anda por muitos lugares, mas eu o perseguirei e não lhe darei descanso.

Ricardo assistia à cena acomodado na poltrona e, sem expressar nenhuma emoção, respondeu:

— É seu trabalho, o senhor tem experiência nessa situação, aja como julgar melhor.

— Levarei a abadessa para as celas do porão, ela ficará isolada enquanto avalio se não há mais nenhuma endemoniada.

Sem esperar qualquer comentário, dom Jaime rudemente arrancou a abadessa da cadeira que ela ocupava atrás da mesa e, sujeitando-a com violência, a empurrou para fora da sala, enquanto desfilava sua carranca enfurecida recitando esconjurações em latim, apertando à frente do peito da religiosa a cruz que trazia nas mãos. Marta, trêmula e assustada, orava em voz alta pedindo a São João Evangelista que a socorresse, o que mais enfurecia o bispo, que parou suas fórmulas e respondeu:

— Evoque Satã, chame-o e ele não aparecerá. Ele não enfrenta os reais adversários frente a frente, se esconde dominando seres fracos como a senhora. Clame por ele o quanto quiser. Sei que ele nunca se apresenta diante de um verdadeiro representante de Deus.

As portas das celas se enfileiravam todas fechadas, como se não houvesse ninguém no convento, mas, assim que a dupla se distanciava, frestas se abriam e algumas cabeças mais ousadas apontavam rente aos marcos, exibindo olhares assustados e fazendo o sinal da cruz, beijando os dedos. Mas nenhum leve ruído se ouvia, a comunicação não verbal era repassada de espanto e medo. Nos olhos das freiras, se lia a mesma mensagem:

"Ninguém viu nada, ninguém ouviu nada, ninguém sabe de coisa alguma".

No gabinete, o bispo do Vêneto permanecia acomodado como se nada estivesse acontecendo, quando notou a expressão afoita de padre Inácio e comentou:

— É uma lástima que ocorram situações desse gênero. Bem lembrou Nosso Senhor Jesus Cristo que precisamos estar sempre alertas, como as serpentes. Temos que orar e vigiar, o mal ainda espreita.

— Tem razão, creio que devo iniciar minhas investigações.

— Se me permite, vigário. Creio que seria melhor primeiro reunir a congregação e comunicar-lhe o afastamento temporário da abadessa e que, em sua ausência, eu, pessoalmente, responderei pelo convento. Depois, então, o senhor terá toda a liberdade necessária a suas investigações. Aliás, adianto-lhe algumas coisas que são de meu conhecimento. Eram preocupações da falecida abadessa Agnes, uma religiosa exemplar, que foi minha fiel colaboradora e servidora por muitos anos, contava com minha irrestrita confiança. Ela por várias ocasiões confiou-me suas preocupações com algumas freiras. Não encaminhamos processos disciplinares porque era uma senhora muito sensível, queria sempre zelar pela paz e pela ordem no convento, dar uma nova oportunidade às pecadoras e, principalmente, era muito justa, queria dar-me primeiro provas, embora eu lhe dissesse que para mim uma só palavra dela fosse o bastante. Mas fato é que ela nunca oficializou denúncias contra aquelas de quem suspeitava legitimamente. Coitadinha, faleceu tão gravemente enferma nos últimos meses; era irmã Marta quem cuidava de tudo na época, por isso a nomeei, não a sabia tão volúvel ao domínio das trevas, julgava-a uma religiosa de fé robusta e segura, enganei-me tristemente.

O olhar de aço do vigário lampejou interessado e, dando meia-volta em torno da sala, arrastou consigo uma cadeira, colocando-se diante do bispo do Vêneto.

— Dom Ricardo, sou um admirador de seu senso inigualável de justiça e de sua preocupação com a devoção à vida ascética dos religiosos sob sua orientação. Quando o senhor ocupar, com méritos inquestionáveis, sua cadeira no conselho de cardeais, e há de exercer grande influência junto ao santo padre, tenho a certeza de que zelará pelo Tribunal da Rota Romana e a realização da justiça em nosso rebanho.

— Tem a minha palavra, vigário. Conheço seu trabalho e, sem depreciar os demais vigários, confesso que também sou seu admirador; os processos encaminhados ao senhor são a certeza de decisões firmes e benéficas à Igreja. Sua carreira, no meu entendimento, já deveria ter ascendido a cargos de maior relevância.

— Tudo a seu tempo, caro cardeal — respondeu amistosamente o vigário. — Voltando ao nosso assunto, esperarei seu comunicado oficial às freiras a respeito da situação da congregação; enquanto isso seria muito útil conhecer as preocupações que afligiam a saudosa abadessa Agnes.

Ricardo, impassível, relatou as ditas preocupações da falecida abadessa, incluindo todos os nomes que ele desejava expurgar do convento.

— Comece por investigá-las primeiro, vigário. O tempo urge no serviço ao Senhor, não há razão para desperdiçá-lo, é nosso maior patrimônio — sugeriu Ricardo ao fim de um longo diálogo.

— Seguirei sua sugestão, é possível que elas me levem a outros nomes; é comum serem vários os envolvidos nessas ocorrências — comentou pensativo o vigário. — A situação pecaminosa era realmente grave neste local. Mas, com sua interferência, tudo voltará ao normal.

— São lamentáveis ocorrências da pobreza da alma humana, por isso devemos nos empenhar no ensino da palavra de Deus, no fortalecimento da fé na Igreja. Não poupo esforços para corrigir os desvios do caminho, tampouco tenho melindres em solicitar a ajuda especializada quando reconheço necessária.

— Demonstração de inegável bom senso, caro bispo.

Passadas poucas horas, dom Jaime retornou, exausto, suarento e muito agitado, ao convívio dos colegas, sendo então informado das medidas de ordem prática determinadas pelo bispo do Vêneto.

— Perfeitas, dom Ricardo. Arranquei apenas um outro nome daquela infeliz, diz que uma noviça de nome Lúcia também presenciou ocorrências demoníacas.

— Lúcia? O senhor tem certeza de que é esse o nome da noviça? — questionou Ricardo.

— Absoluta. Acaso não é a jovem que acompanhava a abadessa logo cedo?

— Ela mesma. Estranho, nunca soube nada a esse respeito.

— Tive boa impressão da jovem — afirmou o vigário, dirigindo-se a Ricardo. — Pareceu-me apenas muito jovem e bela para estar em regime de clausura. Reverendíssimo, o senhor conhece as razões de ingresso da jovem?

— Desejo da família, com o qual ela concordou. É tudo que sei.

— Vou averiguar. Minha experiência ensina que por trás desses desejos é frequente haver problemas que se transferem à vida sacerdotal, manchando o bom nome da Igreja.

— Desculpe, padre Inácio, mas será necessário que ela seja entregue a mim; tenho informação de que se envolve com o demônio. Ela será de minha responsabilidade.

O olhar feroz do vigário judicial reapareceu transformando-lhe completamente a expressão, ele parecia uma estátua de pedra com olhar fulgurante; todo seu corpo se enrijeceu e a voz fria e áspera dava a dimensão de sua fúria contida pela intromissão do exorcista.

— Dom Jaime, com todo o respeito que o senhor como bispo merece, quero lembrá-lo de que estou neste convento atendendo a pedido pessoal de dom Ricardo e investido da autoridade plena do tribunal, assim minhas decisões estão sujeitas somente à Santa Sé. Contenha sua ânsia de guerrear com o demônio onde seja claro que ele se encontra: a abadessa confessou em nossa presença seu intercâmbio com ele, ninguém mais. Aliás, o senhor está aqui também em virtude de uma denúncia que com certeza especificava a endemoniada.

Enlouquecido em seu fanatismo de lutar contra as forças do maligno, o bispo encarava o vigário retribuindo a raiva que via em seu olhar, quando o advertiu:

— Tome cuidado, padre Inácio, a soberba é um caminho franqueado à ação de Lúcifer. Mas seja feito conforme as normas.

Voltando-se para Ricardo, que impassível assistia à disputa dos dois pela noviça, prosseguiu:

— Viu, meu cardeal, é por isso que nossas congregações são atacadas pelo maligno. É excesso de regras e normas. Nós, os exorcistas, nem sempre somos bem compreendidos, mas, quando as regras deles faltam e o Terrível avança suas garras, eles correm pedindo nosso socorro.

Ricardo não respondeu, e cada um interpretou o silêncio como manifestação favorável ao seu posicionamento.

— Recebi denúncias sim, vigário. E também estou aqui a pedido pessoal de dom Ricardo, pessoa do círculo de minha intimidade. Ignorei as denúncias do padre Enzo que serviu alguns meses neste convento e as inúmeras cartas das irmãs Maria e Clara, contando-me situações absurdas que o demônio promovia nessa casa de Deus — falava irado dom Jaime quando foi interrompido pelo vigário.

— Que nomes o senhor declinou?

— Recebi denúncias formais das irmãs Maria e Clara. Mas tive notícias anteriores prestadas por padre Enzo, que serviu neste convento. Conheci-o em Roma em sua companhia, não é mesmo, dom Ricardo?

— Anos atrás — confirmou Ricardo friamente. — Decepcionei-me muito com esse jovem, julgava-o apto para cargos de maior relevância na Igreja, por isso não regateie oportunidades de ele conhecer o melhor do corpo clerical. Infelizmente não correspondeu a minhas expectativas.

— Esses nomes que dom Jaime informou — tornou o vigário — são os mesmos que dom Ricardo deseja que eu investigue. Não tivesse presenciado a confissão da abadessa, poderia pensar que elas, as ímpias, tramaram para afastar a superiora.

— A situação aqui era mais complexa — apartou Ricardo. — Agora os senhores entendem por que os chamei. São fatos graves que julguei melhor compartilhar com os colegas, cada qual em sua área. Meu único desejo é que se façam a paz e a justiça, restabelecendo esta casa ao serviço de Deus. Assim, sem criar indisposições ou transtornos entre nós, proponho que dom Jaime se encarregue da abadessa com absoluta liberdade para exercer seu ofício e o mesmo será concedido ao senhor, padre Inácio, para investigar as denunciadas. Que me dizem?

Os religiosos trocaram um olhar de contenda até que, mutuamente e de forma silenciosa, se deram por conformados com a decisão proposta.

— De acordo — respondeu dom Jaime falando ao bispo do Vêneto. — Considerando os termos que mencionou, levarei comigo a abadessa para Roma. Prefiro lutar em meus domínios, lá disponho de melhores meios. Se necessário, mandarei ao senhor requisição da entrega de outras religiosas necessitadas de exorcismo.

— Como queira, dom Jaime. Posso mandar preparar agora mesmo uma das carruagens.

— Quanto antes melhor! — respondeu o exorcista. — Precisarei de duas carruagens, a endemoniada seguirá amordaçada e amarrada em uma, e eu, noutra.

— Mandarei executar seu pedido agora mesmo. O senhor seguirá na minha carruagem até Roma, é mais confortável.

Dom Jaime aquiesceu e despediu-se alegando urgência nos preparativos. Ricardo tocou a sineta pedindo à religiosa que o atendeu que levasse um bilhete ao chefe da sua guarda com as ordens necessárias à partida do exorcista. Então voltou ao vigário e, encarando-o, disse:

— Bem, creio que pela atitude de dom Jaime não lhe resta outra alternativa senão aceitar meus termos, caro padre Inácio.

O vigário, apaziguado, respondeu:

— O senhor é um homem de bom senso e sábio em suas decisões. Obviamente que os termos de sua proposta, extremamente justos e conforme os postulados canônicos, estão aceitos. Iniciarei amanhã as investigações com uma ronda pelo convento. É bom que as religiosas pensem que com o afastamento da abadessa nada mais há de irregular.

— Comungo da sua opinião. Está tarde, que tal nos recolhermos?

Padre Inácio ergueu-se da cadeira e, sinalizando a aceitação ao convite de Ricardo, os dois partiram para os aposentos ocupados pelo bispo.

Enquanto no convento carmelita dom Jaime apressava a partida levando consigo a "endemoniada", no bispado, irmão Jacobino recebia o esbaforido mensageiro de Ricardo.

— Pobre coitado! — exclamou Jacobino à aproximação do mensageiro empoeirado e fatigado com a conhecida sacola passada em transversal sobre o corpo. — Deus o ampare, meu filho. Que triste missão você tem nesta vida: ser mensageiro de convento.

O mensageiro riu e, sem pedir permissão, sentou-se à frente do religioso, que lhe sorria compreensivo e compadecido.

— Minha felicidade é que há religiosos como o senhor, que não escrevem uma linha para ninguém. O senhor não tem a quem escrever ou não gosta?

— Ambos, meu filho. Só uso seus serviços quando assim me obriga o Reverendíssimo. Já fez sua refeição? Não gostaria de banhar-se?

Observando o estado das próprias roupas e imaginando o aspecto da camada de pó que sentia lhe cobrir a pele e os cabelos, o mensageiro sacudiu a cabeça concordando e depois comentou:

— Mas o senhor pode ter pressa em responder ao bispo. Melhor esperar.

— Absolutamente. Primeiro cuide para manter-se bem e fazer seu trabalho. Esqueça o bispo. Vá banhar-se e troque suas roupas. Pedirei ao frei que prepare um bom caldo. Hoje você não retornará à estrada; se houver necessidade de uma resposta ao bispo, amanhã pela manhã seguirá viagem.

— Irmão, o senhor tem certeza de que isso não causará problemas? E se monsenhor Ricardo não gostar?

— Deixe o bispo, que dele cuido eu. Vejo que está fatigado, cuide um pouco de si. Os bispos sempre têm pressa e, se quiser segui-los, morrerá antes do tempo; eles vão e vêm, nem prestarão atenção quando você for substituído por outro. Era por isso que Jesus ensinava que devemos nos cuidar; ele dizia: ajude-se que o céu o ajudará; nunca disse: mate-se pelo seu irmão, por seu superior ou por quem quer que seja. Mas cuide bem do seu corpo, que é um patrimônio divino tanto quanto a sua alma, isso ele falou — respondeu irmão Jacobino calmamente.

Como o mensageiro ainda relutava em obedecê-lo, disse:

— Se você se sentir melhor, entregue-me a sacola e eu lerei a correspondência.

— Ah! Assim fica bem, pois aproveito o tempo.

— Isso mesmo, meu filho. Agora vá e não tenha pressa, descanse um pouco. Nesse estado é provável que o alimento não lhe faça bem.

O mensageiro desvencilhou-se da sacola e a entregou ao religioso. Depois levantou-se, deixando uma grande mancha de poeira no assento e no encosto da cadeira que ocupara, que Jacobino, pensativo, ficou contemplando após a saída dele.

Estava tão compenetrado em seus pensamentos que não notou a chegada de Mateus. Ele parou ao seu lado, dirigiu o olhar para onde julgava que estivesse o olhar de Jacobino e, espantado, deparou-se com o estrago no veludo da cadeira, não contendo a curiosidade.

— O que foi isso?!

— Alguém que se preocupa mais com os outros do que consigo mesmo, da forma errada — respondeu Jacobino com naturalidade, mas seu pensamento estava a milhas de distância da cadeira suja.

— Não entendi, irmão Jacobino.

— Simples, Mateus. O mensageiro sentou-se aí e, nesse estado, não queria tomar banho, nem se alimentar, preocupado em levar uma resposta imediata ao bispo.

— Ele é cioso de seus deveres, só isso.

— Se fosse, estaria preocupado em estar bem para poder atender às obrigações que tanto o afligem. Eu olhava essa cadeira e pensava o quanto o ser humano ainda terá que andar para aprender a exercer um domínio maior sobre si mesmo. Aflige-se por situações que não tenho outra palavra para descrever que não seja bobas, idiotas. Consomem-se, física e espiritualmente, em absurdos. E são tão bobos que palavras banais os removem, eles não meditam no que ouvem. Saem como folhas, no outono, rolando pelas colinas sem direção, levadas pelo vento. Ao mesmo tempo, querem que os ensinamentos de Jesus sejam tão misteriosos que não possam ser aplicados ao dia a dia.

Interessado e percebendo que a cadeira levara o amigo a longas divagações, Mateus contornou a mesa e sentou-se na cadeira que ficava ao lado da antes ocupada pelo mensageiro.

— O que fez com o homem? Ou melhor, o que lhe disse?

Abandonando suas meditações, Jacobino focou o olhar na cadeira suja à sua frente e depois no rosto de Mateus.

— Disse-lhe dos ensinamentos de Jesus com o cuidado com o corpo, que não se afligisse em correr atrás dos bispos, pois ele morreria e nenhum deles talvez notasse o fato.

Mateus riu e comentou bem-humorado:

— O senhor lhe aplicou a doutrina dos bispos vão e dos bispos vêm e nós continuamos aqui. O pobre homem deve ter ficado apavorado.

— Não. Demorou a aceitar a sugestão de cuidar-se mais. Eu mal podia olhar o infeliz. Estava tão sujo! Seu olhar me dizia que estava cansado, faminto. Tive que dizer que iria ler a mensagem para que se afastasse e me obedecesse.

— Mas o senhor não estava lendo nada quando cheguei — constatou Mateus e, brincando, ralhou: — Que feio mentir, irmão Jacobino!

— Eu não menti, Mateus. Ele entendeu como quis minhas palavras. Eu lhe disse que leria a carta e, de fato, lerei, mas não disse quando. É dessa forma afoita e descomprometida que as pessoas leem as maiores verdades ensinadas pelos luminares da humanidade. Sem pensar, quanto menos meditar, acabam entendendo uma coisa qualquer que lhes serve para aquele momento e que muitas vezes não está dito. É por isso que deixam essas marcas quando se levantam. Não cuidam nunca de si, sempre preocupadas com os outros. Será que não se dão conta de que dessa forma alguém um dia terá de tomar conta delas? E que a vida é bem mais fácil quando cada um cuida de si e todos cooperam para o melhor, fazendo a sua parte? Será que não veem algo simples como cada coisa ter sua função e seu propósito, seu tempo de produzir e descansar? Não. Fazem de qualquer jeito pensando no que o outro vai fazer ou dizer. Como menosprezam a inteligência que Deus lhes deu! É assim que eu vejo a beleza da lição de dar sem esperar retribuição. O Pai nos concedeu maravilhas, tantas que nossa mente ainda não descobriu a metade, e muitos ainda vivem totalmente alheios, correndo em torno dos outros, esquecendo-se das noções de vida maior a nós legadas.

Em silêncio, Mateus buscou compreender a aplicação da lição que Jacobino compartilhava com ele.

— Bem, vejamos onde parei meu trabalho — disse Jacobino.

— E a sacola? — perguntou Mateus.

Olhando para a pilha de documentos que tinha à sua frente e para a sacola empoeirada, Jacobino decidiu:

— Abrirei a sacola tão logo concluir essas contas. Se me ajudar, isso será mais rápido.

— Vim justamente para oferecer-lhe auxílio. O que devo fazer primeiro?

— Vá ao cozinheiro e peça-lhe para preparar um caldo para o mensageiro e para nós. Depois volte que terei separado algumas contas para você cuidar, ao final, abriremos a correspondência.

— Sempre mantendo a ordem dos fatos — comentou o diácono.

— É assim que não nos enredamos com o tempo, Mateus, vivendo de acordo com ele, sem avançar nem retroceder antes da hora. Tudo o que segue a ordem do universo caminha em harmonia. Se aplicarmos essa regra inscrita na natureza a nossas vidas, das coisas menores, como a rotina de trabalho, até as maiores, como as mudanças nos relacionamentos com os outros, elas automaticamente seguirão um caminho de ordem e solução.

O jovem alegremente se dispôs a cumprir a orientação do religioso.

Finalizavam as tarefas quando o cozinheiro bateu à porta do gabinete trazendo as canecas com o caldo aromático e fumegante.

— Hora de descanso — anunciou Jacobino.

— Terminei neste exato momento — respondeu Mateus.

— Ótimo! Também concluí as que estava fazendo. Depois de provarmos essa delícia que o frei gentilmente nos trouxe, abriremos a correspondência.

— O senhor tem trabalhado muito, irmão Jacobino — observou o cozinheiro. — Se não lhe trago o caldo, não o veria mais hoje. Nem tem ido muito à cozinha.

— Ah! Desculpe-me, amigo, é que com a ausência do bispo tenho que fazer o trabalho dele, do qual não gosto. Mas não se preocupe, é passageiro. Contudo, não tenho me descuidado da alimentação.

— Isso todos sabemos. Mas não temos conversado. Quando o irmão vai à cozinha, sempre tem uma palavrinha, sentimos falta de suas conversas — lamentou o cozinheiro.

— Pois faça o que fez hoje; se não vou à cozinha, vá aonde estou, mas não reprima suas vontades, isso traz infelicidade — orientou Jacobino. — Negocie com elas, satisfazendo-as no limite da necessidade.

O cozinheiro sorriu e trocou amistoso olhar com Mateus, compartilhando um sentimento mútuo de admiração e amizade pelo velho secretário do bispo.

Somente depois de conversar com os companheiros e deliciar-se, calmamente, com o caldo, foi que Jacobino ocupou-se com a correspondência enviada por Ricardo.

— Há cartas para todos, inclusive para o padre Enzo — comunicou Jacobino.

— Não me deixe curioso, irmão Jacobino. Vejamos o que dizem.

— Vou deixá-los a sós para trabalharem, minha função é outra — falou o frei erguendo-se da cadeira e recolhendo as canecas, que levou presas aos dedos pelas alças. — Nos veremos no jantar?

— Com certeza, frei. Capriche nos pratos. Como viu, estamos trabalhando muito — recomendou amigavelmente Jacobino, despertando sorrisos nos presentes.

Como o frei já se aproximava da saída, despediu-se:

— Vá em paz.

Mateus remexeu a sacola retirando as cartas e depositando-as sobre a mesa.

— O que você está fazendo? — ralhou Jacobino rindo da ânsia do diácono.

— Aguardei a tarde toda, irmão. Fiz tudo conforme o senhor orientou, mas não aguento mais esperar, sabe que desde quando "adoecemos" e depois da viagem de Ricardo essa situação me preocupa. Rezo diariamente para que ele tenha sido iluminado e tenha conduzido a situação de outra forma que não a planejada.

— Ah, meu querido jovem, você ainda tem muito a aprender sobre o bispo. Ele não mudaria de ideia. Antes que nós conhecêssemos o teor da carta vinda de Roma com as denúncias, monsenhor Ricardo já tinha traçado todos os seus atos. Não guardo esperança de que tenha revisto seu posicionamento, espero, sim, que tenha feito o que disse e mantido a situação sob controle com o mínimo de injustiça. Tenho medo de homens dominados pelo fanatismo, aliás, tenho medo de homens sem domínio de si mesmos.

— Então o senhor tem razões para temer Ricardo — constatou Mateus com as cartas na mão. — Ele às vezes me parece dominado pela ânsia de poder.

— Eu sei, Mateus, mas não temo o Reverendíssimo porque sei e sinto que ele tem sentimentos, reprimidos e muito, é verdade, mas os tem. Isso o faz humano aos meus olhos. É cheio de defeitos, como todos nós. Ao longo desses anos presenciei muitos atos reprováveis dele, mas também reconheço que nenhum outro bispo deu tamanha liberdade de ação à congregação. E não falo apenas de mim. Talvez tudo tenha começado por mim, ele negociou minha volta às funções de secretário pela realização de meus propósitos junto aos órfãos, mas a partir daí outros foram despertando e abrindo frentes de trabalho, e ele deu-lhes espaço e recursos. Embora não se envolva diretamente, não posso deixar de reconhecer nele um realizador, pois estava nas mãos dele vetar ou permitir. Ele poderia ter mantido a congregação absolutamente voltada à vida monástica, cheia de intrigas e corrupções, mas felizmente isso não aconteceu e creio que os religiosos que vivem entre nós são felizes.

— Mas me assusta e muito a atitude dele nesse episódio. O senhor tem razão, ele é alguém que reprime muito as próprias emoções, contudo sei que estava enfurecido, era possível sentir isso perto dele, de forma quase palpável, embora exteriormente não fosse visível. Ele se sente traído.

— É, mas vamos deixar de bisbilhotar a vida do bispo e vejamos o que ele deseja nessas cartas.

Mateus leu os destinatários das cartas, entregou duas ao irmão Jacobino e ficou com uma para si, indo acomodar-se numa poltrona. O secretário do bispo, segurando suas cartas, lançou um olhar ao ambiente e, notando-o escuro, depositou as cartas sobre sua mesa e acendeu as velas, sentando-se próximo dos castiçais com o rosto enrugado iluminado pelas chamas bruxuleantes. Enquanto a noite se aproximava, iniciou a leitura da longa carta do superior.

— Que lástima! — exclamou Jacobino. — Por que as pessoas são assim, covardes e gananciosas? Confiassem mais no trabalho, buscassem atividades que realmente as fizessem felizes e teriam essas ânsias de poder resolvidas. Não conheço poder maior do que se sentir realizado com o que se faz, de ser feliz trabalhando e ver que esse trabalho dá frutos. São figueiras secas, mortas para si e com seiva venenosa para os outros. Só a piedade de Deus e seu imenso amor por suas criaturas dão esperança de ver seres assim recuperados.

— Ele lhe contou a trama toda, irmão?

— Com relação ao convento, creio que sim. Há mais alguma?

— Ele me dá notícia do envolvimento de Enzo. Indiretamente ele abriu caminho e endossou as denúncias das freiras.

— Ele contou-me. Mais um fato digno de piedade. O rapaz sempre recebeu do Reverendíssimo o máximo, o melhor, talvez esse tenha sido o erro. Você conhece a história?

— Ricardo me contou, guardava uma mágoa muito grande do padre, sei o quanto foi difícil para ele superar a decepção, mas, quando o conheci, ele já havia vencido grande parte do caminho de libertação. Ele é muito forte.

— Mas é humano, tive muita pena dele. Viveu tudo sozinho, sem dizer uma única palavra a ninguém, "nem em confissão" — comentou Jacobino buscando descontrair a conversa. — Tentei várias vezes dizer-lhe que era solidário, mas nunca tive oportunidade e acabei aceitando sua maneira de ser.

— Não conheço pessoalmente padre Enzo, mas ele me parece uma personalidade conturbada e covarde.

— É, tem seus problemas. O bispo pede que se mande a carta a Belluno, com urgência. O que você acha, Mateus?

— Ele me confia na carta que está designando o padre para acompanhar uma missão católica na África.

— Bom Deus! Enzo irá à loucura. A África é selvagem. Ele se recusará, preferirá ficar em Belluno.

— Acredito que não, irmão Jacobino, pois, segundo me escreveu Ricardo, o padre só ficará sabendo a bordo do navio, em alto-mar. Designou-o através de uma carta a prego.

Jacobino ergueu as sobrancelhas, pôs as mãos sobre o rosto, movimentou rapidamente a cabeça e disse:

— Definitivamente, eu nunca poderia ser bispo, me falta usar a mente para criar engenhosidades deste tipo.

Mateus ficou sentado pensativo com a carta na mão, inconformado com o encaminhamento que o bispo havia dado ao problema, mas sem saber apontar outra solução.

Na manhã seguinte, quando os primeiros raios de sol despontavam no horizonte, o mensageiro, limpo e revigorado, recebeu as orientações do irmão Jacobino, partindo para Belluno.

No convento carmelita, padre Inácio iniciou sua ronda, enquanto Ricardo ocupava-se dos assuntos administrativos da instituição.

Após a desconcertante saída da abadessa, seu rosto marcado pela violência do exorcista perturbava o pensamento das freiras, que, intimidadas pela presença do vigário, cumpriam a rotina religiosa, à exceção das enfermas, que permaneciam em seus leitos.

Ouvindo os cantos primorosamente ensaiados na capela, padre Inácio marchou pelos corredores, examinando, com minúcias, todas as dependências do convento à espera de encontrar objetos obscenos e comportamentos indecorosos.

"Irá demorar alguns dias para que elas baixem a guarda", pensava ele. "A saída tempestuosa de dom Jaime, aos gritos, arrastando aquela mulher ensanguentada, demorará a ser esquecida, mas será, tudo o é. Então, as devassas aparecerão."

Repentinamente, sua atenção foi despertada pelo som de passos e, colocando-se rente à parede escura, entre altos vasos com plantas, observou de onde vinham. Não tardou muito a noviça Lúcia surgiu em seu raio de visão carregando uma bacia com água e panos brancos nos braços.

Saindo de seu esconderijo, postou-se à frente da jovem quando ela estava próxima.

— Padre! — exclamou a jovem, assustada, desequilibrando a bacia e derramando a água quente. — Que desastre! Terei que refazer todo meu trabalho. Não o vi no corredor e me assustei com sua presença.

— Anda muito distraída, noviça. Devia prestar mais atenção ao que faz — disse o vigário, severo. — O que faz carregando bacias de água quente quando deveria estar no serviço religioso da capela? Não compareceu às preces da manhã.

— Perdão, vigário. Mas meus motivos são justificados, sou responsável por três irmãs enfermas. Elas já ocupavam grande parte do meu dia antes do... — nesse momento os olhos de Lúcia encheram-se de lágrimas, recordando a horrível partida de Marta, mas corajosamente concluiu: — ...que aconteceu com a abadessa. Não tive oportunidade de falar com dom Ricardo, por isso continuo cumprindo a designação de atender as doentes.

— O que há com as freiras? Qual a doença que as abateu? Onde está o médico responsável?

— Duas delas são idosas, uma não caminha mais, está acamada há alguns meses, tem as costas em ferida, disseram-me que é por estar sempre deitada, preciso fazer-lhe curativos e banhá-la, era para isso a água; a outra, segundo o médico, sofre do pulmão, não tem cura, e, por último, há poucos dias irmã Clara teve uma forte hemorragia, que está sendo muito difícil estancar, está febril e creio que exista alguma infecção, pois a coitada cheira muito mal. Nosso médico vem quando chamado, é um senhor idoso. Deste último caso, o de irmã Clara, ele ainda não tomou conhecimento. A abadessa mandou chamá-lo poucas horas antes da chegada dos senhores, não sei a causa da demora dele.

— Quem está se responsabilizando pelo cuidado desta freira?

— Irmã Maria recomendou alguns chás e cuidados. Irmã Marta também foi vê-la, mas como nunca tivesse passado por situação de hemorragia, não sabia o que fazer e mandou buscar o médico. Eu faço o que manda irmã Maria, mas não tenho visto resultado.

— Aonde ia quando a interrompi?

— Ia atender a freira que não caminha, como lhe disse — respondeu Lúcia atenta.

— Deixe-a para depois. Leve-me para ver a que teve hemorragia.

— Claro, senhor vigário. Mas, compreenda, primeiro precisarei secar a água que derramei sobre o piso.

— Faça isso rápido, estarei observando e aguardando.

Lúcia ajoelhou-se e, com os panos que trazia nos braços, secou a água derramada, depois os colocou dentro da bacia e, largando-a ao lado dos vasos, ergueu-se e convidou:

— Pode me seguir, vigário. É por aqui.

A passos rápidos, cruzaram os corredores do convento, parando em frente à cela ocupada por irmã Clara. A noviça adiantou-se e, sem bater, ingressou na cela dando passagem ao vigário.

A luz da janela fornecia uma luminosidade fraca à cela, mas suficiente para a visão. O vigário aproximou-se do catre da freira enferma e olhou-a com ar suspeito. A doente não distinguia o que se passava a seu redor, a fraqueza era tanta que não conseguia pensar e o quadro se agravava pela febre resistente. Nenhuma reação esboçou à presença de padre Inácio. Eventualmente abria os olhos e voltava a fechá-los pedindo água. A palidez era mortal, salientando-se no rosto os ossos da face, as olheiras escuras e os lábios vermelhos denotando infecção e febre.

— Está horrível — declarou o padre analisando o quadro. — Há quantos dias está nesse estado? Quero resposta precisa.

— Seis, padre.

— Enfermou no mesmo período em que cheguei ao Vêneto. Que tipo de hemorragia ocorreu?

— Não entendo sua pergunta, padre.

— O sangue se esvai do corpo dela por onde?

Lúcia enrubesceu ante a pergunta do padre e, procurando responder-lhe, disse:

— Por onde todas as mulheres sangram, padre.

— Hum! Vejamos — resmungou o padre. Abaixando-se sobre o catre e afastando os cobertores do corpo da doente, começou a apalpar-lhe o ventre inchado, arrancando-lhe gemidos e protestos.

— Pare, Maria! — gemia a freira julgando que fosse irmã Maria quem a tocasse. — Não ponha mais as mãos dentro de mim, eu não aguento. Dói muito. Ele vai sair sozinho, deixe, deixe, não me faça sofrer.

O vigário a apertava sem piedade. Depois lhe afastou as pernas sem qualquer dificuldade e, para horror da noviça, arregaçou as mangas da batina e examinou as partes íntimas da doente, manchadas de sangue, enchendo o quarto de um cheiro horrível.

— Padre! — protestava a noviça. — O que está fazendo? Por favor, irmã Clara está doente. O senhor não pode tocá-la dessa forma. Por Nossa Senhora, é pecado.

— Cale a boca, noviça. Talvez você não conheça o estado de uma mulher que sofre um aborto malfeito, mas eu conheço. Deixe-me a sós com ela e vá buscar o bispo. Diga-lhe que venha com urgência.

A jovem empalideceu ao ouvir as palavras do vigário, compreendendo-lhes a gravidade e a extensão. Enquanto andava pelos corredores, buscava reconstruir na mente os últimos meses do convento para saber como irmã Clara poderia ter engravidado; tinha conhecimento bastante para saber que era necessário um pai e, retrocedendo no tempo, chegou à figura do próprio amante como possível pai da criança que Clara tentava abortar.

"Não é possível!", dizia a si mesma. "Ele jurava que me amava, que se deitava só comigo, que isso era lindo porque era puro e que Deus não nos condenava. Era mentira, só pode ter sido ele quem engravidou irmã Clara..."

Sem ter exata consciência por onde andava, Lúcia chegou à porta do gabinete trazendo no rosto a prova do espanto que a tomava. Bateu à porta e tão logo ouviu a voz de Ricardo dando permissão à entrada, ingressou na sala parando em frente à mesa dele.

— Que foi, menina? Você está com cara de apavorada. Não venha me dizer que também viu o demônio? Uma basta.

A velada referência à irmã Marta a tirou de seu estado de espanto e ela respondeu:

— Não, Reverendíssimo. Não vi nada. Trago-lhe um recado do vigário padre Inácio: ele pede que o senhor me acompanhe, com urgência, até onde ele se encontra.

— E onde está o vigário?

— Na cela da irmã Clara.

Ricardo abandonou os livros de registros que examinava com pouco interesse e encarou a noviça à sua frente.

— O que se passa com a irmã Clara? Por que o vigário está na sua cela?

— É uma das enfermas do convento, senhor bispo. Há seis dias está acamada, com hemorragia. Por ordem da abadessa irmã Marta, eu cuidava das doentes, como não recebi ordens diferentes, prossegui cuidando delas. Padre Inácio me pediu para vê-la quando nos encontramos no corredor e, bem... desculpe, dom Ricardo, mas ele examinou a doente de maneira horrível, despudorada e diz... estou falando demais. O recado é para o senhor ir encontrar-se com ele.

Ricardo ergueu-se não acreditando no que se insinuava nas palavras temerosas de Lúcia. Não era possível que houvesse uma religiosa tão estúpida a ponto de engravidar e não se livrar devidamente da gestação.

"É possível, sim", corrigiu-se em pensamento. "A abadessa Agnes estava doente, não teria condições de fazer um abortamento, e irmã Marta dificilmente saberia tal arte. Não, ela era ingênua demais, com certeza não fora ela. Então, quem?"

— Vamos. Isso que me diz é muito grave.

Lúcia não respondeu, adiantou-se andando à frente do bispo, conduzindo-o à cela da doente.

Ao se aproximarem, já ouviam gritos e gemidos, entremeados de palavras sussurradas.

Ricardo apressou o passo, avançando à frente de Lúcia e entrando na cela de onde provinham os sons. O quadro com que se deparou fez com que sentisse se arrepiarem os pelos de suas costas e braços.

O vigário apertava impiedosamente ora o útero, ora um dos ovários da enferma, enquanto a interrogava questionando como se sucedera aquela gravidez. Quem era o homem envolvido? Como entrara no convento? Quem fizera aquela tentativa de abortamento?

Irmã Clara, tomada pela dor, acordara daquele estado de modorra e, urrando, suando de dor e medo, com os olhos esbugalhados, reconhecia e encarava os presentes, apavorada.

— Eu conto, padre, eu conto. Por Deus, tenha piedade, não me machuque mais. Eu contarei tudo — dizia Clara.

— O que se passa aqui, padre Inácio? Que métodos são esses de interrogar alguém?

— Eficazes, como o senhor verá. Esta despudorada realmente transgrediu os votos que fez para com Deus e a Igreja, é adúltera e assassina. Tem morta dentro de si uma criança com alguns meses de gestação, por isso a hemorragia. Está podre por dentro.

E mostrando-lhe uma das mãos suja e fétida, disse:

— Veja!

Ricardo olhou a cena dantesca com nojo. Nunca gostara de manchar as mãos com sangue, o trabalho sujo era de Agnes, apenas acompanhava para garantir que as situações em que se envolvera não acabassem como aquela.

— Não é necessário, vigário, sei reconhecer a situação e confio em seu julgamento. Se o senhor a examinou e diz que o feto está morto, é o suficiente.

O olhar de fera do vigário assustava irmã Clara e Lúcia, que, encolhida ao lado da porta, olhava com horror a cena, contendo ânsias de vômito. Um suor frio lhe cobria o corpo e o medo de morrer de súbito a invadiu deixando-a trêmula; parecia que uma lembrança distante a assaltava, recordação de um pesadelo talvez. Ela distinguia fisionomias, mas o medo era tão real e assustador que a fez abraçar o corpo e encolher-se junto à porta, até acabar de cócoras, com a cabeça enfiada entre os joelhos.

Não ouviu as palavras de Clara, que entregava todas as envolvidas com Enzo e com irmã Maria, contando em detalhes as transgressões sexuais que ocorriam no convento. Pressionada pelo "método" de interrogatório do vigário, Clara não ofereceu barreiras. O vigário, mais de uma vez, insistiu nos nomes das religiosas e ela os repetiu para que não houvesse dúvida, enquanto clamava que os dedos do padre liberassem seu corpo doente e febril.

— Basta, vigário. Já temos os nomes de todos os envolvidos, em sua maioria confirmam as suspeitas da falecida abadessa Agnes. Solte essa infeliz pecadora, a morte ronda à volta dela.

O vigário atendeu às palavras do bispo e, tomando uma toalha de linho, limpou o sangue das mãos, afastando-se do catre, enquanto a doente pedia:

— Água, me deem água...

Ignorando o pedido da enferma, que tentava a custo erguer-se no catre, o vigário deparou-se com Lúcia encolhida no canto e, puxando-a pelo braço, olhou-a cheio de cobiça e com o mesmo brilho feroz nos olhos cinzentos:

— Seguirá comigo, noviça.

Lúcia foi arrastada pelo braço sem perceber a extensão das consequências daquela manhã, ainda dominada pelo medo que se desencadeara na cela de irmã Clara. O vigário trancou-a em sua cela e acompanhou o bispo ao gabinete.

— Levará com o senhor, vigário, essas mulheres para o tribunal em Roma. Lavrarei agora mesmo os documentos necessários narrando os fatos e dando minha decisão de serem afastadas da vida religiosa, pedindo-lhes julgamento exemplar.

— O mesmo procedimento realizado no caso daqueles padres pederastas? Sim, é apropriado. Terão julgamento exemplar e o senhor, caro futuro cardeal, será informado da solução do caso.

— Muito bem. Providenciarei que tenham o necessário para viajar após o almoço. O senhor e as oito freiras envolvidas.

— O senhor contou também a noviça?

— Sim, vigário, contei a noviça.

— E o padre responsável por essa situação, o que pretende fazer com ele?

— Foi transferido para acompanhar uma missão religiosa no continente africano.

— É uma boa solução. Não farei menção do nome dele nos processos.

Trocaram algumas palavras e o vigário se despediu. O bispo remexeu a escrivaninha do convento, abriu os compartimentos secretos e, tomando a caixa de poções que pertencia a abadessa Agnes, escolheu um dos vidros; derramando em um copo uma parte da solução, encheu-o com vinho, depositando-o sobre a mesa. Depois tocou a sineta até surgir a velha irmã Lia à sua frente:

— Perdão, Reverendíssimo, andei o mais rápido possível, mas estou muito velha. Em que posso servi-lo?

— Leve esse preparado para irmã Clara. Infelizmente somente há pouco fui informado da gravidade de seu estado de saúde.

Fazendo cara de ingênua, compadecida a velha religiosa respondeu:

— Coitadinha. Tem sofrido muito nos últimos dias. Algumas mulheres têm saúde frágil e são dadas a esses males. Graças a Deus e a boa Virgem Maria que envelheci cheia de saúde, nunca tive esses problemas.

— Glória a Deus, irmã. A senhora é uma felizarda. Agora, vá!

Nas primeiras horas da tarde as freiras recebiam, diante da congregação reunida, a acusação formal e sumária de seus crimes, sem qualquer chance de defesa.

Após um breve discurso, em que Ricardo exortou as demais a permanecerem fiéis a seus votos e a contribuírem para que o convento retomasse a paz e a harmonia, ordenou que o vigário partisse com as infiéis.

Irmã Maria marchava à frente do grupo e olhou insolente para o bispo, recusando-se a baixar a cabeça e a reconhecer a derrota no jogo com o bispo do Vêneto. As demais seguiam chorosas e, ao final da fila, Lúcia vinha com a cabeça baixa e o olhar envergonhado. Em sua mente persistiam o medo e o remorso ao lembrar a quebra de promessa feita à mãe. Inocentemente pensava ainda haver uma chance de reabilitação.

À noite, anunciaram o falecimento da irmã Clara, após longos dias de padecimento.

Dias depois o bispo nomeou, temporariamente, uma responsável pelo convento, até que uma madre de outro convento e da confiança de Ricardo viesse assumir o posto de abadessa. Assim encerrava os conflitos no convento, e as religiosas sobreviventes estavam tão amedrontadas que, se antes o local tinha o aspecto lúgubre e ermo, agora até o bater das asas dos insetos era ouvido à luz do dia.

No porto de Veneza um padre, jovem e elegante, chamava a atenção dos viajantes. Andava de um lado a outro observando tudo e todos, encantado. Sua mala, de aspecto pesado, nas mãos dele parecia ser feita de plumas, os olhos brilhavam tanto que seu rosto chamava a atenção, tal a felicidade que irradiava.

Ouviu ao longe o aviso de embarque dado pela tripulação do navio ancorado. Apressado, lançou um último olhar à bela cidade e ao movimentado porto, ajeitou a batina e, tomando nas mãos uma carta com o selo do bispado, apresentou-se ao marinheiro e ao capitão, que recebiam os viajantes.

— Sua bênção, padre — cumprimentou o marinheiro. — Seja bem-vindo a bordo. Nossas acomodações são singelas, mas esperamos, sinceramente, que faça uma viagem tão boa quanto possível, considerando-se as incertezas do mar.

Padre Enzo sorriu simpático, extravasando alegria, e respondeu:

— Deus o abençoe, marujo. E não tenha dúvidas de que esta será a viagem dos sonhos para mim. E, por favor, não faço qualquer exigência de luxo.

Observando o asseio e o aspecto bem-cuidado do navio, elogiou:

— Seu navio pode não ser luxuoso a seus olhos, mas lhe asseguro que para mim é excelente, além do que me levará diretamente ao paraíso.

Surpreso, o capitão encarou o padre e, cumprimentando-o formalmente, falou:

— Obrigado por suas palavras, padre...

— Enzo, capitão.

— Grato pela elogiosa avaliação de nosso navio, padre Enzo. Somente um homem de muita fé e devoção ao próximo veria em nossa viagem um caminho para o paraíso. Fico feliz em conhecer um religioso com tamanha disposição de trabalho. Ao longo dos últimos anos transportamos vários e a maioria não tinha seu pensamento.

Abanando a cabeça, sem dar importância às palavras do capitão, Enzo, sempre sorridente, explicou:

— Infelizmente o clero conta com elementos mal-humorados e insatisfeitos. Vou lhe confiar um segredo: eles são assim porque nunca tiveram a oportunidade de servir em Belluno.

— Belluno? — indagou o capitão. — Meu Deus! Aquele povoado é no fim do mundo, eu o conheço. Local muito aprazível, mas distante... Então, o senhor vem de lá?

— Graças à bondade de Deus, fui designado para uma localidade bem melhor. O trabalho bem-feito sempre é reconhecido. A comunidade de Belluno é muito boa, porém, a distância maltrata.

Observando que uma pequena fila se formava atrás do padre, o capitão estendeu a mão, sinalizando ao padre que lhe entregasse o envelope. Observou-lhe o selo oficial e mandou-o passar, dizendo que o procuraria mais tarde.

O padre, alegre e altaneiro, avançou pela plataforma e, tomado de intensa sensação de euforia, embarcou no navio.

Terminada a tarefa de receber os passageiros, o capitão e o marujo rumaram para a embarcação conversando em tom baixo.

— Que figura estranha esse padre Enzo! Deve ser louco ou fanático. Dizer que a África é o paraíso não tem lógica — comentou o marujo.

— Vai ver o padre aprecia a vida selvagem — falou o capitão. — Religiosos são pessoas diferentes mesmo, pelos olhos da fé talvez ele veja algo que não conhecemos.

— Pode ser — concordou o marujo e, com riso zombeteiro, aventou: — Ou é mais um que não sabe para onde está indo. Foi uma carta a prego, não é?

A última hipótese mostrou ser a correta. Ao notar que se afastavam cada vez mais da costa italiana e do continente europeu, padre Enzo informou-se com o capitão e dele recebeu as coordenadas da viagem que seguia em direção à África. Tinham apenas mais uma parada onde recolheriam outros religiosos que iriam compor a missão e desembarcariam os passageiros e seguiriam para o destino final. Notando a perplexidade mesclada com incredulidade na expressão do padre, mostrou-lhe o documento oficial da missão católica que ele integrava e a carta de designação anexa assinada por Ricardo.

“Miserável!”, pensou Enzo, furioso. “Maldito! Há de queimar no quinto dos infernos! Desgraçado! Mentiu para mim, traiu minha confiança, maldito Ricardo, mil vezes maldito.”

Três anos depois...

Sentado sob a frondosa árvore do pátio interno do convento do Vêneto, irmão Jacobino se entregava prazerosamente às suas leituras e reflexões. A tarde primaveril convidava ao contato com a natureza e a brisa suave tornava agradável aquele recanto singelo.

— Irmão! Irmão Jacobino! — chamava um menino que corria esbaforido, agitando a sacola das mensagens ao encontro do velho religioso. — Irmão! Chegou carta de Roma para o senhor.

Jacobino ergueu o olhar do livro e sorriu ao contemplar a alegria da criança que, desde a chegada ao orfanato, lhe seguia os passos o dia inteiro. Rafael só não estava sentado na parte baixa das raízes porque Jacobino lhe pedira que fosse à cozinha buscar uma jarra de refresco.

"Eu nunca fico só", constatou Jacobino em pensamento, sentindo uma onda de ternura invadi-lo. "Obrigado, Jesus! Como sou feliz por compreender que integro uma família bem maior que aquela limitada pelos laços do sangue. Essa eu nunca conheci. Mas, Senhor, jamais me faltaram irmãos nossos para compartilhar os dias com suas alegrias e tristezas. Sempre há alguém comigo, a me alimentar o coração com seu carinho e com sua amizade. Obrigado, Senhor, por eu não ser um faminto, quando ouço tantos a clamar necessidade de afeto. Obrigado, Senhor, porque compreendi que na vida a lei é de abundância, e precisamos nos servir sem parcimônia. Por que ver as partes menores e limitadas quando, conforme nos ensinou, somos todos irmãos e membros da família universal? Olhe bem, Senhor, que anjo alegre me concedeu para agraciar meus dias de velhice, com esse sorriso maroto e desdentado. Como posso agradecer tanto, me faltam palavras..."

Rafael, estabanado, no frescor dos sete anos, vinha eufórico com as mensagens e esquecido do refresco. Alguns metros atrás do menino vinha o frei cozinheiro com a jarra e três canecas.

Ao vê-los no fim do corredor, Jacobino ampliou o sorriso: "Viu, Senhor? Há dias em que até para ler tenho alguma dificuldade. Mas não estou reclamando. Longe disso, afinal para que servem as madrugadas a um velho como eu...".

— Venha, Rafael, e tome cuidado para não tropeçar e se machucar. Seus joelhos estão sempre esfolados. Está na hora de andar com mais calma — advertiu Jacobino, olhando a correria do menino e aguardando vê-lo caído ao chão a qualquer momento como frequentemente acontecia.

— Não vou cair, irmão — respondeu o menino se aproximando. — Vim correndo porque o mensageiro disse que o senhor ia ficar feliz em receber as cartas dos seus amigos.

— É verdade, meu pequeno. Entregue-me as cartas — pediu Jacobino, e tão logo lhe foi entregue a sacola, sacou o molho de chaves e, com a menor, abriu o cadeado, examinando as cartas. — Hum, veja só, Rafael, que volume grande me mandou nosso amigo monsenhor Mateus. Será que há algum recado para você?

— Ele sempre escreve para mim. Tenho todas as cartas do monsenhor guardadas, como o senhor ensinou.

— Ótimo! — incentivou Jacobino passando um braço sobre os ombros da criança. — Lembre-se sempre de cultivar suas amizades, Rafael, elas são o que de mais precioso você poderá ter na vida. Quando monsenhor Mateus nos visitar, irá gostar muito de ver como você recebeu e guardou com carinho as cartas que ele lhe manda.

— Eu sei — concordou muito sério o menino. — Na última vez que veio, ele conversou comigo e me contou que gostou muito do desenho desta árvore com o senhor sentado nas raízes que eu mandei para ele. Disse que guardou dentro de um livro de um homem de nome complicado.

— Sei. Era um belo desenho — falou Jacobino passando a examinar a outra carta. — É de nosso bispo.

— Agora não temos que chamar ele de cardeal, irmão Jacobino?

— Podemos, mas ele ainda é o bispo do Vêneto, por isso também está certo chamá-lo de bispo.

O cozinheiro, enfim, alcançou a dupla sob a árvore e, largando no chão a jarra e as canecas, sentou-se pesadamente sobre as raízes, passando a mão na testa.

— Que primavera quente, irmão Jacobino! Quando esse peralta invadiu minha cozinha pedindo refresco, a essa hora logo imaginei que devia andar a seu encalço, e como uma coisa leva à outra, lembrei que aqui nessa sua árvore devia realmente estar correndo essa brisa deliciosa — explicou o frei respirando a plenos pulmões, como se quisesse refrigerar todo o corpo. — Cartas de nosso cardeal dom Ricardo?

— Exatamente. O bispo escreve regularmente quando se ausenta daqui. Mas confesso que hoje não esperava, calculava mais para o final do mês. É provável que venha passar o verão conosco, talvez esteja antecipando a viagem. Roma é muito quente no verão.

— Sem falar que monsenhor Mateus não ficaria mais de seis meses afastado daqui. Ele adora o Vêneto e o trabalho da congregação.

— É um grande amigo o jovem monsenhor... quem diria? É uma felicidade vê-los tão bem. Mateus tem levado muitas das ideias de nossa congregação à apreciação e ao conhecimento de outros bispos e cardeais com ótimo resultado, tem-se mostrado um grande embaixador da causa do trabalho e da educação do povo. Ele, sim, faz o pobre mensageiro suar nessas estradas, não há semana que não nos escreva, não é mesmo, Rafael?

— É sim, monsenhor Mateus é meu amigo. O senhor sabia, frei?

— Ah! Mas que beleza! Tão novinho e já com amigos importantes. Meus parabéns!

— Muito obrigado, frei — disse o menino. — Eu também escrevo para ele! — mas, sentindo o olhar de Jacobino, corrigiu: — Quer dizer, mando alguns desenhos, e o irmão Jacobino escreve o que eu digo. Desta vez, se ele escreveu para mim, já vou poder responder alguma coisa. Estou aprendendo a escrever.

A conversa seguiu animada e transformou-se num improvisado piquenique na tarde quente. Despreocupado, Jacobino deixou para ler a correspondência depois que o frei tivesse conversado bastante e resolvesse que era tempo de voltar a seus afazeres, deixando-o com Rafael a aproveitar o fim da tarde.

Rafael riscava o chão com um pequeno graveto seco, construindo seu mundo de sonhos e fantasias infantis protegido pelo afetuoso cuidado do religioso.

Uma expressão de surpresa se desenhou no enrugado rosto ao ler as primeiras linhas traçadas por Ricardo.

"O Reverendíssimo não altera planos a meio caminho. Abandonar Roma dessa forma inopinada é no mínimo muito estranho", ponderou Jacobino. "Que estará acontecendo? Bem, farei o que ele pede na carta. Talvez a correspondência de Mateus me dê algum esclarecimento sobre essa antecipação de quase dois meses no regresso do bispo ao Vêneto."

Decidido, recolocou a carta na sacola e apanhou o volume endereçado por Mateus. De imediato seu semblante se suavizou e um sorriso carinhoso iluminou seu olhar. Leu a primeira página, a segunda, e somente na terceira o jovem amigo esclarecia o motivo do retorno.

"O estado de saúde de Ricardo tem me preocupado bastante, irmão Jacobino. Aparentemente ele é o mesmo, forte e saudável, mas tem sentido muitas dores. É frequente vê-lo massageando as pernas e os braços. Vejo e sinto seu corpo tenso, é comum vê-lo recorrer a drogas para aliviar o sofrimento. Creio que isso não o deixa descansar, pois seu sono é inquieto. É comum que tenha pesadelos dos quais não se recorda, acordando assustado e angustiado. Mas, tudo isso sei por conta da observação que aprendi a exercitar com o senhor, ele nada diz, nenhuma palavra nem mesmo para mim. Provoco, pergunto, indago, ele sorri e diz que tenho medo de que ele fique velho.

Cerca de dois dias atrás, me surpreendeu pedindo que preparasse tudo para retornarmos ao Vêneto ainda na primavera. É provável que ele busque restabelecer-se na paz bucólica do mosteiro. Não fossem as preocupações que lhe confiei, poderia dizer que essa decisão só me trouxe maior felicidade."

Jacobino leu até o final, rindo ao passar os olhos sobre as recomendações que Mateus fazia ao pequeno Rafael.

— Do que o senhor está rindo, irmão Jacobino? — perguntou o menino aproximando-se, curioso.

— Da carta que Mateus escreveu para você. Tome, veja se consegue ler sozinho.

O menino, confiante, apanhou a folha de papel.

— Ra... fa... el... — disse o menino decifrando as letras e soletrando as sílabas, para depois falar: — Rafael, não in...co... mo... de, incomode o Ir... mão Jacobino... Viu? Já sei ler seu nome — comentou a criança —, quan... do, quando ele es... ti... ver na co... zi... nha... Monsenhor disse para não incomodar quando o senhor estiver na cozinha. Por quê?

— Ah, meu filho, siga lendo, é monsenhor Mateus quem deve lhe explicar o que pensa, foi ele quem escreveu, não eu.

— Mas, irmão, a folha é tão grande, tem tantas letras, vai demorar para eu saber. O senhor podia me contar, aposto que sabe. O senhor é velho, e todos dizem que o senhor é um velho que sabe tudo. E o senhor leu minha carta.

— Não venha querer me conquistar, nem me chantagear, Rafael. Faça você seu serviço. Eu só dei uma olhadinha, não li até o fim.

Com expressão contrariada, o menino sentou-se no chão, aos pés de Jacobino, e seguiu o exercício de leitura acompanhado pacientemente pelo religioso, que, atento, o corrigia em seus erros.

Terminada a lenta leitura, Jacobino ergueu-se, deu a mão a Rafael, que carregava orgulhosamente a sacola do mensageiro, e os dois dirigiram-se para o gabinete. Naquele fim de tarde, providenciou o cumprimento das ordens recebidas de Ricardo, começando por avisar os criados e por mandar preparar a residência do bispo para seu retorno e uma permanência prolongada.

À noite, sob a luz das tochas e velas, em seu modesto dormitório, Jacobino debruçava-se em seus estudos, mas uma sombra se insinuava cheia de preocupação em sua mente:

— Que estaria ocorrendo com o bispo? Estaria ele doente?

Sob um sol escaldante, padre Enzo caminhava nas trilhas cobertas de poeira escura levantada pelo trotar dos animais. Olhava à volta e aquela paisagem era-lhe sempre estranha e indigesta, não se ambientava, recusava a afetividade espontânea e ingênua oferecida pelo povo da região. Julgava-se superior a eles. Em seu pensamento, a "adoração" deles à sua pessoa era fato natural e não merecia retribuição. A soberba imperava em sua alma, aceitando como companheira e conselheira apenas a vingança.

Todas as noites, invariavelmente, dedicava horas a pensar em Ricardo. Revia o passado, os bons e os maus momentos, continuava negando sua responsabilidade no rompimento da relação e, cheio de revolta, fazia juras pessoais de desforra. Não aceitava o desprezo frio e silencioso que o bispo lhe dedicava. Feria demais o orgulho, e a reclusão na África o humilhara muito mais do que a designação para Belluno. Compreendera que Ricardo não queria vê-lo, não desejava notícias suas e queria uma distância tão grande quanto o mar mediterrâneo entre eles. A mensagem dessa vez fora entendida — tudo acabara mesmo, não havia chance de retorno. Entretanto, as razões do bispo para tal atitude, ele não compreendia.

Alimentando o desejo de vingança contra o ex-companheiro, não demorou muito a que seu pensamento atraísse pares, encarnados e desencarnados, dispostos a coadjuvar a tentativa.

O espírito de padre Rugiero passou a ser companhia frequente nas quentes noites africanas a endossar e fermentar a revolta no coração de Enzo. Como tinha livre locomoção e ação, consciente de que o demônio não tinha pressa em vir buscá-lo, passara a agir pelos corredores dos prédios e conventos aliciando entidades desencarnadas de religiosos revoltados com o tratamento que lhes dera a Igreja, fundando uma nova congregação disposta a fazer "justiça". Ele viu em padre Enzo o braço humano de sua "justiça".

"Eles descobrirão que não morri. Maldito irmão Jacobino e sua cara de bonzinho! Ele e o arrogante do bispo lembrar-se-ão de mim. Eu guiarei Enzo e ele fará o que quero", arquitetava Rugiero.

E assim passou a agir. Entre seus aliciados, contava com espíritos que haviam servido enquanto encarnados em diversas congregações e dispôs sua ação buscando atingir e receber informações de uma grande gama de instituições, acompanhando as ações traçadas pelos encarnados e influindo conforme sua capacidade. Desencadeou uma série de processos obsessivos, desde os mais simples até dolorosos estados de perturbação. Ele era agora o novo "bispo" daquela ordem, era quem dava as cartas e, de igual para igual, queria o confronto com Ricardo e Jacobino, ignorante de que a hierarquia humana nada significa no plano espiritual, pois somente a autoridade moral gradua a hierarquia entre os espíritos, e desta, infelizmente, ele nada possuía.

Alimentado por esses pensamentos, Enzo viveu alguns anos na África isolado das pessoas que o cercavam, entregando-se à depressão, à revolta e ao abatimento. Sentia-se pressionado a fazer algo, pensava e pensava, porém tudo quanto arquitetava esbarrava nas praias e nas ondas enormes do oceano — a distância da Itália, palco necessário à sua vingança, era grande e de difícil transposição. Diante dessa constatação, a impotência o prostrava e seu pensamento se consumia cheio de revolta e autopiedade: "Sou um exilado, desterrado como um criminoso", dizia ele a si mesmo.

Trabalho, dedicação ao semelhante, identificação com o progresso somando forças à lei universal, lamentavelmente, nem por um só minuto passaram pelo pensamento do padre, apesar dos longos anos que presenciou a incansável e alegre atividade de Jacobino.

Servia havia quase dois anos na África, sendo um membro improdutivo na missão, quando conheceu um religioso recém-chegado da Itália. A fisionomia do homem tinha algo familiar, mas com a mente tomada pelas ideias fixas de revolta e vingança, ele demorou a reconhecer a origem da semelhança.

"São os olhos", constatou em pensamento, observando o homem. "Os olhos dele me lembram alguém. São familiares. Mas quem?"

Movido pela curiosidade, aproximou-se do religioso durante um jantar. Muito sóbrio e triste, o recém-chegado era de pouquíssimas palavras, trabalhava o dia inteiro e à noite era comum vê-lo com o terço nas mãos, rezando ajoelhado em frente ao altar singelo e rústico do prédio da missão ainda em construção, mas já servindo de sede.

— Posso sentar-me a seu lado? — pediu Enzo, educadamente.

— Claro, senhor. Esteja à vontade.

— Obrigado. Então, o que está achando do trabalho na missão?

— Bom.

— Eu estranhei bastante o clima. De que região da Itália o senhor veio?

— De várias.

— Como de várias?

— Trabalhei em várias regiões. Viajei muito.

— Entendo. Eu sou do Vêneto, conhece a região? Fica ao norte da Itália. Seu modo de falar é bem parecido com o meu, julguei que também fosse de lá.

— Eu sou. Morei no Vêneto muitos anos, praticamente a vida toda. Nos últimos anos, depois que ingressei na Igreja, é que tenho viajado.

— Entrou para a Igreja há pouco. Interessante. Eu estou nela desde menino. O que o fez descobrir a vocação do sacerdócio? É uma vida dura, de poucas alegrias.

— Estou preparado. Sua comida está esfriando.

— É verdade. Apesar de não ser nenhuma tragédia, com este calor é bom que a comida não esteja muito quente.

Enzo recebeu apenas um olhar rápido e sem expressão do recém-chegado, mas essa atitude não seria suficiente para fazê-lo desistir de saciar a curiosidade.

Terminada a refeição, prosseguiu na tentativa de aproximação do novo padre, até que, visivelmente incomodado, o homem levantou-se, mostrando um físico avantajado. Encarando Enzo com frieza, disse-lhe:

— Boa noite, padre.

— Mas o que é isso? Vai se recolher tão cedo? Fique um pouco mais. Ainda não sei seu nome. Chamo-me Enzo; se precisar de algo ou se quiser simplesmente conversar, me procure.

Desconfiado dos modos de Enzo, o religioso preferiu manter distância. Os poucos anos na Igreja foram suficientes para ele saber que nem todas as amizades eram puras e desinteressadas no que havia esperado ser um local santo de pessoas devotas e abençoadas, apartadas dos sentidos da carne.

"Outro não. Será que nem aqui no coração da África, numa terra perdida de Deus, não encontrarei sossego... Será que peço muito ou meus pecados são tão grandes que devo viver no inferno mesmo antes da morte", pensou o religioso.

Mas mandava a boa educação e as normas de convivência da missão que fosse gentil com o padre Enzo, por isso respondeu:

— Bruno, prazer em conhecê-lo. Agradeço sua generosidade, mas tudo que busco nesta missão é trabalho e sossego. Preciso descansar. Boa noite.

— Boa noite — disse Enzo, encarando Bruno e assimilando a reação dele à sua tentativa de aproximação.

Mas ali não havia razões para desistir facilmente de uma empreitada e tudo o que Bruno conseguiu com sua fria reserva foi aguçar a curiosidade e o interesse de Enzo.

Transcorreram alguns meses.

Embora não se possa dizer que Bruno tenha se tornado um grande amigo de Enzo, acabou por ceder ao rapaz uma certa camaradagem e mesmo alguma confiança, sendo frequente vê-los juntos envolvidos em longas conversas. Regra geral, Bruno lhe ensinava o que aprendera antes de tornar-se religioso, falava de sua família, da habilidade em lidar com os cavalos e Enzo falava-lhe da vida no convento do Vêneto, de algumas experiências que o haviam marcado, mas tudo muito superficialmente, notando que o companheiro se retraía sempre à menção do convento e de Ricardo, mas nada falava, deixando Enzo ainda mais dominado pela curiosidade.

Caía a noite e eles contemplavam o pôr do sol sentados nos degraus de acesso à porta da Igreja. Bruno, bastante cansado pelo trabalho do dia, secava o rosto suado com um lenço de algodão:

— Padre Enzo, o senhor nunca está sujo ou suado, como faz tal coisa?

— Simples. Não tenho qualquer habilidade para tarefas manuais ou braçais como o senhor. Cuido dos documentos da missão e da correspondência — respondeu Enzo, encarando Bruno e admirando os traços másculos e fortes que nada tinham de extraordinários, eram até bem comuns, mas que no meio da África ganhavam mais encantos.

Como sempre acontecia quando via os olhos de Bruno, a sensação de familiaridade o invadia e incomodava. Naquele fim de tarde, Enzo lembrou-se de quem eram os olhos parecidos com os de Bruno e, involuntariamente, exclamou:

— Lúcia!

Imediatamente o espanto transfigurou as feições de Bruno, deixando-o pálido.

— O que disse, padre Enzo?

— Lúcia — repetiu Enzo, ainda encarando Bruno e analisando detidamente o rosto. — Desde que o vi tenho a sensação de conhecer alguém bastante parecido; lembrei-me de quem se trata: é de Lúcia.

— E quem é Lúcia?

— Uma noviça que conheci quando trabalhei no Carmelo do Vêneto.

Um brilho inconfundível de interesse surgiu no olhar de Bruno e não passou despercebido de Enzo, que indagou:

— O senhor a conhece?

— Há quanto tempo o senhor conheceu essa noviça? Era uma jovem?

— Aproximadamente três ou quatro anos, não mais que isso e, sim, Lúcia é uma jovem, muito bela por sinal. Hoje deve ser uma freira. Ingressou na Igreja a pedido da madrinha. Um pedido feito no leito de morte que ela acatou como uma promessa infalível. Coitada! Tinha verdadeira veneração por aquela madrinha. Assim como eu, Lúcia era órfã, foi abandonada nos muros do convento e recolhida pelas freiras. Se estou bem lembrado, a tal madrinha — uma duquesa — estava fazendo um retiro espiritual e, encantada pela criança, tomou a si o compromisso de educá-la.

Algumas lágrimas indiscretas correram pelas faces de Bruno despertando ainda mais a curiosidade de Enzo.

— Então, padre Bruno, falamos da mesma pessoa?

Um profundo e dolorido suspiro escapou do peito de Bruno, enquanto com as costas das mãos tentava inutilmente apagar as marcas das lágrimas. Com voz embargada pela emoção, respondeu:

— Sim, é a mesma jovem.

— Desculpe minha indiscrição, mas é impossível não perceber que ela é uma pessoa importante para o senhor, posso saber a causa da ligação?

— É uma história longa, padre Enzo, que me conduziu até a Igreja e ao que sou hoje. Não gosto de recordar o passado. Vim para a África justamente para esquecê-lo, para afastar-me de todas as ligações com esses fatos tão tristes para mim. Não gostaria de contá-los, prefiro manter silêncio.

"Meu Deus!", pensou Enzo. "É ele! Bruno é o pai de Lúcia. O cocheiro que era amante da condessa Clarissa. Que mundo pequeno! Isso mesmo, Lúcia me disse que ele declarara ter disposição de também ingressar na Igreja após a morte da condessa. Bruno! Sem dúvida é ele."

— Lúcia me falava muito da madrinha e das pessoas que conviveram com ela antes do noviciado. Como fui seu confessor enquanto estive no convento, sei de muitas coisas a respeito da vida dela. Tem um carinho muito grande por todos, sempre pensei ser um desperdício uma jovem como ela estar no convento simplesmente por obrigação a uma promessa.

— É, Clarissa, onde estiver, há de ter se arrependido muitíssimo do que fez — comentou Bruno envolvido pelas lembranças provocadas por Enzo.

— Por que diz tal coisa? Lúcia pode ser feliz na Igreja.

— A Igreja a matou. Ela foi entregue ao Tribunal da Rota Romana por quebra dos votos e heresia — informou Bruno, respondendo às próprias lembranças e não se dando conta de que dialogava com Enzo. — É por essa razão que estou na África. A Itália e a Igreja só me deram desilusões. Aqui, em meio a esse povo simples, quero viver e trabalhar esperando minha hora de me juntar a elas. Nossos pecados foram duramente expiados. Eu rezo por elas, padre Enzo, diariamente, pedindo a Deus que tenha piedade de nossos erros e nos conceda a graça de seu perdão.

Estupefato com a notícia da morte de Lúcia, Enzo não registrou as palavras que se seguiram, sua mente foi absolutamente dominada pela informação e tramou mil explicações para a morte da jovem.

"Ciúme!", justificou em pensamento. "Ricardo descobriu meu envolvimento com ela e, ciumento como é, deu a Lúcia o mesmo destino que aos padres Bento e Rugiero, que foram meus amigos. É por causa do ciúme dele que estou aqui neste inferno. Fim de mundo era Belluno, aqui não há qualificativo. Ele diz que não me quer, mas também não admite que eu tenha outras pessoas. É ciúme! Sou um prisioneiro do ciúme desse homem, não é possível continuar vivendo assim, preciso fazer alguma coisa."

"Acabe com ele", sugeriu mentalmente o espírito de padre Rugiero, acompanhando a cena. "Você só terá liberdade quando tiver acabado com ele. Denuncie o que sabe do bispo do Vêneto, faça-o provar do veneno que dá aos outros. Acabe com ele, Enzo! Você pode, é jovem, é inteligente, brilhante, tem conhecidos influentes em Roma. Mexa-se, saia daí, lute pela sua liberdade. Destrua dom Ricardo e seu asqueroso secretário."

"Preciso me libertar de Ricardo. O ciúme dele não pode destruir a minha vida", pensou Enzo assimilando a orientação de Rugiero perfeitamente afinada com seus próprios desejos. "Tenho que sair daqui, deixar a África, Ricardo me deixará aqui até a morte. Mas como? Tenho pensado nisso dia e noite e não vejo saída."

"Seus conhecidos, Enzo", recordou Rugiero habilmente. "Peça formação na ordem exorcista. Eles aceitam padres de todas as congregações. Faça uma especialização na sua carreira. Isso o tirará daqui e o fará importante. Pode até libertar-se da jurisdição do bispo do Vêneto."

"Mudança, é disso que preciso", cogitava Enzo. "Mudar, mudar alguma coisa."

"Os exorcistas, procure por eles. Torne-se um exorcista", voltou a sugerir Rugiero.

"É isso! Claro! Como não pensei nisso antes? Dom Jaime, claro! Pedirei ingresso para aprender a exorcizar. Genial! Ricardo me encontrará em Roma para acertarmos nossas contas, não serei escravo do seu ciúme doentio. Se não me quiser mais, tudo bem, não serei um monsenhor, nem um bispo a acompanhá-lo em sua carreira, mas não morrerei no calor e no pó da África", decidiu Enzo, atribuindo a autoria de todas as ideias a si próprio, nem ao menos cogitando que servia de médium à realização de um plano de vingança.

Um sorriso de escárnio e vitória surgiu no rosto da entidade desencarnada, enquanto pensava:

"Idiota! Mas não importa, desde que obedeça".

Bruno, tomado pelas lembranças do passado, não deu importância ao repentino silêncio do curioso padre Enzo. Sentindo-se culpado pela morte das mulheres que amava, levantou-se, apanhou no bolso o terço, murmurou uma breve despedida e encaminhou-se ao altar da igreja para rezar pedindo perdão a Deus e luz para as almas de Clarissa e Lúcia.

Enzo, por sua vez, ficou um pouco mais, redigindo mentalmente a carta que pretendia escrever a dom Jaime pedindo ingresso como aprendiz na ordem exorcista. Criou pretensamente histórias mirabolantes — pois ele nunca acompanhara os demais nas visitas às aldeias — ocorridas na África, envolvendo seus rituais e cultura satanista. Naquela mesma noite escrevera a carta que agora levava a pé até o porto mais próximo, encaminhando-a para Roma.

— Meu último sacrifício — dizia Enzo a si mesmo, em voz alta. — Não mais verei essa paisagem selvagem, esse povo, voltarei à Itália, a Roma, o centro do poder. E lá Ricardo conhecerá quem sou eu, após todos esses anos e tudo o que ele me fez passar. Novos dias hão de vir.

Uma fila de carruagens anunciava a chegada do bispo do Vêneto e sua comitiva ao convento. Parado de pé, ao lado dos portões, irmão Jacobino, de mãos dadas com o pequeno Rafael, aguardava para saudar o superior.

— Foi nesse momento que pela primeira vez senti que tinha, novamente, depois de muitos anos, um lar — disse Ricardo abruptamente, quebrando nossa atenção às memórias que desfilavam a nossos olhos e trazendo-nos ao presente.

Georges, calmo como sempre, acompanhava com atenção as palavras de nosso amigo.

— Sabem, Georges e José Antônio, o que senti nesse momento é difícil relatar. Hoje, revendo essas lembranças, percebo que somente alguém que me conhecesse muito intimamente notaria o quanto eu estava emocionado ao ver o irmão Jacobino e aquele pequeno capetinha desdentado, parados ao lado do portão. Foi uma sensação de estou em casa, voltei, aqui é meu reino, sou livre, estou entre pessoas de confiança e que, sabendo quem eu era, confiavam em mim. Que fenômeno estranho! Mas é verdade, eles confiavam em mim, sabiam que eu não faria nada que colocasse em perigo o trabalho que desenvolviam, eu era um espécime raro de defensor e bandido. Depois de muitos anos, esse foi um dia no qual uma profunda emoção me dominou. É nostálgico rever essa cena. Se pudesse, eu a colocaria em um quadro.

— Era seu reencontro com a figura paterna, Ricardo? — indagou Georges.

— É bem provável. Jacobino era o pai que eu queria, talvez nesse dia eu tenha tornado isso consciente. É até engraçado falar, nessa época eu tinha quase cinquenta anos e Jacobino beirava os setenta, mas era a primeira vez desde que eu fora enviado ao colégio do monastério que me sentia de novo em casa. Eu havia substituído, transferido, como você diz, meus afetos para os companheiros de jornada religiosa do Vêneto. Eu tinha novamente uma identidade familiar, eu pertencia a um grupo e me sentia aceito. Vocês nunca poderão imaginar o que eu senti ao cumprimentar o irmão Jacobino. Ainda que aparentemente tudo fosse muito formal, havia uma luz no olhar dele como quem realmente recebe um filho; eu senti seu carinho e, tenho que confessar, tive um ciúme infantil ao ver Mateus abraçá-lo efusivamente. Aliás, acho que não foi apenas ciúme, era inveja também. Eu não tinha ciúme de Jacobino por estar abraçando Mateus, mas ao contrário. E nunca havia invejado a espontaneidade de Mateus em expressar seus sentimentos, mas naquele momento queria ter sido eu o abraçado e não fui, agora vejo claramente que isso não aconteceu porque eu não permiti. Infantil, não é mesmo?

— Humano, Ricardo. A busca de afeto, de aceitação, o sentimento de pertencer a um grupo social, dar e receber carinho são necessidades humanas comuns e normais. Pelo que você conta, creio que nesse momento iniciou-se um processo de resgate dos traumas da infância, um processo de superação. Teria sido o início da valorização de conceitos imateriais?

Ricardo meneou lentamente a cabeça, olhou o teto, esquecido da tela e buscando nas próprias recordações a resposta.

— De forma consciente, sim, foi a primeira vez em que valorizei algo que não tinha nada, absolutamente nada, de material. Era afeto puro, simples, desprovido de quaisquer segundas intenções e com disposição de retribuir. Havia amadurecido meus conflitos, será isso, Georges?

— Crescido, sim. Por mais que queiramos reprimir nossas emoções, elas rejeitam essa ação contrária à lei. O amor existe para ser compartilhado e ele domina os seres humanos, ainda que suas manifestações iniciais sejam grosseiras muitas vezes. Mas não temeria afirmar que toda gama de emoções que vivenciamos são manifestações de um único sentimento — o amor. E foi isso que você sentiu, Ricardo, o amor rompendo as barreiras que você havia criado, crente de que poderia conter e lutar contra uma lei universal.

— Tanto esforço para nada... — lamentou Ricardo.

— Esforço do quê?

— Todas as coisas que fiz, minha ambição desmedida, minha ânsia de poder e liberdade... Ilusões; tudo o que eu realmente queria era amar e ser amado; hoje, revendo essa cena — e ele apontou a tela onde se via Jacobino e Rafael sorridentes recepcionando os recém-chegados —, percebo que naquele dia, sendo um cardeal da Igreja, tendo mais ouro, joias e terras do que conseguiria gastar em várias existências, sendo livre, honrado e respeitado pela sociedade, da mais alta à mais baixa classe, em vários países, podendo influenciar milhares de destinos, eu era pobre, extremamente pobre. Eu havia vencido na posse das coisas materiais, mas a luta para permanecer senhor delas era constante e sem tréguas. A cada passo a transitoriedade delas se fazia mais nítida ao meu olhar; quanto mais eu avançava, quanto mais ascendia, maior era minha consciência de que de uma hora para outra aquilo poderia ser-me arrancado, ou, melhor dizendo, eu poderia ser arrancado delas. Preocupava-me que os trabalhos da congregação não fossem atingidos, fiz o que pude para dar-lhes a máxima independência. E a luta pelas ilusões me vencia em Roma, eu estava cansado. Adorava o poder, não posso e não vou negar, mas o preço era alto e eu estava cansado, muito cansado. Sentia falta da simplicidade e da franqueza do povo do Vêneto. Naqueles anos em Roma, compreendi toda a extensão da sabedoria do irmão Jacobino quando dizia que bispos iam e vinham, mas ele permanecia ali e não iria se desgastar numa luta que não era do seu interesse. No entorno do poder são muito poucos os amigos em quem se pode confiar, eu via muitos bispos "irem" e via a tentativa de outros tantos "virem", num espetáculo de quedas e subidas que eu conhecia bem demais, onde ou se pisa ou então se vira degrau, não há composição nem meio-termo. E para mim não havia volta, quando muito uma trégua, e era em busca dela que eu voltava ao Vêneto e aos meus amigos.

— Hoje você faria tudo novamente?

— Sinceramente não sei, Georges. Acredito que não, mas reconheço que fui um fraco diante das circunstâncias e não saberia dizer como reagiria diante delas outra vez. Posso apenas lhe dizer que me sinto mais maduro e fortalecido, só não sei o que poderia suportar de fato.

— Para muitos você foi um forte. Por que se diz um fraco, Ricardo?

— Porque eu teria que ser desprovido de razão e inteligência para não reconhecer que o mundo me venceu. Eu saí dele sem nada do que consumiu dias e anos da minha existência. Não sou estúpido, nem idiota, reconheço perfeitamente o quanto me equivoquei. Eu preferi lutar com os outros e não comigo mesmo, deixei-me arrastar, julgava dirigir e era dirigido. Moldei a mim mesmo para satisfazer aos outros. Não aceitei a ideia de que eu não era exatamente o filho que meus pais sonhavam e fui em busca de honra, respeito e poder para satisfazê-los e ser apreciado pelos outros. E, nesse jogo, os "outros" comandaram minha vida e eu agi dominando os que me cercavam, mas sendo dominado por uma multidão de pessoas sem rosto composta pelo que chamam de conceitos, padrões sociais, cultura, a jaula maldita, como chamava irmão Jacobino.

— E você culpa alguém neste momento?

— Não, Georges. Não adiantaria nada, seria outra estupidez. Reconheço que me faltou coragem para quebrar esses padrões e viver livremente. Eu me sujeitei, me acomodei. Preferi os caminhos fáceis, não posso culpar os que provavelmente agiram imbuídos desse mesmo pensamento. Reconheço meus erros e sei que são grandes, mas não quero ficar olhando para trás, acho que já fiz isso demais, não lhe parece?

Georges sorriu e estendeu a mão para Ricardo, que a recebeu entre as suas e sorriu em resposta. Depois comentou:

— Fico muito feliz em ver que você está conseguindo acompanhar todas essas memórias, principalmente estas últimas, sem dor, separando muito bem arrependimento de remorso e mantendo uma atitude ativa diante da vida, olhando de hoje para amanhã.

— Estou pronto, podemos seguir — respondeu Ricardo ciente de que ainda havia muito a avaliar de seu passado.

Retornando à sua posição original, Ricardo olhou diretamente para a tela. Expressão calma, relaxada, apenas uma leve ruga na testa denotava alguma preocupação por rever as cenas de sua última existência, mas me chamou a atenção que ele deixara uma de suas mãos entre as de Georges, como se precisasse de algum tipo de apoio, e as cenas do passado no Vêneto voltaram a dominar nossa atenção.

Jacobino sorria feliz para os recém-chegados, acolheu Ricardo amavelmente e abraçou Mateus com infinita ternura, cumprimentando-o com alegre e amistosa ironia:

— Sua bênção, monsenhor Mateus — disse Jacobino com ar brincalhão e irreverente. — Seja bem-vindo. Fez boa viagem?

— Agindo assim, Deus não vai abençoá-lo, irmão — retrucou Mateus risonho. — É muito feio debochar dos outros, é falta de caridade.

— Não me diga, monsenhor Mateus, eu não sabia, me perdoe. Sou apenas um pobre e velho padre, talvez esteja ficando senil e a memória me falte.

— Por que o senhor está fazendo isso, irmão Jacobino? Ontem me puxou as orelhas só porque eu imitei o padre que oficiava a missa. Depois me disse que era errado o que eu fiz e me encheu de explicações, me fez estudar mais ainda e agora está debochando do monsenhor, que é meu amigo — repreendeu Rafael inocentemente e depois, se adiantando, tomou a mão de Mateus e beijou-a levemente. — Sua bênção, monsenhor. E eu não estou fingindo.

Mateus abaixou-se e abraçou o menino fortemente e, quando se ergueu, o trouxe no colo:

— Deus o abençoe, pequeno. Você é nosso mascote, Rafael, mas ainda tem algumas coisas a aprender. Irmão Jacobino só estava brincando comigo. Sabe o que é? Ele está ficando velho e temos de ter paciência com ele, além do mais, ele não me respeita como um monsenhor, mas eu não fico triste, porque ele é meu amigo e entre nós, que somos amigos, não existe essa distância da hierarquia. Certo?

Rafael fez uma careta, pensou um pouco, depois abriu seu amplo sorriso desdentado e inocente e comentou:

— Mas é bonito ser amigo de um monsenhor.

— É bonito ser amigo de quem você gosta — frisou Mateus. Depois, lançando um olhar para Ricardo, que acompanhava a calorosa acolhida do companheiro em silêncio, dirigiu-se a ele dizendo: — Lembra-se, Reverendíssimo, dos desenhos que lhe mostrei em Roma?

Rafael, tímido por ver o bispo prestar atenção nele, escondeu o rosto no pescoço de Mateus.

— Claro, monsenhor Mateus. Belos desenhos! Não me diga que foi esse jovem que os fez?

— Ele mesmo. Será um grande artista, tem muito talento. Mas como todo artista, é um pouco excêntrico, está se fazendo de tímido — disse Mateus e, forçando gentilmente o menino a encarar o bispo, cochichou em seu ouvido: — Rafael, o cardeal dom Ricardo deseja conhecê-lo, não vai ficar escondido no meu ombro, vai? Vamos, desça e vá tomar a bênção do cardeal.

Obediente, o menino desceu e andou até Ricardo, pedindo-lhe a bênção com toda a educação.

— Deus o abençoe, Rafael. É uma alegria conhecer um amigo do monsenhor Mateus, ele fala muito de você.

— Obrigado, cardeal! — respondeu Rafael e, olhando os trajes de Ricardo, as joias que ele carregava e o luxo do interior da carruagem que via pela porta aberta próxima, não conteve uma observação genuinamente infantil: — Deve ser muito bom ser cardeal, dom Ricardo, sua roupa é mais bonita que a dos outros e...

— Rafael! — ralhou Jacobino com severidade no tom de voz e apenas isso bastou para que o menino soubesse que se excedia.

— Desculpe, irmão Jacobino — disse Rafael. E, voltando novamente para Ricardo, disse: — Me desculpe também, dom Ricardo.

Ricardo acariciou levemente os cabelos despenteados do menino pela brisa primaveril dizendo:

— Está desculpado, Rafael. Mas, então, você gostou das minhas coisas?

Olhando primeiro para o irmão Jacobino e recebendo um discreto incentivo para responder, Rafael encarou o bispo e respondeu:

— Gostei.

— E como amigo de monsenhor Mateus e meu amigo também, você não gostaria de andar na carruagem até onde o cocheiro irá guardá-la?

— Eu posso?

Mateus sorria observando o diálogo entre o bispo e o menino e vez ou outra trocava olhares de cumplicidade com Jacobino.

Rafael chegou a dar alguns passos apressados em direção à carruagem, então, parou repentinamente e, voltando-se, perguntou:

— Irmão, eu posso andar na carruagem do bispo?

— Ele o convidou, Rafael, então você pode ir, mas não se esqueça de agradecer ao Reverendíssimo e, quando chegar ao fim seu passeio, volte imediatamente à biblioteca e continue a fazer suas lições.

— Muito obrigado, dom Ricardo — disse Rafael correndo em direção à carruagem e, sentando-se, puxou a porta ficando apenas seu rostinho aparecendo pela abertura das cortinas da janela.

Com um gesto, Ricardo ordenou ao cocheiro que levasse a carruagem e o passageiro lentamente até o local onde seria guardada.

— O senhor é muito severo com o menino, irmão Jacobino — comentou Ricardo. — É uma criança meiga e dócil, não há necessidade.

— A vida dos órfãos é dura, Reverendíssimo, eu sei o quanto. Dar-lhes a real dimensão dos limites que existem na vida só lhes fará bem; aprendendo desde cedo o respeito, a gentileza, a educação, reconhecerão autoridade e justiça. Não pense que me arrependo de haver sido severo com qualquer um dos meninos que passou por este convento. Não, nunca, e todos eles sabem que são os filhos da minha vida e eu os amo e sou amado pela maioria. Rafael não será diferente, mesmo com todo o seu charme e carência — retrucou Jacobino.

Em matéria de educação dos órfãos, ele nunca aceitara interferências, aquela era sua obra, responsabilidade que assumia integralmente.

"Amor? Que será esse amor de que Jacobino tanto fala? Como será ter esse sentimento assim tão abundante em si? A quantos ele diz amar... Desde que estou aqui já passaram tantos meninos e rapazes pelas mãos dele que perdi a conta. Não faz distinção de espécie alguma. E o mais estranho é que todos são tratados de forma igual e ao mesmo tempo diferenciada. Cada um tem sua dosagem de carinho e severidade", pensava Ricardo silencioso.

Observou Mateus e Jacobino abraçados em animada conversa enquanto seguiam pelos corredores do prédio, cheios de arcos ladeando os pátios e jardins do convento, até chegarem a um jardim que atravessaram em direção à residência do bispo.

No interior da sala, Ricardo olhava os móveis familiares e um sorriso caloroso surgiu em seu rosto quando se acomodou em uma das poltronas.

— Mateus, irmão Jacobino, por favor, sentem-se! — convidou Ricardo que, tocando a sineta, chamou o criado, pedindo-lhe: — Traga-nos vinho, Cristóvão, o melhor que houver na adega.

— Sim, cardeal, lhe trarei o tinto que o senhor aprecia.

— Muito bom — anuiu o bispo, e o criado se retirou.

Jacobino analisava a fisionomia de Ricardo com interesse de amigo e declarou:

— Roma tem sido ruim para o senhor, Reverendíssimo.

— Por que diz tal coisa, irmão Jacobino? — indagou o bispo.

— Há um ar de cansaço e uma tristeza em seu olhar. Tenho notado nas temporadas que passa conosco, desde que se transferiu para Roma, que esses sinais são mais evidentes.

— Sempre admirei sua capacidade de observação, irmão Jacobino. De fato, a experiência em Roma é exaustiva, é árida, seca como imagino seja um deserto.

— O pior é que não é possível renunciar ao Conselho de Cardeais — lamentou Mateus. — O que está dizendo, irmão Jacobino, venho notando há vários meses. Ricardo sabe e não faço segredo em parte alguma que adoro viver no Vêneto e por mim não sairia daqui. Lá é só poder, intriga, dinheiro, influência, discussões teológicas, leis e decisões que repercutem até em lugares onde nunca se colocou o pé.

Jacobino lançou a Mateus um olhar de compreensão e, notando o desconforto no semblante do bispo, iniciou uma longa conversa falando sobre o andamento das atividades da congregação, do povo simples da aldeia e do caráter franco das pessoas simples. Apenas um interlocutor muito atento e astuto perceberia que as palavras do religioso tinham um endereço certo e eram um alerta ao poderoso cardeal dom Ricardo. Para os demais, seria apenas o discurso de um apaixonado pelo trabalho, mas o bispo assimilava as palavras do velho secretário e meditava que também ele era um mestre na arte de sobreviver na Igreja.

"Talvez tenhamos muitas coisas em comum", pensou Ricardo analisando o proceder de Jacobino. "Ele sabe fazer boa política, dissimula e usa muitos caminhos para realizar seus desejos, é aberto à negociação, apenas nossos rumos são divergentes. Eu miro o centro do poder, o quero, não o temo, ainda que às vezes me esgote as forças. Jacobino o rejeita, pura e simplesmente, mas exerce um estranho poder sobre o coração das pessoas que o cercam."

A permanência no Vêneto não poderia se mostrar mais salutar à recuperação da disposição de Ricardo. As estranhas dores que o perturbavam desapareceram por encanto, nenhuma vez foi surpreendido massageando o corpo ou se notou qualquer indício de sofrimento, ainda que leve, no físico do bispo. Parecia que, quanto mais tempo passava no convento, melhor se sentia; era como beber da fonte da eterna juventude, revigorante.

O verão ia a meio quando Mateus, em um final de tarde, comentou a disposição renovada de Ricardo enquanto conversava com Jacobino sob a copa da árvore do pátio.

— Impressionante a melhora de Ricardo, irmão Jacobino. Preocupava-me muitíssimo seu estado de saúde. Ele não falava nada, não reclamava, mas eu notava que algo não estava bem; agora o vejo disposto, falante e nunca o vi tão sorridente.

— É, meu caro "monsenhor", também noto a boa saúde e a alegria do bispo. Até mesmo das crianças tem se aproximado, coisa que nunca havia feito em todos os anos que trabalhamos juntos. Mas existem mistérios neste mundo para desvendarmos, e o ser humano é, possivelmente, o maior deles.

Mateus ficou pensando nas palavras do amigo e questionou:

— Que mistério acha que existe na recuperação de Ricardo?

Jacobino encheu a mão com um punhado de areia e terra e ficou brincando, olhando a terra se esvair de suas mãos, meditando, escolhendo palavras para responder de forma clara.

— Talvez o melhor fosse indagar "quais mistérios?". Não creio que uma única causa explique as transformações de nosso superior. Ele mudou muito. Jamais imaginei vê-lo declarar-se cansado do poder, sempre o vi ansioso por ter mais e mais poder. Às vezes pensava que nem ele mesmo tinha consciência de sua conduta, sempre pensei que isso escondia uma busca bem maior, mas ele até hoje não deu sinais de abrir-me qualquer brecha em seu mundo interior, não penetrei aquela couraça, Mateus. É um filho que a vida me nega. E, apesar de nossas diferenças, aprecio muito dom Ricardo. Vejo-o como uma joia bruta, um caráter raro e complexo que, lapidado devidamente, se transformará numa joia de beleza singular, mas...

— Eu não preciso dizer o quanto gosto dele, isso é por demais óbvio — comentou, despreocupado, Mateus. — Mas o senhor não falou quais mistérios seriam, sob seu ponto de vista, os responsáveis pelas melhoras.

Jacobino, ainda brincando com a terra, falou pausadamente:

— Maturidade. Um despertar de sentimentos, amar modifica as pessoas, Mateus. E creio firmemente que dom Ricardo ama você. Isso é maravilhoso, fez dele um novo homem que agora vai ganhando espaços. Espero que essa plantinha suave e ainda tenra cresça dentro dele. Isso o libertará de muitos conflitos e problemas que o fazem ser como o conhecemos. Ele é muito inteligente, saberá conduzir esse processo de mudança muito bem, fortalecendo o que é preciso e transformando sem medo o que estiver em desacordo com seu pensamento e proceder atuais. Essa é uma das virtudes que aprendi a reconhecer nele. Como administrador, ele nunca se debruçou sobre resultados negativos além do necessário para conhecer-lhes as causas. Feito isso, eu o via se atirar com todas as forças no processo de reversão do que não julgava satisfatório. Sei que algum dia ele fará isso consigo mesmo. Depois, tem a energia do Vêneto, aqui trabalhamos em harmonia e compreensão, nossa meta é o coração das pessoas, não do poder. Isso muda tudo à nossa volta, Mateus.

— Adoro quando me fala desse mundo particular e invisível para mim — comentou Mateus, referindo-se às últimas frases de Jacobino. — Esse universo de energias que, segundo o senhor, somos capazes de criar e mover. E, olhe, as conversas que tivemos me são muito úteis em Roma. Há realmente lugares onde se nota com perfeição a desarmonia das energias, são densos, causam mal-estar, ansiedade, medo... Enquanto aqui, tudo é claro, limpo, tranquilo. Tão diferente! Somos livres. Isso faz do Vêneto meu lar.

— Isso também granjeia a proteção dos bons amigos que já partiram e vêm nos orientar e inspirar — respondeu baixinho Jacobino. — Entre nós a lei é de amor e trabalho, não temos tempo nem espaço em nossas vidas para querelas menores e sem importância, não cedemos espaços preciosos a influências menos benéficas, Mateus. Esse é o grande segredo deste convento. Dom Ricardo beneficia-se do ambiente; aqui mentes desalinhadas que o cercavam neste e no outro plano da vida não têm acesso, daí a sensação de liberdade e bem-estar que ele experimenta.

— A inquietação dele cessou — afirmou Mateus. — Na primeira semana após nossa chegada já o sentia tranquilo, normal.

Jacobino continuou sua inocente brincadeira com os punhados de terra, o olhar perdido na contemplação do escoar das partículas entre seus dedos, enquanto mentalmente revia algumas cenas, constatando intimamente:

"Atormentados! Deus, quantos existem neste mundo? Eu os vejo na carne e fora dela, não há limites ou barreiras, em toda parte, tormentos e atormentados. Em quem exista incompreensão do que significam os sentimentos, as vivências, as oportunidades ofertadas pela vida, abrindo brechas para a ignorância e a revolta, nele estará a tormenta íntima, pessoal, só removível por força própria no sentido da evolução, da compreensão maior de si e da vida. No meio em que o bispo se movimenta, o cerco de pessoas menos interessadas em si e mais interessadas nas coisas da matéria é grande, além disso, há toda uma trajetória de experiências granjeando a antipatia de muitos, o ódio, o desejo de desforra. Ah, Senhor! Que bom será o dia em que os homens forem conscientes de que a morte é só a perda do corpo, parte menor do que chamam 'vivos', o ser imortal que somos prevalece antes e depois da morte e continua agindo, sentindo, querendo, pensando. Nem todos são como o bispo Giordano ou minha Madalena. Mas tenho que reconhecer a lógica que preside os fatos, Senhor, a sabedoria da sua lei que não transforma nada nem ninguém com passes de mágica, continuamos os mesmos, com possibilidade de crescer e trabalhar. E nada mais natural do que os que se foram cheios de apego à matéria, com os corações incendiados, os pensamentos em revolta, prossigam do outro lado da vida nas mesmas condições. E a companhia desses atormentados atormenta. Será muito bom, Senhor, o dia em que os homens forem conscientes de que não vivem isolados em redomas e nichos, mas interagem entre os muitos reinos da criação, principalmente entre a matéria e o espírito. Muitas coisas serão mais bem explicadas e tratadas com humanidade e compreensão".

Acompanhando as reflexões de Jacobino, desfilavam as cenas presenciadas da intervenção dos espíritos em muitos fenômenos cotidianos e corriqueiros da vida, fatos que haviam acontecido com ele e com os outros. Lembrava a situação do convento carmelita, a chegada do bispo, quando lhe pareceu haver em torno dele uma nuvem cinzenta. Em várias ocasiões lhe viera à mente a jovem afilhada do duque morta nos tribunais da Igreja. Fragilidade orgânica fora a causa da morte de Lúcia, fora a informação oficial do vigário, a moça não tinha boa saúde para os rigores da vida religiosa. Parecia sentir sua presença triste perambulando em torno do bispo, cheia de dores e mal-estares. Não a viu, mas pressentiu sua presença e seu estado. Orara muito pedindo amparo para o espírito de Lúcia, pedira o carinho de Giuliana para a órfã desencarnada e, certo dia, ao fim de suas preces, a amorosa companheira se apresentou a seu lado, acariciando-lhe a face enrugada, e disse ternamente:

"— Tenha paciência, meu amado. Suas preces são bênçãos que caem naquele pobre ser brutalmente desligado de seu corpo físico. A morte de Lúcia nas rodas de tortura, com seus membros dilacerados, arrancados do corpo, marcou-a demais. Sem falar nas atrocidades que a moça viveu durante meses nos porões do tribunal e do terrível sentimento de fracasso por haver falhado na promessa feita à mãe. Procura desesperadamente por Enzo, ela confiou que o rapaz a amava, iludiu-se e ainda não despertou, acerca-se do bispo em busca do jovem padre e também porque, como ainda julga estar de posse da vida física, acredita que Ricardo possa reabilitá-la e fazê-la novamente admitida na ordem religiosa. Precisaremos de muita paciência com ela, é confusa. Sua vida emocional é marcada por rejeições, tem carências severas; você tem razão, meu amor, ela necessita de muito carinho e compreensão. Reze por ela, é o melhor que pode fazer."

Sorrindo, Giuliana juntou suas mãos às de Jacobino e comentou:

"— Eu também tenho órfãos a cuidar deste lado da vida, assim como sou a mãe dos meninos do convento, você é o pai dos meus tutelados, ore por Lúcia, envie-lhe pensamentos de amor e paz, ela é uma de nossas filhas."

Apesar das notícias que o espírito de Giuliana lhe trazia, vê-la, estar com ela era uma fonte de alegria e renovação para o velho secretário do bispo. E aquela não fora uma exceção, desde aquele momento, com frequência em suas orações enviava pensamentos e preces à Lúcia.

A pedido do duque Alberto fora ao castelo rezar uma missa pela alma da jovem afilhada, lembrava o pesar do amigo quando recebera a carta oficial comunicando a morte da noviça aos familiares. Haviam conversado muito naqueles dias e Jacobino saíra de lá com a certeza de que o duque lamentava profundamente a sorte da afilhada, mas aceitava os desígnios da vida. Solitário, entregava-se de corpo e alma ao bem-estar do povo que vivia sob sua dependência econômica e aos filhos do primeiro casamento.

Não era apenas o espírito de Lúcia que assediava o bispo, embora seus achaques físicos fossem ocasionados por registrar-lhe a presença e as sensações que ainda carregava. Muitos o cercavam. Alguns que se descobriram explorados no mundo espiritual, extorquidos, roubados; outros, preteridos e prejudicados por muitas das ações "políticas" do bispo. Em diferentes estados de consciência e compreensão, as muitas vítimas do bispo constituíam em torno dele uma grande nuvem de sofridas testemunhas de seus atos, porém o pensamento de Ricardo era imperturbável. Ele era tão centrado em si mesmo que vivia em um casulo. Dirigir-lhe o pensamento não era tarefa fácil e nenhum deles havia conseguido tal proeza.

— Ore muito por nosso bispo e pela sua paz, Mateus. Isso o ajudará — recomendou Jacobino com simplicidade. — Ele vive em ambiente de tormentas e julga que somente a própria força pode sustentá-lo, esquece-se de pedir a proteção divina. Nossas forças são limitadas, Mateus, mas a de Deus é infinita, suas mãos estão sempre prontas a nos erguer e amparar, ensinando-nos a andar com passos mais seguros nos caminhos da experiência terrestre.

Mateus ouviu a recomendação e ficou a cismar, em silêncio, ao lado de Jacobino.

Aquele verão reservou a Jacobino inusitadas alegrias. A permanência do bispo, de Mateus e a inocente companhia de Rafael aliadas à colheita abundante do trabalho que lutara por anos a fio para implantar na congregação eram motivos suficientes para dar ao velho religioso redobrada sensação de paz e disposição. Cada dia, ao amanhecer, ele agradecia a Deus a dádiva de mais uma oportunidade e, ao fim do dia, a gratidão pelo trabalho expressava-se na serenidade de seu sono, contente e confiante.

Seu estado de espírito se transmitia naturalmente aos membros da congregação, que o reconheciam como o líder nato, aquele a quem seus corações de boa vontade seguiam. O bispo era a autoridade temporal, Jacobino, a moral.

— Não se perca em palavras, Mateus, faça, trabalhe. Nenhuma lição pode ser mais bem ensinada do que aquela em que o mestre trabalha ao lado do aprendiz. Lembre-se de Jesus. Ele não reuniu seus discípulos e ficou a falar-lhes, Ele os chamou e, enquanto trabalhava, os ensinava, mostrando a teoria e a prática das leis que conduzem os homens no exemplo de trabalho e dedicação diários. E Ele é o mestre por excelência, "monsenhor" — ensinava Jacobino alegremente ao jovem amigo quando se reuniam sem a presença barulhenta de Rafael ou do bispo.

Trabalho era o hino de vida de Jacobino, e sua paz e felicidade, as merecidas recompensas.

Amanhecia e o secretário do bispo estava de pé e em atividade. Enquanto aguardava o desjejum, que o frei pessoalmente lhe servia, ouvia pacientemente os pedidos de um dos auxiliares da cozinha que não perdia a oportunidade de uma "palavrinha" com Jacobino. Escutava-o com carinho, pois havia anos sabia que a maioria das pessoas não o buscava para receber conselhos e orientações, queriam simplesmente ser ouvidas, compartilhar seus fardos, como crianças ranzinzas precisavam reclamar, tinham o vício de se queixarem.

— Agora basta, amigo — interveio frei Gusmão, dirigindo-se ao auxiliar e depositando a bandeja com a refeição de Jacobino. — Amanhã ou depois você continua, a refeição matinal é sagrada para o irmão Jacobino. Vá cuidar de seu trabalho na cozinha.

Amuado, o auxiliar se levantou, obediente, e despediu-se de Jacobino para cumprir a determinação do frei.

— Se não faço assim, irmão, ele passa os dias se queixando, e trabalho que é bom, nada — comentava o frei, dispondo a louça e sentando-se para partilhar a refeição como cotidianamente faziam desde os tempos do bispo Giordano.

— É um mau hábito que há anos temos tentado corrigir, mas ele é renitente. Para você ver, frei, que, quando não parte da pessoa a disposição de mudar, ninguém consegue corrigi-la. Olhe como digo bobagens... — disse Jacobino no mesmo instante.

— O senhor diz bobagens? O que sobrará para qualificar o que eu digo?

— Digo, sim, frei, quem somos nós para pretender corrigir alguém, se nem Deus faz isso? É só a vaidade e a pretensão humana que nos levam a pensar em tal bobagem. Deus nos dá a liberdade de agir como bem quisermos e a responsabilidade pelos nossos atos. Recebemos sempre em conformidade com o que merecemos, com o que damos à vida. Quantos erram um número infinito de vezes e nem por isso Deus se aflige, deixa-os, pois sabe que em algum momento despertarão, sujeita-os simplesmente à mesma lei que os demais.

— Sem pretensão, irmão — falou risonho o frei. — Mas eu faço com o amigo que nos deixou o mesmo que Deus: a lei comum na cozinha é cada qual com seu trabalho cumprido no tempo certo; sei que com aquele ali não adianta discursos, cansei de ouvi-lo e fazer-lhe recomendações, até que descobri que, quando não lhe doía a cabeça, doía-lhe o pé e, quando este estava bem, então era outra coisa. Não o poupo, ele tem que cumprir sua função igual aos outros.

— Assim, um dia aprenderá; enquanto isso, ele é meu exercício de paciência — concordou Jacobino.

Serviram-se e iniciaram a refeição em amistosa camaradagem. Bebiam um pouco mais de café, após terem se alimentado, quando ouviram uma voz alegre chamando na porta:

— Pai, pai, onde está o senhor?

Jacobino depositou a xícara sobre o pires e demorou a erguer a cabeça. Somente o fez quando ouviu passos avançando pelo refeitório e chamando:

— Pai! Que saudade!

Emocionado, o velho religioso levantou o olhar e deparou-se com Lucas, bem mais velho, com alguns fios de cabelos grisalhos nas têmporas e leves rugas em torno dos olhos, mais robusto, o olhar mais seguro e confiante, que irradiava alegria e disposição, braços abertos a chamá-lo. Sem pensar, levantou-se e correu a abraçar o antigo discípulo, com o rosto lavado de lágrimas. Rindo e chorando, apertou-o forte contra si, afagou-lhe o cabelo e, depois, com as emoções sob controle, segurou-lhe as mãos e admirou-o, dizendo:

— Meu filho! Meu pequeno Lucas, então se lembrou de seu velho pai? Como está, meu querido?

— Nunca o esqueci. Não há um só dia que eu não me lembre do senhor e não faça a Deus uma prece por sua saúde — respondeu Lucas secando as lágrimas. — Eu estou muito bem. Há anos tinha o desejo de voltar ao Vêneto, mas só agora consegui.

— Venha, meu filho, vamos sentar — convidou Jacobino, puxando Lucas para próximo da extensa mesa. — Você é de casa. Já fez sua refeição? Por favor, frei, traga mais uma xícara para o visitante.

— Não me diga que esse é o antigo seminarista franzino com quem o bispo implicava? — perguntou o frei, que não havia reconhecido no homem à sua frente o inseguro seminarista de anos atrás.

— O próprio, frei. — confirmou Lucas. — E o senhor, como está? Sempre fazendo aquele caldo delicioso?

O frei sorriu e, bonachão, abriu os braços para acolher o antigo companheiro.

— Tenho que manter a saúde de todos por aqui. Aquele caldo é minha receita secreta. Que bom vê-lo! Sente-se aí, vou trazer mais uma xícara.

Acomodados, Lucas e Jacobino ficaram alegremente se encarando por alguns minutos, um reparando nas mudanças do outro, até que riram e Jacobino pediu:

— Conte-me, Lucas, o que fez esses anos todos?

— Andei muito, meu pai. Quando saí daqui, fiz o que o senhor me recomendou. O duque foi muito generoso comigo, mas eu não queria ficar tão próximo do convento, então ele me deu uma carta e recomendou-me a um nobre de Vicenza; parti para lá na mesma semana. Trabalhei em diversas atividades, até que ele reparou em meus conhecimentos e perguntou-me se não gostaria de me encarregar de auxiliar na instrução de seus filhos. Aceitei a tarefa e passei a auxiliar o preceptor. Essa atividade me encantou, tornei-me amigo do preceptor e de sua família, trabalhamos juntos até hoje. A experiência com o senhor aqui no convento me tem sido muito útil, é a ela que devo meu sucesso.

— Um educador. Deus o abençoe, meu filho, na sua obra. É um trabalho lindo e dignificante. Honre sua tarefa — comentou Jacobino. — Ensine seus alunos a amar o saber, a apreciar a vida, a amar a si próprios, aos seus semelhantes e a Deus.

— Tenho procurado fazer isso. Mas, não querendo abusar da boa vontade do frei, será que ele não conseguiria refeição para mais alguns viajantes?

— Claro, meu filho. Por que não disse antes que trazia amigos com você? Quantos são?

— Seis.

— Vou agora mesmo pedir ao frei que providencie mais alimentos.

O velho secretário do bispo ergueu-se e com passos ligeiros e ágeis foi à porta que ligava o refeitório à cozinha e solicitou mais comida ao cozinheiro. Voltou para perto de Lucas e indagou:

— Onde estão seus acompanhantes?

— Na recepção do convento. Achei melhor deixá-los lá até encontrá-lo.

— Vamos buscá-los, devem estar famintos. De certo viajaram a noite toda... Vicenza é longe.

Alegres e falantes, seguiram pelos corredores desertos até a sala onde esperavam os acompanhantes de Lucas.

Jacobino adiantou-se e abriu a porta, não escondendo a surpresa ao deparar-se com uma jovem mulher cercada por quatro crianças e com um bebê de dez meses no colo. Entendendo que se tratava da família de Lucas, Jacobino esboçou um largo sorriso e exclamou:

— Meus netinhos! Jesus, como é bom! Não é que tenho netinhos? Cinco, Senhor! Que lindos! Venham, pequenos — chamou Jacobino, abaixando-se e abrindo os braços. — Me abracem, venham. Sou um velho feio, mas sou amigo. Venham.

O cativante pedido de Jacobino foi atendido pelas crianças assim que sentiram o olhar da mãe incentivando-os.

O riso do velho religioso abraçando as crianças foi contagiante. Depois de abraçar, acariciar e abençoar cada um deles, fazendo-os dizer seus nomes, Jacobino, radiante, aproximou-se da mulher e do bebê. Ela tomou-lhe a mão e pediu:

— A bênção, padre.

— Deus já a abençoou, minha filha, lhe dando anjos tão lindos para fazer-lhe companhia. Mas eu a abençoo. Seja muito feliz, querida. Como é seu nome?

— Chamo-me Lívia, padre. É uma honra conhecê-lo, meu marido fala muito bem do senhor.

— Ele é um grande amigo, por certo não lhe contou as vezes que o fiz sofrer, minha filha. Mas venha, vamos dar comida a esses anjos, pobrezinhos, devem estar famintos. Rafael vai ficar muito contente em conhecê-los — disse Jacobino falando um pouco com Lívia, outro pouco com as crianças.

Acompanhado pela família de Lucas, Jacobino retornou ao refeitório, anunciando ao cozinheiro que seus netos tinham vindo visitá-lo e queria capricho nas refeições aquele dia.

Mateus e Rafael integraram-se naturalmente ao contentamento reinante aquele dia. Ricardo observou à distância a felicidade do ex-padre e sua família.

O regozijo daqueles momentos brilhava no olhar e nas feições de Jacobino. Ele era pura alegria. Sentado no pátio, cercado pelas crianças do orfanato e por seus “netinhos”, ele contava histórias, falando de Jesus e de seu amor aos pequenos. Envolto naquela vibração, viu rapidamente o espírito do bispo Giordano a abençoá-los feliz, e a seu lado, sorridente e carinhosa, a figura de Giuliana.

“Que dia para morrer!”, pensou Jacobino. “Partiria com a consciência tranquila, tendo realizado tudo a que me propus. Obrigado, Jesus. Como é bom comigo!”

Após a missa do ângelus os visitantes partiram; prometeram retornar em outra oportunidade, deixando atrás de si um rastro de alegria e levando as almas repletas de carinho.

E o verão chegou ao fim, sem outras particularidades dignas de nota. Mateus e Ricardo retornaram a Roma e o bispado do Vêneto permaneceu sob a responsabilidade de Jacobino. Os trabalhos da congregação cresciam e estava prestes a surgir sua tão sonhada escola.

Em Roma a atividade política de Ricardo era intensa, consumia seus dias em audiências e reuniões com religiosos e nobres de diversos lugares e países. Mateus era seu braço direito e o equilíbrio da sua inteligência fria com o aspecto humano e moral da tarefa religiosa, ele era o sentimento, a empatia, a graça que aliviava o uso de recursos drásticos e extremos, agindo com a persuasão emocional quando a razão pura era insuficiente, fazendo com que Ricardo abandonasse práticas drásticas e violentas antes tão usadas.

Charme, diplomacia e perseverança eram as características marcantes da atuação do jovem monsenhor ao lado do cardeal e seu nome crescia em fama e respeito, especialmente perante a nobreza com pensamento mais tolerante. Fizera-se embaixador da obra da congregação. Os recursos, que já eram abundantes, se tornaram mais do que fartos, porém, arrecadados de forma honesta, doados por pessoas desejosas de participar ativamente das tarefas sociais. Sua natural simpatia conquistou a amizade dos superiores e, apoiado no poder do cardeal Ricardo, as portas se abriam para todas as ideias por ele encaminhadas à Santa Sé como tarefa abraçada por sua congregação.

A inestimável amizade do duque Alberto com irmão Jacobino, que era o realizador no Vêneto das obras assistenciais da congregação e o grande idealizador das escolas da congregação e sua filosofia educacional, garantia a estabilidade local do trabalho, unindo a nobreza ao clero. Trabalhavam com disposição e em perfeita sintonia, gerindo com sabedoria, disciplina e muito amor à tarefa, que dava novos horizontes a seus inúmeros assistidos do corpo e da alma, não distinguindo classes sociais.

Surgiam constantes pedidos de orientação para monastérios e conventos da ordem em diversas regiões da Itália, solicitando a transferência de religiosos do Vêneto para auxiliar a implantação dos trabalhos e sua forma de gerir instituições. Jacobino se desdobrava em formar novos auxiliares e remetê-los.

Em meio às tratativas para a autorização da tarefa educacional da ordem, Ricardo foi chamado a uma audiência com o Sumo Pontífice e, enquanto esperava ser atendido, foi surpreendido pela chegada de dom Jaime e de seu novo auxiliar.

— Cardeal dom Ricardo, que inusitado prazer encontrá-lo — comentou dom Jaime após os cumprimentos formais.

— Digo o mesmo, dom Jaime. Temos tido poucas oportunidades de diálogo nos últimos tempos. Como está seu trabalho?

— Não tão afamado quanto o seu, mas prossigo minha luta sem tréguas contra o mal, onde eu saiba de sua existência. Agora conto com padre Enzo, meu novo auxiliar.

Intimamente descontente por ver Enzo, mas nada demonstrando em sua fisionomia, Ricardo falou:

— Espero que ele lhe sirva com fidelidade e respeito, assim lhe foi ensinado no Vêneto.

E, voltando-se para Enzo, que o observava com o olhar brilhante de raiva e despeito, continuou:

— Como tem passado, padre Enzo? Não sabia de sua vocação para o exorcismo, mas reitero o que disse a dom Jaime.

A pesada porta de madeira se abriu e o secretário particular do papa aproximou-se do cardeal, cumprimentando-o efusivamente e indagando:

— E monsenhor Mateus, não o acompanha?

— Infelizmente não — respondeu Ricardo. — O monsenhor precisou auxiliar a transferência de um dos nossos religiosos para um convento no sul, viajou há alguns dias. Deverá estar em Roma na próxima semana, o que significa que em nossa próxima audiência com o papa ele estará presente com certeza.

— O pontífice ficará muito triste. Tem grande admiração pelo jovem monsenhor. Sempre fala dele, creio que logo, logo o senhor será compelido a perder seu auxiliar. Mais de uma vez já ouvi o nome dele cotado para assumir um bispado.

— Monsenhor Mateus merece a justa ascensão que tem recebido na Igreja — comentou Ricardo frisando cada palavra, pois sabia que dom Jaime e Enzo estavam atentos ao diálogo. — Apesar de sentir a perda de tão brilhante auxiliar, não posso, por outro lado, deixar de me sentir gratificado e orgulhoso por ver um de meus antigos aprendizes seguir tão rapidamente meus passos. Quem duvida que ele ainda não me supere?

— Suas palavras, como sempre, vêm repassadas de justiça. Vamos então noticiar ao pontífice que o senhor se encontra só e ele não usufruirá a agradável companhia de seu auxiliar — comentou em tom de brincadeira o secretário.

Ricardo, aproveitando a oportunidade de espezinhar Enzo, virou-se para dom Jaime e comentou ironicamente:

— O senhor está vendo, caro bispo, o preço a pagar por ter monsenhor Mateus como auxiliar? Meu próprio prestígio, há pouco decantado pelo senhor, é pouco perto do carisma dele e nosso Pontífice me receberá com tristeza por estar desacompanhado. Cuide para que seu novo aprendiz, que ainda é somente um padre jovem e inexperiente, algum dia não lhe tome o lugar.

— Um padre exorcista deve enfrentar um duro combate com o mal, cardeal. É isso que tenho ensinado a ele — redarguiu dom Jaime e completou com indisfarçada inveja: — Mas faço coro aos atributos de monsenhor Mateus, embora seja sabido que sua proteção e assistência auxiliam a carreira de qualquer um.

Ricardo, sem se abalar pelo comentário, que poderia ser depreciativo a Mateus, devolveu:

— É verdade, conheço meu poder, caro bispo, e por isso mesmo, melhor do que ninguém, eu sei quem é digno ou não de receber minha proteção e assistência. Faz parte de minhas obrigações morais selecionar o que há de melhor para trazer ao seio da Igreja. Não esqueça isso em seus afazeres, dom Jaime. Cuide com quem emprega seu tempo, Jesus nos ensinou a dar mais àquele que tem mais a oferecer e a retirar daquele que nada tem. É o que eu fiz.

Enzo ferveu de indignação com as indiretas de Ricardo, mas a hierarquia lhe impunha silêncio.

"Quem é esse monsenhor Mateus? Não me recordo dele entre os relacionamentos de Ricardo. Pensei que quem o acompanhava aqui fosse o irmão Jacobino", matutava Enzo.

Despedindo-se formalmente de dom Jaime e de Enzo, Ricardo afastou-se acompanhando o secretário do Papa.

Sozinho na sala com dom Jaime, Enzo não sofreou a curiosidade e perguntou:

— Não conheço o monsenhor a quem se referiram. Quem é ele?

— Um jovem siciliano. Foi seminarista no Vêneto e tem feito uma carreira rápida. Acompanha o cardeal em tudo. Como você viu, o próprio papa aprecia o dito padre. Falam que o título foi um presente do cardeal. São inseparáveis e muito unidos. Já tive a oportunidade de conversar com monsenhor Mateus, é um jovem brilhante, e o cardeal tem razão, a fidelidade dele ao superior é fácil de ser notada, aliás, ele é fiel à congregação e tem enorme afeição ao que faz, verdade seja dita.

A flecha do ciúme, contaminada pela inveja, atingiu Enzo em cheio e o nome de monsenhor Mateus martelou em sua cabeça até causar-lhe profundo mal-estar.

Não perdeu oportunidade de investigar quem era o religioso e não demorou nada a ter confirmadas suas suspeitas a respeito do relacionamento do cardeal e do monsenhor, obviamente tudo nos cantos dos salões e nas sacristias de Roma. Frente a frente, não ousavam desafiar o poderoso cardeal, nem o benquisto monsenhor, admirado pelos nobres mais ricos da Itália.

"Maldito Ricardo! Quem ele pensa que é para rejeitar-me assim? Foi por causa desse Mateus que ele despachou-me para a África, não me queria por perto. Mas eu voltei e, se não sou tão influente quanto o novo protegido dele, não tenho nada a perder. Todos saberão quem é o bispo do Vêneto, o cardeal dom Ricardo. Ah! Como saberão de tudo sobre ele!"

Com essa determinação, Enzo começou uma implacável campanha difamatória de Ricardo. Nos bastidores do poder onde circulava pelo braço de dom Jaime, ele seduzia vários religiosos e, sob os mantos dos segredos de alcova, falava-lhes verdades e mentiras sobre dom Ricardo, acusava-o das maiores heresias praticadas com objetos tidos como sagrados pela Igreja — coisas que ele próprio havia feito atribuía ao ex-amante.

Nessas horas, palavras surgiam em sua boca e ideias em sua mente que jamais havia cogitado — influência do espírito de padre Rugiero que pouco se ausentava do lado de seu dócil instrumento —, mas movido pela inveja e pelo ciúme valia tudo para destruir aquele a quem creditava sua desdita.

Não demorou muito um rastilho de fofocas incendiou os ambientes por onde circulavam Ricardo e Mateus. Apesar da dissimulação dos covardes que sempre atacam pelas costas usando a arma da difamação e não titubeiam em caluniar e mentir, pois o que diziam a respeito de Mateus eram calúnias, o bispo logo percebeu o que estava acontecendo.

Os planos de expansão da atividade da congregação com a criação de escolas começou a ter sua decisão protelada, a influência da Ordem estava manchada pelos escândalos verdadeiros e falsos atribuídos a seu superior e a atividade estagnava.

Mateus em vão buscou conter a ira de Ricardo. Ele não falava e mantinha a expressão imperturbável. Mas, sorrateiramente, em todos os ambientes ele espreitava e jogava com seus interlocutores, buscando a origem das difamações, e suspeitava de Enzo.

Jacobino, a distância, acompanhava os fatos através das cartas semanais de Mateus, o incentivava a recomendar prudência e paciência a Ricardo, e inúmeras vezes escreveu:

"Mateus, lembre ao Reverendíssimo que tais atitudes não constroem e ruem por si mesmas. São casas construídas sobre areia. Não se sustentam. Tenham fé e paciência. O tempo mostrará a verdade e a mentira. Olhe a tempestade, é o exemplo da natureza de forças em aparente descontrole, derrubam árvores

que se opõem à sua passagem, mas as que são flexíveis vergam e depois retornam com toda pujança à sua estatura normal".

De alguma forma, fosse lendo trechos ou comentando em conversas posteriores, Mateus dava ciência a Ricardo das orientações de Jacobino, do apoio do velho secretário e das notícias de que no Vêneto nenhum abalo sofreram os trabalhos da congregação. Duque Alberto avalizava as atitudes dos religiosos e contra seu nome e fortuna fofocas da Igreja não logravam prosperar junto aos nobres.

Mas isso não confortava Ricardo. Ver o desprezo velado em alguns rostos, as dissimuladas conversas, os olhares maliciosos e desconfiados traziam de volta a seu mundo interior as marcas feitas a fogo pela incompreensão paterna, o horror dos primeiros tempos distante de tudo o que amava, a brusca perda de identidade, a rejeição sumária e os sermões cheios de recriminações de seu pai. A torrente de emoções reprimidas ao longo dos anos ameaçava irromper no desespero de evitar que os dias da primeira juventude novamente se sucedessem e, principalmente, que atingissem Jacobino e Mateus.

Essa chaga emocional não era visível em Ricardo. Para soterrá-la, escondera, reprimira as emoções desde a adolescência e, quanto mais o tempo ia passando, mais profundamente ela corroía em seu interior. Apresentara aos familiares a face de um eleito para fugir às abominações e preconceitos e, imbuído da necessidade de poder para ser respeitado e ter assegurado um mínimo de liberdade, ele passara a não titubear. Essas foram as pedras de toque que despertaram a ambição latente nele.

E era nessa ferida que Enzo inadvertidamente remexia, desconhecendo que, com sua inveja e ciúme transformados em calúnias e campanha difamatória, que obviamente escapariam de seu controle, mas de que seria responsabilizado, faria de Ricardo literalmente um leão ferido.

Desencadeava forças que, com sua estúpida visão distorcida pelo egoísmo, não enxergava as consequências nem media sua capacidade de dirigi-las.

Aquele foi o mais longo inverno da existência de Ricardo. Foram inúmeras as noites insones remoendo sozinho suas dores. Maldizia a manhã em que recolhera Enzo no piso de pedra da igreja do convento do Vêneto, revia a trajetória empreendida a contar daquele dia e a frase "Em verdade vos digo, que aquele que come comigo me trairá" retumbava em sua mente, soando como uma profecia só entendida depois da catástrofe.

Nem o carinho, nem a companhia de Mateus foram capazes de amenizar o estrago que a difamação fazia no interior de Ricardo. Abalara-o em sua estrutura. Sem saber, Enzo atingira a única parte sensível de Ricardo — o trauma da primeira juventude, com o desprezo do pai por notar suas tendências à homossexualidade.

As palavras de Jacobino não encontravam eco no pensamento do bispo. Apenas a sombra do desprezo o perseguia e crescia dia a dia, alimentada pelo medo que sempre lhe fora companhia fiel, rondando-lhe o mundo emocional.

Não mais suportando a situação criada por Enzo, ciente de que partia dele a campanha, o bispo resolveu agir a seu modo: monitorou tudo e todas as circunstâncias à sua volta, e disposto a manter a aparência de que ignorava as fofocas a seu respeito, prosseguiu com suas atividades como se nada houvesse de diferente, trocando hipocrisia por hipocrisia. Só as estrelas eram sabedoras de suas angústias.

Mateus, crendo que finalmente Ricardo dava atenção a seus pedidos e às orientações do velho secretário, relaxou e inocentemente entregou-se com sua costumeira alegria ao trabalho.

Escreveu a Jacobino participando-lhe as mudanças salutares em Ricardo e recebeu em resposta uma carta orientando-o a permanecer atento ao bispo e pedindo-lhe que transmitisse a ele felicitações pelo aniversário.

No jogo de hipocrisia que Ricardo fazia, essa data era chave. Dias antes comunicara a Mateus o desejo de comemorá-la oferecendo uma grande festa, reunindo a nobreza e o clero de Roma em sua residência. E assim o fez.

Junto com a carta de Jacobino na manhã da data festiva, vieram barris do melhor vinho do Vêneto, produzido nos vinhedos da congregação. Examinando o carregamento, o bispo ordenou a um dos serviçais:

— Leve os barris para a adega, distribua o vinho em garrafas pequenas, bem vedadas, deixe uma aberta e, quando terminarem, traga-a ao meu gabinete.

O serviçal, obediente, acatou a determinação. Era quase meio-dia quando bateu à porta do gabinete e, recebendo permissão, entrou na sala, dizendo:

— Dom Ricardo, trouxe-lhe a garrafa de vinho conforme pediu.

O bispo aproximou-se, tomou a garrafa nas mãos e sorriu.

— Obrigado, fez um ótimo trabalho. Escolheu belas garrafas, gostei disso. Pode ir, meu filho. Deus o abençoe.

O criado fez uma mesura desengonçada e deixou Ricardo sozinho a contemplar a bebida com um misterioso meio-sorriso pairando sobre os lábios e um brilho frio de ódio no olhar.

Tomou o cuidado de chavear a porta do gabinete para depois retirar de um compartimento do grande armário de madeira pesada sua caixa de drogas, derramando boa quantidade de um líquido letal no vinho. Levou a garrafa cuidadosamente próximo às narinas, aspirando o aroma.

— Não alterou em nada o verdadeiro perfume que tem o vinho do Vêneto. Perfeito!

Vedou caprichosamente a garrafa e guardou-a no armário.

À noite, o palacete do cardeal não podia estar mais belo, nem mais animado. A elegância, a fartura, o esmero de todos os detalhes era comentado com grandes elogios ao anfitrião, brindes e discursos se multiplicavam nas rodas por onde passava o cardeal. A todos, ele atendia com refinada educação. Olhando as cenas, quase não se poderia crer que era a mesma pessoa que se consumia temerosa de um desprezo público. Ninguém diria que circulava entre o anfitrião e seus convidados qualquer comentário que não fossem os mais honrosos e respeitosos, a dissimulação dos interesses e das vaidades tinha ali um retrato fiel em cada rosto, apenas Mateus era a exceção para comprovar a regra.

Dom Jaime e seu aprendiz também se faziam presentes e Enzo olhava deslumbrado o luxo da residência de Ricardo em Roma, no mínimo dez vezes superior ao que conhecera no Vêneto. Olhando à sua volta, reconheceu nitidamente a posição de destaque que monsenhor Mateus desfrutava ao lado de Ricardo. A inveja e o ciúme corroeram-lhe o íntimo, ferveu de revolta, julgou que fora espoliado, que era uma vítima do bispo. Embora Enzo escondesse relativamente bem seus sentimentos, para Ricardo eles eram transparentes, quase cristalinos, e ver que o antigo amante e causador de seus dissabores estava roído pela inveja o alegrou.

"Isso é uma graça a mais no meu plano. Saber que ele se sente assim é um tempero que agrada a meu paladar", pensou Ricardo correndo o olhar pela festa depois de haver furtivamente observado as reações de Enzo.

Horas depois, após o lauto banquete e as apresentações artísticas, notando que seus convidados davam sinal de cansaço, Ricardo antecipou-se e, dirigindo-se a seu gabinete, escondeu na batina que usava a garrafa que preparara à tarde. Voltando ao salão, mandou que os criados trouxessem dois grandes cestos repletos de garrafas de vinho.

Conforme os convidados se despediam, ofertava-lhes uma ou mais garrafas do melhor vinho do Vêneto.

Apresentando-se à sua frente na fila das despedidas dom Jaime e seu aprendiz, Ricardo sorriu e abaixou-se mexendo no cesto a pretexto de escolher a garrafa a lhes ofertar:

— Para os senhores, preciso ofertar a melhor garrafa, afinal, o padre Enzo é conhecedor dos vinhos do Vêneto. Não desejo que ele teça comentários desfavoráveis sobre meus vinhedos.

Sacando despercebidamente a pequena garrafa que trouxera escondida, anunciou, entregando a dom Jaime:

— Esta! Eis a melhor! Vejam a cor deste tinto. Perfeita, não acham? Sim, uma beleza. Para os senhores fazerem um último brinde à minha pessoa mais tarde, antes de se recolherem.

— Excelente, cardeal. Esse obséquio que dá a seus convivas é prova da gentileza de sua alma. Nunca esqueci o sabor que têm os vinhos produzidos nos seus vinhedos.

Enzo, ao lado de dom Jaime, permanecia mergulhado em silêncio sepulcral. A figura de Mateus o incomodava demais e a pouca importância que ele lhe dera arruinaram-lhe ainda mais a noite, tinha ânsia de sair do palacete de Ricardo o mais rápido possível.

— Não tenha dúvidas, dom Ricardo, de que brindaremos à sua saúde e à sua felicidade hoje mesmo — garantiu Enzo e, apressando dom Jaime, despediu-se levando o vinho.

"Ao menos mais um copo de vinho me ajudará a dormir", pensou Enzo, irado.

O olhar de Ricardo acompanhou-os até vê-los se retirarem do ambiente, então um sorriso de regozijo e uma estranha expressão de alívio surgiram em sua face.

Dias depois circulava em Roma o boato de que a morte do bispo exorcista e de seu aprendiz fora resultante de um pacto entre amantes.

CAPÍTULO 11

Um pai

"Enquanto tenhamos nosso corpo, e a alma se encontra mergulhada nessa corrupção, jamais possuiremos o objeto dos nossos desejos: a verdade. Com efeito, o corpo nos suscita mil obstáculos pela necessidade que temos de cuidá-lo; ademais, ele nos enche de desejos, de apetites, de temores, de mil quimeras e de mil tolices, de maneira que, com ele, é impossível ser sábio um instante. Mas, se não é possível nada conhecer com pureza enquanto a alma está unida ao corpo, é preciso de duas coisas uma: ou que não se conheça jamais a verdade ou que se venha a conhecê-la depois da morte. Livres da loucura do corpo, então conversaremos, é de esperar-se, com homens igualmente livres, e conheceremos por nós mesmos a essência das coisas. Por isso, os verdadeiros filósofos se exercitam para morrer e a morte não lhes parece de nenhum modo temível."[20]

— Georges — chamou Ricardo interrompendo a projeção. — Já revi o suficiente de minhas loucuras passadas. Estou plenamente consciente de tudo o que fiz e, se não posso garantir que não irei reincidir no futuro, posso ao menos lhe garantir que tenho o propósito sincero de mudança. Podemos conversar sobre o que se sucedeu após o que revimos.

---

20 Sócrates. Item III. Resumo da doutrina de Sócrates e de Platão. Introdução de *O Evangelho Segundo o Espiritismo*. Trad. Salvador Gentile. Araras, IDE.

Georges trocou comigo um olhar cúmplice, depois se voltou para o paciente e, encarando-o, disse:

— Seja bem-vindo entre nós, Ricardo.

Ricardo, sem entender a estranha resposta de Georges, olhou-o longamente e, como o médico não dissesse nada, voltou seu olhar para mim, que abandonei meu material de anotação e, sorrindo, repeti:

— Seja bem-vindo entre nós, Ricardo.

— O que há? Vocês resolveram brincar comigo, por quê? — indagou Ricardo intrigado, sentando-se no divã e alternando olhares de mim para Georges.

Georges riu e, tocando o ombro de Ricardo, explicou:

— Isto é uma longa história, meu amigo. Você acabou de manifestar conscientemente o estado que nosso Orientador[21] requer para admitir um novo aluno. Como todos nos consideramos seus alunos, lhe demos as boas-vindas ao grupo.

— Desculpem, mas não entendi.

— Você conhece nossa instituição, está conosco há um bom tempo. Deve ter notado que ela abriga muitos espíritos, em diversas condições, e que tem uma característica marcadamente educacional.

— Sim, notei. É um conceito de escola bem diferente. Creio que o que estou fazendo seja, ao menos para mim, um curso, um estudo sobre mim mesmo. E notei outras atividades semelhantes a essa em grupos, sem falar nos encontros dos quais participei antes e que você dirige.

— É, o nosso lar é uma grande escola, Ricardo. O bondoso amigo que nos dirige os esforços é a quem chamamos Orientador. E é dele a frase de que para sermos aceitos nesta escola apenas uma coisa é exigida: firme propósito de mudança interior. Como ele diz: essa é a senha que abre as portas do nosso grupo.

— Interessante! — disse Ricardo. — Isso quer dizer que fui aceito aqui?

---

21 Nota do autor espiritual: personagem sobre quem falamos em nosso romance *Dramas da Paixão.*

— Se você desejar ficar, sim, tem as condições necessárias.

— Mesmo com todos os erros do meu passado próximo e distante?

— Se nada tivéssemos a aprender e a corrigir, para que serviria um processo educacional? — retrucou Georges.

— E o que farei aqui? O que esperarão de mim?

— Primeiro você se integrará a grupos que fazem uma espécie de revisão conceitual de si mesmo, da vida e de Deus, buscam desenvolver e ampliar uma nova consciência perante a vida. Depois, e paralelamente, você irá encontrando as atividades que possa realizar conforme suas condições. Não se preocupe, a necessidade de trabalhar surgirá espontânea em você, assim como descobrirá suas aptidões e no que deseja servir.

— E o que esperarão de mim, Georges?

— Nada.

— Como, nada?

— Nada. Você dará o que desejar e tiver condições. Nenhum de nós pode criar expectativas em cima das realizações de outra pessoa. Seríamos um núcleo de frustrados se trabalhássemos imbuídos desse pensamento. Não, Ricardo, não lhe pedirão nada.

— Para mim isso é estranho, não estou habituado.

— Será que não mesmo, Ricardo? Pense bem, não precisa me responder. Mas quase todos nós conhecemos exemplos de atitudes desprendidas, aliás, cultivar o desapego é muito sábio. Jesus nos ensinou a agir sem esperar recompensas de qualquer tipo, isso evita decepções e frustrações e faz com que coisas pequenas sejam fontes de grande alegria e satisfação.

— É, pensando bem, creio que tive, sim, exemplos desse tipo, eu é que não aproveitei como devia. Mas, voltando ao início: podemos parar?

— Podemos. Como você avalia essa jornada?

Ricardo olhou para mim, endereçou-me um longo e perscrutante olhar, deu um meio-sorriso e respondeu:

— Dolorida e dolorosa. Estou bem, me sinto aliviado de um fardo pesadíssimo, consciente de que preciso recuperar muita coisa e, principalmente, de que tenho muito a construir no futuro. É isso o que sinto neste momento. Procurei separar em mim aquilo que deverá ser mudado e o que considero um mérito e pode ser mantido. É minha forma de pensar, talvez esteja errada...

— Não — atalhei imediatamente. — Você está corretíssimo. Fortaleça o que há de bom e renove o que estiver equivocado.

— Obrigado, José Antônio. Bem, julgo que olhar para frente é um mérito, buscar o futuro e partir com disposição para novas conquistas também o é. São características da minha personalidade que empreguei mal, vou utilizá-las melhor doravante.

— Ótimo! Excelente! — incentivou Georges, feliz com as palavras de Ricardo.

— Aprendi que preciso me dominar, adquirir temperança no uso das coisas que a vida oferece. Dominar a matéria e minhas ações e reações em torno das ilusões que ela oferece aos sentidos. Em muitos aspectos avaliei que obtive realmente o crescimento que Jacobino dizia ver em mim. Ao menos, com relação ao uso dos prazeres sexuais. Saí do domínio das sensações e conquistei os sentimentos, com eles reorganizei minha vida, abandonando a luxúria pelo amor. Creio que essa conquista foi muito positiva.

Ricardo fez uma pausa, enfrentando um questionamento íntimo.

— Sei que retornamos à vida física, vi após minha morte vários de meus companheiros daquela existência mergulhar em outras experiências materiais. Quando retornar à vida material, terei as mesmas tendências e preferências sexuais desta última?

— Dependerá de você, Ricardo. O espírito, regra geral, escolhe livremente o sexo no qual deseja reencarnar, preferindo aquele que melhor se adapte a suas necessidades no momento. Mas é bem verdade que desenvolvemos ambos os lados — o masculino e o feminino — de nossa personalidade, e muitas vezes preferimos uma dessas formas que esteja mais desenvolvida ou acentuada em nós, reencarnando várias vezes na condição de homem ou de mulher. Você era um homem, sua psicologia é masculina, seu corpo também, sua orientação sexual, a opção por conviver com outros homens é fruto da sua liberdade, das suas vivências, das escolhas no uso dos prazeres que a matéria oferece. Construiu-as, é um estágio natural.

— Mas essa tendência se manifestou logo que eu saí da infância, não tinha conhecimento dos prazeres sexuais para escolher. Sempre julguei que fosse inato.

— Inato é o que nasce conosco, e, pensando como espíritos imortais que todos somos, temos de concluir que na origem, no nosso nascimento, somos simples e ignorantes, potencialidades não desenvolvidas que ganham progressivamente liberdade de ação e assim vamos construindo nossas próprias tendências. Você, como espírito, em algum momento de sua trajetória construiu, desenvolveu a orientação homossexual que marcou sua personalidade, portanto, se não na última existência, em outras, houve a opção de viver essa experiência. Foi uma escolha sua.

— Quer dizer que entra também no domínio das coisas materiais?

— Obviamente. As sensações, emoções e os sentimentos que cercam a vida sexual são reflexos das conquistas de cada um e estão subordinados às leis de evolução. Ser senhor dos prazeres físicos de qualquer ordem é a proposta de aprendizado que a vida material encerra. Domine as ilusões que a matéria oferece e você estará lutando contra os vícios que elas despertam, conquistando virtudes e liberdade, sinônimo de evolução. E, quando digo isso, falo com relação a qualquer forma de expressão da sexualidade e a todos os prazeres físicos. Eu venci o mundo, asseverou Jesus, querendo justamente dizer que era senhor absoluto de si mesmo e da matéria. Quem é senhor transita com liberdade em qualquer reino.

— Então minhas tendências não são assim tão pecaminosas?

— De forma alguma. São sua realidade, sua vontade e uma possibilidade natural. Não fira ninguém, não magoe, não cause traumas afetivos naqueles com quem vier a se relacionar e não estará se comprometendo. Pecado é causar dano a si mesmo ou ao próximo.

— Eu errei em direcionar toda minha vida em função da sexualidade. A opção pela Igreja foi equivocada. Eu teria sido bem mais feliz realizando um trabalho que me desse satisfação, talvez até mesmo na área da medicina que tanto gosto de estudar. Errei em cultivar os sentimentos de rejeição e na ideia de querer tornar-me alguém como os outros esperavam que eu fosse. Isso tudo não me deu realização alguma e eu me joguei na busca desenfreada de sexo, primeiro, querendo uma satisfação que julgava somente física, e era bem maior, não estava nos outros, e sim, provavelmente, dentro de mim; depois, quis mais e mais poder, glória, influência e fortuna. Nada disso me serviu. Na verdade, a tendência que mais me trouxe prejuízo não foi na área da sexualidade, mas a ambição; depois foi realmente a forma como lidei com a rejeição de meu pai e o conceito que ele me passou sobre mim mesmo como alguém abominável e desprezível.

— Você de fato progride rápido, Ricardo — comentou Georges observando a lucidez com que seu ex-paciente analisava a si próprio. — Vamos descansar por hoje. Amanhã tornamos a nos encontrar e o levaremos a conhecer nosso Orientador, está bem?

Ricardo aquiesceu e despediu-se. Concluí minhas anotações, troquei mais algumas palavras com Georges e retornei a meu estúdio de trabalho.

Na manhã seguinte, logo cedo, encontrei nosso Orientador sentado em um dos bancos do jardim apreciando o espetáculo da natureza. Saudou-me alegre e perguntou:

— Como está o antigo bispo do Vêneto?

— Teve melhoras impressionantes. Sua história me fascinou e o trabalho com Georges foi um acréscimo importante.

— Boas notícias! Vamos aguardá-los, em breve Georges deve trazê-lo aqui — falou o Orientador com um sorriso terno no rosto enrugado. — Fale-me do seu trabalho. Quais são as novidades?

Enquanto esperávamos os amigos, entretivemo-nos em proveitosa conversa.

Um brilho intenso no olhar de nosso Orientador chamou minha atenção para um ponto distante alguns metros de onde nos encontrávamos. Georges e Ricardo vinham conversando e se aproximavam a passos lentos.

— Vamos encontrá-los — sugeriu o Orientador, levantando-se e obrigando-me a segui-lo.

Andamos poucos metros e Georges parou à nossa frente.

— Bom dia! — saudou-nos o amigo e, tocando o braço de Ricardo à altura do cotovelo, falou dirigindo-se ao Orientador:
— Trago-lhe nosso amigo, doravante creio que ele precise da sua assistência, meu trabalho está concluído.

— Pelo que José me relatou, você fez um excelente trabalho — elogiou o Orientador e, dirigindo o olhar a Ricardo, que permanecia mudo ao lado de Georges contemplando ensimesmado a figura à sua frente, sorriu e deixou-se observar, sem pressa nem constrangimento.

Georges e eu demos um passo ao lado, afastando-nos um pouco e trocando olhares cheios de mútua curiosidade.

Havia como que algo em suspenso naquele instante. Ricardo fixava atentamente as feições envelhecidas, o olhar meigo e severo de nosso Orientador, algo nele lhe era familiar, mas não sabia o quê. A aparência, as roupas, por certo, não eram, mas havia alguma coisa naquele velhinho à sua frente que era, e muito, familiar.

Nosso Orientador adiantou-se alguns passos, ficando bem próximo de Ricardo. Olhou-o nos olhos e disse com ternura:

— Seja bem-vindo, meu filho! Há muito tempo eu o espero.

Algumas lágrimas rolaram silenciosas pelo rosto de Ricardo. Em seu olhar, um brilho de felicidade se acendeu, mas ele hesitava, por isso, o Orientador abriu os braços e pediu:

— Venha, meu filho, me dê o abraço que há tanto tempo desejo.

Ricardo chorou como uma criança ao ouvir as palavras do Orientador e, não mais resistindo, jogou-se em seus braços, soluçando.

— Não pode ser verdade! Diga que é você! Está diferente, muito diferente, mas esse olhar, esse modo de falar eu reconheceria de qualquer jeito e em qualquer lugar — disse Ricardo, abraçando fortemente o Orientador. — Meu filho... Você me chamou meu filho? Isso é mesmo verdade?

O Orientador ria feliz abraçado ao novo discípulo e, erguendo a mão, acariciou-lhe os cabelos e a face e respondeu:

— Sim, meu filho, sou eu. É verdade. Finalmente, depois de todos esses anos, posso chamá-lo assim. Finalmente você está livre e aberto à vida. Que bom tê-lo conosco!

Ricardo não queria mais se afastar daquele abraço. Era o que me transmitia a cena. Sorridente, olhei para Georges e o surpreendi em pranto.

— Jacobino! — dizia Ricardo mergulhado no abraço e com o rosto lavado de lágrimas. — Meu pai Jacobino! Quanto queria chamá-lo assim. Invejava Lucas, Mateus e os outros que se aproximavam de você como os filhos de um pai. Eu queria e precisava tanto desse afeto, desse vínculo. Pai... meu pai. Depois que minha família me rejeitou, você foi a primeira pessoa que aprendi a amar. Mas eu tinha medo de sofrer, de ser rejeitado, desprezado e, ao mesmo tempo, ansiava por carinho e compreensão. Eu nunca lhe contei nada, mas, para mim, era como se você soubesse de tudo sempre, desde o dia em que ouvi sua conversa com Lucas atrás da porta do confessionário.

— Ricardo, seja bem-vindo à nossa escola. Desde os tempos do Vêneto acompanho sua trajetória e espero reencontrá-lo. Você é um filho do meu coração. Éramos uma estranha dupla de trabalho, não é mesmo?

— Muito! — concordou Ricardo, rindo. — Diferentes em tudo.

— Mas lá, no Vêneto, eu pensava em você como um filho rebelde, que não se aproximava muito de mim, mas também não vivia longe. Bem, agora as barreiras caíram. Como você está se sentindo?

Ricardo respirou fundo e afrouxou o abraço, dando liberdade ao Orientador para encaminhá-lo até o banco onde antes estávamos sentados.

— Bem, muito bem. Georges é um grande amigo. Ajudou-me muito. Todos têm sido muito gentis comigo; até mesmo quando eu empregava toda a minha arrogância eclesiástica, me toleraram. Estudei-me bastante, revisitei aqueles dias passados e extraí um bom aprendizado. Posso dizer que estou bem. Superei muitas coisas e com outras aprendi a lidar. Sinto-me renovado. Em parte, o mesmo, em parte, outro, é isso que quer dizer, não é, Georges?

Enxugando as lágrimas com as mãos, Georges lutou para conter a emoção e respondeu:

— É.

Notando um ar de riso debochado na expressão de Ricardo, ralhou:

— Não me olhe assim, não tenho vergonha de chorar, nem de rir, faz parte de todos nós e é saudável expressar as emoções.

— Está bem, eu sei disso — concordou Ricardo. — Afinal, foi você mesmo quem me ensinou. E, por acaso, rir não é expressar emoção?

Com um gesto de quem era pego no contrapé, Georges sacudiu a cabeça e riu.

— Terá muito trabalho com esse novo discípulo — disse o médico ao Orientador.

— Trabalho não me assusta. É sempre sinônimo de felicidade. Ele aprenderá muito rápido, você verá.

— Com certeza! — afirmou Georges.

Ricardo acompanhava o diálogo envolvido num clima de êxtase, de satisfação, de alguém que achava novamente um lar, um sentimento de pertencer a um grupo.

Olhando-o, não pude deixar de me questionar o quão forte não seriam as emoções que ele estava experimentando após uma carência afetiva de longos séculos de complexos de rejeição e de uma forte repressão emocional. Aquele era um dia que ficaria gravado na mente daquele filho que buscava desesperadamente um pai.

Dias depois me encontrava em meu estúdio de trabalho, contemplando os jardins pela janela, mas confesso que sem vê-los. Minha mente mergulhava no trabalho que naquele momento tomava minha atenção. Mentalmente arquitetava a forma que desejava dar a uma nova história, quando ouvi uma suave batida. Era anúncio de visita.

Contrariado, atendi a porta e, para minha surpresa, deparei-me com Ricardo, alegre e bem-disposto.

— Certa vez você me disse que quando desejasse eu poderia vir procurá-lo, por isso estou aqui — me disse ele.

— De fato, eu disse. Entre.

Ele andou pelo meu estúdio e, parando em frente à janela, comentou:

— Lembro a primeira vez que estive aqui. Foi por causa disto — falou ele me mostrando o livro que tinha em mãos. — A minha história que você escreveu. Eu a li, conforme me pediu.

— E então, o que achou?

— Fiel. Você contou o fundamental daquela existência. Vim lhe devolver e ...

— Não me diga que mudou de ideia!

— Não, de forma alguma. Espero que ela seja útil, vim reiterar meu consentimento para que a torne pública.

Ele estendeu-me o volume e acrescentou:

— Minha visita é breve. Tenho um pequeno trabalho a fazer.

— Obrigado, Ricardo — disse-lhe, recebendo o texto. — Fico muito feliz em saber que está trabalhando.

Ele se despediu e saiu rapidamente. Fiquei observando o esvoaçar das saias da batina do bispo, baixei o olhar para o livro e notei que tinha algo dentro. Com cuidado, abri a capa e me deparei com uma carta:

"Engraçado, José, não sei a quem me dirigir. Um 'prezado leitor' me parece tão formal depois de tudo que foi exposto em seu texto, que acabei por me decidir a abolir completamente as formalidades.

Senti necessidade de dizer algumas palavras àqueles que derem seu tempo à leitura de minhas experiências.

'Carpe diem' — aproveite o dia. Aproveite suas oportunidades, construa, empregue bem seus talentos.

Não fuja de si mesmo, enfrente-se. Conheça-se, preste atenção em si mesmo, não nos outros.

Fui dominado pelo que os outros poderiam dizer ou pensar de mim, a opinião alheia era um fantasma a rondar em torno de mim. Paguei muito caro, sofri e gerei sofrimentos. Não faça o mesmo. Procure a liberdade que suas verdades oferecem e lembre-se de não aprisionar ninguém em seus julgamentos. Cada um de nós é um ser singular da criação. É um livro inédito, um romance inesquecível e deve ser amado e respeitado tal qual se apresenta.

Se faltam condições para erguer alguém, que não sejamos os que o derrubam.

Luto contra pesados fardos, espero um dia vencê-los. Permitir a exposição nua e crua de meus sentimentos, de mim mesmo, tal qual os vivi, é minha primeira prova de fogo. Sei que muitos irão me compreender e muitos irão me condenar.

Não sei se José Antônio irá acrescentar essas linhas ao texto, mas quero registrar algumas lembranças.

Após aquela festa, lutei muito tentando apagar os vestígios das denúncias verídicas e das calúnias espalhadas por Enzo. Eu não podia admitir que meus atos prejudicassem o trabalho de Jacobino e Mateus em prol da criação de escolas e orfanatos que formassem jovens em diversas profissões, dando-lhes a oportunidade de escolha da vida que desejariam seguir. E também porque naquela época o conceito público a respeito da minha pessoa era vital. Nele, eu buscava mostrar aos meus familiares que eu era ALGUÉM de quem eles podiam sentir orgulho.

Mas foi uma luta inglória até certo ponto, pois as palavras, uma vez ditas, lançam ideias que não mais se consegue apagar. Isso foi motivo de grande sofrimento, reabrindo velhas feridas em minha alma. Entrei em profundo abatimento. Mateus foi um companheiro leal e devotado até o meu fim. Jacobino tinha razão ao dizer que ele tinha futuro em qualquer lugar por se interessar pelas pessoas e, na religião, por seus sinceros ideais de espiritualidade. Depois da minha morte, que ocorreu anos após os últimos fatos narrados, Mateus assumiu a direção da congregação no Vêneto, foi nomeado bispo e prosseguiu as obras que idealizava com Jacobino; hoje está de volta às lutas da vida física e segue evoluindo.

Eu passei aqueles últimos anos intimamente perturbado e, quando deixei aquela existência, descobri que era assediado por muitas das minhas antigas vítimas. Entretanto, como a morte não realiza milagres, logo me conscientizei da situação e tratei de afastá-los — o poder tinha que ser meu e foi. Vi-os desaparecer dos ambientes que habitávamos um a um, recolhidos a regiões de tratamento e recuperação, vi-os voltar à matéria, mas eu mesmo, em verdade, fugia, relutava em me afastar daquele universo triste, porém conhecido. As marcas da rejeição acentuaram o medo ao novo e assim eu permaneci por séculos.

Talvez alguns pais leiam a minha vida e quem sabe alguns vejam em seus filhos as tendências à homossexualidade. Por favor, lembrem-se das marcas, das dores, do sofrimento moral que carreguei e não rejeitem seus filhos. Um ser humano é muito mais que a orientação sexual que revela. Ele não deixa de ser digno, de ter sentimentos, lutas e conflitos, ele não deixará de amar você, de precisar de seu carinho e de seu afeto.

Todos aqui o chamam Orientador, para mim, ele será sempre Jacobino, o homem que eu queria que tivesse sido meu pai, e, com certeza, eu teria sido outra pessoa, bem melhor, com comprometimentos menores. Ele, como diz Georges, é incansável em ensinar os significados das palavras dos grandes filósofos e de Jesus, que estou procurando sentir, e em nos alertar para não esperarmos nada dos outros.

Pense assim sobre seu filho, eduque-o, dê-lhe o melhor que puder, nos aspectos material e espiritual, mas não lance sobre ele expectativas, aprenda a descobrir-lhe o caráter e o ajude a ser um homem melhor.

Obrigado por sua compreensão.

Ricardo, o bispo".

Junho de 2002

José Antônio.

CAPÍTULO 12

O depoimento

"Não criastes culpado, porque sois justo, mas com uma aptidão igual para o bem e para o mal; se sigo o mau caminho, é por efeito do meu livre-arbítrio. Mas, pela mesma razão que tenho a liberdade de fazer o mal, tenho a de fazer o bem; por conseguinte, tenho a de mudar de caminho."[22]

Mais de dez anos depois...

Na sala de aula de Georges, na ala sob sua direção em nossa instituição, realizava-se o encontro semanal coordenado por ele com seus pacientes. São feitos por temas, reunindo os envolvidos em vivências relacionadas e interessados no aprendizado. Todo mês ele divulga a lista de encontros e os temas a serem trabalhados. São momentos riquíssimos para mim. Mas aquele dia era especial.

Essa sala lembra um teatro antigo. Há um pequeno palco e os lugares são dispostos em desnível num semicírculo crescente. No palco iluminado havia apenas duas poltronas. Devo dizer que Georges modifica a apresentação conforme a necessidade de seu trabalho. Estava muito limpo e aberto, foi a ideia que me passou. Uma cadeira era ocupada por Georges, e na outra, muito calmo, sereno, firme, fisionomia alegre e leve, sentava-se Ricardo, arrumando as dobras de sua batina vermelha.

Georges saudou os participantes e, sem delongas, apresentou Ricardo como um dos trabalhadores da instituição, relatando sucintamente sua trajetória, seu *curriculum* ao grupo e passando-lhe a palavra.

---

22 Kardec, Allan. *O Evangelho Segundo o Espiritismo*, cap. XXVIII, item 19. Araras, IDE.

Meu amigo, antigo bispo do Vêneto, cuja fortuna construíra-se também pelo seu poder de persuasão e oratória, mudara como só a evolução realmente conquistada é capaz de fazer: tornar-se irreconhecível. O orador do passado estava esquecido; suas ideias, maneiras e motivações agora são outras. Não perdeu o carisma, fato provado, pois em poucos instantes ele tinha cativado a assistência. Eu deixei de analisar o entorno e entreguei-me à condição de testemunhar mais um lance da história daquele espírito apaixonado e reforçar minha crença no poder da paixão. Mil vezes mais rápido avança alguém apaixonado. Pode ter se equivocado, se comprometido, sofrido e feito sofrer miseravelmente, mas quando alinha a razão com o sentimento no rumo da evolução espiritual, a força de impulsão é a mesma, com o mesmo potencial que errou, acerta. Agarra a oportunidade de crescer com unhas e dentes, sem olhar para trás.

O orador que passei a ouvir e registrar mais uma vez emocionava-me, pois, como poucos naquela assembleia, eu podia avaliar e regozijar-me com aquele crescimento. É uma emoção impagável, indescritível, presenciar o reerguimento de alguém. Já é um milagre da natureza e um esforço bárbaro o reerguer-se fisicamente, há um complexo caminho que começa com a percepção da queda. O corpo físico capta a informação, via sistema nervoso, remete ao cérebro e dele ao perispírito, o espírito avalia, toma a decisão, e ela faz o caminho de retorno, mobilizando no corpo físico sinais elétricos que irão percorrer toda extensão, determinando liberação de substâncias, movendo nervos, músculos e ossos. São trilhões de células trabalhando para obedecer a um simples comando. E nem vou falar das repercussões emocionais. Então, imagine — e adorarei se você puder recordar um episódio de sua vida — quando precisou mobilizar suas forças para superar-se, reeguer-se espiritualmente, após uma adversidade. Se você viveu isso, sabe o esforço, o prazer e o aprendizado envolvidos. Ricardo estava refazendo séculos de enganos!

Cessei meus pensamentos e entreguei-lhe minha atenção.

— Quanto se vive, quanto se amadurece em uma década? — questionava ele a essa altura da exposição. — É difícil responder. O tempo não vale por si mesmo, mas sim pelo uso que dele fazemos. Um minuto pode ter o valor da eternidade, e indiscutivelmente essa fração mínima de tempo é eterna quando nossa mente saboreia o presente, livre, aberta à evolução. Seja como for, há sempre um minuto mágico, decisivo, entre prisão e liberdade, entre dor e alegria, entre ódio e indiferença. Há um momento entre o que eu fui e o que eu sou.

"Busquei a coragem negada durante séculos para assumir minhas verdades. Construí esse momento de virada e libertação, conforme vocês podem ou puderam acompanhar nas páginas escritas sobre minha última existência. E, em um minuto, dei o salto dizendo: 'torne pública minha história, José Antônio'.

Isso significou ansiedade. Propus-me a enfrentar meu monstro pessoal, o diabo do meu inferno particular: o olhar dos outros, o que os outros diriam, o que pensariam de mim.

Esse demônio que me afligiu por tantos séculos era uma criatura minha; eu o criei, o alimentei e o eduquei para ser meu carrasco. A incompreensão existe, eu não nego, o preconceito também. Mas maior que tudo isso era meu medo.

E me libertei dele confrontando a realidade. Acompanhei e acompanho muitos leitores, liberto-me com cada um deles, independente de qual seja a reação despertada com a leitura da minha vida. Já chorei com muitas mães, já sorri com elas. Observei a reflexão de muitos homens e vibrei quando vi que compreendiam minha história e meus sentimentos, quando se identificavam com minhas dores, lutas e com meus amores. Entendi que me prestava a ser a semente lançada em alguns solos ainda improdutivos; conhecer-me e conhecê-los era um exercício de tolerância em mão dupla. A aceitação das diferenças é uma construção que precisamos fazer para nos tornar ainda mais humanos e livres. Somos únicos e isso não permite ao Criador a produção em série, nem a padronização. Ele é o artífice da vida, e aceitar que cada um sente, pensa e age nesse minuto com o máximo e o melhor que tem a oferecer é confortador. Damos o melhor que possuímos sempre, mas receber é outra questão. Se eu tecer mil expectativas e fizer projeções de toda espécie sobre a vida de outra pessoa, com certeza terei frustrações e poderei acusar alguns de ingratidão. Receber é mais difícil do que dar.

Às vezes somos pegos de surpresa, a emoção deixa um nó na garganta e não sabemos o que dizer ou fazer; em outras, se temos expectativas, poderemos receber algo muito aquém do esperado e mesmo totalmente diferente, teremos, então, que lidar com o desagrado íntimo. Por isso é bom não esperar nada. Dar simplesmente, porque é o que nos pede o coração, e lembrar que é nosso coração que pede esse gesto, quem o receber poderá ter dificuldade. Nesse caso, talvez compartilhar minhas confissões não fosse exatamente o que ela esperava, mas ainda assim eu as fiz e permiti reproduzir e dou-me ao luxo de acompanhá-las e extrair dessa experiência benefícios pessoais.

Meus queridos amigos, dizem, por aqui, nossos conhecidos amigos — Ricardo sorriu baixando o olhar para fitar Georges e depois me fitar, deixando claro à plateia a quem se referia — que passo minha eternidade abanando as saias da batina onde me chamam os leitores da minha história. E, com frequência, trago-lhes outras histórias que carregam a marca da minha mão.

Compreendi que ainda há 'enjaulados' em conceitos aprisionadores vivendo sobre a Terra. Tanto quanto posso, aproximo-me deles, e hoje carrego o que chamo meu 'molho de chaves mestras', aquelas que abrem muitas fechaduras. São minhas experiências do passado transformadas em aprendizado, em poder dizer: 'Ei, você aí, sente aqui, ao meu lado, vamos conversar. Eu não sou nem fui santo, eu o entendo'. Eles ouvem minha voz e, é engraçado, às vezes ouvem pelas palavras escritas. Posso dizer que me tornei preto e branco depois que virei livro."

Ouviu-se o riso descontraído da assembleia, o público sentava-se para conversar com o orador e interagia psiquicamente com ele.

— Identificam-se e mentalmente falam comigo, contam-me seus problemas, seus conflitos, seus amores escondidos ou não. Alguns estão na matéria e tudo que posso fazer é servir-lhes de inspiração, mas muitos estão aqui, no mundo espiritual, com frequência compartilham a leitura com encarnados e deles eu me aproximo com maior facilidade. Mil histórias somaram-se à minha e com minhas chaves mestras abro algumas prisões e trago comigo seus habitantes.

"'Escândalos', incompreensão e medo respondem por sofrimentos. Suicídios, homicídios, torturas psicológicas, disfarces, vergonha, fachadas sociais, eu conheço cada palmo desse chão, sei exatamente quais as fibras que cada uma dessas emoções toca e como fere. Conheço os mecanismos de recalcá-las. Estudei em mim, tornei-me mestre por conta própria e, sem falsa modéstia (esse defeito nunca tive), após esses anos trabalhando com meu 'pai Jacobino' considero-me um doutorando nos sofrimentos da homossexualidade, da transexualidade, da bissexualidade e, acima de tudo, em não se compreender, nem se aceitar como um ser único, livre e em construção, com o direito de ser e viver seu próprio momento e estado evolutivo. E nesse quesito tenho encontrado muitos afins, pelos mais variados motivos, que não importam, são consequências, a causa é não se amar.

Vivi minhas dores sozinho e calado, mas seria injusto falar apenas delas. Minha existência passada não foi somente dor, eu conheci o amor e amei. E, se encontrei forças para enfrentar meus muitos enganos, foi exatamente por ter amado. Sofri muito e enganei-me quanto às causas, agora sei que a principal delas foi ter escolhido apegar-me à dor. Eu que me julgava tão inteligente, era emocionalmente pouco desenvolvido. Fui capaz de escravizar-me, de torturar-me por não libertar minhas vivências infelizes.

Reencontrar o amor abriu-me, me fez voltar à lucidez. Quem odeia é prisioneiro, cria uma cela com grades de aço resistente e debate-se em grilhões que ferem a si mesmo, perde forças; olhar as dores do passado é fortalecer esse processo. Quem odeia renega o progresso. Nessa cela não brilha a luz do presente e jamais amanhece o futuro, é apenas a grande e escura noite do que se foi.

Quem ama é livre, é leve, vive transportado para fora de si, integra-se aos outros, a ditadura do eu e da minha dor acaba. Amar é progredir, é banhar-se na luz do presente eterno.

Jacobino diz que todo ser vivo ama e busca a Deus sempre que deseja o melhor. Há luz em qualquer ser humano, e quando olhamos e fortalecemos esse foco divino o amor nos guia. É uma lei. É como as sementes lançadas na terra escura; reconhecendo a força da vida, elas rompem a casca, afrontam a terra escura e pesada e vêm à luz crescer, florescer e frutificar.

Quando desencarnei, enterrei-me nas profundezas de um solo escuro, pesado e fétido. Reconheci-me espírito, mas isso não significa espiritualizar-se, eu era tão material e grosseiro quanto quando estava na carne, e, pior, eu temia a responsabilidade dos meus atos. Eu não enxergava o quanto é libertador ser responsável. Eu era um legítimo materialista e acreditei que, por ter encontrado um mundo semelhante ao vivido na carne, sem anjos, auréolas, santos, eu reafirmei interiormente que Deus também não existia e o melhor a fazer era prosseguir vivendo do jeito que eu sabia. O conforto de repetir condutas é mais fácil, simples e seguro do que estender a vista, olhar além, pensar, refletir, sentir e permitir-se a renovação.

Mergulhei fundo em meus vícios, misturei-me aos que me assediavam buscando vingança e cravei meu olhar nos vícios morais do passado, apliquei a mesma fórmula, e esqueci-me da luz acendida no Vêneto, no amor a Mateus, a Jacobino, na admiração pelo trabalho deles. Eu dei as costas e entreguei-me à escuridão. No entanto, depois de muito penar, com o auxílio de Georges eu entendi que dependia da minha vontade voltar-me à luz, mudar a direção da minha vida. Contemplar o amor, a amizade, o bom e o belo. Pensar em Deus foi um passo importantíssimo, afinal era pensar em alguém além de mim. Foi e continua sendo meu exercício de transcendência. Eu não O vejo e ainda somos criaturas guiadas pelo que vemos, mas aprendo a senti-Lo. Jacobino me diz que sentir é o sexto sentido humano e que preciso desenvolvê-lo. Ensinou-me a pensar nos sentidos como guias, poeticamente ele fala que são as mãos de Deus ensinando-nos a viver, gozar e aprender. A visão é o sentido que nos dá a percepção de realidade, de existência concreta e privilegiamos o aprendizado que vem por meio dela acima dos outros.

Entretanto, meu pai Jacobino afirma que sentir é o que torna o aprendizado concreto, sem sentir não avançamos, sentir, cedo ou tarde, nos conduz à consciência e aos primeiros passos para ultrapassar as barreiras da matéria e do apego inerente a esse estágio evolutivo. O sentir abre os campos da mente ao imponderável, ao que o frio raciocínio pode dizer 'não vejo, não existe, não entendo, não creio'; mas ao sentir, pouco importará se vimos, se tocamos, se ouvimos, se cheiramos. Não é um canal estreito de percepção que informa, é uma faixa larga que simplesmente faz compreender: eu sinto, isso existe, embora, talvez, eu ainda não saiba explicar. Permitir-se sentir é entregar-se a uma percepção global. É renunciar à ilusão de domínio, de controle das coisas e das pessoas, abdicar do autoritarismo. Entretanto, estranhamente exige que sejamos os senhores supremos de nós mesmos, só assim nos permitimos à entrega, à vivência do sentir.

Senhores, o que lhes falo é um pouco do que tenho aprendido e de como tenho procurado viver. E, bem, surpreendi-me quando me dei conta do lapso de tempo material, pois quando procuramos viver bem, o tempo é um eterno instante feliz. E isso nos dá asas aos pés e nos faz viver transportados, além de nós mesmos. A quem ainda não experimentou, eu dou como sugestão, e se não der certo podem vir se queixar ao bispo" — disse Ricardo, em tom de brincadeira, beijando o anel em sua mão e sorrindo zombeteiro, enquanto acenava encerrando sua exposição.

Efusivos aplausos irromperam. A sala estava lotada. Do fundo, eu assistia àquele depoimento corajoso, consciente e livre. Encontrar Ricardo pelos corredores é uma alegria. Não ouvi novidades; novo mesmo era o interior do expositor. Conheço o trabalho dele e o admiro pela paixão que carrega, pois quem o conheceu não o imaginaria capaz de tornar-se um trabalhador de resgates, um socorrista. E é isso o que ele faz, e em uma área delicada: a sexualidade. Nada fácil a escolha do meu amigo. Mas ele tem trabalhado bem.

José Antônio
Outono de 2013.

VIDA & CONSCIÊNCIA
GRÁFICA

Rua Agostinho Gomes, 2.312 - SP
55 11 3577-3200

grafica@vidaeconsciencia.com.br
www.vidaeconsciencia.com.br